Gunter Steinbach
Der biologische Nährgarten

Gemüse und Obst naturnah angebaut

Mit 253 Fotos in Farbe und

77 Zeichnungen, davon 20 in Farbe

Nymphenburger Verlagshandlung

Alle Fotos: Gunter Steinbach
Die Sortenbilder der Seiten 178/179
entstanden mit freundlicher Genehmigung
der Lehr- und Versuchswirtschaft für
Obstbau, Schlachters, 8995 Sigmarszell

Satz: Passavia Passau
Reproduktionen: Fotolito Longo, Bozen
Druck und Bindung: Mohn-Druck, Gütersloh
Printed in Germany. ISBN 3-485-01867-8

Inhalt

Vorwort

Was heißt Nährgarten? Üblicherweise wachsen im Haus- und Familiengarten außer Kräutern und Gemüse, Beeren und Baumobst auch Rasen, Blumen und Ziersträucher. Unser Buch will nicht von allem ein bißchen bringen, sondern will vielmehr dem Anfänger vermitteln, wie er mit und aus seinem Garten gut leben kann. Wir beschränken unsere Darstellung deshalb auf den Nutzgarten mit Obstanbau und fassen die Themenkreise Blumen, Ziergehölze und Gartengestaltung in einem weiteren Band zusammen.

Dem Gartenfreund stehen heute nicht gerade wenig Bücher zur Verfügung. Darüber hinaus erfährt er aus Gartenzeitschriften, aber auch aus der Wochenendbeilage seiner Tageszeitung und in regelmäßigen Rundfunksendungen immer wieder Neues (und Altes) zum Thema. Nicht zuletzt bemüht sich eine offenbar gut gedeihende Zulieferindustrie um Aufklärung in ihrem Sinne. Das kann durchaus nützlich, oft aber wegen der naheliegenden Absicht in einer bestimmten Richtung gefärbt sein. Mit ›Tips, Kniffen und Pfiffen‹, Ratschlägen, Rezepten und Anleitungen, ja sogar mit Wenn-nicht-dann-Drohungen wird der Gartenfreund als Verbraucher auf Trab gehalten.

Ich machte es mir zur Aufgabe, das sogenannte biologische Gärtnern verständlich und ohne Ideologie darzustellen. Dabei will ich nicht nur ›praktisch‹ sein und verraten, wie man mit wenig Arbeit große Kartoffeln erntet. Ich möchte auch Grundlagen und Zusammenhänge erläutern, die dem denkenden Gartenfreund Sicherheit seines Handelns geben. Kurz: Ich will zur Mündigkeit im Garten ermuntern. Heute kommt es darauf an, nicht nur den eigenen Erfolg im Auge zu haben, sondern Durchblick zu gewinnen, was wir mit unserem Tun und Lassen bewirken. Wer einen Garten pflegt, verbessert auf seine Weise die Welt.

Das Buch gliedert sich in drei Abschnitte: Gemüsegarten, Obstgarten und Allgemeiner Teil. Den beiden ersten Abschnitten liegt je ein Taschenbuch der Reihe ›Besser biologisch gärtnern‹ mit ergänzten und erweiterten Texten zugrunde. Im allgemeinen Teil schließt sich ein Kapitel über naturnahe Konservierungsarten an, die es verdienen, wieder mehr beachtet zu werden. Was sich in vielen Generationen bewährte, kommt heute neu zur Geltung, weil gerade der Gärtner aus Neigung Wert auf schonende Verarbeitung seines Erntegutes legt.

Die für ein biologisch orientiertes Gartenbuch ungewöhnlich reiche Ausstattung durch Farbbilder macht es möglich, den Leser dorthin zu führen, wo unsere Erfahrung mit naturnahen und völlig giftfreien Anbauweisen gewonnen wurde: in unsere Gärten.

Mit Ausnahme der Sortenbilder von Obstarten entstanden alle Fotos auf unserem Gartenhof im Allgäu. Ich fotografierte »neben der Arbeit«; kein einziges der über 250 Bilder wurde gestellt. Mit geschönten Erfolgsfotos in Samen- und Pflanzenkatalogen wird der Gartenfreund heute überreichlich versorgt. Die Wirklichkeit auf den eigenen Beeten ist weit schöner. Die Bilder erzählen, daß ein biologisch gepflegter Garten auch zum Erholungsraum für den Menschen werden kann, zur lebendigen Augenweide. Hier dürfen auch Kräuter wachsen und blühen, die nicht gepflanzt wurden, hier kann sich allerlei Getier zum Nutzen der Kulturen entfalten.

Dieses Buch will den Anfänger und Praktiker mit naturnahem Gärtnern vertraut machen. Höchsterträge stellen sich bei sachgemäßer Bodenpflege gleichsam von selbst ein. Für wichtiger halte ich die Freude am Umgang mit lebendigen Pflanzen – Unkräuter eingeschlossen.

Irsengund, im Frühjahr 1983 G. S.

Der Gemüsegarten

I Biologisch?

Biologie ist die Lehre (Logos) vom Leben (Bios). Dagegen wurde ›biologisch‹ zu einem oft weltanschaulich geprägten Schlagwort. Die Begriffsbildung ›biologischer Anbau‹ oder ›biologisches Gemüse‹ kann man mit der eines ›nassen Wassers‹ vergleichen. Denn jede Pflanze wächst im Einklang mit den Lebensgesetzen der Natur ›biologisch‹ oder sie wächst gar nicht.

Kümmert sie dahin, weil die Bedingungen für ihre artgemäße Entfaltung nicht ausreichen, so offenbart sie uns, solange sie lebt, noch immer das Wunder des Wachsens. Wir können dieses Wunder fördern, beeinflussen oder verhindern, aber nicht hervorbringen. Vor dieser Selbstbescheidung unserer Möglichkeiten wollen wir im folgenden unter ›biologischem Gartenbau‹ das verstehen, was heute üblicherweise damit gemeint ist: Gärtnern ohne Gift.

Damit wird jedoch nur *ein* Kennzeichen, nicht das Wesen dieser Wirtschaftsweise angesprochen. Daß der biologische Anbau ohne Pestizide – also mehr oder weniger giftige Chemikalien – wie Herbizide zur Bekämpfung unerwünschter Pflanzen, Insektizide gegen Kerbtiere und Fungizide gegen Pilze auskommt, ist eine seiner Seiten. Hier wird oft Ursache mit Wirkung verwechselt. Arbeitet man ohne alle diese Mittel, möglicherweise auch noch ohne jeden ›Kunstdünger‹, dann hat man vielleicht ein Stück verwilderter Natur oder eine magere Kulturfläche innerhalb des Gartenzauns, aber noch keinen biologischen Anbau. Ähnlich kann man nicht schon deshalb von einer gesunden Lebensweise sprechen, weil man lediglich die Genußgifte und weißen Zucker von der Ernährung ausschließt.

Daß sich der gewerbliche Obst- und Gartenbau sowie die Landwirtschaft so eng mit der Zulieferindustrie Chemie verbanden, hat seinen Hauptgrund in der Möglichkeit, mit wachsender ›chemischer Keule‹ schneller mehr zu ernten, maschinengerechte Monokulturen weitgehend frei von Krankheiten und Schädlingen zu halten. Das immer schneller laufende Sachzwang-Karussell von hohem Kapital- und Energieeinsatz und der dadurch verursachten Notwendigkeit, hohe Erträge hereinzuwirtschaften, um die aufgewendeten Mittel nach dem Maßstab industrieller Produktion zu verzinsen, entfernt die Urerzeugung Landwirtschaft zunehmend von ihren ökologischen Grundlagen. Das Unbehagen an dieser Entwicklung, deren Ergebnisse uns erst in den kommenden Jahrzehnten voll treffen werden, fördert die Zuwendung zu alternativen Lösungen. Da keiner von uns das Bestehende im Großen ändern kann, wird vielfach der Wunsch wach, wenigstens im eigenen Wirkungsbereich die natürlichen Grundlagen des Gärtnerns bewußt zu pflegen, sich den Sachzwängen der gewerblichen Anbauer weniger oder nicht zu unterwerfen. Ein solches Empfinden und Denken vieler Mitmenschen sollte man nicht voreilig als ein nur weltfremd-romantisches Zurück-zur-Natur werten, sondern auch als ein heutiger Erkenntnis angemessenes und deshalb zukunftweisendes Handeln. –

Diese Vorbemerkung will den Lesern, denen biologisches Gärtnern ein vielleicht noch leerer Begriff ist, nahelegen, die anfangs erwähnte weltanschauliche Prägung des ›Biologischen‹ oder ›Organischen‹ auch positiv zu sehen. Die junge Wissenschaft der Ökologie gehört als Gegenbewegung und Ausgleichsversuch für allzu bedenkenloses Wirtschaften im großen wie im kleinen notwendig zu unserer Zeit. Biologisch anbauen heißt auch, größere Zusammenhänge anzuerkennen als sie in den Gartentips aufklärungsfreudiger Erzeuger zum Ausdruck kommen:

»Ein Guß – mit Unkraut Schluß.« Auch dies ist eine Weltanschauung, verengt auf zusammengekniffene Augen, die einen Gartenweg am liebsten sommerlang klinisch sauber sehen. In den Fugen,

so erfahren wir unter der Überschrift des erwähnten Werbetextes, »können sich ... Moospolster bilden«. Schrecklich, was die Natur alles in unserem Garten anstellt! Aber man weist sie mit dem Giftkanister in die Schranken. Allerdings:
»Abdriften oder Abfließen der Spritzflüssigkeit auf benachbarte Kulturflächen müssen vermieden werden.« Willkommen im Garten! Wenn Sie die Gebrauchsanleitung Ihrer willigen Helfer aus Leverkusen, Hoechst oder sonstwoher nur gewissenhaft befolgen, kann Ihnen, Ihren Kindern, Ihren Tieren und Ihren Kulturpflanzen gar nichts passieren.

Unser Buch gilt den praktischen Arbeiten im Garten. Wir suchen nicht, wie es die aufgeführten Zitate aus einer Gartenzeitschrift an dieser Stelle glauben machen könnten, die Konfrontation mit der chemiegestützten Anbauweise, sondern eine machbare und glaubwürdige Alternative.

Es gibt für das herkömmliche Gärtnern eine Fülle teilweise ausgezeichneter Beratungsbücher. Hat man sich erst ein Verständnis der Unterschiede zwischen biologischem und konventionellem Anbau erworben und erarbeitet, wird man aus jedem guten Gartenbuch Nützliches auch für den eigenen biologisch gepflegten Garten dazulernen können, zumal das Lernen im Umgang mit Pflanzen nie ein Ende nimmt. Unser Buch will besonders dem Anfänger ein Grundwissen vermitteln, das ihm die Möglichkeit gibt, den eigenen Garten nicht nur ein bißchen, sondern ganz biologisch zu bewirtschaften. Hier muß gesagt werden, daß Dauerfruchtbarkeit des Gartens, ein reiches, ausgewogenes Bodenleben und gesunde, widerstandsfähige Pflanzen nicht durch ein wechselweises Beherzigen allerlei Gartentips zu erreichen sind, sondern durch ausschließliche und geduldige biologische Bodenpflege.

Gärtnern kann einerseits als Freizeitbeschäftigung oder Ertragsstreben, und es kann andererseits als eine tätige, schöpferische Beziehung zu Pflanzen verstanden werden; als eine Kunst. In ihr gibt es vielerlei Grade des Könnens, Wissens und Gelingens. Wer biologisches Gärtnern nur nach »Mannehme«-Rezepten betreibt, bekommt auch seine Radieschen auf den Tisch. Aber so, wie erstklassige Köche nicht nur nach dem Kochbuch, sondern mit streng an Erfahrung geschulter Phantasie mehr hervorbringen als die Summe guter Zutaten, so wird auch der Gartenfreund mit zunehmendem Einleben in sein Pflanzenreich immer weniger Vorschriften brauchen, immer freier und gleichzeitig ›biologischer‹ in seinem Tun werden.

Die biologische Anbauweise gliedert sich in verschiedene Richtungen, wie organisch-biologischer Landbau (Schweiz), naturgemäßer Anbau nach L. Fürst (Deutschland), biologischer Landbau nach Lemaire/Boucher (Frankreich), biologischer Landbau nach Howard/Balfour (englischsprechende Länder) und andere. Zum Glück für das gemeinsame Streben bekämpfen sich die Richtungen nicht; sie arbeiten auf gleicher Grundlage nach ähnlichen Erkenntnissen und mit vergleichbaren Erfolgen. Daß die biologischen Anbauweisen an verschiedenen Orten unabhängig voneinander entwickelt wurden, spricht für ihre Notwendigkeit in unserer Zeit.

So wenig es auf die Dauer Erfolg bringt, biologischen Anbau mit ein bißchen Chemie – »wo das nötig ist« – zu betreiben, so gut lassen sich die Methoden der verschiedenen biologisch ausgerichteten Anbauweisen auf einen großen gemeinsamen Nenner bringen, auch wenn Einzelheiten bisweilen unterschiedlich gehandhabt werden. Wir vertreten hier keine der genannten Richtungen als verbindliche Rezeptur, denn diese Praktiken wurden von Praktikern gefunden und erprobt. Sie haben damit ihre Richtigkeit. Demselben Ziel dienen durchaus verschiedene ›richtige‹ Wege.

Die auf Mineraldünger und Pestizide gestützte Landwirtschaft und der gleichermaßen ausgerichtete Obst- und Gartenbau, die heute den Regelfall darstellen, werden oft als ›herkömmlich‹ bezeichnet. Wir können die Begriffe in ihrer üblichen Geltung hier nicht umkehren. Doch sei darauf hingewiesen, daß als herkömmlich im wahren Wortsinn viel eher die biologischen Anbauweisen zu kennzeichnen wären. Die landesweit chemieabhängige Landwirtschaft ist erst einige Jahrzehnte alt, die im Kreislauf der organischen Stoffe betriebene naturnahe Anbauweise zählt nach Jahrtausenden.

Die Natur selbst bedient sich der Stoffkreisläufe, um die Böden ihrer Lebensräume unbegrenzt

fruchtbar zu halten. Der Wald führt uns ›biologischen Anbau‹ mit Humusbildung durch Bodenbedeckung und Rotte beispielhaft vor. Mit dem hier besonders augenfälligen Umsatz und dem großen Zuwachs an Pflanzenmasse verbindet sich Dauerfruchtbarkeit des Waldbodens ohne unser Zutun. Wenn wir im biologischen Anbau mulchen und kompostieren, ahmen wir das Naturgeschehen des gesunden, naturnahen Waldes nach.

Der herkömmliche oder konventionelle Pflanzenbau begründet als ein Kind unserer Zeit seine Arbeitsweise eindrucksvoll und aus seinem Blickwinkel unwiderlegbar mit Versuchen auf kleinstem Raum. Tatsächlich kann man die Wirksamkeit der Mineraldünger und der Pestizide am deutlichsten in Laborversuchen nachweisen. Justus Liebigs berühmt gewordenes Faß mit den Grundnährstoffen der Pflanzen erwies die Schlüssigkeit der analytischen Betrachtungsart durchaus: Die Pflanze gedeiht nur so gut, wie es der in geringster Menge vorhandene Nährstoff zuläßt.

Die biologische Denkweise verneint diese Tatsachen nicht. Selbstverständlich brauchen auch die Pflanzen des ›naturgemäßen‹ Anbaus Stickstoff,

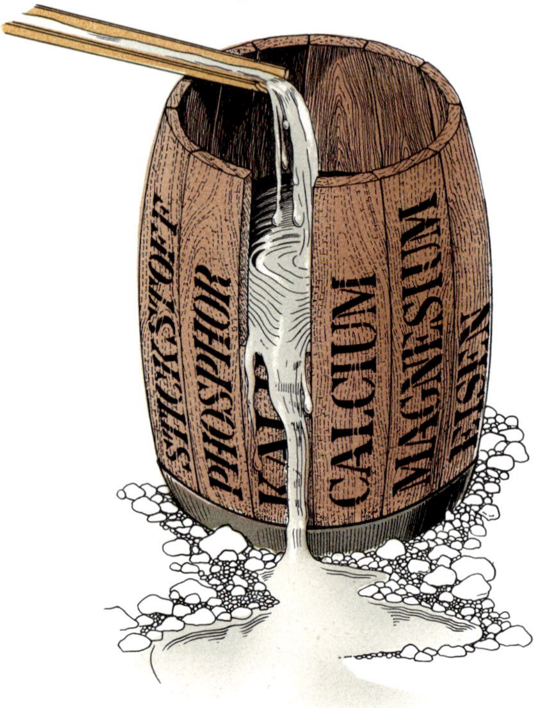

Das Minimumgesetz nach Justus von Liebig (1803–1873)

Phosphor, Kali, Kalzium und so weiter. Doch bezieht der biologische Anbau nicht nur Mengen, sondern auch Qualitäten, nicht nur auf Chemie vereinfachte Materie, sondern auch biologische Wertigkeit und ökologische Zusammenhänge in seine Anschauung und seine Handlungsweise mit ein.

Die biologische Denkweise bestreitet die chemischen Tatsachen nicht, sondern erweitert den Gesichtskreis um größere, auf biologischer und ökologischer Ebene wirksame Zusammenhänge. Die brutale Spaltung der Schöpfung in Kraut und Unkraut, in Nützlinge und Schädlinge kann durch biologisches Denken zugunsten umfassenderer Betrachtungsweisen überwunden werden. Daß dies möglich ist, heißt nicht, daß die Ausübenden das Mögliche auch immer leisten. Irrtümer und idealistisch geprägte Kurzsichtigkeit, einseitig ausgerichtetes und gefärbtes Denken befallen auch die Vertreter der biologischen Anbauweise. Man darf hier wie auf allen anderen Wissensgebieten nicht von einzelnen Vertretern auf die Sache selbst schließen.

Wem biologische Zusammenhänge einsichtig werden, dem genügen die Zahlenreihen und Spritzkalender der konventionellen, mit der Chemie verflochtenen Praktiker des Pflanzenbaus (und der Tierzucht) nicht mehr. Die Ergebnisse dieser nur noch materialistischen Agrarwissenschaft sind nicht falsch, aber unzureichend. Ihnen fehlt die Dimension des Lebendigen. Sie erschließt sich nicht im Labor, sondern im Umkreis größerer Einheiten: im Zusammenhang mit dem Land, in dem nicht nur Kartoffeln oder Mais Lebensrechte haben, sondern auch Menschen mit Ansprüchen an eine gesunde, vielgliedrige Landschaft, an Wildpflanzen und Tiere. Der biologische Landbau stellt sich nicht in unvereinbare Gegensätze zur Ökologie, zum Erholungswert und zur Schönheit einer Landschaft, wie das die zu tristen Produktionsstätten für Tiere und Pflanzen verarmten Agrarbetriebe nach Maß der industriellen Zulieferer und Abnehmer tun müssen. Immer größere Wirtschaftsflächen, immer stärkere Maschinen, immer mehr Chemie, immer weniger in der Landwirtschaft beschäftigte Menschen sind die Folge.

Auch die biologischen Anbauweisen begrenzen ihr Blickfeld auf einen Umkreis, den die dort tätigen

Der biologisch bewirtschaftete Gartenhof fügt sich harmonisch in die Landschaft ein

Menschen nach ihrem jeweiligen Erkenntnisstand ziehen, der aber nicht in der Natur der Dinge selbst liegt.

Eine weitere Dimension, eine höhere Ordnungsstufe der Zusammenhänge erschließt die im Jahre 1924 durch Rudolf Steiner begründete biologisch-dynamische Wirtschaftsweise. Sie bezieht das Kräftespiel des kosmischen Umkreises mit ein und konnte deshalb von kenntnisarmen Kritikern mit astrologisch gefärbter Mystik in Verbindung gebracht werden. Dabei weiß jeder, daß alles Leben auf der Erde nicht aus sich heraus, sondern nur im Zusammenwirken – zum Beispiel von Erde und Sonne – ermöglicht wird.

Die biologisch-dynamische Wirtschaftsweise fußt auf geisteswissenschaftlicher Erkenntnis, die zwar keinen Widerspruch zu den Erfahrungswissenschaften bildet, aber von ihnen nicht nachvollziehbar ist. Da die biologisch-dynamische Wirtschaftsweise Erkenntnisarbeit des in ihr Tätigen voraussetzt, wird sie leicht mißverstanden. Will nicht auch die Schulmedizin der Homöopathie ihre Daseinsberechtigung schon deshalb absprechen, weil beispielsweise die Verdünnung eines Stoffes in hoher Potenz als rechnerisch »nicht mehr im Lösungsmittel vorhanden« eingestuft werden muß?

Wir erwähnen die biologisch-dynamische Wirtschaftsweise mit Hochachtung, ohne sie hier im

Zuckerhut, Chinakohl, Rosen- und Grünkohl ertragen den ersten Oktoberschnee, ohne Schaden zu nehmen

Sinne von Anleitungen vertreten zu können. Es gibt verständlich geschriebene Einführungen in dieses anspruchsvolle Tätigkeitsfeld, auch für die Pflege des Hausgartens. Die Erfolge der biologisch-dynamischen Wirtschaftsweise bei uns und in vielen Teilen der Welt werden auch von ihren Kritikern nicht bestritten. Die Beschäftigung mit dem biologischen Anbau allgemeiner Ausrichtung wird für den, der sich mit der biologisch-dynamischen Wirtschaftsweise vertraut machen will, ein erstes Stück des Weges bedeuten.

Dem Nutzgarten mit Gemüse- und Obstanbau im Umfang eines Buches gerecht zu werden, heißt, sich auf Grundlagen der biologischen Arbeitsweise zu beschränken, mit denen jeder entsprechend seinen Verhältnissen und Absichten weiterkommen kann. Besonderes Gewicht soll auf die Bodenpflege gelegt werden. Sie entscheidet nicht nur über Gedeihen und Ertrag der Pflanzen, sondern auch über ihre Widerstandskräfte gegen Krankheiten und Schädlinge. Bodenbearbeitung und Düngung greifen ursächlich ineinander.

Der zweite große Ansatz biologischen Gärtnerns bildet die Fruchtfolge und das örtliche Nebeneinander der Pflanzen, die Mischkultur. Mit dieser Handhabe hängt unmittelbar – wie auch mit der Bodenpflege – die Bekämpfung von Schädlingen zusammen. Eigentlich gibt es in der biologischen

Anbauweise keine streng voneinander geschiedenen Arbeitsbereiche. Der Garten selbst sollte als Einheit, als ein Organismus begriffen werden, bei dem das Ganze die Teile beeinflußt und die Teile auf das Ganze zurückwirken. Es gibt auch eine biologisch-organische Phrasologie – schöne Worte ohne Inhalt. Feststellungen wie die letzte gehören dazu, wenn sie nicht von dem, der sie ausspricht, und von dem, der sie nachvollziehen will, mit Leben, nämlich mit eigenem Erlebnis erfüllt werden.

Das heißt nun nicht, daß die Beschäftigung mit biologischem Gärtnern eine Musteranlage voraussetzt. Entgegen einem weitverbreiteten Vorurteil vermag man unter all den Voraussetzungen biologisch zu arbeiten, unter denen überhaupt ein Garten unterhalten werden kann. Die Umweltbedingungen des Wachsens sind auch die des Verrottens. Kurz: Wo man Nutzpflanzen pflegt, kann man auch eine naturnahe Kompostwirtschaft betreiben und so auf biologischer Grundlage für Bodenfruchtbarkeit sorgen.

Ein Gartenbuch darf nicht nur herausgegriffene örtliche Verhältnisse berücksichtigen, sondern muß für mitteleuropäische Gärten schlechthin Gültigkeit haben. Andererseits kann kein Mensch mehrere Gärten in verschiedenen Landschaften gleichzeitig betreuen. Auf den Farbfotos dieses Bandes kann der Leser drei Gärten wiedererkennen, die von uns in 950 m Meereshöhe mit vorwiegender Ostlage bewirtschaftet werden. Zwei der Gärten stehen zum ersten Mal unter Kultur, der eine auf Aushub, wie ihn die Planierraupe bei der Erneuerung einer Grundmauer zusammenschob, der andere war Weide und Wiese, vermutlich seit Jahrhunderten. Der dritte Garten, unser eigentlicher Hausgarten (Bilder S. 16/18), befand sich zur Zeit der Aufnahmen im zweiten bzw. dritten Jahr unter Bearbeitung, doch war er Jahrzehnte vorher schon einmal als Bauerngarten bewirtschaftet worden. Man wird also hier nicht von besonders günstigen Vorbedingungen sprechen können, auch nicht davon, daß sich Handelsdünger nur deshalb erübrigte, weil wir von der Arbeit unserer Vorgänger gezehrt hätten.

Unser Haus liegt, wie einige Aufnahmen zeigen, einer Hochgebirgskette gegenüber. In manchen Jahren gibt es keinen Monat, in dem nicht Neuschneefälle die Gipfel überzuckern. Fürs Auge ist das sehr reizvoll, aber den Pflanzen bringen solche Kälteeinbrüche jedesmal einen Hauch von Winter, der Entfaltung und Reife hemmt.

Unsere Vegetationsperiode ist kurz. Was hier gedeiht, kann wohl überall in Deutschland mit gleichem oder besserem Erfolg angebaut werden. Ein 300-Quadratmeter-Garten, ein Kräutergarten auf trockenem Südhang und zeitweise zwei Äcker mit Kartoffeln und Zuckerrüben, die wir in wenig tieferer Lage des Allgäus über zwanzig Jahre lang bebauten, ließen uns Erfahrungen mit kurzen Sommern und in hartem Klima sammeln. Nach dem Zweiten Weltkrieg wurden von den Ernten dieser Anbauflächen zeitweise bis zu zwanzig Menschen versorgt. Kartoffeln und Gemüse standen verständlicherweise höher im Kurs als Blumen.

Im vorliegenden Band geht es um den Nutzgarten und seine Erträge. Auch der nützlichste Hausgarten verlangt nach Blumen, doch wird von ihnen in einem anderen Band die Rede sein.

II Ein Nutzgarten kann vieles leisten

Man geht *auf* den Acker, aber *in* den Garten; denn der Garten bedeutet nicht nur eine Fläche, sondern einen umschlossenen, umsorgten Raum. Ein Garten erzählt – oder verrät – so viel über den Menschen, der ihn pflegt, wie dessen Schrift. Die Gartengestalt, das Werk unserer Hände, ist eine Handschrift.

Wir beschränken uns in diesem Band auf den Nutzgarten mit Kräutern, Gemüse und Obst, also auf den Nährgarten. Er wird in der Gesamtanlage des Hausgartens in der Regel einen Teil unter anderen Teilen darstellen. Natürlich kann ein reiner Ziergarten, in dem nur Blumen wachsen, seinem Besitzer genauso von Nutzen sein wie ein Garten, der ganz auf eßbare Erträge ausgelegt ist. Am vielseitigsten wird der Familiengarten genutzt. Er läßt Kindern und Erwachsenen Spielraum für ihre persönlichen Bedürfnisse der Erholung, des Spielens und der Geselligkeit, er bietet auch dem Auge Schönheit und der Küche nahrhaften Ertrag. Aus mehreren Gründen gewinnt heute der Gedanke von Selbstversorgung aus dem Garten wieder an Bedeutung. Noch vor drei bis vier Jahrzehnten war das Gewinnen von Nahrungsmitteln aus dem Garten notmildernde Überlebenshilfe für viele Familien. Aber in unseren Tagen materiellen Überflusses nimmt die Liebe zum Garten eher zu. Schätzte man ihn damals vor allem um der Gemüse- und Kartoffelkilo wegen, die er hervorbrachte, so suchen jetzt viele Menschen Entspannung bei der Gartenarbeit. Diese Arbeit wird zum Ausgleich für einseitige Berufsbelastungen, und sie gibt die seelische Befriedigung jeder sinnenfälligen und sinnvollen Tätigkeit, die in unserem Zeitalter weit vorangetriebener Spezialisierung und daraus folgender Abstraktion vielen Berufsaufgaben verlorengeht. Der Garten gewährt sie. Gartenarbeit teilt die körperliche Anstrengung mit Trimm-Programmen ohne deren mechanischen Stumpfsinn.

Die völlige Selbstversorgung aus dem Garten ist in unserer Zeit der vielfältigsten Verflechtungen und Abhängigkeiten eine Illusion. Man müßte dann auf alles verzichten, was nicht im eigenen Garten wächst, und dazu dürften nur wenige Menschen bereit sein. Abhängigkeit von anderen Menschen und deren Arbeit knüpft auch Beziehungen zu ihnen. Wir streben eine Gesellschaft autarker Einzelhöfe mit geschlossener Hauswirtschaft nicht an, deshalb wird der Gedanke des Selbstversorgens aus dem Garten im folgenden nur soweit berücksichtigt, als uns der Garten mit vielen guten und gesunden Nahrungsmitteln beschenkt. Wenn seine Größe und unsere Zeit das erlauben, können wir wirklich weitgehend unsere Nahrung aus selbstbebautem Land beziehen, aber dazu reichen die freien Stunden neben der üblichen Berufsarbeit nicht.

Bedient man sich als Freizeitgärtner aus Neigung mit eigenen Radieschen, mit Salat, Bohnen, Zwiebeln, Kräutern, gelben Rüben und anderen Gemü-

Für den Eigenbedarf sind regelmäßige Kleinernten verschiedener Gemüsearten am günstigsten

Mischkultur

Lauch

Bohnen

Möhren

Endivie

Erbse

sesorten während der warmen Jahreszeit, dann wird man damit sehr zufrieden sein, ohne daraus gleich den Anspruch abzuleiten, nun auch auf Orangen oder Reis und all die anderen köstlichen Erzeugnisse des Land- und Gartenbaus anderer Weltgegenden zu verzichten. Natürlich liegt es im Bereich des Möglichen, weitgehend und unmittelbar von den Erträgen des eigenen oder gepachteten Bodens zu leben; unsere Vorfahren taten es schließlich auch.

Ich möchte für das Gärtnern zum Hausgebrauch auch jenem Erntefanatismus entgegenwirken, der Gewichts- und Größenrekorde der Erträge oder Früchte zum Maß des Gartenerfolgs erhebt. Gerade weil wir im allgemeinen nicht auf ihn angewiesen sind, also unter keinem Erfolgszwang stehen, macht das Wirken im Garten so viel Spaß. Selbstverständlich freue ich mich, wenn ich im ersten Kartoffeljahr eine 500 g schwere Knolle aus der Erde hebe, wenn die längste Feuerbohne 40 cm erreicht. Aber wir verzichten darauf, unsere Erträge nachzuwiegen. Die dafür erforderliche Zeit lassen wir lieber den Pflanzen, den Haustieren oder uns selbst zugute kommen. –

Wer nicht schon Gartenerfahrung sammeln konnte, überschätzt meist die für seine persönlichen Verhältnisse richtige Gartengröße. Das gilt vor allem für den reinen Nutzgarten; denn der macht am meisten Arbeit. Spielt man mit dem Gedanken irgendeiner Selbstversorgung, muß man zwei Größen miteinander in Beziehung setzen:

1. das erforderliche bzw. verfügbare Land,
2. die aufwendbare Arbeitskraft.

Eine Rundum-Selbstversorgung durch die geschlossenen Kreisläufe eines Bauernhofs mit Tieren, Grünland, Acker und Garten dürfte kaum unter drei bis vier Hektar, also dreißig- bis vierzigtausend Quadratmeter zu haben sein. Aber eine solche Angabe ist alles andere als fest. Genaugenommen muß dieses Land nicht nur eine – sagen wir vierköpfige – Familie das ganze Jahr über mit den Hauptnahrungsmitteln völlig versorgen, es müssen auch verkaufbare Überschüsse erwirtschaftet werden, um das einzuhandeln, was man nicht selbst erzeugt: Kleider, Energie, Geräte, Saatgut und vieles andere. Man hat, diese Bedürfnisse eingeschlossen, die Hektarzahl des Existenzminimums zu verdoppeln.

Ich kenne eine vierköpfige Familie, die einen Acht-Hektar-Grünlandhof biologisch-dynamisch bewirtschaftet: Kühe, Bienen, Kartoffeln, Garten und etwas Wald. Diese Leute leben seit zwanzig Jahren von ihrem Land; aber jeder ›normale‹ Bauer hält das für unmöglich. Sein Flächenbedarf wird wenigstens doppelt so hoch sein, um mit der heute üblichen Wirtschaftsweise und den mit ihr verbundenen Investitionen in Maschinen und Mineraldünger über die Runden zu kommen.

Will jemand nur insofern von seinem Kulturland leben, als er ernten möchte, was er an Getreide, Kartoffeln, Gemüse und Obst braucht – Kleintiere eingeschlossen –, dann wird er mit zwei Hektar anbaufähigem Boden für seine Familie auskommen. Geht es aber allein um den unmittelbaren Bedarf an Salat, Gemüse und Beerenobst, also das, was üblicherweise im Nutzgarten zu ernten ist, so werden bei intensiver Anbauweise schon zweihundert Quadratmeter den Familienbedarf weitgehend decken können. Grob über den grünen Daumen gepeilt, bringen hundert Quadratmeter Nutzgarten gut dreihundert Kilogramm und mehr Erntegut, wenn man von der wünschenswerten Vielfalt der angebauten Nutzpflanzen ausgeht. Knoblauch fällt dann eben wenig, Weißkraut stark ins Gewicht. Der ganze Hausgarten der Familie müßte allerdings größer sein, denn auf das Drumherum von Kompostmiete bis Schöpfbecken kann nicht verzichtet werden.

III Lage und Kleinklima des Gartens

Beginnt man, erstmalig ein Grundstück in Kultur zu nehmen, empfiehlt es sich, bescheiden anzufangen; das heißt, man wird die arbeitsaufwendigen Anbauflächen, also den eigentlichen Nutzgarten, mit bescheidenen Maßen dem Gartenganzen eingliedern. Mit den Erfahrungen und Erfolgen der ersten Jahre vergrößert man den Gemüsegarten, soweit die Arbeitszeit für seine Pflege reicht. Der kleine Nutzgarten bringt bei intensiver Bewirtschaftung vielleicht mehr als der große, bei dem man stets im Kampf gegen seine Verwilderung liegt. Vor allem bearbeitet man kleinere Flächen mit Freude, während man dem großen Garten gleichsam nachrennt, ohne das Ziel gepflegter Kulturen je zu erreichen. Einem solchen Garten gegenüber hat man stets ein schlechtes Gewissen, und das trübt das Vergnügen an ihm beträchtlich.

Natürlich wünscht sich zunächst jeder ein großzügig bemessenes Grundstück, doch man muß deshalb nicht auch schon einen großen Garten anlegen. In etwa gilt diese Reihenfolge: Beerensträucher machen weniger Arbeit als Gemüsebeete, Blumen weniger als Beerenobst, Stauden weniger als Sommerblumen, Rasen etwa so viel wie Stauden oder Beerenobst, eine Blumenwiese weniger als Rasen, Obstbäume etwa so viel wie eine Wiese.

Diese Aufwandstufen für Kulturflächen können sich jeweiligen Verhältnissen und Ansprüchen entsprechend auch anders darstellen, doch bieten sie einen Anhalt für zweckmäßige Größenteilungen eines Grundstücks.

Auch die einzelnen Gemüsearten machen unterschiedlich viel Arbeit. Unsere Kartoffeln etwa belasten uns nur zweimal im Jahr mit allerdings schwerer Arbeit: Bodenvorbereitung, düngen und pflanzen im Frühjahr, ernten im Herbst. Im Sommer betrachten wir sie nur und sehen dem Wettlauf zwischen Kartoffelpflanzen und Unkräutern gelassen zu. Es gibt dann einfach Wichtigeres zu tun.

Bei humusreichen Böden braucht man Kartoffeln nur zu legen und zu ernten

Sicher würde man das Ernteergebnis durch mehr Pflege erhöhen, aber andere Kulturflächen bedürfen dann unserer Arbeit dringender. Wir nehmen das Unkraut hin und ernten durchschnittlich drei Zentner Kartoffeln. Warum also mehr tun, wenn das Ziel auf diese Weise erreicht wird? Allerdings müssen wir mit Land nicht sparen. Wer jede Handvoll Gartenerde intensiv nutzen will, weil er seinen Ertragsgarten nicht vergrößern kann, tut gut daran, mitzehrendes Unkraut auszuschließen.

Die aufwendbare Arbeitszeit begrenzt die ›zumutbare‹ Gartenfläche. Auch bei lockerer Handhabe, die noch nicht in Schlamperei übergeht, muß man für den Nutzgarten als unteres Maß eine Stunde je Quadratmeter und Jahr ansetzen. Mit weniger kommt man kaum davon. Aber ob jemand mehr oder viel mehr Arbeit in den Garten steckt, ist auch eine Frage der Organisation, der Erfahrung und des Anspruchs.

Es trifft nicht zu, daß der biologisch gepflegte Garten wesentlich mehr Arbeitszeit erfordert als der mit chemischen Hilfsmitteln bewirtschaftete. Es sei denn, man macht es sich zur Aufgabe, jedes Pflänzchen, das nicht gesät oder gesetzt wurde, schon bei seinem Erscheinen mit Stumpf und Stiel zu vernichten. Abgesehen davon, daß eine Bodenbedeckung derlei Arbeit weitgehend überflüssig macht, gibt es natürlich solche in Handarbeit ›geleckten‹ Gärten. Bei ihrem Anblick mag der Verdacht aufsteigen, daß hier ein Pedant seinen Ordnungssinn auf friedliche, sogar nützliche Weise auslebt. Auch dafür kann ein Garten gut sein.

Anregungen zu geben, wie man ein Grundstück zum Garten macht und wie ein Garten nach den Bedürfnissen seines Besitzers gestaltet werden kann, soll einem anderen Band vorbehalten bleiben. Hier sei nur auf die wichtigsten Punkte der Planung hingewiesen.

Der Nutzgarten braucht die beste Erde, die meiste Sonne und den am sichersten vor Winden geschützten Platz auf unserem Gartengrundstück. Er sollte vom Haus aus leicht zugänglich sein, das gilt besonders für die Kräuterecke. Wenn es der Hausfrau bequemer ist, Kräuter beim Kaufmann mitzunehmen, als sie aus dem eigenen Garten zu holen, dann wird sie diese Kräuterquelle nicht immer nutzen. Da die Gemüsebeete öfter als Blumenrabatten oder Staudenbeete eine Bodenbearbeitung, ein Auspflanzen, Jäten, Ernten oder Düngen erfordern, legt man sie zweckmäßigerweise an den Hauptweg. Auf ihm sollte man bequem mit der Schubkarre fahren können. Deshalb ist es auch nicht empfehlenswert, Gemüsebeete dort einzurichten, wo sie durch Stufen vom Haus getrennt sind. Die kleinste, scheinbar unbedeutende Arbeitserschwernis vervielfältigt sich im Lauf des Gartenjahres und frißt kostbare Zeit. In diesem Sinne sollten auch die Geräte – wenn möglich – in Nutzgartennähe untergebracht sein.

Gießen betrifft vor allem die Gemüsebeete. Bei größeren Flächen empfiehlt sich ein flach unter dem Boden verlegtes Stecksystem, zum Beispiel von Gardena, Wolf oder AL-KO, das ein Sprengen ohne Schlauchschleppen vom Keller zum Nutzgarten erlaubt. Ein Trost für Anfänger: Erwarten Sie nicht, schon im ersten Jahr alles richtig zu machen. Im Garten sind Sie Herr Ihrer Planung. Fehler dürfen begangen, aber sie müssen nicht wiederholt werden.

Sonnenbestrahlung und das jeweilige Kleinklima der Gartenteile entscheiden wesentlich über den

Die Zuleitung aus Kunststoff wird nur spatentief verlegt.

Schnellverbindung mit Drehsperre für den Gartenschlauch

Bretterzaun und fruchttragende Kulturgehölze verbessern das Kleinklima im Gemüsegarten

Erfolg des Gemüseanbaus. Pflanzenmasse wird ausschließlich durch Photosynthese erzeugt, das heißt unter Sonnenlicht. Daran führt für die Pflanze kein Weg vorbei. Auch der dickste Rettich kann nur speichern, was in seinen grünen Blättern im Sonnenlicht an Nährstoffen assimiliert wurde.

Soll das ganze Tageslicht dem Gemüsegarten zugute kommen, dann darf – wenigstens in unseren Breiten – nichts den Strahlenweg der Sonne behindern. Bäume verschönern jeden Garten, der nicht zu klein ist für sie, aber sie werfen auch Schatten. Nur im Norden des Nutzgartens nehmen sie den Gemüsebeeten kein Licht. Dasselbe gilt, eingeschränkt je nach ihrer Höhe, für Hecken, Büsche, Lauben, Sichtblenden, Pergolen und Gartenhäuschen. Hier geht Nutzen vor Schönheit, wenn mit Lichteinbuße bezahlt werden müßte. Kurz gesagt: Für Sonnenlicht im Garten gibt es keine Alternative.

Man kann jedoch durch eine Reihe von Maßnahmen das Kleinklima eines Gartens entscheidend verbessern. Dabei kommt es vor allem darauf an, dem Wind Einhalt zu gebieten und kalte Bodenluft daran zu hindern, in die Kulturflächen einzufließen. Die Gemüsebeete sollten deshalb auf keinen Fall in einer ›geschützten‹ Mulde des Gartens angelegt werden, denn sie könnte gleichzeitig das Gefrierfach des Grundstückes sein.

Weil Kaltluft schwerer ist als Warmluft, kann man sich leicht vorstellen, daß sie bei Windstille wie eine träge Flüssigkeit ihren Weg zu den tiefsten Stellen des Geländes nimmt. Wer das genau wissen will, legt an verschiedenen Stellen seines Grundstücks Thermometer aus – natürlich im Schatten. Ein anschauliches Bild von der Wärme-/Kältestruktur eines Geländes ergibt sich manchmal nach einer Reifnacht. Die Rinnen und Senken können dann weiß überzuckert, günstigere Lagen grün geblieben sein.

Auch wenn man bei einem Hanggarten auf seinen höheren Teilen mehr Wind in Kauf nehmen muß, sollte man die Gemüsebeete dort anlegen. Vor Wind schützt man die Beete am besten durch Hekken. Sie sollten einen Schattenabstand von den Nutzflächen haben und aus demselben Grund nicht zu hoch sein.

Die Hecke, so stellt sich mancher vor, muß als Windschutz immer grün und so dicht sein wie ein vieljähriger Thujawall. Die Kraft des Windes bricht aber auch eine Hecke aus reizvollen, sommergrünen Laubgehölzen, blühenden und fruchttragenden Heckenpflanzen, denn der Luftstrom wird durch die Hecke angehoben und entkräftet. Hinter der Hecke entwickeln sich höhere Lufttemperaturen, auch wenn es dort nicht windstill ist. Wind schadet dem Garten aber nicht nur als Kältebringer, sondern noch mehr als Austrockner des Bodens. In dieser Hinsicht wirkt der warme Wind meist schädlicher als der kühle.

Als schlimmster Einbruch unerwünschter Umwelteinflüsse erweist sich für manchen Garten eine nahe, verkehrsreiche Straße. Sie kann mit ihrem Lärm, ihren Abgasen, ihrem Schmutz und ihren Erschütterungen die Freude am Garten schwer beeinträchtigen, sie vielleicht unmöglich machen. Da hilft keine freundliche Vogelhecke mehr, sondern im Nahbereich nur die massive Abgrenzung durch eine hohe Mauer, sofern die Straße nicht im Süden des Grundstückes verläuft und ein gemauerter Schirm den Garten buchstäblich kaltstellen würde.

Schließlich beeinflussen auch Gewässer nahe und auf dem Grundstück das Kleinklima des Gartens. Ein Teich mit stehendem Wasser kühlt während warmer Tageszeiten und mildert in seiner unmittelbaren Umgebung die Kühle der Nacht. Je größer die Wassermasse, desto deutlicher kann ihre ausgleichende Wirkung wahrgenommen werden. Gartengewässer mit ständigem Durchlauf frischen Wassers geben beträchtliche Kälte ab und sind für den Nutzgarten deshalb nicht zu empfehlen.

Stehen auf einem Grundstück mehrere Seiten des Hauses für den Garten zur Verfügung, dann wird man für die Gemüsebeete nach Möglichkeit Ost- oder Südlage wählen. Den besonders im Frühjahr entscheidenden Vorteil des Sonnenfangens an einer Hauswand kann man im Freiland durch eben die Einrichtungen herbeiführen, vor denen als Schattenspender gewarnt wurde – mit Ausnahme der Bäume.

In der Nähe meines, an einem Südhang gelegenen Geburtshauses gab es ein kleines Stück Waldrand, an dem im Frühling regelmäßig der Schnee zuerst Boden freigab. Mein Vater, ein Feind des Schnees, erwarb vor gut drei Jahrzehnten dieses Fleckchen Erde von knapp tausend Quadratmetern und legte sich dort einen Terrassengarten an. Wir pflanzten – ich möchte sagen im ersten Besitzerrausch – auch vielerlei Bäume an. Die entfalteten sich kräftig, so daß große Teile des einstigen Sonnengartens nun so stark beschattet werden, daß dort nicht mehr viel wächst. Manche Gartenfreuden schließen sich, besonders auf engem Raum, eben gegenseitig aus.

Beim Ideal-Grundstück umfaßt eine Hecke den ›Wohnbereich‹ des Gartens, breitet sich im Norden der Anlage eine Spielwiese mit Obstbäumen aus. Es gibt viele in ihrer Art vollkommene Gärten, vollkommen je nach den Verhältnissen der Umgebung und den Absichten der Gestalter in ganz verschiedener, ja gegensätzlicher Weise. Zu den liebenswürdigsten Gartenformen zähle ich den kleinen bis mittelgroßen Bauerngarten alten Stils. Ihn zeichnet eine Eigenschaft aus, die heute vielen Gärten fehlt: allgemeine Menschenfreundlichkeit. Ich meine nicht, daß diese Gärten Spielplätze für Kinder, Liebeslauben oder Grillecken enthielten, dafür hatten die Bauern weder Sinn noch Zeit. Sie zeigten jedoch den vorübergehenden Menschen in unbekümmerter Offenheit alles, was sie hatten: Blumen, Gemüse, Unkraut in oft verschwenderischer, gleichsam natürlicher Fülle.

Heute trachten die meisten Hobbygärtner danach – und sie haben nach Lage ihres Gartens vielleicht zwingende Gründe dafür –, ihren Garten gegen die Außenwelt abzuschirmen, einen ausschließlichen und ausschließenden Selbstzweck daraus zu machen – eingemauert hinter Schloß und Riegel. Ist das ein Gartenglück, wenn die Früchte der Arbeit kein Außenstehender mehr sieht, wenn ein Garten nicht auch Augenweide für die Vorübergehenden ist? Ich gehe für mein Leben gern an fremden Gärten vorüber und betrachte, was dort wächst und gedeiht. Pralle Gurken und Salatköpfe entzücken mich dabei ebenso wie eine leuchtende Blumenpracht.

Der biologisch gepflegte, ertragreiche Gemüsegarten ist ein Versprechen, das in den folgenden Kapiteln eingelöst werden soll. Wenn wir aus Gründen thematischer Gliederung nur von Gemüse und Obst sprechen und darüber, wie man es dick und rund macht, dann soll damit nicht zum Ausdruck gebracht werden, daß der Hausgarten nur aus küchennützlichen Beeten bestehen und der Gemüsegarten nur Eßbares hervorbringen soll. Auch die Schönheit seiner Pflanzen und Freude durch die Arbeit in ihm sind wesentlich. Der wahre Gärtner aus Liebe mag seine Ernte wiegen, aber er mißt sein Gartenvergnügen nicht nur am Marktpreis der Erträge.

Nutzpflanzen erfreuen auch durch ihr Ebenmaß

IV Lebendiger Boden, Grundlage des Gartenerfolgs

Erde ist der Körper unseres Gartens, Geschenk und Aufgabe für den, der ihn pflegt. Unter ›gutem‹ Boden versteht man allgemein solchen, der viele Pflanzenarten gut gedeihen läßt. Biologisch gärtnern heißt auch, Einblick in die Ursachen zu gewinnen, welche die Bodenfruchtbarkeit bewirken.

Bodenfruchtbarkeit ist kein Zustand, sondern ein Zusammenspiel vieler ineinandergreifender Vorgänge. Ein tiefgreifender Unterschied zwischen konventionellen und naturgemäßen Anbauweisen liegt in der Behandlung dieser Vorgänge, also in der Pflege und Düngung des Bodens. Beide Auffassungen mit den daraus folgenden Maßnahmen lassen sich – vereinfacht – so kennzeichnen:

Jeder Pflanze müssen zehn Grundstoffe zur Verfügung stehen, von denen nach Liebigs Minimumgesetz keiner fehlen darf, ohne die anderen unwirksam zu machen: Sauerstoff (O), Kohlenstoff (C), Stickstoff (N), Wasserstoff (H), Schwefel (S), Phosphor (P), Kalium (K), Kalzium (Ca), Magnesium (Mg) und Eisen (Fe). Die Pflanze ist von weiteren Stoffen, den Spurenelementen, abhängig: Natrium (Na), Silizium (Si), Chlor (Cl), Aluminium (Al), Mangan (Mn), Bor (B), Kupfer (Cu), Vanadium (Va), Zink (Zn), Kobalt (Co) und Molybdän (Mo), sowie von sogenannten Humus- und Wuchsstoffen.

Die Stoffe, von denen die Pflanze mengenmäßig am meisten braucht, Sauerstoff und Wasserstoff, entnimmt sie dem Wasser, Atemsauerstoff und Kohlenstoff der Luft (CO_2). Etwa die Hälfte der pflanzlichen Trockenmasse besteht aus Kohlenstoff. Natürlich braucht die Pflanze zum Leben auch Wärme und Licht.

Bringt man nun die genannten Stoffe – außer denen, die der Luft und dem Wasser entnommen werden – bei annähernd richtigem Mengenverhältnis in Lösung mit Wasser, so kann eine mit dieser Lösung versorgte Pflanze unter Licht und Wärme wachsen. Läßt man auch nur einen der Grundstoffe weg, so bleibt die Pflanze nicht am Leben.

Nach dem Faßdaubenschema ergibt sich folgerichtig, daß die Ertragskraft eines Bodens von dem Nährstoff begrenzt wird, der in ihm im Verhältnis zum Pflanzenbedarf am wenigsten vorhanden ist, zum Beispiel Kalium, Stickstoff oder Phosphor. Diese drei Nährstoffe mangeln den Kulturböden am häufigsten und werden deshalb in Form von Mineralsalzen als ›Volldünger‹ in den Boden gebracht. Die Pflanze kann solche in Wasser lösliche Mineralsalze durch ihre Wurzeln aufnehmen. Der Düngungserfolg ist unmittelbar am vermehrten Pflanzenwachstum abzulesen.

Im Garten erzielt man mit Mineraldüngung schnelle Erfolge und ansehnliche Ernteergebnisse. Um eine anhaltende Versorgung der Pflanzen zu gewährleisten, muß verhältnismäßig oft gedüngt, der Boden mechanisch gelockert werden, zum Beispiel durch Umgraben und Hacken, in der Landwirtschaft durch Tiefpflügen.

Was dem Boden jeweils fehlt, kann man durch Bodenuntersuchungen ermitteln. Gewöhnlich beschränken sich diese Analysen auf den Gehalt an Stickstoff (N), Phosphor (P) und Kali (K) sowie auf den pH-Wert. Diese Zahl gibt Aufschluß über den Zustand des Bodens im Hinblick auf seine sauren oder alkalischen Eigenschaften. Vom pH-Wert kann man auf den Kalkgehalt des Bodens schließen. Kalkarme Böden sind sauer, kalkreiche alkalisch. Fruchtbare Kulturerde sollte einen pH-Wert bei sechs oder sieben aufweisen, höher wäre zu sehr alkalisch, tiefer zu sauer (1 = reine Salzsäure, 14 = reine Natronlauge). Der günstigste pH-Wert liegt etwa in der Mitte beider Extreme, die Erde ist dann annähernd ausgeglichen.

Selbstverständlich gilt auch in biologischer Sicht, daß die Pflanze alle zehn mineralischen Grundbausteine für ihre Ernährung braucht. Jede bewachsene Erde enthält sie, sonst könnte sie kein Grün hervorbringen. Wo auf natürlichem Boden gar nichts wächst, ist das meist auf Licht- oder Wassermangel zurückzuführen.

Die vielfältigen stofflichen Bedingungen, die für das Pflanzenwachstum erfüllt sein müssen, vereinfachen sich für unser Verständnis, wenn wir nicht von der Analyse des Bodens ausgehen, sondern im Gegenteil größere Zusammenhänge zu erfassen suchen. Dazu brauchen wir nur zu betrachten, wie das Werden und Vergehen des Bodens in der Natur abläuft. Als Beispiel bietet sich, wie schon erwähnt, die unserem Klima angemessene Pflanzengemeinschaft des Mischwaldes an. Er kann uns Grundkenntnisse der Bodenpflege lehren. Sie besagen, daß beständige und ausgewogene Bodenfruchtbarkeit nicht durch das Hinzufügen bestimmter Stoffe von außen herbeigeführt werden muß, sondern durch die natürlichen Stoffkreisläufe selbst erreicht werden kann.

Alle elf sogenannten Kern-Nährstoffe sind im Pflanzenkörper selbst enthalten. Verkohlt man ihn unter Sauerstoffabschluß, so erhält man ein schwarzes Pulver, aus dem durch Veraschen (Verbrennen) der Kohlenstoff entweicht. Diese weiße Pflanzenasche enthält in Form von Salzen, was die Pflanze außer Luft, Wasser und Licht an Stofflichem für ihren Aufbau benötigt. Eine neue Pflanze kann ohne Erde in einer wäßrigen Lösung dieser Asche wachsen, wenn sie gleichzeitig Luft für Atemsauerstoff und Kohlenstoff sowie Licht als Energiequelle und Wärme bekommt.

Da die Stoffe, die eine Pflanze zum Leben braucht – einschließlich der Spurenelemente –, auch in ihr selbst nachgewiesen werden können, müßte eine neue Pflanze mit den Bestandteilen einer abgestorbenen ernährt werden können. Diese Annahme ist richtig, aber so kurzgeschlossen arbeiten die Stoffkreisläufe der Natur nicht. Wenn ein Organismus abstirbt, läßt er, wie jeder aus Erfahrung weiß, nicht Mineralsalze, sondern organische Verbindungen zurück. So wie Tiere und Menschen nicht von Mineralien, sondern von organischen Verbindungen leben, so nehmen umgekehrt die höheren Pflanzen keine organischen, sondern nur mineralische, also anorganische Stoffe auf. Das heißt: Tiere

Das Zusammenspiel von Nutztieren und Anbauflächen enthebt den Gartenhof aller Düngersorgen

und Menschen leben unmittelbar und mittelbar von Pflanzen, ohne sie können sie nicht bestehen. Höhere Pflanzen dagegen schöpfen ihre Nahrung zum einen Teil aus Luft und Wasser, zum anderen Teil aus Mineralien verwitternder Gesteine und bereits abgebauter organischer Verbindungen.

Den Abbau, also das Zerlegen organischer Stoffe in anorganische Grundbausteine, leisten kleinste Lebewesen oder Mikroben, meist einzellige Bakterien. Die Bakterien bilden eine große Abteilung innerhalb des Pflanzenreiches.

So haben wir es in der belebten Natur erstens mit Stoffbildnern (Konstruenten) zu tun, den blattgrünhaltigen, also assimilierenden Pflanzen, zweitens mit Verbrauchern (Konsumenten), Tiere und Menschen, und schließlich mit Zerlegern (Destruenten), den Bakterien und Pilzen. Von diesen drei Lebewesengruppen werden, vereinfacht gesagt, die Stoffkreisläufe der Lebensentfaltung in Gang gehalten. Man muß betonen, nicht notdürftig, sondern vollständig. Denn aus der Umsatzkraft dieser Kreisläufe und nicht mit Mineraldüngergaben ›von außen‹ entfaltet sich die Schöpfung seit vielen Millionen Jahren.

In der biologischen Anbauweise werden diese natürlichen Vorgänge herbeigeführt und gefördert. Gute Bedingungen für die natürlichen Stoffumsätze zu schaffen, bedeutet, mit den Mitteln der Natur zu arbeiten. Die biologische Anbauweise ist deshalb nicht rückständig, sie geheimnist nichts in die Naturvorgänge hinein, sondern bedient sich ihrer.

Auch einigen Vertretern der ›Biologischen‹ möchte man die Grundwahrheiten des Wachsens bisweilen in Erinnerung rufen, wenn sie mit tausend Mittelchen und Spezialrezepten ihren Garten bemuttern. Manche scheinen die Abhängigkeit von Spritzkalendern der chemischen Zulieferer in eine Abhängigkeit von Aussaat- und Erntekalendern nach Gestirnkonstellationen zu verwandeln. Damit ist kein Wort gegen die bedeutenden und vielleicht zukunftsweisenden Forschungsarbeiten gesagt, die solchen Tabellen zugrunde liegen. Fatal ist nur, wo sie beim Ausführenden nicht zum Verständnis der Zusammenhänge, sondern zur Mechanik des Handelns führen.

Aus dem Gesagten wird ersichtlich, daß die konventionelle Anbauweise mit Mineraldüngern die Pflanzen vorwiegend unmittelbar, man könnte sagen, künstlich ernährt, daß die biologische Anbauweise zunächst dem Boden zu einem höheren Belebungsgrad verhilft. Hier heißt Düngen vor allem, den Boden lebendig zu machen, das mikrobielle Bodenleben zu fördern. Die Pflanzen werden dann nicht unmittelbar, sondern mittelbar, wie in der Natur selbst, ernährt.

Das Pflanzenwachstum über ein gefördertes Bodenleben mit Nahrung zu versorgen heißt, auf ganz schnelle und übermäßige Wirkung zu verzichten, heißt aber auch, unerwünschte Nebenwirkungen auszuschließen.

Um Mißverständnissen vorzubeugen: Bodenleben fördern bedeutet, dem Boden organische Nahrung zu geben. In ihr sind die mineralischen Grundbaustoffe für die Pflanzen enthalten, doch müssen sie von den Mikroben erst durch Abbau den Pflanzen zugänglich gemacht werden. Die gleichen Grundstoffe kommen beim konventionellen und beim biologischen Anbau auf verschiedenen Wegen und in verschiedenen Qualitäten an die Pflanze.

Die direkte Versorgung mit wasserlöslichem Mine-

Wo immer Humus anfällt, sollte man ihn aufsetzen und später den Kompostmieten zuführen

raldünger führt zwangsläufig zum Ausschwemmen von Teilmengen des verwendeten Düngers. Sie gelangen mit dem ablaufenden Wasser in Bäche und Flüsse und bilden einen beträchtlichen Teil der Gewässerbelastung. Überfrachtetes oder eutrophiertes Wasser gehört heute zu den ständigen Sorgen der Ökologen, es verändert den Sauerstoffgehalt und damit Pflanzen- und Tiergemeinschaften der Gewässer nachhaltig.

Fruchtbare Erde ist ein Stoffgemisch aus mineralischen Bestandteilen des Unterbodens und organischen Stoffen der Erdoberfläche in verschiedenen Zuständen der Verrottung. Wasser und Luft durchdringen die Erde und machen sie für eine artenreiche Lebewelt bewohnbar. Man bekommt ein zutreffendes Bild von den Vorgängen an der Grenzschicht zwischen dem Mineralkörper unserer Erde und ihrer Lufthülle, wenn man sich zwei Zahnräder vorstellt, die durch ihre Drehung ineinandergreifen, sich fortwährend aufeinander zubewegen und ihre Massen in einem Durchdringungsraum verzahnen.

Aus dem Muttergestein, dem dichten, mineralischen Unterbau der Erde, sondern sich mit dem Eindringen von Wasser feinste Teile in Lösung,

Im Mischwald kann man beobachten, wie sogar Holz in freier Luft von Mikroben zersetzt wird

Der Waldboden ist biologisches Vorbild der Kompostrotte

aber auch große Brocken ab und steigen nach oben. Dabei spielen in unseren Breiten auch Temperaturunterschiede zwischen Tag und Nacht, zwischen Sommer und Winter eine Rolle. Man kann beobachten, wie kleine oder große Steine durch den Boden an die Erdoberfläche wandern – zum Mißvergnügen derer, die das Feld bestellen. Unter Steinen sammelt sich Wasser, das beim Gefrieren seinen Rauminhalt vergrößert und dadurch den Stein nach oben schiebt. Wäre nur die Schwerkraft am Werk, müßten alle Steine nach und nach im Boden verschwinden, in ihrer leichteren Umgebung absacken. Die Erfahrung bestätigt das Gegenteil.

Je nach Zusammensetzung des Muttergesteins entstehen über ihm verschiedene Bodenarten. Der Boden erhält aus seinem Untergrund eine ständige Zufuhr von Mineralien, zum Beispiel Kalk, Kali, Magnesium und Phosphor, die wir schon als unverzichtbare Nährsalze der Pflanzen angesprochen haben. Die Gegenbewegung von oben führt organische Stoffe zu: abgestorbene Pflanzenteile wie Gräser, Kräuter, Laub, Nadeln, Holz, Blüten, Pollen, Samen und Wurzeln. Dazu kommen die Ausscheidungen der Tiere, Teile ihrer Körper aus Chitin oder Horn, ganze Tierkörper und deren Reste, wenn sie sterben oder erbeutet werden.

Dieser organische Trümmerhaufen würde die Erde in kurzer Zeit ersticken lassen, unbewohnbar machen, wenn nicht die Lebensgemeinschaften des Bodens und des Wassers, wie Bakterien, Pilze, Algen, Würmer und Gliedertiere sich der Abfallstoffe annehmen und sie auf vielen Stufen ihrer Tätigkeit wieder in Mineralbausteine, also Nährsalze für die Pflanzen, zerlegen würden. Ohne diese Grundstufen der Lebensentfaltung gäbe es auch keine höheren Pflanzen, keine Tiere und keine Menschen.

Wir können an dieser Stelle auf die Zusammensetzung des Bodenlebens nicht näher eingehen. Für den Praktiker des Gartens ist es wichtig zu wissen, daß im Durchdringungsraum von Mineralien der Tiefe und organischen Verbindungen der Erdoberfläche das Bodenleben die Stoffkreisläufe in Gang hält.

So wie in den verschiedenen Höhenstufen des Waldes bestimmte Tiere wohnen und wirken, so hat man sich auch für den Boden kein Durcheinander, sondern ein reichgegliedertes Gefüge der verschiedenen Lebewesenarten zu denken. Wären die Bakterien in ihrer unübersehbaren Artenvielzahl nicht in der Lage, unter fast allen nur denkbaren Umweltbedingungen organische Stoffe abzubauen, dann gäbe es an unwirtlichen Winkeln der Erde unbewältigte Abfallhaufen. Die Allgegenwart der Zersetzer, und zwar jeweils der richtigen, erklärt sich aus der Tatsache, daß Bakterien anders als höher organisierte Lebewesen keinem zeitlich bestimmten Lebenszyklus unterworfen sind. Viele können sich bei Nahrungsmangel oder unpassenden Bedingungen zu unempfindlichen Dauerformen, den Zysten, verkapseln und bei besserer Gelegenheit zu neuer Tätigkeit und schneller Vermehrung entfalten. Wenn wir nur die geeigneten Bedingungen schaffen, haben wir auch das dazugehörige Bodenleben.

Die oberen Bodenschichten in Luft- und Lichtnähe beherbergen andere Mikroorganismen als die mittleren mit weniger Sauerstoff oder solche ohne Luftzutritt. Auch die Art der anfallenden organischen Stoffe bedingt unterschiedliche Zusammensetzungen der Destruenten: Holz wird von anderen abgebaut als Horn, Mist von anderen als Nadelstreu. Eine saure Umgebung hemmt Bakterientätigkeit.

Ein Bakterium kann ein Tausendstel Millimeter groß, viel größer oder viel kleiner sein. Auch Bakterien haben Feinde, zum Beispiel Viren. Die pflanzlichen und tierischen Lebewesen in der Erde faßt man als *Edaphon* zusammen. Ähnlich wie die Lebewesen auf und über der Erde ein Beziehungsgefüge zahlreicher empfindlicher Gleichgewichte des Fressens und Gefressenwerdens bilden, stehen auch die Mitglieder des Edaphon in geregelten Abhängigkeiten untereinander und zu ihrer Umwelt. Die Zahl ihrer Einzelwesen ist für unser Raumdenken unvorstellbar groß: ein Gramm humusreicher Erde kann über eine Milliarde enthalten.

Viel Kleinvieh macht auch Mist. Ein Hektar fruchtbaren Bodens gibt mehreren Tonnen Lebewesen des Edaphon Raum und Nahrung. Alle in der Erde lebenden Organismen wiegen mehrfach so viel wie alle auf ihr lebenden, die Menschen eingeschlossen. Solche Lebensentfaltung braucht Raum. Betrachtet man belebten Humus unter dem Mikroskop, dann erweist sich ein mit dem Auge kaum mehr wahrnehmbarer Erdkrümel als ein reichstrukturiertes Raumgebilde. Man hat errechnet, daß die Oberfläche der Poren von nur einem Gramm Gewicht um achthundert Quadratmeter erreichen!

Die Wohnburgen des Bodenlebens, vorzustellen als schwammartige Gebilde mit Luft- und Wassereinschlüssen, entstehen nicht von selbst, sondern durch die Tätigkeit seiner Bewohner. Die vielzitierte Bodengare, eine Fruchtbarkeitsvoraussetzung der Erde, ist nichts anderes als das Werk des Bodenlebens.

Und da berühren diese Ausflüge ins Unsichtbare die praktische Gartenarbeit. Wir beschäftigen uns, wenn auch nur andeutungsweise, mit dem Bodenleben, um in Ihnen, lieber Leser, eine Art Hemmung aufzubauen, diese Welt der Kleinsten mit Chemie oder auch nur mit dem Grabspaten unnötig zu stören. Alle diese Lebewesen sind unsere unsichtbaren Helfer im Garten. Ein Guß aus dem Giftkanister löst im Bodenleben wahre Katastrophen aus. Die Art des Umgrabens, bei der das Unterste zuoberst kommt, oder das Fräsen mit Motor, wirft nicht nur Erde, sondern mit ihr auch das in den Schichten enthaltene Bodenleben über den Haufen. Die biologische Pflege belebter Gartenerde hat solche Hauruck-Arbeiten mechanischer Bodenlockerung in der Regel nicht nötig. Die so gewonnene Zeit geht in anderen Arbeiten auf, zum Beispiel bei der Anlage einer Kompostmiete oder beim Ausbringen der reifen Komposterde. Biologischer Gartenbau bedeutet im Durchschnitt nicht mehr, aber auch nicht weniger Arbeit als die konventionelle Wirtschaftsweise.

Das Bodenprofil

Jeder Gartenpraktiker weiß, daß außer dem Belebungsgrad des Bodens – in etwa gleichzusetzen mit seinem Humusanteil – auch die grundsätzliche Bodenart für die Bearbeitung und Ergiebigkeit des Gartens eine Rolle spielt. Anders als der Landwirt, der den Boden seiner Wiesen und Äcker auf lange Sicht als gegeben hinnehmen muß, kann der Besitzer eines Hausgartens in verhältnismäßig kurzer Zeit sehr viel für die Qualität seines Bodens tun. In manchen Gartenbüchern wird empfohlen, einen ungünstigen Boden einfach aus der Welt, nämlich aus dem Garten zu schaffen und durch Anfuhr von besserer Erde zu ersetzen. Abgesehen von den erheblichen Kosten eines solchen Verfahrens meine ich, daß nicht nur der ertragreiche Garten Spaß macht, sondern auch der Weg dahin. Jede Erde, die Pflanzen hervorbringt, läßt sich mit Hilfe eines eingeleiteten Kompostkreislaufs nach und nach in fruchtbaren, guten Gartenboden verwandeln. Ein Bodenaustausch wäre nur bei einer krankmachenden Durchsetzung der Erde mit Fremdstoffen, zum Beispiel abgelassenem Öl, anzuraten.

Um sich Kenntnis von den Bodenverhältnissen eines neu erworbenen oder in Kultur genommenen Grundstücks zu verschaffen, kann man außer der üblichen Bodenuntersuchung durch ein Institut auch die eigenen Sinne zu Hilfe nehmen: Man gräbt ein sogenanntes Bodenprofil aus, das heißt, man legt einen senkrechten Schnitt durch die Erdschichten, je nach Neugier, Ausdauer und nach der Beschaffenheit des Grundes 1 bis 2,5 m tief. Solche Arbeit hat natürlich nur bei gewachsenem Mutterboden, nicht bei angefülltem Aushub Sinn.

Wir nehmen als Beispiel das Profil eines Waldbodens, weil hier die natürliche Schichtung vollständig ist.

Von oben nach unten:

Die Bodendecke aus Laub, Ästchen, Nadeln, abgestorbenen Pflanzen und tierischen Resten bildet eine lockere, luftige Hülle, die Haut des Bodens. Man nennt diese Schicht auch Rohhumusauflage. Sie enthält die Zugaben zur späteren Humusbildung.

Unter ihr beginnt mit dem eigentlichen Boden die mehrere Zentimeter starke Rotteschicht. Ihre noch immer lockere, aber schon erdige Masse verdichtet sich nach unten bis zur angrenzenden schwarzen Humusschicht. In der Rotteschicht wirken die sogenannten Erstzersetzer, also die Lebewesen, unter ihnen viele dem Auge sichtbare, welche die erste Stufe des Abbaus leisten. Es ist dies der gleichsam schwierigste Teil der Arbeit, weil hier die gewachsenen Strukturen, zum Beispiel der Zellulose und des Chitins, aufgebrochen werden müssen. In der spröden Bodenstreu des Nadelwaldes spielen mi-

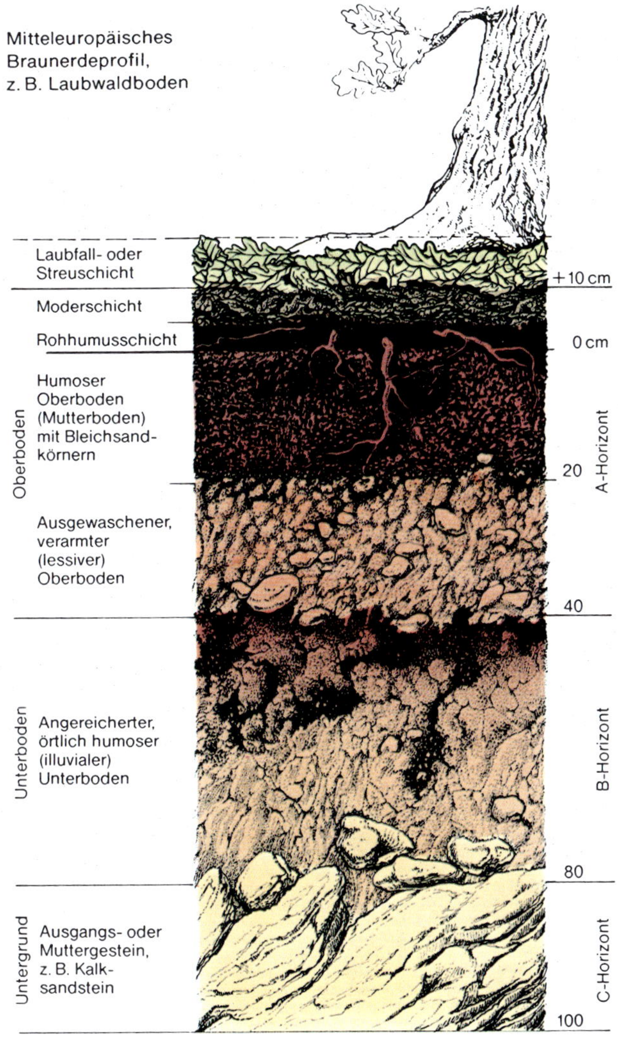

kroskopisch kleine Pilzarten eine wichtige Rolle als Zersetzer.

Die zehn bis dreißig Zentimeter starke Humusschicht, ein locker-krümeliges, wohlriechendes, luftiges und feuchtes, aber nicht schmieriges Stoffgemisch, bildet den Wurzelgrund der meisten Pflanzen, hier finden ihre feinen Saugwurzeln reiche Nahrung. Die Wiese hat eine meist schwächere Humusschicht als der Wald, ihr Stoffumsatz ist geringer. Aber auch am Bodenprofil einer Wiese setzt sich die Humusschicht deutlich als die dunkelste vom tieferen Untergrund ab.

Unter dem Ober- oder Mutterboden lagern die verschiedenen Horizonte des Unterbodens. Sie enthalten zunehmend weniger Humusanteile und mehr Mineralien. Dem Unterboden folgt eine Schicht verwitternden Gesteins, sie sitzt dem noch festgefügten Ausgangs- oder Muttergestein auf. Anstelle des Gesteins können auch Sand- oder Kiesschichten treten. Über Kies liegt oft fruchtbarer Schwemmboden, der nicht am Ort durch Verwitterung entstand, sondern durch Wasserkraft herangebracht wurde. Schwemmbodenprofile zeigen nicht den üblichen Aufbau gewachsenen Bodens, wie wir ihn hier als Regelfall annehmen.

Regenwasser schwemmt lösliche Mineralsalze von oberen in tiefere Schichten, man spricht deshalb von einem Auslaugungshorizont des Oberbodens und einem Anreicherungshorizont des Unterbodens. Die belebte Humusschicht erfüllt eine Reihe für die Dauerfruchtbarkeit des Bodens entscheidende Aufgaben:

1. Sie nimmt Oberflächenwasser auf und speichert es in ihren Poren.
2. In ihr zirkuliert Luft und ermöglicht die Atmung der Mikroben. Das von den Bodenlebewesen ausgeatmete Kohlendioxid (CO_2) reichert die Luftschicht unmittelbar über dem Boden an und dient dort der Assimilation, also dem Wachstum der grünen Pflanzen.
3. Die Humusschicht bindet durch die Stoffwechseltätigkeit ihres Bodenlebens und mit Hilfe von Humussäuren Pflanzennährstoffe in einer Form, die den Pflanzen zugänglich, aber vor Ausschwemmen durch Wasser geschützt ist.
4. Sie bildet Boden und gleicht damit die Verluste aus, die durch Nährstoffentnahme der Pflanzenwurzeln entstehen.

Das Einlagern der Abbaustoffe gleichsam als Halbfertigprodukte für die Pflanzennahrung in haltbarer, aber den Pflanzen verwertbarer Form bedeutet Dauerfruchtbarkeit des Bodens. Er wirkt wie ein Puffer, der unterschiedlich anfallende Zugänge für gleichmäßigen Verbrauch durch die Pflanzen aufbereitet. Er fördert ein gesundes, kein getriebenes Wachstum der Pflanzen, wie es bei hohen Stickstoffgaben durch Mineraldünger verursacht wird.

Humus ernährt die Pflanzen vergleichsweise mit Vollwertnahrung einschließlich der Spurenelemente auf natürlichem Wege, während die Mineraldüngung ihrem Wesen nach eine Art künstliche

Ernährung ist. Da die Mineralsalze durch die Pflanze nicht aufgeschlossen werden müssen wie die Bausteine des Humus, ist zeitweises Überangebot durch Mineraldüngergaben unvermeidbar.

Bodenarten

Dem Bodenprofil können je nach Ausgangsgestein – auch Kies, Sand oder Löß – recht verschiedene Bodenarten zugrunde liegen. Man unterscheidet allgemein leichte Böden (Sand), mittelschwere Böden (Lehm) und schwere Böden (Ton) mit mehreren Übergangsstufen wie lehmiger Sand, sandiger Lehm und schwerer Lehm. Besonders die sehr leichten und die sehr schweren Böden können im Garten (und in der Landwirtschaft) zu ›Problemböden‹ werden.

Sandböden entstehen über Sandsteinen, Tonböden über Granit, Gneis und Schiefer, aber auch über Kalkgestein. Man spricht dann von Kalkböden. Die Körnchengröße der Bodenteilchen ist bei Sand am größten, bei Ton am kleinsten, Lehm liegt dazwischen. Entsprechend ist die Wasserführung der Böden: Sand hält wenig Wasser und trocknet am schnellsten aus. Sein lufthaltiges Gefüge bringt auch Vorteile: Sandböden erwärmen sich schnell, sie können im Frühjahr zuerst bepflanzt werden, und sie lassen sich leichter als alle anderen Böden bearbeiten. Wegen ihres von Natur aus geringen Nährstoffgehaltes nennt man leichte Sandböden ›mager‹. Ein Sandboden läßt sich nicht zu Rollen oder Kugeln formen, er zerfällt.

Die Korngröße des Lehmbodens bewegt sich zwischen Sand und Ton. Garten- und Ackerböden auf Lehmgrundlage sind die besten, doch sagt Lehm allein noch nichts über die Fruchtbarkeit eines Bodens aus. Lehm enthält Sandkörner, im feuchten Zustand läßt er sich rollen, bildet aber Risse und kann nicht mit dem Fingernagel geglättet werden.

Tonböden binden viel Wasser, sie sind deshalb kalt und sehr schwer zu bearbeiten. Ton hat die größte Dichte aller Böden. Feuchter Ton klebt am Spaten und kann den Gartenfreund zur Verzweiflung bringen. Ton läßt sich rollen, kneten und glätten, ohne zu reißen. Tonböden erwärmen sich im Frühjahr langsam und deshalb spät. Sie enthalten viel Wasser und stauen es. In nassen Tonböden leidet das Bodenleben an Sauerstoffmangel, trockener Ton wird hart und rissig.

Die Fruchtbarkeit eines Bodens wird nicht durch seinen Sand- oder Ton-, sondern durch seinen Humusanteil bestimmt. Humus ist das beste Heilmittel für alle Böden, vor allem für die sogenannten Problemböden, seien sie zu leicht oder zu schwer.

Viel Humus enthalten von Natur aus die Moorböden. Doch sind sie gleichzeitig sehr sauer und deshalb in diesem Zustand nur bedingt fruchtbar. Daß die schwarze Farbe des Humus von organischen und nicht von mineralischen Bestandteilen herrührt, sieht man, wenn man solche Erde stark erhitzt: Ihre organischen Anteile verbrennen dann, sie wird merklich heller. Das zeigt sich zum Beispiel deutlich an einer Feuerstelle auf Humusboden.

Man kann Ton oder schweren Lehm durch Sandbeigaben leichter und durchlässiger machen, Sandböden durch Ton- oder Lehmzugaben schwerer und damit weniger anfällig gegen Austrocknen und Windabtrag. Aber wer einmal versucht hat, Sand und Ton zu mischen, weiß, daß diese Maßnahme nur über die Anreicherung des Bodens mit Humus zum Erfolg führen kann. Am einfachsten ist es, der Kompostmiete für zu schweren Gartenboden jeweils mit dem Aufschichten des organischen Materials Sand beizumengen, dem Kompost für zu leichten Gartenboden Ton oder Lehm. Durch die Humusbildung wird der Sand gebunden, der Ton oder der zu schwere Lehm gelockert.

Freuen Sie sich, wenn Ihr Gartenboden nicht aus Sand oder Ton, sondern aus mittelschwerem Lehm besteht! Zur Bodenverbesserung brauchen Sie Ihrem Kompost dann auch nur wieder Lehm zuzusetzen, da Sie Ihre Gartenerde weder leichter noch schwerer machen wollen.

Die sogenannte ›Bodenmüdigkeit‹ entsteht bei einseitiger Beanspruchung eines Bodens durch fortgesetzte Monokulturen oder einfach durch falsche, nämlich ›unbiologische‹ Bodenpflege. Bodenmüdigkeit spricht nicht gegen den Boden, sondern gegen die Art seiner Kultivierung, ähnlich wie ein bösartiges Pferd nicht gegen die Rasse spricht, die es vertritt, sondern gegen die Behandlung durch seinen oder seine Halter.

Das Wort Bodenmüdigkeit ist gut gewählt. Auch ein Muskel, der einseitig beansprucht wird, ermüdet schnell, während eine vielseitige und rhythmische Tätigkeit den Muskel stärkt.
Gartenerde muß bei richtig gehandhabter biologischer Bodenpflege mit jedem Jahr des Anbaus besser werden, fruchtbarer und ertragreicher. Dem Ernteertrag im Garten sind natürlich Grenzen gesetzt, zum Beispiel durch Wetter und Klima, aber auch durch die Pflanzenarten selbst.
Die beschriebene Pufferwirkung des Humus macht es möglich, daß ein biologisch gepflegter Gartenboden während eines ganzen Jahres überhaupt nicht gedüngt wird, auch nicht organisch oder durch Kompost, und daß er trotzdem unverändert hohe Erträge bringt. Das kann man natürlich nicht beliebig fortsetzen.
Bodenanalysen geben dem Fachmann Aufschluß über bestimmte Eigenschaften seiner Gartenerde. Der biologisch Wirtschaftende beobachtet seinen Boden unmittelbar: wie er aussieht, wie er sich anfühlt, wie er sich bearbeiten läßt und wie er riecht; mittelbar: wieviel Regenwürmer er enthält, welche Wildpflanzen auf ihm wachsen. Komposterde ist die mit eigenen Mitteln herbeigeführte natürliche Humusbildung. Sie heilt jeden Problemboden, und es gibt für ihre Erzeugung und Anwendung im Hausgarten keine Alternative.

V Der Kompost

Ende des vergangenen Jahrhunderts wurde das Flugzeug erfunden und in unserem Jahrhundert zur Weltraumrakete weitergeführt. Etwa in derselben Zeit machte das Kompostieren die Entwicklung vom unvermeidlichen Abfallhaufen zur liebevoll gepflegten Selbsterneuerungszelle des Gartens durch. Würde die einhellige Erfahrung der Menschen, die biologischen Anbau mit Kompostwirtschaft betreiben, endlich übergreifen auf die Landwirtschaften der Industriestaaten und der Entwicklungsländer, dann könnte sich die bewußte Handhabung des Kompostierens für das Überleben der Menschheit als ein ungleich wichtigerer Fortschritt erweisen als der Gebrauch von Flugzeugen.
Wer mit der Kunst der Kompostbereitung vertraut wurde, hat seinem Garten eine unerschöpfliche Nährstoffquelle eröffnet, er hat in seiner Privatsphäre einen Stoffkreislauf verwirklicht, der wahrhaft sozial genannt werden darf, menschen- wie umweltfreundlich, produktiv und aus den Umsätzen des eigenen Verbrauchs gespeist.
Mario Howard, ein Praktiker im naturgemäßen Landbau: »Die Erträge in einem Garten hängen nicht von der nutzbaren Anbaufläche ab, sondern von der Anzahl Kubikmeter an nutzbarem Humus.« Da der beste Humus durch sachgemäßes Kompostieren erzeugt wird, heißt das: Der Gartenerfolg biologischer Ausrichtung baut auf Kompost. Wir stellen das Kompostkapitel deshalb an den Anfang des praktischen Teils unseres Buches.
Wer biologischen Gartenbau betreiben will, beginnt zweckmäßigerweise mit der Anlage einer Kompoststätte. Der sogenannte Komposthaufen sollte als ein lebendiger Organismus angesehen und behandelt werden, gleichsam als ein Körper mit der Aufgabe des Verdauens. Wir kennen sowohl im Pflanzen- als auch im Naturreich Organisationen höherer Ordnung, zum Beispiel die aus Algen und Pilzen zusammengesetzten Flechtenkörper oder die Völker staatenbildender Kerbtiere wie Ameisen und Bienen. Hunderte oder Tausende von Einzeltieren dienen mit ihrer Lebensentfaltung einem gleichsam handlungsfähigen Ganzen. »Das Kompostieren«, führt Clelia Vernazza aus, »ist im Grunde nichts anderes als eine Haltung von Kleinlebewesen, die im Komposthaufen Wärme, Feuchtigkeit und Futter finden – ideale Bedingungen für eine rasche Vermehrung.« Solche Feststellungen über das Wesen der Kompostanlage sollten nicht idealistisch oder theoretisch mißverstanden werden, sie dienen der praktischen Arbeit mit Kompost viel mehr als etwa nur Maßangaben, wie breit oder wie hoch eine Kompostmiete anzulegen sei.

Wohin damit?

Der Komposthaufen als Brutstätte nützlicher Lebewesen braucht einen Platz im Garten, den sich ein Mensch an einem schönen Sommertag aussuchen würde, um nach guter Mahlzeit sein Mittagsschläfchen zu halten. Das ist kein Scherz, sondern eine ziemlich genaue Angabe. Dieser Mensch würde sich nicht grundsätzlich im Süden, Norden, Osten oder Westen des Grundstücks ›hinpflanzen‹, sondern wahrscheinlich an einem windgeschützten Platz im Halbschatten, zum Beispiel im Umkreis eines Holunderbusches, weder in die Nässe noch an eine erhöhte Stelle. Der Kompost mag Wärme, aber nicht Trockenheit unter praller Sonne, auch ein windiger Ort würde ihm durch Austrocknen und Wärmeentzug wenig zusagen. Voller Schatten, etwa im Norden des Wohnhauses, verzögert die erwünschte Rotte (Zersetzung) des Kompostmaterials, aber auch die volle Sonnenbestrahlung vor einer Südwand wirkt hemmend.
Ein Holunderbusch ist leicht gepflanzt und wächst schnell, sieht schön aus und bringt verwertbare Früchte. Doch setzt er einen wenigstens mittelgro-

Langgestreckte Kompostmiete für mehrere Gärten

ßen Garten voraus; im kleinen wirft er zuviel Schatten. Man kann die Kompoststätte auch jährlich an zwei Seiten mit Mais, Feuerbohnen oder Sonnenblumen bepflanzen, vor allem dann, wenn man noch nicht weiß, ob sich die Lage des Platzes bewährt. Die Kompoststätte soll gut mit der Schubkarre, bei größeren Gärten mit den dort verwendeten Fahrzeugen erreichbar sein, bei weitläufigen Gartenanlagen mit verschiedener Nutzung in der Nähe der Gemüsebeete liegen. Ein ungünstig langer Weg von der Küche kann durch eine zwischengeschaltete Abfalltonne unmittelbar am Haus, möglichst überdacht, verkürzt werden.

Wie groß?

Betrachtet der Gärtner die Kompoststätte nur als ein notwendiges Übel, die ihm anbaufähiges Land wegnimmt, so sieht sie gewöhnlich auch danach aus: ein ungepflegter, überquellender Sammelplatz für Abfälle aus Haus und Garten. Anfänger machen meist den Fehler, die Kompoststätte zu klein anzulegen. Sie ist dann kaum in Ordnung zu halten, die Arbeit am Kompost wird mühsam.
Wenn Mario Howard die für den Kompost benötigte Fläche mit mindestens acht bis zehn Prozent der Gartengröße angibt, dann mag das sehr viel erscheinen, doch ist dieser Platzbedarf durchaus angemessen. Die sachgemäß bewirtschaftete Kompoststätte muß nicht in irgendeinem unzugänglichen Winkel oder hinter dem Geräteschuppen versteckt werden. Für den mittelgroßen Hausgarten empfehle ich drei Bahnen oder je nach Anlage drei Rahmen beziehungsweise Kästen in der Breite eines üblichen Gartenbeetes, also etwa 1,20 Meter. Sie werden durch plattenbelegte Trittflächen voneinander getrennt, so daß man von beiden Seiten gut an sie herankann. Wählt man Behältnisse aus Brettern, so genügt eine einzige Umrahmung mit zwei Teilungen; sie ergeben drei Kammern, die von wenigstens zwei Seiten zugänglich sein sollten. Der Rahmen muß bei kleinen Anlagen auf wenigstens einer Seite zu lösen sein, damit man fertige Komposterde leicht mit der Schaufel entnehmen kann.
Die erste Bahn oder Box dient als Auffanglager: hier wird gesammelt, was anfällt. Je nach Größe des Platzes und der Menge des anfallenden Materials kann man hier auch eine Tonne oder einen offenen Kunststoffcontainer (rechteckige Wanne) aufstellen. Wichtig ist, daß dieser Platz nicht dem

Einen Zufahrtsweg für die Schubkarre braucht auch die kleine Kompoststätte im Hausgarten

Kompostplatz-Einteilung mit alten Dielen: rechts Strohabdeckung zur Rotte, in der Mitte das Zwischenlager

eigentlichen Kompostieren dient, sondern immer wieder freigemacht wird.

Verzichtet man aus Platzgründen auf die Zwischenstation, so ist man gezwungen, jede Abfallladung sofort zum Kompostieren aufzusetzen, was sich schnell als undurchführbar erweist. Für das planmäßige Aufsetzen der Miete ist es zweckmäßig, eine größere Materialmenge bereit zu haben, möglichst getrennt nach Küchen- und Gartenabfällen, damit man die Mischung steuern kann. Ein Behälter für die Haushaltsabfälle – möglicherweise verschließbar – ermöglicht es auch, die meist viel umfangreicheren Gartenabfälle getrennt zu stapeln. Wer mit dem Platz nicht geizen muß, wird diesen Kompostvorplatz eher größer halten als die Grundfläche einer Kompostmiete.

Die beiden übrigen Flächen dienen, wie noch zu besprechen sein wird, der eigentlichen Kompostierung.

Da der Kompostplatz oft zu klein, selten zu groß angelegt wird, bemißt man ihn im Zweifelsfall besser großzügig. Die Länge einer Miete kann je nach Materialanfall und Bedarf zwei bis vier Meter betragen. Mit der Mietengröße verhält es sich wie mit dem Familienauto: Der Raum wird immer gefüllt. Statt zwei parallel ausgerichteter Mieten läßt sich auch eine im Grundriß rechteckige ›Rundum-Miete‹ anlegen, die vorn angesetzt und nach der Reife hinten bei Bedarf abgebaut wird. Solche Endlos-Kompoststätten haben den Vorteil, daß sie, einmal in Betrieb, jederzeit reife Komposterde liefern, sozusagen stufenlos nachwachsen. Ein anderer Vorzug liegt in ihrem gleichsam mikrobengerechten Ablauf: Die Zersetzer von Bakterien bis Regenwurm wandern, den jeweiligen Rottevorgang hervorrufend durch die Miete; sie müssen den Kompostkörper nie verlassen, das heißt, sie sind immer schon zur Stelle, wo sie gebraucht werden. Die Neubesiedelung einer Miete fällt nicht an. Vielleicht ist diese Überlegung aber auch nur sehr einleuchtend ohne praktischen Vorteil, denn ich habe noch nie erlebt, daß ein richtig zusammen- und aufgesetzter Kompost nicht auch reichlich von Zersetzern einschließlich der Regenwürmer bevölkert würde, sobald die Bedingungen dafür geschaffen wurden.

Ganz abwegig wäre es, die Grundflächen der Kompostmieten mit undurchlässigem Material, zum Beispiel Beton, vom Mutterboden abzuschließen. Die Grundfläche der Mieten kann ebenerdig oder um einen Spatenstich tiefer als der Gartenboden sein. Noch tieferes Eingraben der Miete stört die Luftzufuhr und kann zur Fäulnis der unteren Schichten führen.

In welcher Form?

Viele Wege führen zur guten Komposterde. Ungeeignet ist der planlose Haufen, der dadurch zustande kommt, daß man den Kücheneimer immer über derselben Stelle auskippt. Der Zeichner hat drei Komposteinfassungen, wie man sie auch unschwer selbst bauen kann, dargestellt. Es ist unnötig, auf jede Spielart einzugehen, alle haben sich, einem jeweiligen Bedarf entsprechend, bewährt. Auch hier empfiehlt es sich wieder, nicht von einem

Dreibox-Kompostanlage mit mobilen Wänden

vorschreibenden Rezept, sondern von der Vorstellung auszugehen, was in dem ›Lebewesen Kompost‹ geschieht. Man wird dann selbst die am besten den gegebenen Verhältnissen entsprechende Form des Kompostierens herausfinden.

Verdauen, Fermentieren und Rotten sind verwandte Vorgänge in der Natur: Hochmolekulare organische Verbindungen werden unter bestimmten Hüllenbedingungen des Warmen und Feuchten stufenweise zu einfacheren Verbindungen, schließlich zu anorganischen Grundstoffen abgebaut, sie werden mineralisiert. Dabei kommen Sauerstoff, Kohlendioxid (CO_2), Wasser und Wärme frei. In gewisser Weise handelt es sich, wie bei der Atmung, um organische Verbrennungsvorgänge; Kohlenstoff in organischer Bindung und Sauerstoff setzen durch ihre Verbrennungswärme Energie frei.

Damit dem Verdauungsvorgang im Inneren die äußere Form entspricht, soll der Kompostkörper ›bauchig‹ sein: viel Inhalt bei verhältnismäßig kleiner Oberfläche. Die Oberfläche des Komposthaufens hat aber als atmende Haut die wichtige Aufgabe, des Innenleben dieses ›Organismus höherer Ordnung‹ mit Luftsauerstoff zu versorgen. Wird der Kompost aus praktischen Gründen in eine Tonne gesteckt, dann muß für Luftzufuhr gesorgt werden. Kompostgut unter Sauerstoffmangel rottet nicht, sondern fault. Was verrottet, riecht nicht, sondern duftet nach Walderde, was fault, stinkt.

Auch die Fäulnis wird von Bakterien herbeigeführt; auf sie wirkt Luftsauerstoff wie Gift. Diese Anaerobier bauen zum Beispiel den organisch gebundenen Stickstoff so ab, daß er als freier Stickstoff wieder in die Luft entweicht und damit dem erwünschten Nährstoffkreislauf Abfall–Kompost–Pflanze verlorengeht.

Allgemein gilt: Kleine Kompostmengen, wie sie zum Beispiel in einem Ein- bis Zwei-Personen-Haushalt anfallen, steckt man zweckmäßigerweise in dafür geeignete, in jedem Fall luftdurchlässige Behälter. Bei richtiger Behandlung und durch Zusätze bekommt man damit ›schnelle Brüter‹ für sogenannten Schnellkompost mit verkürzter Rottedauer, sofern man regelmäßig nach dem Rechten sieht.

Mittlere Kompostmengen gibt man in Rahmen, deren Höhen möglicherweise veränderbar gehalten werden. Auf diese Weise bringt man das Kompostgut platzsparend unter, weil man höher schichten kann als bei einer Miete.

Große Kompostmengen, wie sie der große Garten oder der gewerbliche Betrieb nötig macht, setzt

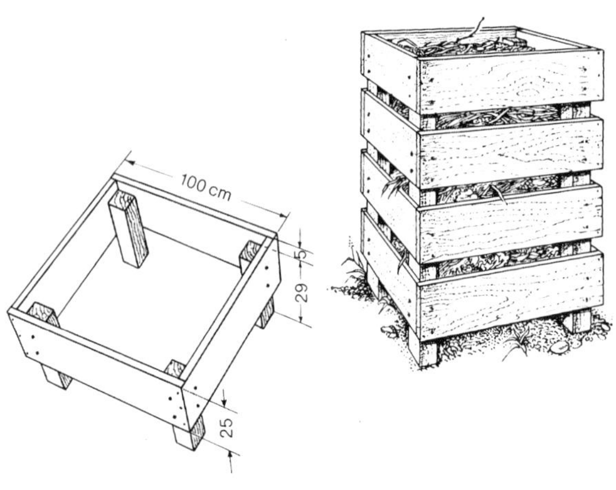

Stapelkompostsilo zum Selbstbau

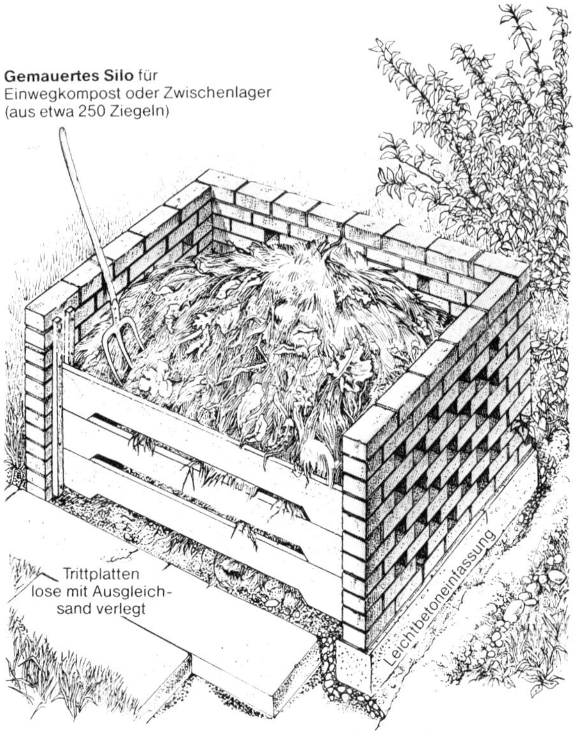

Bett aus Fertigzement
und etwas Kies

Jede neue Schicht wird dünn mit feinem Kalk bestreut. »Kinderleicht« ist die Arbeit am Kompost nicht

man zweckmäßigerweise in freien Mieten oder Walmen von Gartenbeetbreite und etwa Meterhöhe auf. Man kann bei fülligem Kompostiergut, zum Beispiel mit untergemischtem Grasschnitt, Stroh oder Laub bis 1,50 m Höhe schichten, die Miete senkt sich dann mit der Rotte von selbst um etwa ein Drittel ab. Auf Kompostmieten für Obstgärten gehen wir im zweiten Teil des Buches ein.

Was verdaut der Kompost?

Alle organischen Stoffe, gegebenenfalls zerkleinert. Das heißt: Küchenabfälle ohne Cellophan, Plastik und Silberpapier, Kehricht ohne Metall und Glas, den Inhalt von Staubsaugerbeuteln, Haare, Lumpen aus Wolle und Baumwolle, die allerdings gut zerkleinert werden müssen. Mit Sägemehl und Hobelspänen aus der Werkstatt verbessert man die Luftdurchlässigkeit von schmierigem Kompostiergut, wie es in der Küche oft anfällt.

Pappe und Papier wird noch größtenteils aus organischen Grundstoffen hergestellt, dasselbe gilt für Druckerschwärze. Tageszeitungen passen in den Kompost, doch sollte man sie nicht packweise, sondern als zerknüllte Einzelseiten oder zerkleinert zugeben. Größere Papiermengen lassen sich zu Gartenerde machen, wenn man sie einweicht, vorteilhaft in pflanzlicher oder verdünnter tierischer Jauche. Farbig bedruckte Illustrierte und Kataloge eignen sich weniger für den Kompost. Bei regelmäßigen, umfangreichen Papierabfällen hilft eine Zerkleinerungsmaschine, wie sie im Handel erhältlich ist. Man kann damit auch Pappen und Schnittgut von Bäumen und Sträuchern kompostgerecht vorbereiten.

Der Komposthaufen wirkt nicht nur segensreich für den Garten, sondern auch für den Haushalt. Gartenfreunde benutzen in der Küche grundsätzlich zwei Abfalleimer: einen für die Mülltonne, den anderen für organische Abfälle zum Kompostieren. Haushalt und Garten, also Kompostgutanfall und Komposterdebedarf, bilden normalerweise ein Verhältnis, das ohne Rest ineinander aufgeht. Der Haushalt liefert vorwiegend nassen, stickstoffreichen Abfall, der Garten vorwiegend luftigen, kohlenstoffreichen. Der Mischung aus beiden fehlt gewöhnlich noch etwas Stickstoff. Er kann durch Kompostzusätze wie Jauche, Mist, Hornspäne oder Blutmehl ergänzt werden.

Die Abfälle des Gartens wandern fast ausnahmslos in den Kompost. Nicht kompostieren sollte man Strünke von Kohl mit Kohlherniebefall. Die pilzlichen Erreger sind äußerst widerstandsfähig und bleiben im Boden jahrelang wirksam. Holz und

Organische und anorganische Abfälle getrennt sammeln!

harte Stengel kürzt man auf Fingerlänge mit Gartenschere oder Beil. Grasschnitt in größeren Mengen wird mit anderem Kompostgut durchmischt und mit Algenkalk überpudert aufgesetzt. Auch Laub verrottet wegen seines Gerbsäuregehaltes nicht leicht. Bakterien mögen keine saure Umgebung, hier treten oft Pilze an ihre Stelle. Laub behandelt man deshalb wie Gras oder setzt es – falls man Platz dafür hat – zu einer Langzeitmiete auf. Man muß für ihre Reife 1½ Jahre oder mehr rechnen, bekommt aber gute, waldbodenähnliche Erde. Man mischt das Laub mit Gartenerde und gibt etwas tierisches Material dazu, also Mist oder Hornspäne. Man kann sich mit verdünnter Jauche helfen, mit der man die fertige Miete behutsam durchtränkt. Dafür eignet sich auch Brennesseljauche.

Mit tierischen Stoffen ergänzt man Stickstoff, von dem Laub verhältnismäßig wenig enthält. Bei einer fetten Mischung, wenn erdige und tierische Anteile stark vertreten sind, kann man zerkleinertes Schnittholz, Kohlstrünke und samenhaltiges Unkraut ›unterjubeln‹; Abfälle also, die eine längere Rottezeit haben müssen oder sollen. In Samen gegangenes Unkraut wird vorteilhaft in die Mitte der Kompostmiete gepackt, wo es Temperaturen um sechzig Grad und darüber keimunfähig machen.

Braucht man Komposterde für einen neu anzulegenden Hausgarten, für größere Obstbaumbestände, ausgedehnte Rasen- oder andere Kulturflächen, deren Kompostversorgung mehr erfordert als Haushalt und Garten liefern, kann man sich organischer Handelsdünger bedienen. Doch lohnt es sich, erst einmal darüber nachzudenken, ob man nicht eine oder mehrere Kompostmieten aus Abfallstoffen der Umgebung aufsetzen kann.

In ländlicher Umgebung ist es nicht so schwer, organische Abfälle selbst einzusammeln, zum Beispiel Laub im Wald zu holen oder das ungenutzte Gras von Wegrainen abzumähen. Man kann auch dürre oder schon angefaulte Äste aus der Bodenstreu des Waldes sammeln und sie für Kompost zerkleinern. Auf Ödland wachsen oft umfangreiche Brennesselhorste, die stickstoffhaltiges Kompostiermaterial ergeben oder, noch besser, zu Brennesseljauche verarbeitet werden. Der ›biologischen Phantasie‹ sind kaum Grenzen gesetzt, sofern man nicht einsammelt, was der Besitzer des jeweiligen Landes selbst haben will.

Spät geschnittenes Heu, Tannennadeln und Laub zählen zu den zellulose- und damit kohlenstoffreichen, aber stickstoffarmen Zuschlägen. Sie sind für das richtige Brutklima der Rotte gleichwohl sehr wichtig: Sie machen den Kompost leicht und luftig. Darauf sollte man besonders achten, wenn man so dichte, ›fette‹ und stickstoffreiche Stoffe wie Mist mit wenig Stroh- oder Streuebestandteilen und frische Gülle in die Komposition mit einbezieht.

Kompost heißt: das Zusammengesetzte. Er wird in der Regel um so reichhaltiger an Nährstoffen sein, je verschiedenartigere Zutaten man zur Verfügung hat. Gegensätzliche Materialien, also stickstoffarme und stickstoffreiche oder trockene und nasse, poröse und dichte darf man allerdings nicht fein säuberlich getrennt wie die Lagen einer Torte aufeinanderschichten. Sie bedürfen der gegenseitigen Durchdringung oder einer innigen Verbindung durch eingemischte Erde, zum Beispiel Lehm.

Für den Kompost eines großflächigen Gartens entsteht oft die Frage: woher die tierischen, also stickstofftragenden Zutaten nehmen? Die beste Lösung ist Kuhmist. Selbst auf dem Land kann man ihn heutzutage nicht überall leicht beschaffen. Mist von anderen Nutztieren sollte nicht ungemischt verwendet werden. Pferdemist ist besonders heiß, Schweinemist besonders kalt, Hühnermist enthält scharfe, ätzende Bestandteile, aber besonders viel Stickstoff. In jedem Fall braucht Mist nur in kleinen bis mittleren Gaben eingearbeitet zu werden.

Natürlich kann man auch einen rein pflanzlichen Kompost aufsetzen. Junges, das heißt eiweiß- und damit stickstoffreiches Gras erhöht den Stickstoffanteil, auch Brennesseljauche leistet diesen wichtigen Dienst.

Stickstoff brauchen alle Lebewesen, um ihr Körpereiweiß mit Hilfe von Aminosäuren aufzubauen. Deshalb enthält auch jedes pflanzliche oder tierische Eiweiß Stickstoff. Der freie Luftstickstoff kann von den höheren Pflanzen nicht unmittelbar genutzt werden, er muß erst Verbindungen bilden, neigt aber von sich aus nicht dazu, wie etwa der Sauerstoff, der sich bei jeder Gelegenheit mit anderen Elementen zusammentut.

Auch die Bakterien als Lebewesen mit Stoffwechsel – Viren haben meist keinen eigenen Stoffwechsel – sind für ihre Tätigkeit auf Stickstoff angewiesen. Stickstoffarme organische Verbindungen wie Holz, Weizenstroh und alt gewordenes Heu rotten langsam. Laub enthält zwar mehr Stickstoff, hemmt aber die Rotte durch seine Gerbsäure. Bei Stickstoffunterversorgung kann man zum Beispiel mit Hornspänen, Blutmehl, Jauche und Mist nachhelfen, doch sollten diese Gaben nicht als Massenanteil, eher als ›Gewürz‹ dem Kompostgut zugesetzt werden.
Der Kompost-Fachmann Karl-Heinz Mücke gibt als Bestverhältnis für die Entfaltung der Kompostmikroben 30:1 an, also dreißig Teile Kohlenstoff auf ein Teil Stickstoff. Da auch Pflanzenteile stets Stickstoff enthalten – jede organische Bildung setzt Eiweiß voraus –, geht es bei der richtigen Rottekomposition nur um ein Mehr oder Weniger an Stickstoff. Man könnte für die Einstellung des C/N-Verhältnisses eine Tabelle zu Hilfe nehmen, um die eigene Arbeit auf ihre Richtigkeit zu prüfen, aber für den sachgemäßen Umgang mit Kompost ist es weit besser, sich ein Gefühl für das angemessene Verhältnis anzueignen.
Auch hier empfiehlt es sich, nicht nur aus Büchern, sondern, wo immer sich ein Zugang ergibt, aus dem Buch der Natur selbst zu lernen. Es muß unser Bestreben werden, das biologisch richtige Handeln im Garten nach und nach unabhängig zu machen von Rezepten, aber in Einklang mit den Naturvorgängen zu bringen. Wenn wir uns dafür wieder das Beispiel Humusbildung im Wald vor Augen führen, so haben wir bei der Waldbodenrotte eine hohe Anlieferung pflanzlicher Abfälle: Laub, Nadeln, Holz, Kräuter, Samen mit geringem bis mäßigem Stickstoffanteil und eine verhältnismäßig kleine Zugabe stickstoffreicher tierischer Abfälle: die absterbenden Körper der Kleinlebewelt im und über dem Boden, die Ausscheidungen dieser und größerer Tiere als Kot und Harn, verwesende Reste der höheren Tiere. Dabei gilt als Vorbild natürlich nicht die trostlose und lebensfeindliche Fichtenmonokultur, sondern der Mischwald mit seinem Artenreichtum an Pflanzen und Tieren.
Aus diesem Verhältnis pflanzlicher und tierischer Abfälle ergibt sich schon, daß die Natur bei ihrer Bodenerzeugung sparsam mit stickstoffreichen Verbindungen umgeht. Waldboden ist allerdings trotz seiner hervorragenden Gare kein Kulturboden für einen ertragreichen Gemüsegarten. Von dieser intensiv genutzten Kulturfläche können und dürfen wir mehr verlangen. Wir müssen dem Boden also auch mehr Stickstoff geben. Das gilt nicht fürs Steinbeet, für viele Blumen oder für den Kräutergarten. Hier wollen wir naturnah bleiben und brauchen den eher mageren, gleichsam ungedüngten Boden. Er genügt, wenn wir ihm wenig Massenzuwachs abverlangen. Eine ganze Reihe gerade unserer schönsten Wildblumen könnte auf gedüngtem, stickstoffreichem Kulturboden nicht wachsen. Ein Kohlkopf dagegen, um das Beispiel eines Starkzehrers zu nennen, braucht für seine umfangreiche Blattbildung nährstoffreiche Erde. Über die Kompoststufe bekommt er sie.
Nicht umsonst sprechen wir von Kulturpflanzen. Sie liefern uns mehr Nahrung oder Blüten als Wildpflanzen, sie stellen aber auch höhere Ansprüche an Boden und Pflege. Wir nehmen ihnen den Selbstbehauptungskampf ab, dem die Lebewesen der freien Natur unterworfen sind. Auch der biologische Garten ist nicht ein Stück eingezäunter Natur, sondern Kultur im ursprünglichen Sinne des Wortes. Kultur kommt von dem lateinischen colere: urbar machen, anbauen, bilden. Für unser Thema heißt das: Der Gartenboden braucht durchaus mehr organisch gebundenen Stickstoff als etwa im Stoffkreislauf der Waldbodenbildung anfällt. Ein Zuviel an Stickstoff schadet vielen Pflanzen, wenn er nicht in der festgelegten Form von Humuserde, sondern konzentriert, zum Beispiel in unverdünnter Tierjauche, oder mineralisch als Kalkstickstoff an die Pflanzen kommt.
Bei der Zutatenwahl für den Kompost müssen wir nicht ängstlich auf Mischungsverhältnisse bedacht sein. Was durchschnittlich in Haushalt und Garten anfällt, kann verwendet werden. Überwiegen diese oder jene Bestandteile, stellen sich die mikrobischen Zersetzer durch die jeweils begünstigten Arten darauf ein. ›Zugabefehler‹ entstehen vor allem dann, wenn über längere Zeit betriebsfremde Abfälle verkompostiert werden; und auch nur dann,

wenn man zum Beispiel stickstoffreiche Verbindungen nicht durch ausreichendes mageres Rottegut ausgleicht. Stickstoff sehen wir nicht, aber ein Mißverhältnis ergibt sich schon aus der stofflichen Zusammensetzung des Kompostgutes. Es darf nie naß und soll nur feucht, nie zu dicht, sondern luftig porös sein. Und damit kommen wir zum Aufsetzen selbst.

Wie wird die Kompostmiete beschickt?

Günstige Brutbedingungen finden die Mikroben im Kompostkörper, wenn er nicht wesentlich weniger als etwa einen Kubikmeter Raum füllt. Das ist keine durch Meßdaten belegte Grenzzahl, sondern ein Erfahrungswert. Die erwünschte Rottetemperatur um 60°C und darüber stellt sich im Inneren

Zur Anlage einer neuen Kompostmiete sticht man den Mutterboden spatentief ab und setzt ihn später wieder zu

einer solchen Masse leichter ein und kann leichter gegen eine kühlere Umwelt aufrechterhalten werden als in kleineren Komposthaufen oder Tonnen. Die Erfahrung zeigt, daß man selbst in einem Blumentopf kompostieren kann.

Wir gehen im folgenden von einer freien oder in Bretter gefaßten Kompostmiete aus, dem Regelfall im Hausgarten. Kompost in der Tonne wird nach grundsätzlich gleichen Bedingungen erzeugt. Bewährte Tonnen und andere Kompostbehälter, zum Beispiel solche veränderlicher Größe, gibt es in dauerhaften Ausführungen im Handel. Eine Kompostmiete mit Zwischenlager macht es leichter, die Zutaten zu komponieren, und sie nimmt dank veränderlicher Länge und Höhe auch umfangreiche Abfallschübe auf.

Haben wir drei Kammern oder Grundflächen eingerichtet, den Boden etwas vertieft oder nur geebnet, um später gut abschaufeln zu können, dann beginnen wir mit dem Aufsetzen der ersten Miete, sobald das Zwischenlager gefüllt ist. Einige wenige Vorbereitungen erleichtern das zügige Arbeiten wesentlich. Ich gehe hier wieder von der Arbeitsweise aus, wie sie sich im eigenen Garten bewährt hat. Andere Arbeitsweisen mögen zu ebensogutem Ergebnis führen. Da wir gleichzeitig drei Gärten in Kultur haben, sind wir auf zeitsparenden Ablauf aller Arbeiten bedacht; darüber hinaus ist oft zu überlegen, ob man sich nicht eine Arbeit sparen könnte. Dem Gartenfreund mit viel Zeit für sein Steckenpferd stellen sich solche Fragen kaum, und Spielanleitungen, etwa »Wie beschäftige ich mich möglichst lange mit meinem geliebten kleinen Garten«, sollen hier nicht gegeben werden.

Das Beschicken der Kompostmiete erfordert in der Regel drei Materialhaufen oder Behälter, die abgebaut beziehungsweise geleert werden. Hat man Stallmist zur Verfügung, sind es vier.

1. Haushaltsabfälle werden, wie schon besprochen, vorteilhaft in einem geschlossenen Behälter zwischengelagert, doch möglichst nicht so lange, daß sie zu faulen und zu stinken beginnen. Nasse Küchenabfälle in einer Blechtonne gehen im Sommer schon nach zwei Tagen in Fäulnis über. Da man aber nicht alle zwei Tage Kompost aufsetzen will, empfiehlt es sich, einen Holzrahmen oder auch einen Kunststoffcontainer (eine rechteckige, hohe, offene Wanne) aufzustellen, in den man die Eimer entleert. Ein offenes Zwischenlager in Form einer brettgesäumten Kammer sollte so groß sein, daß man den Haushaltsabfall etwas flächiger, also nicht in zu dicken, von der Luft abgeschlossenen Schichten abschütten kann. Jede Eimerfüllung wird sofort mit Steinmehl oder Kalk bestreut (beides im Handel erhältlich). So bindet man den Geruch und schützt das Kompostiergut vor Fliegen. Außerdem reichert man die Masse mit Mineralien an. Man kann die Oberfläche schmierigen Kompostgutes auch mit trockenen Gartenabfällen, mit Sägemehl oder einer dünnen Schicht Erde binden und damit unerwünschte Geruchsentwicklung verhindern.

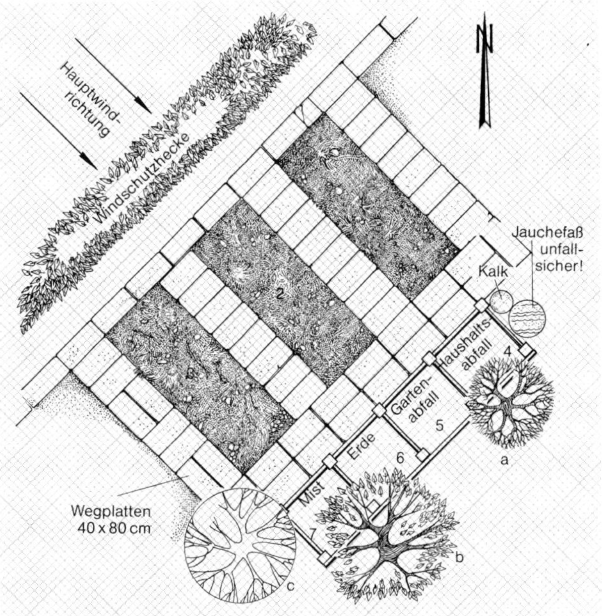

1–3 Aufsetzflächen für Frischmiete, Fertigmiete, evtl. Langzeitmiete oder Sonderkompost
4–7 Zwischenlagerboxen
a/b/c Bäume zur Teilbeschattung

Kompoststättenanlage für größeren Bedarf (Grundriß)

2. Die gesammelten und lose aufeinandergestapelten Gartenabfälle setzen sich je nach Jahreszeit aus gejätetem Unkraut, ausgezogenen Wurzeln, Ernteabfällen, Rasenschnitt, Schnittgut von Sträuchern und Obstbäumen, Kohlstrünken oder Herbstlaub zusammen. Nichts Organisches aus dem Garten, ja aus dem ganzen Grundstück

Die Kompoststätte wurde zu klein bemessen

Die vierseitige Einfassung spart Platz

Sperrige Gartenabfälle sollten zerkleinert werden

Für Pflanzenjauche eignen sich am besten runde Gefäße

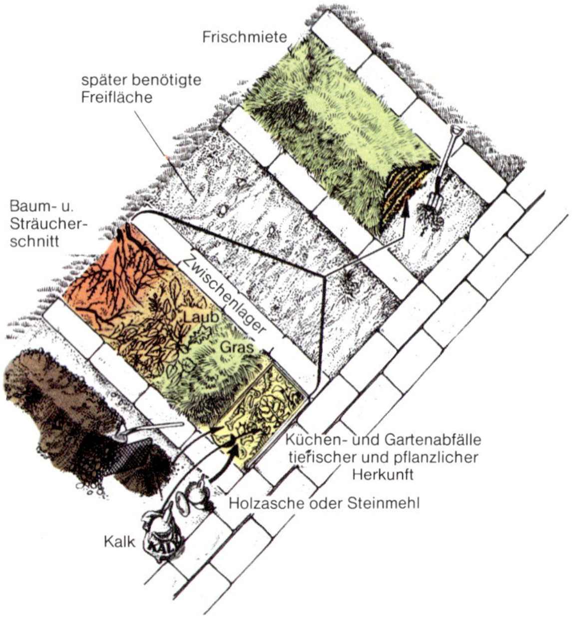

Kompoststättenanlage für kleine bis mittlere Gärten

wandert in die Mülltonnen. Wer biologisch bewußt arbeitet, empfindet das Abschieben von organischen Abfällen in die Mülltonne als ein Vergehen gegen den erwünschten Stoffkreislauf im Garten. Sammelt sich so viel Grasschnitt und Laub an, daß man es im Hausgartenkompost nicht mehr unterbringt, hat man auch so viel Platz, daß man für diese Abfälle einen Langzeitkompost anlegt, dessen fertige Erde nach ein bis zwei Jahren eben den Bäumen und Rasenflächen zugute kommt, die das Kompostgut abwerfen. Wie erwähnt, eignen sich solche Mieten auch vorzüglich zum Unterbringen von zerkleinerten Holzabfällen und Unkraut, das in Samen ging, sowie für Pflanzen, die von Schädlingen oder Krankheit befallen wurden.

3. Erde. In jedem Garten fällt bei verschiedenen Gestaltungs- und Aufräumarbeiten Erde an: beim Wegebau, beim Plattenlegen, beim Stufensetzen, beim Pflanzen von Büschen und Bäumen. Übrige Erde, sei es Humus des Oberbodens oder Lehm tieferer Schichten, sollte man nach Möglichkeit nie aus dem Garten schaffen: Erde ist sein kostbarstes Betriebsmittel. Man hebt sie am besten getrennt nach Ober- und Unterboden in der Nähe der Kompoststätte auf. Gut verteilt, schadet sie der Kompostmiete nie, nützt ihr jedoch viel. Unfruchtbare, aber dafür oft mineralreiche Erde des Unterbodens wird durch die Rottevorgänge in Verbindung mit organischem Kompostiergut zu fruchtbarem Humus. Erde vermehrt die Kompostmasse, sie eignet sich vorzüglich zum Einstellen oder Steuern der richtigen Rottemischung. Sie liegt in ihrer Beschaffenheit etwa in der Mitte zwischen den luftigen, sperrigen, trockenen Pflanzenabfällen des Gartens und den stickstoffreichen, oft nassen Abfällen des Haushalts oder tierischer Herkunft. Erde vermittelt zwischen beiden Extremen und verbindet sie bestens. Sie verhindert, daß schon eingesetzte Fäulnisvorgänge um sich greifen, und sie bindet alle Gerüche.

Erde des Oberbodens ist schon belebt, das heißt, sie enthält das Bodenleben, das wir für die Rottevorgänge im Kompost brauchen. Es empfiehlt sich, zur Förderung, zum ›Anspringenlassen‹ der Rotte, den einzelnen Schichten der Miete etwas reife Komposterde zuzusetzen, die neue Miete mit dem Ergebnis der alten gleichsam zu impfen. Man wird dadurch die Rottevorgänge beschleunigen. Mit Recht vergleicht man das Zusetzen kleiner Mengen Komposterde mit der Rolle von Hefe im Brotteig. Ähnlich impft man auch süße Milch mit Sauermilch, um die Vermehrung der erwünschten Bakterien zu fördern. Für unseren Zweck genügt es, ab und zu eine Schaufel guter Komposterde auf die entstehenden Schichten zu streuen.

Der Zusatz an Erde kann je nach der Menge, die zur Verfügung steht oder verarbeitet werden soll, sehr unterschiedlich sein. Ein gutes Verhältnis wäre zum Beispiel ein Teil Erde auf fünf Teile Kompostiergut, doch kann man durchaus auch 1:1 arbeiten. Es gibt hier keine festen Grenzen, wichtig ist, daß die Erde gut verteilt wird und nicht etwa als eine unverdauliche Sperrschicht aus schwerem Lehm oder Ton die Belebung der Miete mehr hindert als fördert.

Will man mit Hilfe der Komposterde die Zusammensetzung des Gartenbodens verändern, zum Beispiel Tonböden leichter, Sandböden schwerer machen, dann mischt man den Schichten Sand beziehungsweise schweren Lehm unter. Das Gemenge muß noch immer soviel organischen Materials enthalten, daß es gut rottet.

Schon die Handhabe der Erde zeigt, wie wichtig es ist, daß die Kompoststätte nicht nur Grundflächen für die Mieten darstellt, sondern einen geräumigen Arbeitsplatz. Wenn man sich mit Spaten und Schubkarre rühren kann und die Zugaben in getrennten Haufen oder Boxen zur Hand hat, machen Aufsetzen und Abbauen der Miete Spaß.

Je nach Platz und Materialanfall wird man alle zwei bis vier Wochen weiter an der Miete bauen. Natürlich kann man diese Arbeit auch wöchentlich verrichten. Es versteht sich von selbst, daß zum Beispiel abgestochene Grassoden mit dem Spaten zerkleinert und samt Graswurzeln und Erde verwendet werden. Steht in einem kleinen Garten wirklich keine Erde zur Verfügung, dann gewinnt man für den Anfang Erde durch Abgraben der Mietenfläche um eine Spatentiefe. Man verwendet die Erde dann sehr sparsam, indem man sie handvollweise über die Schichten streut. Ein biologisch gut geführter Garten wird im Laufe der Jahre mehr fruchtbare Erde hervorbringen, als er für das Wachstum seiner Pflanzen verbraucht.

Wurde der Hauskompost schon im Zwischenlager reichlich mit Steinmehl oder fein gemahlenem Kalk bestreut, erübrigt sich eine nochmalige Zugabe beim Aufsetzen. Andernfalls bepudert man jede neue Schicht.

Gartenabfälle enthalten oft Steine, Haushaltsabfälle, anorganisches Material, zum Beispiel aus Metall oder Plastik. Solche Fremdkörper sollten beim Aufsetzen herausgelesen werden. Gute Dienste tut ein alter Marmeladeneimer mit durchlöchertem Boden – damit Regenwasser abläuft –, der für die-

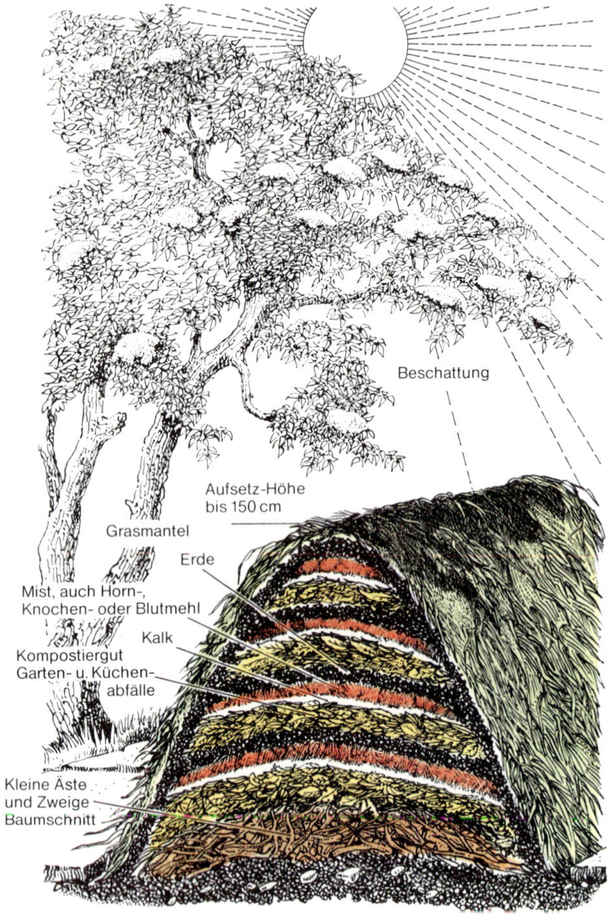

Querschnitt durch eine Kompostmiete (Schema)

sen Zweck einen festen Platz an der Kompoststätte bekommt. Man braucht ihn auch, wenn die fertige Komposterde abgegraben wird und solche Irrläufer zutage treten. Steine kommen auf einen gesonderten Haufen, weil sie mit Sicherheit irgendwo im Garten wieder einmal Verwendung finden.

So vorbereitet, wird das Aufsetzen der Kompostmiete zu einer wenig zeitraubenden und angenehmen Aufgabe. Für sie empfiehlt man allgemein zwei verschiedene Arbeitsweisen: erstens (und meistens) das Auftragen etwa fingerstarker Schichten aus den verschiedenen Zutaten, zweitens das gründliche vorherige Mischen der Stoffe, die dann erst aufgetragen werden. Das vorherige Durchmischen ist für die Rotte besser, das schichtenweise Vorgehen für die Arbeit und Übersicht angenehmer. Bei mir hat sich ein Mittelweg bewährt: Ich trage je nach Material mit Schaufel, Spaten oder Gabel dünne, den Grund gerade deckende Schichten auf, die ich erst auf der Miete mit dem jeweiligen Arbeitsgerät ineinanderarbeite.

Man soll nicht mechanisch den ›ganzen Mist‹ auf die Miete packen, sondern sich so in diese Arbeit einleben, daß man die Entfaltungsbedürfnisse der künftigen Lebewelt im Kleinen vor Augen hat: nicht naß, nicht trocken, nicht einseitig zusammengesetzt. Die in Gartenbüchern oft angegebene Faustprobe für das richtige Maß der Feuchtigkeit läßt sich nach meiner Erfahrung nur selten durchführen, weil man meist sehr unterschiedlich wasserhaltiges Kompostiergut verarbeiten muß, dessen Mischungsverhältnis sich nicht in einer so kleinen Probe wie der Handvoll Material niederschlägt.

Diese Faustprobe besagt, daß die Feuchtigkeit stimmt, wenn beim Zusammendrücken des Kompostgutes höchstens einige Wasserperlen herausdringen und wenn das Material nicht auseinanderfällt. Doch braucht man nicht ängstlich zu sein. Die Zersetzer nehmen unterschiedliche Feuchtigkeitsgrade hin, denn im Naturboden müssen sie das auch. Bei nachlassender und schließlich zu geringer Feuchtigkeit stellen sie ihre Tätigkeit allmählich ein. Viele von ihnen verkapseln sich und warten auf feuchtere Zeiten.

Auch tropfende Nässe hemmt ihre Entfaltung. Als durchlässiges, poröses Stoffgemisch nimmt die Kompostmiete bei Regen beträchtliche Wassermengen auf, sie saugt sich wie ein Schwamm voll. Über die verhältnismäßig dünne Rotteschicht natürlichen Bodens streicht so viel Luft, daß sie schnell wieder abtrocknet. Beim Brutofen Kompost mit einer Mächtigkeit des Materials von gut einem Meter bleibt viel Wasser in den luftigen Hohlräumen und Fasern des Materials, zu viel für die erwünschte Rotte im Sauerstoffmilieu. Deshalb empfahl schon Prof. Alwin Seifert, ein Altmeister heutiger Kompostierkunst, die Miete abzudecken, zum Beispiel mit Polyäthylenfolie. PVC-Folie eignet sich nicht, weil, wie es heißt, dieser Kunststoff ungünstig, wenn nicht giftig auf seine lebendige Umgebung wirkt. Andererseits soll der Kompost auch atmen. Man läßt Luft unter die Folienbedeckung durch dazwischengelegte Hölzer oder Backsteine.

Leider kosten Polyäthylenfolien, die der Handel für diesen Zweck anbietet, viel Geld. Wer größere Kulturflächen oder Obstbaumbestände ausschließlich mit selbsterzeugtem Kompost düngt, wird sich eine solche Ausgabe gut überlegen. Kompostbereitung macht im kleinen wie im großen einige Arbeit, man braucht dazu Einfühlungsvermögen in die Naturvorgänge, aber fast kein Geld. Man macht sich mit dieser Düngerbeschaffung unabhängig von industriellen Zulieferern, also auch unabhängig von der Beschaffung und der Preisentwicklung irgendwelcher Erzeugnisse. Man sollte diese Vorzüge nicht ohne weiteres aufgeben, obwohl man heute bei den unbezweifelt sehr verdienstvollen Zulieferern des biologischen Gartenbaues eine fast schon unübersehbare Fülle von Hilfsmitteln für das Kompostieren findet, deren Brauchbarkeit ich nicht bestreite. Aber warum soll ich den wunderbar einfachen, naturgeschenkten Ablauf der Kompostbereitung nicht nutzen, wenn ich so ohne betriebsfremde Hilfsmittel auch zu guten Ergebnissen komme?

Wer seinen Garten erst einmal an den Kompostkreislauf angeschlossen hat, kann auf die Reife einer Kompostmiete so gelassen warten wie auf die Reife seiner Äpfel. Darüber hinaus habe ich einen ganz persönlichen Grund, nach anderen Lösungen der Kompostabdeckung zu suchen als durch Kunststoffplanen. Bedenkt man die vielen Stunden, die man während der warmen Jahreszeit im Garten verbringt – arbeitend oder müßig, auf Knien oder im Liegestuhl –, dann gewinnt diese umhegte Stätte des Wachsens, Blühens und Reifens auch die Qualität eines Wohnraumes. Der Garten soll gute Erträge bringen, aber ich betrachte ihn nicht nur als ein Mittel zum Zweck, sondern auch als ein Stück lebendiger Kulturfläche, die im ganzen und in allen ihren Teilen das Auge erfreut, anspruchsvoller gesagt: dem ästhetischen Empfinden gerecht werden soll. Wer durch Blumen seinen Garten verschönert, will ihn vielleicht nicht gleichzeitig mit großen Plastikplanen häßlicher machen.

Tatsache ist, daß die ungeschützte Kompostmiete im Dauerregen oder während des Winters unter Schneebedeckung und wiederholten Schmelzvorgängen leicht zu naß wird.

Wir verzichten in unseren Gärten während der warmen Jahreszeit grundsätzlich auf eine Abdekkung gegen Regen, schützen aber einige große Kompostmieten vor dem ersten Schneefall bis nach der Schneeschmelze durch Plastikplanen (Bild oben). Während der kalten Winter unserer Gebirgsgegend kommt auch die Rotte mehr oder weniger zum Erliegen, so daß die unerwünschte luftabschneidende Wirkung der Abdeckung keine spürbaren Nachteile bringt. Im zeitigen Frühjahr werden die Planen wieder entfernt.

Oben: Plastikplanen schützen die Mieten vor Winternässe
Unten: Im Frühling werden die Planen abgezogen

Die fertig aufgesetzte Miete sollte keine zu steilen und keine zu flachen Seitenwände aufweisen. Die Breite der Grundfläche und die Höhe des Komposthaufens stimmen in etwa zusammen, wenn der Kompostaufbau durch einen auf den Boden gesetzten, stehenden Halbkreis umschrieben wird. Aus zu steilen Seitenwänden löst sich beim Abtrocknen Material und bröckelt ab, ein sehr flach ansteigender Komposthaufen nimmt zu viel Regenwasser auf.

Die Miete, der Walm oder der Wall, erhält als Abschluß eine wenige Zentimeter starke Deckschicht aus Erde, die eher schwer als sandig leicht sein sollte. Trotz ihrer Luftdurchlässigkeit schützt sie vor Geruch, der bei möglicherweise schon im Haushaltskompostgut eingeleiteter Fäulnis zunächst auftreten könnte. Im richtigen feuchtwarmluftigen Kompostklima geht Fäulnis in Rotte über. Die Haut aus Erde schützt unsere Kompostmiete auch vor dem Austrocknen durch Wind. Bei längerer Sommertrockenheit kann der Kompost durchaus einmal zu trocken werden. Schimmel, der nur am Anfang der Rotte kein schlechtes Zeichen ist, zeigt mangelnde Brutfeuchte an. Schon beim Aufsetzen kann das Kompostgut insgesamt zu trocken sein. Man begießt es dann, wenn möglich, mit Regenwasser, noch besser mit Pflanzenjauche oder verdünnter Tierjauche. Ist nichts anderes zur Hand, tut's auch Leitungswasser; aus dem Gartenschlauch kann es aber schnell zu viel werden. Um zu erfahren, ob die Kompostmiete nachträglich zu trocken wurde, sticht man sie mit dem Spaten an und entnimmt Proben aus ihrem Innern. Als Maßstab kann – neben der genannten Faustprobe – die natürliche Feuchtigkeit von Walderde gelten. Sie klebt nicht und fällt nicht ganz auseinander, sondern weist eine feuchte, krümelige Zusammensetzung auf.

Will oder kann man als Feuchtigkeitsschutz der fertigen Miete keine Folie verwenden – sie muß auf jeden Fall gegen Wind mit Brettern oder Latten und Steinen gespannt werden –, dann sollte man die Erdschicht mit einem Gras- oder Strohmantel umhüllen. Das möglichst lange Gras oder Stroh schichtet man so, daß die Halme nach unten zeigen, und es wird in waagrechten Reihen von unten nach oben gesetzt wie bei einem Reetdach, damit das Regenwasser gut abläuft. Wenn das grüne Gras trocknet, verrottet und nicht mehr gut deckt, überzieht man es mit einer neuen Schicht.

Dauerregen kommt in unseren Breiten meistens von Westen. Legt man die Miete zu Füßen eines Holunderbusches an, der ihre westliche Begrenzung bildet, so hält man schon dadurch einen Teil des Regenwassers ab. Man liest allgemein, daß die Kompostmiete nicht mit Gras bewachsen sein darf, weil der Luftzutritt damit unterbunden würde. Entgegen dieser ›Lehrmeinung‹ schließe ich Kompostmieten auch mit flach abgestochenen Grassoden ab, wenn sie zur Hand sind. Das Gras wächst bald an und begrünt die Miete – regelwidrig, aber sehr schön.

Da die Miete üblicherweise nicht länger als ein Jahr besteht, verfilzen sich die Wurzeln der Grasnarbe nicht so stark, daß sie die Atmung der Miete verhindern würden. Dem beuge ich auch dadurch vor, daß ich die zur Abdeckung vorgesehenen Grassoden mit flachem Spatenschnitt vom Boden abhebe und so nur einen Teil der Wurzeln erhalte. Das Rasenkleid hält zwar kein Regenwasser ab, aber es erlaubt durch seine Festigkeit steilere Seitenwände und auf diese Weise etwas mehr Schutz vor Regen.

Vielleicht erträgt nur die verhältnismäßig luftige Kompostgutschichtung einen solchen Grasbewuchs. Ich erreiche sie durch regelmäßige Zugaben von Holz in Form zerkleinerter Äste aus Obstbaum- und Beerenholzschnitt oder mit Holzspänen. Bei jeder Säge und jedem holzverarbeitenden Betrieb fallen Hobelspäne, Frässchliff und Sägemehl oder ähnlich zerkleinertes Holz an, das im Kompostgut für dessen Luftführung sorgt. Man hält so den größten Feind der Kompostmiete fern: die Fäulnis. Sie entsteht unter Luftabschluß und wird von stickstoffreichem Kompostiergut begünstigt. Fäulnis treibt den wertvollen Stickstoff aus dem Kompost. Gestank, der Faulgruben entweicht, zeugt von Stickstoffverlusten, die bei der Rotte unerwünscht sind. Um freien Stickstoff aus der Luft, zum Beispiel für Mineraldünger, industriell zurückzugewinnen, muß man großen Energieaufwand betreiben (Haber-Bosch-Verfahren). Die Schmetterlingsblütler bringen das Kunststück der Stickstoffgewinnung aus Luft mit Hilfe von Knöllchenbakterien fertig – eine Symbiose im Wurzelbereich, zu der auch einige andere Pflanzen, zum Beispiel Erlen und Bergkiefern, imstande sind.

In regenreichen Jahren ergibt die Grasbedeckung vielleicht nicht die besten Bedingungen für feuchte, aber nicht nasse Brutwärme der Kompostmiete. Ohne viel Aufwand kann man die Kompostmiete mit einer abnehmbaren Holzbedachung versehen.

Sägereiabfälle halten Langzeitmieten luftig

Man gräbt dafür an den vier Eckpunkten der Miete ein auf halber Länge mit Hammer und Meißel durchtrenntes Zementrohr ein, das für besseren Wasserablauf auf Steinen oder Kies sitzt. Solche meterlangen Zementrohre verschiedener Weiten gibt es als durchlöcherte Sickerrohre im Baustoffhandel. Man gewinnt durch die fünfzig Zentimeter langen Rohrstücke Fundament und Halterung für vier einzusteckende Rundhölzer. Die zwei nach der Wetterseite weisenden Eckpunkte – möglichst an den Längsseiten – erhalten etwa 150 Zentimeter lange Holzrundlinge, die gegenüberliegenden etwa zwei Meter lange. Nach dem Einstecken verringern sich diese Höhen um je fünfzig Zentimeter. Nun verbindet man die beiden langen Seiten mit je zwei hochkant aneinandergerückten Dachlatten und gewinnt so eine Dachschräge für nebeneinander auf die Dachlatten zu nagelnde Bretter. Es empfiehlt sich, die beiden Träger aus Dachlatten nicht fest auf die Rundhölzer zu nageln, sondern durch Bohrlöcher und starke, in die Stirnseite der Rundhölzer getriebene Nägel, deren Köpfe man absägt, einzuhängen. Man kann dann das ganze Dach abheben und nur bei anhaltendem Regen aufsetzen. Ist der Mietenplatz nicht in Gebrauch, zieht man einfach die vier Rundhölzer aus den Zementrohren und lagert den Aufbau im Keller, in der Garage oder an einer regenabgewandten Gartenhauswand. Die Holzkonstruktion läßt sich also ohne Werkzeug ab- und wieder aufbauen. Um das Dach abzuheben und aufzusetzen, muß man allerdings zu zweit sein. Würde man zur leichteren Handhabe durch nur eine Person die Bretter nur durch eine Kopfleiste abnehmbar machen, bestünde die Gefahr, daß sie der Wind abhebt. Flügelmutterschrauben anstelle der geköpften Nägel beugen dem vor.

Das Holzdach, bei dem die Bretter stumpf aneinanderstoßen, ist natürlich nicht regendicht, läßt aber das weitaus meiste Wasser durch die Schräge ablaufen. Ein völlig wasserdichtes Dach wäre nicht wünschenswert, man müßte dann die Kompostmiete regelmäßig wässern.

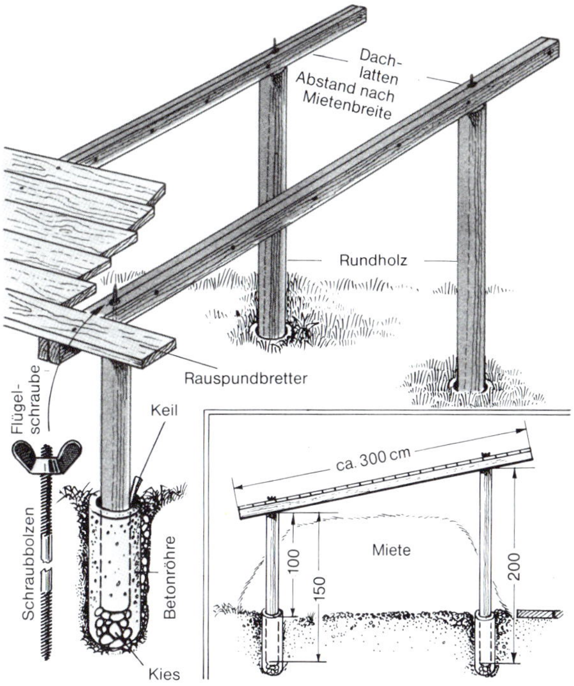

Kompostmietenüberdachung für Eigenbau (Leichtbauweise)

Wie die Erfahrung zeigt, wird ein solches gegen Westen geneigtes Holzdach gern als Liegeplatz in der Nachmittagssonne ›mißbraucht‹. Um dem dafür erforderlichen Festigkeitsanspruch zu genügen, verwendet man für längere Mietenüberdachungen nicht vier, sondern sechs Rundholzpfeiler. Auch empfiehlt es sich dann, die Rohrstutzen in ein kleines Betonbett zu setzen (nur seitlich!), damit sie unter Belastung und Winddruck nicht ausweichen können.

Wir kommen nach dieser Abschweifung zum Bau einer Kompostüberdachung wieder zum Aufsetzen der Miete zurück. Luftig aufschichten heißt nicht, Hohlräume entstehen zu lassen. Das Kompostiergut sollte beim Aufschichten zwar nicht betreten werden – nur auf größeren Mieten ist das unvermeidbar –, aber man klopft es mit dem Spaten an, mit wachsender Höhe drückt das Eigengewicht die unteren Schichten beträchtlich zusammen. Hat man leicht sperriges, also luftführendes Material regelmäßig mit eingebaut, dann erübrigen sich andere Belüftungseinrichtungen, wie zum Beispiel ausgesparte Luftschächte oder nachträglich eingestoßene Löcher.

Mangelnde Durchlüftung der Miete führt auch zu der Notwendigkeit, sie nach einigen Monaten umzusetzen. Früher galt das Umsetzen des Komposthaufens als unvermeidbar, es erübrigt sich aber durch sorgfältiges, nicht zu dichtes Schichten. Alle Monokulturen sind in der Kompostzusammensetzung zu vermeiden, das heißt: Materialien werden nie unvermischt zugegeben. Das gilt besonders für nasse und stickstoffreiche Abfälle. Man lüftet sie durch Lockermacher wie Holz von höchstens zehn Zentimeter Länge, Stroh oder Laub.

Wir sahen drei Flächen von der Größe einer Kompostmiete vor: die erste als Zwischenlager, die zweite und dritte für je eine Miete. Die erste sei beschickt und abgeschlossen. Der Kompost braucht nun Ruhe, wir überlassen ihn sich selbst, richtiger gesagt den tierischen Zersetzern in ihm. Abfälle von Haus und Garten sollen aber fortlaufend verarbeitet werden, nur im kalten Winter ruht auch die Rotte.

Liegen die zwei Mietenplätze nebeneinander, dann beginnt man mit dem Aufschichten der ersten Miete zweckmäßigerweise außen, sonst verstellt man sich mit ihr den Arbeitsplatz für die zweite. Die günstigste Anordnung ergibt sich, wenn das Zwischenlager zwei Mietenplätzen gegenübersteht. Will man aus Platzgründen oder muß man wegen Fäulnisgefahr im Inneren der Masse eine ganze Miete umsetzen, schichtet man die alten oberen Schichten zuunterst, das vorher innen Gelagerte zweckmäßigerweise nach außen, das Äußere nach innen. Bei kleineren Mieten kann man auch alles vor dem erneuten Aufsetzen durchmischen. Zu feuchtes, schmieriges oder auch faulendes Material bleibt verwendungsfähig, wenn man es lockert und mit trocken-porösen Stoffen streckt.

Trocken heißt aber nicht immer luftig. Holzasche zum Beispiel – sie enthält viel Kali – eignet sich gut zur Geruchsbindung einzelner Schichten. Man kann sie mit Steinmehl oder Kalk mischen und wie diese verwenden. Sie macht nasses Material trockener. Hat sie aber erst einmal Feuchtigkeit aufgenommen, verdichtet sie sich und dient nicht der Belüftung wie Holzschnitt, der auch im nassen Zustand nicht zusammenbackt. Asche wird deshalb aufgestreut und nicht aufgeschüttet.

Kohlenasche und Ofenruß bestehen hauptsächlich aus Kohlenstoff. Sie haben deshalb wenig Wert, können aber in kleinen Mengen untergebracht werden. Kohlenstoff entnimmt die Pflanze ausschließlich dem Kohlendioxid der Luft (CO_2), sie leidet an diesem Element nie Mangel.

Nach den Warnungen vor Fäulnis soll auch das gegenteilig Falsche nicht unerwähnt bleiben. In einer mit viel leichtem, sperrigem, also stickstoffarmem Material aufgesetzten Miete setzt die Rotte nicht in der erwünschten Weise ein. Pflanzenmaterial mit weitem C/N-Verhältnis, also mit viel Kohlenstoff und wenig Stickstoff, bindet auch weniger Feuchtigkeit. Aus dem Alltag wissen wir, daß eiweißreiche Nahrungsmittel schnell verderben, nämlich von Mikroben angegriffen und zersetzt werden, während die eiweißärmsten zu den haltbarsten gehören, besonders in trockenem Zustand.

Luftige Hohlräume im Kompost hindert die Mikroben an ausreichender Betätigung und Vermehrung. Wässern reicht nicht mehr aus, hier hilft das Einbringen von fettem, also stickstoffreichem Material und angefeuchteter Erde. Am besten, man setzt eine solche Miete neu auf oder man nimmt eine möglicherweise sehr lange Rottezeit in Kauf. Auch ein aufgesetzter Haufen trockenen Reisigs verrottet irgendwann, aber es wird einige Jahre dauern.

Die Gefahr zu vieler Luft ist auch bei Kompostbehältern aus Drahtgeflecht gegeben. Die Rotte geht hier allgemein langsamer als in fester umschlossenen Behältern vor sich. Sehr nützlich erweist sich ein Drahtsilo dagegen als Zwischenlager für die Haushaltsabfälle. Sie sind meist zu naß und können dann etwas abtrocknen.

Wann ist der Kompost reif?

Weil jeder Kompost eine andere Zusammensetzung aufweist und je nach örtlicher Lage, Wetter und Klima verschiedenen Temperatur- und Feuchtigkeitsbedingungen unterliegt, gibt es keine einheitliche Zeitangabe für seine Reife.

Das sogenannte heiße Kompostieren in durchlöcherter Blechtonne mit oder ohne Deckel und Boden kann in der Sonne, unterstützt durch biologische Kompostierhilfen und richtig gesteuerte Feuchtigkeit, schon in sechs Wochen zur Reife führen. Solcherart beschleunigte Rotte wird dem Bebauer eines neuen Gartens sehr hilfreich sein. Die biologischen Komposthilfen haben nichts mit chemischen Mitteln zu tun, schaden also nie, auch nicht in der Miete. Man wird sie bei einer neuen Kompoststätte einsetzen. Für den eingespielten ›Umtrieb‹ der Mikroben auf einer Kompoststätte, die ständig Kompostiergut in verschiedenen Reifegraden beherbergt, sind die käuflichen Kompostierhelfer meines Erachtens entbehrlich.

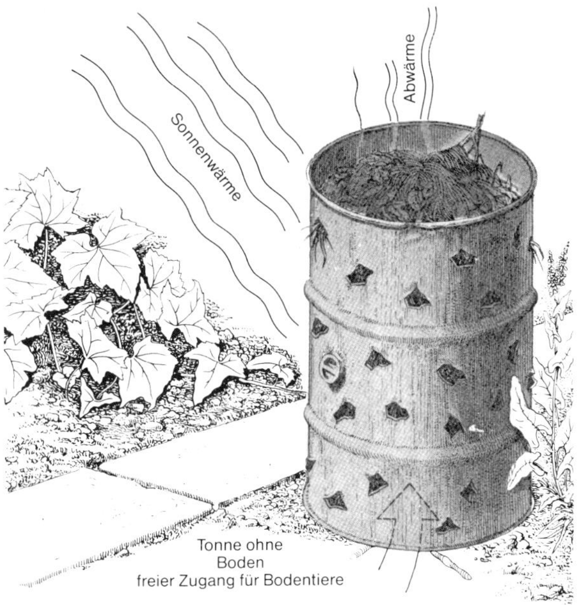

»Heißkompost« in der Tonne (hier ohne Deckel, der üblicherweise dazugehört)

Die übliche Miete wird unter guten Bedingungen der warmen Jahreszeit in zwei, drei oder vier Monaten gebrauchsfähig sein. Wintermonate zählen für die Rotte weniger. Ein im Herbst aufgesetzter Kompost ist nicht im Frühjahr, sondern erst im nächsten Sommer fertig. Kompostmieten, die wir wegen ihrer schwerer rottenden Zugaben wie Laub und Holz als ›Langzeitmieten‹ bezeichnen, können bis zur völligen Vererdung ihres Inhalts eineinhalb bis drei Jahre brauchen.

Beschränkt gebrauchsfähiger Kompost muß nicht schon wirklich reif sein. Man kennt Frischkompost und Reifkompost. Bräunlichen Frischkompost haben wir nach der ersten Rotte, die unter beträchtlicher Wärmeentwicklung abläuft. Die meisten Pflanzensamen und Krankheitserreger überleben diese Ofenbehandlung nicht. Man kann deshalb auch solche Pflanzenabfälle meistens gefahrlos verkompostieren. Die Entfaltung der Mikroben erreicht mit der ersten Rotte ihren Höhepunkt. Regenwürmer sind sehr wärmeempfindlich. Bei Innentemperaturen über 18 °C wandern sie vorübergehend ab.

Wird Frischkompost vor seiner eigentlichen Vererdung ausgebracht, so lebt er im Boden weiter, die Humusbildung setzt erst ein. Frischkompost braucht gut durchlüfteten Boden, er erzeugt durch die Atmung seiner Mikroben Kohlensäure, die das Pflanzenwachstum fördert. Ein solcher frischer Boden mit hohem Anteil noch nicht abgebauter organischer Stoffe schafft im Boden eine Nährstoffreserve, die erst durch weitere Tätigkeit der Zersetzer erschlossen wird. Frischkompost vertragen Starkzehrer, vielen anderen Pflanzen schadet er. Empfindliche Setzlinge werden besser mit dem schwarzen Humus reifer Komposterde versorgt.

Links: eine fertige Kompostmiete wird für die Frühjahrsdüngung angeschnitten. Oben: Reife Komposterde sollte krümelig locker und fast schwarz sein. Unzerkleinerte Lehmbrokken und grobes Holz treten auch nach einjähriger Rotte nur wenig verändert wieder zutage, wenn man die sonst reife Komposterde weiterverarbeiten will. Deshalb sollte man dem Aufsetzen des Kompostiergutes alle Sorgfalt widmen

Links: Herbstdüngung mit Komposterde auf einem Beet, das nach der Ernte mit Gelbsenf eingesät wurde. Die Pflanzen werden mit dem Kompost oberflächlich eingehackt und verrotten bis zum Frühjahr (Gründüngung)

Oben: Kompostdüngung im Frühjahr vor der Bestellung eines frisch umbrochenen Bodens für Starkzehrer

Dichte Böden aus schwerem Lehm oder Ton verkraften Frischkompost weniger gut, er kann dann in seinem Reifevorgang steckenbleiben und nicht voll zur Entfaltung kommen. Zwar verliert der Kompost bis zu seiner Endreife noch einen Teil seiner Nährstoffe, doch sollte man im Zweifelsfall lieber bis zur völligen Reife warten. Ausgereifter Kompost verbessert jeden Boden nachhaltig, auch den schweren, schlecht durchlüfteten. Er widersteht der Auswaschung seiner Nährsalze und kann von Pflanzen sofort voll genutzt werden.
Wie sieht man dem Kompost seine Reife an? Humussäuren färben reife Komposterde mehr oder weniger schwarz; sie ist jedenfalls dunkler als Frischkompost. Dieser zeigt eine gröbere Struktur. Neben mürben, also reifen Krümeln findet man noch nicht verrottete Fasern und unzersetzte verholzte Pflanzenteile. Mario Howard empfiehlt eiligen Leuten, den Frischkompost durchzusieben. Man teilt damit das Gemenge in seine schon reifen und seine erst unvollständig verrotteten Teile, bekommt gebrauchsfertige Erde und setzt den halb verdauten Rest entweder wieder auf oder teilt ihn einer neuen Miete zu, wo er als mikrobenreiche Starthilfe wirkt. Diese Maßnahme nützt dem, der Zeitgewinn mit Mehrarbeit erkaufen will. Auf die Dauer scheint es mir vorteilhaft, die Zeit arbeiten zu lassen und stets so viel Kompostgut aufzusetzen, daß man jeden Bedarf mit voll ausgereiftem Humus decken kann.
Üblicherweise schaufelt man die fertige Humuserde durch ein schräg gestelltes Kompostsieb, wie es im Gartenbedarfshandel erhältlich ist. Man kann es auch selbst herstellen, indem man Maschendraht in (oder über) einen Holzrahmen spannt. Je feiner die Maschen, desto feiner die gesiebte Erde, desto mehr Rückstände, desto langsameres Durchsieben. Auch auf die Gefahr hin, gegen gute Gartenregeln zu verstoßen, benutze ich kein solches Sieb. Richtiger gesagt, ich benutze es, um das Sägemehl von den gröberen Holzteilen der Sägereiabfälle zu trennen, die ich meinen Kompostmieten zusetze. Unsere Tiere, Gärten, Bäume, Wiesen und nicht zuletzt mein Schreibtisch erzwingen zeitsparendes Arbeiten. Nicht wirklich notwendige Verrichtungen werden abgeschafft. Zu ihnen gehört das Komposterdesieben. Es ist nur unentbehrlich, wenn man weder Stöckchen noch Steinchen auf den Gartenbeeten duldet.
Ich schneide die Miete erst an, wenn sie wirklich reif ist, und schaufele die schwarze, lockere Erde unmittelbar auf die Schubkarre beziehungsweise auf den Anhänger der Zugmaschine, um sie an den Ort des Bedarfs zu fahren. Wie schon erwähnt, lese ich Fremdkörper, auch Knochen, nicht aber Steine oder Hölzchen von der Schaufel, soweit ich sie sehe. Wird dann die Komposterde oberflächlich mit dem Rechen eingearbeitet, erwischt man gewöhnlich die letzten ›blinden Passagiere‹, harkt sie an den Beetrand und kann sie dort gesammelt aufnehmen. Allerdings sehen unsere Beete nicht wie sauber geleckte Vorgärten aus.
Es gibt Reifetests, für die man Kressesamen in der zu prüfenden Komposterde keimen und wachsen läßt und das Ergebnis nach Gewichtszunahme oder Farbe der gebildeten Blätter beurteilt. Diese Tests beweisen, daß unreifer Kompost den Pflanzen Schwierigkeiten machen kann, daß nur ausgereifter die ungestörte Entwicklung fördert. Wer auch nur einmal die Rotte seiner Kompostmiete aufmerksam beobachtet, braucht keinen Test, um ausgereiften Humus ohne weiteres von Frischkompost zu unterscheiden.
Auch hier hilft uns das Beispiel des Naturkompostes in der Rotteschicht des Waldbodens: Unter der unverrotteten, luftigen Streueschicht finden wir den Übergang von Rohhumus zum halb zersetzten, noch nicht schwarzen Substrat mit Holzteilchen, Nadeln und Blattstielen, darunter den ausgereiften schwarzen Waldhumus. Er riecht nicht nach Verwesung und Fäulnis, sondern frisch. Er ist krümelig, dabei elastisch wie gut ausgebackenes Hefegebäck. In der Tat wird man an den Anschnitt eines Hefekuchens erinnert, wenn man mit dem Spaten eine ausgereifte Kompostmiete öffnet. Man spürt, daß diese Erde locker und voller Luftporen ist, obwohl sie nie mechanisch gelockert wurde.

Wohin mit dem Kompost?

Natürlich in den Garten. Überallhin, wo der Garten fruchtbar werden und Pflanzenzuwachs bringen soll. Bedenken gibt es nur beim Ausbringen von Frischkompost. Der Anfänger sollte seine ersten Erfahrungen lieber mit reifem Kompost machen, sie werden besser sein.

Mit gutem Kompost kann man nicht viel falsch machen. Der größte Fehler ist, ihn zu begraben, weil man glaubt, die Wurzeln sollten ihn von unten bekommen. Kompost wird auf die allenfalls oberflächlich gelockerten Beete aufgetragen und mit Rechen oder Kräuel leicht eingearbeitet, keinesfalls mit dem Spaten versenkt. Genau wie beim Waldboden die Belebung nicht aus der Tiefe, sondern von oben kommt und nach unten wirkt, so muß auch der Gartenboden von der Oberfläche aus fruchtbar, locker, tiefgründig gemacht werden. Das kann nicht auf einmal geschehen, aber immer von oben nach unten, sofern man biologisch und nicht mechanisch vorgehen will. Das Geschehenlassen erfordert allerdings ein wenig Geduld.

Der zweite Fehler beim Kompostaufbringen besteht darin, den angereicherten Boden der Sonne zu überlassen. Der Humus kommt aus der dunklen Feuchte der Miete, sein Bodenleben, dessen Aktivität beim reifen Kompost abgeklungen, aber nicht erloschen ist, würde unter den austrocknenden Strahlen der Sonne, unter Licht und Wind wenn nicht absterben, so doch seine Tätigkeit einstellen oder in die Tiefe wandern. Deshalb bedarf die aufgebrachte Humusschicht sofort einer Abdeckung. Sie bleibt dann feucht und lebendig. Vom Bodenbedecken, auch Mulchen genannt, wird später noch die Rede sein. Das Mulchen gehört unmittelbar zur Kompostdüngung, andernfalls verschenkt man einen Teil ihres Nutzens.

Die frisch aufgesetzten Mieten bedürfen jetzt noch einer Abdeckung gegen Sonne und Regen, zum Beispiel aus Stroh

Wieviel Komposterde braucht der Garten?

Kompost ist für den Boden kein Aufputschmittel und kein treibender Dünger, sondern Vollwertnahrung, die sich die Pflanzen ganz nach ihrem Bedarf erschließen. Wieviel man ausbringt, ist deshalb unkritisch. Je mehr man hat, desto besser. Man wird dann den ganzen Gartenboden mit einer Schicht bis zu fünf Zentimeter Stärke bedecken können. Eine Erhaltungsgabe von wenigstens einem Zentimeter Schichtstärke sollte der Garten jährlich einmal bekommen. Beete mit Starkzehrern versorgt man vor dem Anbau und nach der Ernte mit zusätzlichen Komposterdegaben. Das gilt auch für andere, besonders intensiv genutzte Flächen.

Meist hat man, besonders am Anfang einer Kompostwirtschaft, wenig selbstbereiteten Humus zur Verfügung. Man wird sich dann damit begnügen müssen, ihn vor dem Säen dünn auf die jeweiligen Kulturflächen zu streuen und beim Pflanzen in die Pflanzlöcher zu füllen, damit aller verfügbarer Kompost den jungen Pflanzen zugute kommt und nicht so sehr der allgemeinen Bodenverbesserung im Garten. Statt einer Flächenausbringung kann man auch nur die Saatreihen mit Kompost bedekken. Man bringt ihn vorteilhaft im Frühjahr und Herbst, aber auch zwischendurch beim Wechsel einer Bepflanzung aus. Feuchtes Wetter und bedeckter Himmel sind dafür günstiger als Sonnenschein und trockene Luft.

Der Kompost sollte möglichst nicht austrocknen, gegebenenfalls gießt man ihn leicht an, bevor er bedeckt wird. Im Eifer der ersten Kompostdüngung darf man nicht vergessen, wenigstens ein paar Schaufeln, besser eine Schubkarre voll, als Sauerteig für den nächsten Ansatz aufzubewahren. Auch dieses Häuflein hält man feucht und bedeckt. Mit ›Kompost‹ ist hier stets Komposterde gemeint.

Der wichtigste Helfer der Kompostrotte und damit für das Fruchtbarmachen unseres Bodens blieb bei unserer Betrachtung ausgespart: *der Regenwurm.* Wir kürzen das Loblied auf ihn ab, denn es steht – zu Recht – in jedem Gartenbuch.

Die Häufigkeit der Regenwürmer im Boden gilt als Gradmesser seiner Fruchtbarkeit. Sie haben die Form und die Funktion eines Erde verdauenden Darmes. Dabei bauen sie mit Hilfe einer Darmflora aus Bakterien organische Bodenbestandteile zu einfacheren Verbindungen und Nährsalzen ab, sie decken also den Tisch der Pflanzen.

Ihr Sich-durch-den-Boden-Fressen lockert, lüftet und bewässert den Boden. Regenwürmer vertragen Staunässe ebenso schlecht wie Trockenheit. Sie ziehen sich bei Wassermangel in tiefere Bodenschichten zurück, bei Überschuß kommen sie an die Erdoberfläche – daher ihr Name. Im Kompost betätigen sich die lebhaften, roten Mist- oder Kompostregenwürmer als Erstzersetzer. Dank ihrer schnellen Vermehrung bevölkern sie den Frischkompost massenhaft, können sich aber in reifer Gartenerde nicht annähernd so zahlreich halten. Hier finden wir die etwas größeren, trägeren und mehr gelbbraunen Ackerregenwürmer. Man ist immer wieder überrascht, wie tief sie in den unbelebten Boden vordringen, denn man findet sie bei Erdarbeiten vereinzelt in zwei Meter, manchmal sogar noch in drei Meter Tiefe.

In der Humusschicht des Gartens leben unter Bestverhältnissen zweihundert Regenwürmer je Quadratmeter. Man fördert dann bei jedem Spatenstich einige von ihnen zutage. Allerdings ernährt Frischkompost mehr Regenwürmer als ausgereifter Humus, so daß die Zahl der Regenwürmer in einem Gartenboden auch vom Verrottungsgrad seiner organischen Bestandteile abhängt.

Man kann heute Regenwürmer kaufen, sogar eine ›ortstreue‹ Art kanadischen Ursprungs. Für den gesunden Garten dürfte es ausreichen, gute Lebensbedingungen für Regenwürmer zu schaffen, das heißt, für organische Düngung durch Kompost und für Bodenbedeckung zu sorgen. Übrigens schont man viele Regenwurmleben, wenn man Grabarbeiten nicht mit dem Spaten, sondern mit der Grabgabel erledigt. Noch besser geht es den Regenwürmern, wenn man das jährliche Umgraben des Gartens überhaupt unterläßt.

VI Das Düngen

Entsprechend seiner buchstäblich grundlegenden Wichtigkeit im biologischen Gartenbau räumten wir dem Kompost und seiner Pflege viel Platz ein. Wer das Kompostieren beherrscht und so Haushalt und Garten in einem Stoffkreislauf zusammenfaßt, hat dauerfruchtbare Erde. Was darüber hinaus noch über das Düngen zu sagen ist, leitet sich aus den Bedingungen der Kompostwirtschaft folgerichtig ab, ergibt sich allein aus dem Bestreben, das Bodenleben zu fördern und zu erhalten.

Düngen ist unnatürlich. Die Wildpflanzen leben von dem, was sie selbst aus Wasser und Luft holen, was ihnen der Boden an Nährsalzen aus der Gesteinsverwitterung gibt und was an organischen Stoffen von abgestorbenen Pflanzen und Tieren, deren Teile und Ausscheidungen durch Mikroben verfügbar gemacht wird. Im Naturhaushalt kommt dieser Kreislauf ohne fremde Zufuhr aus. Kulturflächen aber bedürfen der Düngung, weil wir ihnen die Ernten nehmen.

Geht man bei der Düngung, wie das in der konventionellen Anbauweise seit Liebig gelehrt und von der chemischen Industrie bekräftigt wird, davon aus, daß man von den Kernnährstoffen, die jede Pflanze braucht, sich vor allem um die mineralische Zufuhr von NPK, also um Stickstoff, Phosphor und Kali kümmern muß, dann wird die Bodenversorgung zu einem Balanceakt zwischen Überfluß und Mangel, erschwert durch die Anfälligkeit der so ernährten Pflanzen gegen Krankheiten und Schädlinge. Hinzu kommen die Abhängigkeit dieser Düngeweise von der chemischen Industrie und die Notwendigkeit, Pestizide einzusetzen. Auf der anderen Seite muß allein die Bundesrepublik Deutschland einen jährlichen Müllberg von den Ausmaßen der Zugspitze bewältigen. Nur der allergeringste Teil dieser heute schon wertvollen, morgen unersetzlichen Rohstoffe und organischen Verbindungen wird heute durch ein Zurückführen in den Kreis genutzt. Ein beträchtliches Hindernis für das ›Recycling‹ auch organischer Stoffe bilden die Schwermetallrückstände industriellen Mülls.

Doch bleiben wir auf dem Boden unseres Gartens. Für seine Versorgung – und damit meinen wir mittelbar immer die Pflanzen, die dort wachsen – verzichten wir ganz auf Mineraldünger. Um das nicht im blinden Glauben an die biologische Wirtschaftsweise, sondern in Kenntnis der Zusammenhänge zu tun, wollen wir kurz die vier Grundstoffe betrachten, die üblicherweise in Form von Handelsdüngern erhältlich sind, auch für den Garten.

Stickstoff (N) braucht die Pflanze zur Eiweißbildung, also für ihr Wachstum und das Erzeugen von Blattgrün (Chlorophyll). Bei Stickstoffmangel gilben die Blätter oder werden rot, die Pflanze wächst schlecht. Bei Stickstoffüberversorgung schießt sie ins Kraut, nimmt zuviel Wasser in ihre Gewebe auf, wird anfällig gegen Krankheiten und Schädlinge, Blüten- und Fruchtansätze sind zugunsten übersteigerter Blattentwicklung gehemmt. Stickstoffüberdüngte Pflanzen und deren Früchte lassen sich schlecht lagern.

In den Mineralien des Bodens ist Stickstoff nicht enthalten, freien Luftstickstoff kann die Pflanze nicht aufnehmen. Sie braucht Stickstoff in organischer Bindung, wie er bei der Rotte von Eiweißstoffen entsteht (Nitrifikation). Bei Fäulnis verflüchtigt sich der Stickstoff und geht damit für die Pflanzen verloren (Denitrifikation). Humus enthält organisch gebundenen Stickstoff in pflanzenverfügbarer und haltbarer Form (z.B. Nitride und Nitrate).

Bestimmte Bodenbakterien vermögen Luftstickstoff zu binden und damit den Pflanzen zugänglich zu machen. Das gleiche bewirken die Knöllchenbakterien, die mit Schmetterlingsblütlern (Leguminosen) eine Lebensgemeinschaft eingehen. Der Anbau von Leguminosen wirkt deshalb auf den Boden wie eine Stickstoffdüngung.

Organische Stickstoffdünger sind Blutmehl, Hornspäne, Hornmehl, Guano, Mist, Jauche und Gründüngung mit jungem Gras oder Klee. Alle genannten Stoffe eignen sich auch zur Stickstoffanreicherung von Kompostiergut. Bakterien sind auf Stickstoff für ihre Lebensentfaltung und Zersetzertätigkeit angewiesen. Ohne Stickstoff gibt es keine Rotte. Umgekehrt kann man stickstoffüberdüngten Boden durch Zugabe von stickstoffarmem organischem Material wie Stroh und Sägemehl entlasten, weil Stickstoff dann zur Rotte dieser Zugaben gebraucht und gebunden wird.

Phosphor (P) ist wie Stickstoff ein Eiweißbestandteil. Er fördert vor allem Blüten- und Fruchtbildung. Phosphor kommt in sehr vielen organischen Verbindungen vor, auch in denen des Bodens, besonders im Humus. Aber er ist den Pflanzen nur in einem Teil dieser Verbindungen verfügbar. Ein gut belebter humöser Gartenboden hat nie Phosphormangel, man braucht sich also nicht so um ihn zu kümmern wie etwa um den Stickstoff. Allgemein hat man bei der organischen Düngung den Phosphor immer, wenn man den Stickstoff hat. Die Rotte von Eiweißstoffen macht beide verfügbar. Nur Holzasche enthält Phosphor ohne Stickstoff. Blutmehl enthält wenig, Knochenmehl – besonders, wenn es entleimt ist – viel Phosphorsäure. Eine Phosphorüberdüngung wird bei biologischer Wirtschaftsweise nie eintreten. Phosphorüberversorgung durch Mineraldünger kann zu erheblichen Wachstumsstörungen führen, weil einige Spurenelemente dann nicht mehr richtig aufgenommen werden. Phosphor aus Mineraldüngern belastet unsere Gewässer.

Kalium (K) steckt nicht wie Stickstoff und Phosphor in Eiweißverbindungen, aber es ist für den Pflanzenstoffwechsel ebenso unentbehrlich. Es spielt eine Rolle bei der Stärke- und Zuckererzeugung, fördert deshalb Wurzeln und Knollen. Ausreichende Kaliversorgung harmonisiert den Wasserhaushalt der Pflanze, sie wird damit unempfindlicher gegen Trockenheit, Temperaturschwankungen und Frost.

Im humusversorgten Garten tritt kein Kalimangel auf. Wie Phosphor kann Kali nicht aus allen Verbindungen, in denen es im Boden vorkommt, die Pflanzen ernähren. Es ist in fast allen organischen Düngern enthalten – außer in Hornspänen. Den höchsten Kalianteil hat Holzasche (8%). Wer, wie empfohlen, sein Kompostiergut mit Holzabfällen in irgendeiner Form durchmischt, braucht sich um die Kaliversorgung des Gartenbodens nicht mehr gesondert zu kümmern.

Kalimangel kann bei unsachgemäßer Mineraldüngung auftreten. Er führt schnell zum Braunwerden und Absterben der Pflanzen. Kaliüberversorgung, auch sie ist bei organischer Düngung praktisch nicht möglich, hat oft Magnesiummangel zur Folge. Magnesium (Mg) muß dann zusätzlich – zum Beispiel als Magnesiumkalk oder Stickstoffmagnesium – ausgebracht werden. Kompostwirtschaft schließt solche Mängel aus.

Kalzium (Ca) ist weniger Nährstoff als Stützelement der Pflanzenzelle. Kalzium bildet verschiedene Verbindungen, deren gebräuchlichste unter dem Begriff Kalk zusammengefaßt werden. Der Kalkgehalt eines Bodens entscheidet über seinen sauren oder alkalischen Zustand. Bevor Kalkmangel an den Pflanzen zutage tritt, liest man ihn an der Versäuerung des Bodens ab. Auch ausgesprochen kalkarme und damit saure Böden bringen eine Pflanzendecke hervor, zum Beispiel das Hochmoor, aber es gibt nur wenig Kulturpflanzen, die auf sauren Böden gedeihen. Zu ihnen gehören die Rhododendronbüsche und die Kulturheidelbeeren.

Jeder pflanzentragende Boden, dem kein organischer Nachschub geliefert wird, neigt zum Versäuern. Er muß deshalb Kalk bekommen, um wieder alkalisch zu werden. Kalkarme Böden sind verhältnismäßig unbelebt. Die bakteriellen Bodenzersetzer werden durch saure Umgebung gehemmt. Ausreichender Kalkgehalt ist deshalb eine Voraussetzung für tätiges Bodenleben.

Daß ein saures Milieu Bakterien an ihrer Entfaltung hindert, zeigt der Moorboden, wo die Rotte organischer Stoffe auf der Torfstufe stehenbleibt.

Die Säurereaktion oder der pH-Wert des Bodens läßt sich mit Kalkgaben steuern, doch darf man des Guten nicht zu viel tun. Überkalkte Böden wirken sich nachteilig auf das Pflanzenleben aus und sind schwer wieder in Harmonie zu bringen. Im biologisch bewirtschafteten Garten verwendet man gern feinen Muschel- oder Algenkalk. Besonders zum Verrotten von Grasschnitt sind Kalkgaben empfehlenswert. Eine unmittelbare Kalkung der Gartenerde erübrigt sich, es sei denn, man will einen anmoorigen Boden mit zu niedrigem pH-Wert urbar machen.

Allgemein haben sandige, also leichte Böden einen niedrigeren, schwere einen höheren pH-Wert. Darauf sollte man Rücksicht nehmen und einen Boden nicht gegen seine natürlichen Verhältnisse betont alkalisch machen. Da alle Pflanzengewebe Kalk enthalten, gelangt auch Kalk mit jeder Kompostgabe und mehr oder weniger mit den organischen Düngern auf das Land. Mist und Blutmehl haben sehr wenig (0,6–0,8%), entleimtes Knochenmehl und Holzasche sehr viel Kalk (31–33%). Steinmehl kann je nach seinem Herkunftsgestein viel oder wenig Kalk enthalten.

Man bezeichnet die genannten Mineralien als Kernnährstoffe für die Pflanze. Sie sind, wie auch die schon erwähnten Spurenelemente, für die Ernährung der Pflanze unverzichtbar.

Sowohl die mineralische als auch die organische Düngungsweise sowie die gemischte Anwendung beider Verfahren führen zu sichtbaren Erfolgen. Ohne Düngung kann erntefähiger Anbau von Kulturpflanzen nicht über längere Zeit aufrechterhalten werden, wenn man den Boden nicht abbauen will. Pflanzen müssen, um ihre Nährstoffe aus den stabilen Humusverbindungen herauszulösen, Aufschließarbeit leisten. Sie finden unter natürlichen Bedingungen ihre Nahrung zum größten Teil nicht mundgerecht in wäßrigen Nährsalzlösungen vor, sondern müssen sie aus den Bestandteilen des Humus gleichsam herausbrechen. Wären die von ihnen benötigten Mineralien in Lösung, würden sie bei jedem Regen ins Grundwasser und in die Wasserläufe geschwemmt.

Die Konzentration der Salze ist im Boden geringer als die Salzkonzentration der pflanzlichen Zellflüssigkeit. Geben wir der Pflanze durch die sogenannten Kunstdünger ihre Nährsalze wasserlöslich, also unmittelbar, so nimmt sie die Mineralien schneller und gleichsam lieber auf als die gebundenen des Bodens. Sie wächst schneller und braucht das Aufschließen nicht mehr selbst zu besorgen. Sie wird aber auch abhängig von dieser Zufuhr, verliert zugunsten größeren Massenzuwachses an Widerstandskraft gegen Mangelkrankheiten und Schädlinge. Während ein Zuviel an Nährstoffen, wie sie im Humus festgelegt sind, der Pflanze nicht schadet, weil sie sich nur Teile davon erschließt, kann ein Zuviel an leicht löslichen Mineraldüngern zu Salzkonzentrationen im Boden führen, welche die des Zellsaftes übersteigen und damit zu Stoffwechselstörungen führen.

Wasserlösliche Mineralsalze, die von der Pflanze nicht aufgenommen werden, schwemmt der Regen aus, sie gehen der Pflanze verloren. Daß Mineraldünger nicht bei jedem Wetter, nicht zu jeder Zeit und nur in bestimmten Mengen gegeben werden dürfen, macht ihre Anwendung so problematisch. Man muß sich streng an die Herstellerempfehlungen halten. Außerdem sollen die Mineralsalze in einem bestimmten Verhältnis zueinander stehen. Sogenannte Volldünger vereinigen Stickstoff, Phosphor und Kalium in einem Konzentrat.

Die Vollversorgung mit Mineraldünger degradiert den lebendigen Boden von einer immer sprudelnden Nährstoffquelle zum Haltemittel für Wurzeln. Zudem stören die wasserlöslichen Salze das empfindliche Bodenleben und verändern seine Zusammensetzung. Der Humus wird nicht ausreichend erneuert. Hohe Erträge bedürfen einer immer weiterreichenden künstlichen Ernährung der Kulturpflanzen.

Um den Wesensunterschied zweier Wirtschaftsweisen deutlich zu machen, wurde hier in Schwarz und Weiß gezeichnet. Es gibt auch Mineraldünger mit Langzeitwirkung, die eine Beteiligung des Bodenlebens voraussetzen. Die biologische Anbauweise kennt außer der Kompostbereitung und -ausbringung noch andere Düngearten, die sich aber nur in der Handhabe, nicht im Grundsatz von der Kompostdüngung unterscheiden. Ihr Ziel ist stets die Pflege des Bodenlebens und die Förderung der Humusbildung.

1. Die Gründüngung

Sie ist die natürliche Urform des Kompostierens. Man verbessert den Boden mit Pflanzenmasse, die er selbst hervorgebracht hat. Dafür eignen sich schnell wachsende Bodenbedecker wie Gelbsenf, Kresse, Spinat, Feldsalat, Raps, Kapuzinerkresse, Buchweizen und andere. Man sät sie als Zwischenfrucht, um dem Boden eine Erholung zu gönnen oder um den Boden eines neu angelegten Gartens die ersten Kulturschritte machen zu lassen. Besonders wenn es sich um Aushub oder durcheinandergeratene Erdschichten nach einer Baggerschlacht handelt, wirkt die Gründüngung segensreich. Man wird an ihr auch den Boden beobachten können: wie er sich unter Sonne und Regen verhält. Das Bodenleben bekommt Zeit, sich ohne weitere Eingriffe mechanischer Lockerung zu ordnen, das heißt, seine Entfaltungsplätze in den oberen Schichten einzunehmen, Voraussetzung jeder biologischen Bodenverbesserung.

Je nach angebauter Pflanzenart kann man einen Teil für den Verzehr ernten. Der Rest wird – wenn es Herbst ist und keine Neusaat folgen soll – sich selbst überlassen. Was die Kälte nicht überlebt, fällt den Zersetzern anheim. Im Frühjahr arbeitet man die Reste oberflächlich ein – ein natürlicher Rohkompost, der in so dünner Schicht die Verdauungskräfte auch humusarmer Böden nicht überfordert, sondern sein Bodenleben anregt.

Wenigstens ebenso nutzbringend wirkt sich die Wurzelbildung der Gründüngungspflanzen aus. Man läßt die Wurzeln immer im Boden. Sie lockern ihn und verrotten: ein Schritt zur erwünschten Bodengare. Man könnte einwenden, daß eine solche Düngung gleichsam mit Eigenmitteln des Bodens nicht viel zur Verbesserung der Gartenerde beitragen wird. Doch handelt es sich hier nicht so sehr um eine Nährstoffanreicherung als um Harmonisierung des Bodens, besonders des Neulands. Man verbessert die Wirkung durch eine Kompostgabe vor der Saat, denn solcher Kompost fehlt ja gerade am Anfang einer Bodenkultivierung oft.

Echter Zugewinn an organisch gebundenem Stickstoff ist zu erreichen, wenn man sich bei der Gründüngung für die Saat von Leguminosen entscheidet. Die Tätigkeit der schon erwähnten Knöllchenbakterien an und in den Wurzeln der Schmetterlingsblütler kann zehn bis zwanzig Gramm Stickstoff je Quadratmeter Gartenerde zurücklassen.

Die Zwischenfrucht aus schnellwüchsigem Gelbsenf hält den Boden bedeckt und schafft Pflanzenmasse zur Gründüngung

Jede Leguminosenart braucht ganz bestimmte Stämme von Knöllchenbakterien. Glücklicherweise leben die den heimischen Arten zugeordneten Bakterien praktisch in jedem Boden und vermehren sich gewaltig mit dem Heranwachsen der Leguminosensaat.

Als Gründüngung bewährten sich die verschiedenen Kleearten, Luzerne, Esparette, Lupinen, Wikken, Erbsen, Bohnen und Handelsmischungen wie das ›Landsberger Gemenge‹. Der in den Knöllchen angesammelte Stickstoff bleibt, soweit er nicht von den Pflanzen selbst gebraucht wird und dann in der Pflanzenmasse steckt, also nicht verlorengeht, im Boden und kann von der nächsten Kultur genutzt werden. Will man Teile der grünen Pflanzen ernten, um sie für die Gründüngung eines anderen Stück Landes oder für den Kompost zu verwenden, so schneidet man sie über dem Boden ab, damit die Wurzeln, die bei einigen Leguminosen sehr tief wachsen, durch nachfolgende Rotte dem Boden zugute kommen.

Gründüngung eignet sich auch zum ›Abstellen‹ einer Kulturfläche, die man vorübergehend nicht bewirtschaften will. Sie bleibt dann von Unkraut geschützt, sieht nicht ungepflegt aus und wird ohne weiteren Arbeitsaufwand verbessert.

2. Das Mulchen

Das Mulchen, eine Bodenbedeckung mit organischem Material, liegt zwischen Gründüngung und Kompostieren. Es ist ein Flächenkompostieren mit wenig Masse, das immer dann paßt, wenn ein Boden unbedeckt der Witterung ausgesetzt wäre. Mulchen heißt nichts anderes, als den Boden mit abgestorbenen Pflanzenteilen bedeckt zu halten. Wir ahmen eine Haut nach, die jeder lebendige Boden durch seinen Bewuchs selbst hervorbringt oder die von den Bäumen des Waldes durch Blätter und Nadelstreu gebildet wird. Hier haben wir das genaue Vorbild der Mulchdecke. In freier Natur gibt es praktisch keine fruchtbare, nackte Erde. Das sollte im Garten in der Regel nicht anders sein.

Die ›Mulchmode‹ setzte sich bei uns erst verhältnismäßig spät durch. Sie widerspricht dem herkömmlichen Bild von der sauber und glatt geharkten Gartenerde, die Zeugnis ablegt vom Fleiß und Ordnungssinn ihres Bearbeiters. Unter dem Einfluß von Wind und Sonne muß sich das Bodenleben von der Erdoberfläche zurückziehen. Es liebt aber anhaltende Feuchtigkeit und möglichst gleichbleibende Temperaturen. In der Folge verhärtet und verdichtet sich die oberste Bodenschicht zur Kruste und muß dann immer wieder, aber ohne Dauererfolg, mechanisch bearbeitet und gegossen werden – ein hoher Preis für einen unnatürlichen Anblick.

Lebt man mit den Wachstumsvorgängen seines Gartens und entwickelt dadurch ein Gefühl für die inneren Zusammenhänge seines Organismus, dann tut einem unbedeckte Erde unter der Sonne förmlich weh. Daß die Vertreter des Bodenlebens Erde nach Möglichkeit bis an ihre Obergrenze bevölkern, sieht jeder, der ein Brett, einen Stein oder ein liegengebliebenes Häufchen Gras aufdeckt. Besonders die Würmer fühlen sich in dieser Grenzschicht wohl, doch dürfen wir das auch von vielen anderen Lebewesen der Mikrofauna annehmen, die wir nur wegen ihrer Kleinheit nicht sehen.

Mulchen heißt demnach, die belebte Schicht des Gartenbodens um einige Zentimeter zu erhöhen. Dazu kommt die langsam in Zersetzung übergehende Mulchschicht selbst, die das Bodenleben von oben ›füttert‹.

Wann mulchen? Zu jeder Jahreszeit, auch im Herbst für den Winter, wo immer Gartenböden durch Bearbeitung oder Ernte frei werden.

Womit mulchen? Mit jedem verhältnismäßig trokkenen, nicht schmierigen und nicht faulenden organischen Material. In der Regel handelt es sich um kohlenstoffreiche und stickstoffarme Pflanzenabfälle, wie Laub, Sägemehl, Säge- oder Hobelspäne, zerkleinertes Stroh oder Heu, Ernterückstände, Grasschnitt und verschiedene Abfälle aus der Landwirtschaft.

Nicht geeignet sind die wegen ihres hohen Gerbsäuregehaltes schwerer verrottbaren Nadeln. Man kann aber Abfälle von Nadelgehölzen in kleinen Mengen anderen Mulchstoffen beimischen. Um die Zersetzung von Laub und reinen Holzabfällen zu beschleunigen, gibt man Kalk und organische Stickstoffdünger – zum Beispiel Hornspäne – zu,

indem man etwa eine Handvoll je Quadratmeter nachstreut, jedoch ist das Bedecken wichtiger als der Rottevorgang.
Die Mulchschicht schützt den Boden nicht nur vor Sonne und Wind, sondern auch vor der verschlämmenden und abtragenden Wirkung von Regengüssen. Jeder Tropfen wird abgefangen und platzt nicht auf den Boden, sondern sickert ins Erdreich. Schließlich wirkt die poröse Haut auch noch als Puffer gegen Temperaturschwankungen, gegen die das Bodenleben zwar nicht in seinem Dasein, aber in seiner Tätigkeit empfindlich ist.
Der unmittelbar größte Vorzug des Mulchens liegt aber im Unterdrücken von Unkraut: Unter Lichtentzug kommt es nicht oder nur schwer auf, und damit entfällt das Jäten, die Kulturpflanzen werden durch keine Bodenbearbeitung gestört, ihr Geflecht feiner Haarwurzeln entfaltet sich, ohne durch Rundumhacken beschädigt zu werden.
Dicke Mulchdecken können Schnecken und Wühlmäusen willkommene Wohnung bieten. In diesem Fall sollte man dünner und mit kürzer geschnittenem Material mulchen und, wenn das noch nicht ausreicht, etwas gegen die unerwünschten Gartengäste unternehmen. Im elften Kapitel werden Maßnahmen empfohlen.
Das Mulchen mit organischem Material ersetzt man heute auch durch das Auslegen dunkler Plastikfolien, die mit Schlitzen versehen sind. Man verschafft sich so eine bewegliche Bodenbedeckung und verzichtet auf die bodenverbessernde Wirkung der sich langsam zersetzenden Mulchhülle. Schlitzfolien ermöglichen eine vorgezogene Frühjahrsaussaat. Da ich, wie schon erwähnt, kein Freund vermeidbarer Fremdkörper im Hausgarten bin, kann ich nicht aus eigener Erfahrung zu- oder abraten.
Auch mit Papier und Kartonagen wird gemulcht. Doch macht man damit den Garten wirklich zum auseinandergetretenen Abfallplatz. Solches Material, das zudem ohne Zusätze nur sehr langsam rottet, gehört in den Kompost.
Als Grundregel gilt: Je kleiner das verwendete organische Material ist, desto feiner läßt es sich verteilen. Das wird besonders bei jungen Pflanzen wichtig, denen durch angrenzende Mulchschichten kein Licht verlorengehen darf.

Wer gar kein Material auftreibt, kann natürlich auch mit hinreichend verrottetem Frischkompost mulchen. Aber eigentlich verlangt dann diese Schicht ihrerseits wieder eine Bedeckung zur ungestörten weiteren Vererdung.
Das Mulchen mit Torf bringt alle Vorteile der Bodenbedeckung, aber keinen Gewinn an Nährstoffen. Viel Torf macht den Boden sauer und hindert damit das Bodenleben in seiner Entfaltung.
Hat man große Flächen zu mulchen, taucht die Frage auf, wie man das Material zerkleinert. Mit der Gartenschere ist das ein Geduldsspiel. Ein maschineller Kompostzerkleinerer kann hier gute Dienste leisten, auch ein Streuschneider, wie er frü-

Blumentöpfe und Rhabarberblätter schützen Jungpflanzen

Die Rhabarberblätter verrotten bald, Zeit zum Mulchen!

Stroh zum Mulchen darf nicht langhalmig sein, weil es sich sonst schwer verarbeiten läßt und nicht gut aufliegt

her in jedem Bauernhof zur Häckselbereitung (Gesod) stand. Aus der Schweiz kommt ein praktischer Kompostgutzerkleinerer mit Handbetrieb, außerdem sind motorisierte Kleingeräte im Handel (siehe Anhang).

Wenn die Zerkleinerung Probleme bringt, sollte man strähniges Material verkompostieren und für die Mulchdecken kurzen Grasschnitt, Sägespäne, Sägemehl mit etwas Kalk untermischt und Frischkompost oder eine Mischung solcher Stoffe verwenden. Allerdings gilt auch für die Kompostmiete: je kürzer das Material, desto schneller die Rotte. Ich führe hier noch eine Empfehlung Mario Howards an: Gehäckseltes Stroh setzt man mit Erde auf, feuchtet das Gemenge an und läßt es einige Zeit rotten. Es wird dann unauffällig dunkel und eignet sich zum Mulchen auch für Leute, die Wert auf eine unauffällige Bodenbedeckung legen.

Wie mulchen? Man streut das Mulchmaterial dünn aus, so daß es gerade den Boden bedeckt, ihn nicht etwa überschichtet. Noch besser ist es, die zu schattierende Erde vorher oberflächlich zu lockern, besonders, wenn sich schon unter Regen und Sonne Krusten oder Risse gebildet haben. Man verbessert mit dem Aufrauhen die Erde-Mulch-Verbindung und erleichtert es den Bodenlebewesen, bis zur Mulchdecke vorzudringen.

Grasschnitt und anderes Frischmaterial bringt man zunächst sehr dünn aus. Am nächsten oder übernächsten Tag, wenn es durch Welken und Schrumpfen den Boden nicht mehr bedeckt, folgt die nächste und wieder später eine weitere Schicht. Man wiederholt den Vorgang jedesmal, wenn der Boden zum Vorschein kommt.

Hat man feines Mulchmaterial, kann man es auch auf Saatreihen und Jungpflanzen streuen, sofern man dünn aufträgt, so daß die Pflänzchen nicht behindert werden. Das Keim- und Wachsklima ist unter der Mulchdecke günstiger als auf nacktem Boden. Frisch gesetzte Pflanzen kann man beispielsweise mit Rhabarberblätter abdecken, wie sie bei der Rhabarberernte anfallen, um das Pflanzgut vor praller Sonne zu schützen.

Nur wo auf keine Pflanzen Rücksicht zu nehmen ist, kann man auch dicker mulchen, nämlich bis auf Fingerlänge. Eine solche Decke empfiehlt sich besonders im Herbst als Frostschutz, da wir auf die sogenannte Frostgare keinen Wert legen. Darüber steht mehr im nächsten Kapitel. Für eine dicke Mulchschicht darf das Material weder naß noch dicht sein. Jede Fäulnis schadet dem Boden. Auch zu trockenes Material ist unerwünscht. Man gießt es an und vermeidet so, daß es der Wind abträgt. Mulchen vermindert den Wasserbedarf des Bodens beträchtlich. Die Verdunstung wird herabgesetzt, Gießen erübrigt sich oft, wenn man offene Flächen schon wässern muß.

3. Jauchen

Das Herstellen und Ausbringen von Jauchen ist für den biologisch arbeitenden Gartenfreund ein überaus nützliches Mittel der Düngung und Bodenverbesserung. Es spart Zeit und tut segensreiche Wirkung. Im biodynamischen Gartenbau wurde die Kunst der Jauchezubereitung durch die Anwendung von Heilkräuterpräparaten auf eine hohe Stufe geführt. Wir bescheiden uns hier mit Anregungen, die jeder, auch der Anfänger, ohne Vorkenntnisse erfolgreich verwirklichen kann.

Reife, das heißt richtig vergorene Jauche ist flüssiger Kompost. Der geruchlosen Rotte des Komposts entspricht die Gärung der Jauche, die gleichfalls zu einer nicht mehr stinkenden, im ausgereiften Zustand fast geruchlosen Düngeflüssigkeit führt – führen kann – und dem Boden wertvolle, organisch gebundene Nährstoffe gibt. Die Herstellung von Jauche macht weniger Arbeit als der Kompost, dasselbe gilt für ihr Ausbringen. Jauche kann auch zur Förderung der Kompostrotte verwendet werden, sogar als Mistersatz.

Als Hindernis stellt sich vielleicht ein Mangel an passenden Gefäßen heraus. Im Sprachgebrauch wird Jauche oft mit Gülle verwechselt. Gülle ist frischer, unvergorener Urin von Nutztieren, Jauche bezeichnet ihren vergorenen, im Sinne der biologischen Düngung ausgereiften Zustand. Neben der tierischen Jauche, die dem Hausgärtner nur selten zur Verfügung steht, kennt man im naturgemäßen Gartenbau sogenannte Kräuterjauchen, rein vegetarische Erzeugnisse. Jeder kann sie herstellen, denn ihre Bestandteile wachsen im Garten oder seiner Umgebung heran. Voraussetzung sind tonnenartige Gefäße, am besten alte Holzfässer. Auch Zement-, Steingut- oder Kunststoffbehältnisse eignen sich, nicht dagegen solche aus Metall. Jauche enthält oder entwickelt Säuren, die Metalle angreifen. Wir verwendeten in unserem Garten behelfsweise rechteckige Kunststoffcontainer, die auch für vielerlei andere Zwecke eingesetzt werden. Ihrer Form wegen sind sie als Jauchegefäße nicht zu empfehlen, weil sich ihr Inhalt weit schlechter als in einer runden Form umrühren läßt.

Man kann, hat man nur den Platz zum Aufstellen, mehrere Jauchebehälter gleichzeitig in Betrieb nehmen. Sie stehen gut an einer Südwand, zum Beispiel des Geräteschuppens, da sie im Gegensatz zur Kompostmiete der vollen Sonne ausgesetzt werden dürfen und sollen. Wärme fördert die Gärung wesentlich. Die Sonne wirkt hauptsächlich von oben, so kann man ein Faß auch bis zur Hälfte eingraben und einen Lehmwall um den herausragenden Teil aufschütten. Feuchtigkeit vertragen die Faßdauben besser als Trockenheit. Nun braucht man nur noch eine Abdeckung zum Beispiel in Form eines aufsteckbaren Holzrostes, um Unfällen mit Kindern und Tieren vorzubeugen. Das abgesenkte und mit Flüssigkeit gefüllte Faß kann sonst für Kleinkinder zur Falle werden, eine solide, luftdurchlässige Abdeckung entschärft sie.

Wer Kleintiere wie Hasen, Hühner oder Tauben hält oder ein paar Eimer Mist anderweitig zu beschaffen weiß, kann tierische Jauche herstellen und mit ihr dem Garten besser dienen, als wenn er den frischen Dung unmittelbar aufs Land bringt. Die Tonne wird bis höchstens zu einem Drittel mit Mist beschickt und, wenn vorhanden, mit Regenwasser aufgefüllt. Man überläßt die Flüssigkeit nun sich selbst, doch fördert man ihre Vergärung durch tägliches Umrühren für bessere Luftzufuhr. Anfangs wird sich ein in unmittelbarer Hausnähe vielleicht störender Geruch entwickeln, den man leicht mit ein paar Handvoll Steinmehl bindet.

Hat man nur eine noch kleinere Mistmenge, kann man gejätete Unkräuter oder Wildpflanzen zusetzen. Eine besonders wirksame Jauche ergeben Brennesseln, vor und während ihrer Blüte geschnitten.

Verwendet man für die Jaucheherstellung nur frische Kräuter, füllt man das Faß bis über die Hälfte, bei sperrigen Pflanzen ganz mit ihnen an und gießt

Steine halten die Brennesseln unter Wasser

dann Wasser zu. Brennesseln ergeben eine kräftige, schwarze Jauche, die in Ansehen und Geruch Tierjauche vermuten ließe. Die Jauche ist reif, wenn sich keine Blasen mehr bilden.

Außer als scharfes Spritzmittel gegen Kerbtierschädlinge darf man die so gewonnene Brennesseljauche nur verdünnt ausbringen. Das empfohlene Vor- und Nachgießen mit klarem Wasser erübrigt sich, wenn man einen Teil Jauche mit etwa fünfzehn Teilen Wasser verdünnt. Es kommt hier nicht auf ein genaues Verhältnis an, sondern darauf, daß die Gießflüssigkeit hellbraun wird, einem schwachen Tee vergleichbar. Es ist besser, den Boden um die Pflanze herum zu tränken als die Pflanze selbst zu benetzen. Für die Jauchedüngung gilt dasselbe wie für gewöhnliches Gießen mit Wasser: nicht während der Mittagshitze. Zu scharfe oder nicht ausgereifte Jauche kann den Pflanzen schaden. Auch ist es besser, öfter kleine Mengen als wenige Male viel zu gießen.

Für die Kräuterjauche können alle Unkräuter und viele Wildkräuter verwendet werden. Man empfiehlt besonders Farnkraut, Rainfarn, Kamille, Löwenzahn, Beinwell und Schachtelhalm, einzeln oder in Mischungen untereinander.

Ich führe hier als Hinweis einen bemerkenswerten Gesichtspunkt von Oswald Hitschfeld, einem Praktiker der biologisch-dynamischen Wirtschaftsweise, an:

»Eine allgemeine Regel ist, daß ein Unkraut, das ja meist auch zugleich eine Heilpflanze ist, gerade da hochkommt, wo es als Ausgleich für eine Nutzpflanze eigentlich stehen sollte. Man wird daher keinen Fehler begehen, wenn sämtliches Jätgras, soweit es nicht zu Kompost gemacht wird, in die Düngerwassertonne kommt ... Auch auf größeren Flächen könnte man mit diesen Pflanzenjauchen viel zur Harmonisierung des Wachstums beitragen ... Wie viele Gartenfreunde, die keine Tierhaltung haben, könnten sich hier helfen, wenn sie sich einige Mühe damit machen würden. Man kann, wenn einmal der Kompost fehlt, einige Jahre damit einen Mangel an Düngung überbrücken. Es gelingt um so besser, wenn vielleicht noch etwas Hornspäne, Wollabfälle, Federmehl oder andere organische Stoffe beigemischt werden.«

Wer die Jauche mit Spritzdüsen ausbringen will, muß sie vorher sieben. Das Verfahren, die Kräuter erst in einen Jutesack und dann ins Wasser zu stekken, um die Jauche von vornherein spritzfähig zu

Nach wenigen Tagen färbt sich die Brühe schwarz

halten, habe ich wegen Umständlichkeit des Verfahrens nicht ausprobiert. Nimmt man große Pflanzen, zum Beispiel Brennesseln, Schachtelhalm, Beinwell oder Farn, beschwert man sie einfach mit ein paar Steinen. Während der Vergärung setzen sich die Pflanzen ohnehin ab, so daß man oben die Jauche mit der Gießkanne entnehmen kann.

4. Mist

Er spielt heute für den Hausgarten auf dem Land noch eine Rolle, im städtischen Bereich ist er nur noch schwer zu bekommen, oder die Kosten der Anfahrt lohnen seine Beschaffung nicht. Manche haben Glück und wohnen in der Nähe eines Reitstalls, von dem sie Pferdemist beziehen können. Er eignet sich besonders zum Erwärmen eines Frühbeetes, doch soll er stets mit Erde vermischt werden.

Frischer Mist kann im Gartenboden ähnliche Probleme hervorrufen wie Frischkompost, erst die Rotte macht ihn zu Humus. Frischer Mist kann auch zu einer vorübergehenden Stickstoffüberversorgung führen.

Der beste Weg, die wertvollen Bestandteile tierischen Mistes – vor allem den Stickstoff – voll zu erhalten, führt über die Rotte im Kompost. Ein Teil Mist erlaubt es, fünf Raumteile stickstoffarmen Kompostiermaterials wie Stroh und Sägespäne zu vollwertiger Komposterde zu verrotten, wenn man ein bis zwei Teile Erde dazugibt. Hat man Mist im Überfluß, sollte man ihn im Herbst auf das Land bringen, aber nicht eingraben, sondern höchstens mit einer dünnen Erdschicht oder einer dicken Mulchdecke überziehen.

Im übrigen gilt für Mist, was schon vom Frischkompost gesagt wurde: Seine Vererdung setzt reiches Bodenleben voraus. In sandigen, sauren oder durch jahrelange Mineraldüngerwirtschaft verarmten Böden bleibt er zunächst wie ein Fremdkörper liegen.

5. Organische Handelsdünger

Sie werden in großer, wie mir scheint, wachsender Zahl angeboten. Einerseits ist es erfreulich, daß der naturgemäße Gartenbau immer mehr Freunde findet, die ihn verwirklichen, andererseits vermittelt die Vielzahl der biologischen Gartenhilfsmittel den Eindruck, es handle sich bei dieser Anbauweise um ein äußerst kompliziertes System. Biologisches Gärtnern zeichnet sich gerade durch seine Unabhängigkeit von Handelsdüngern aus, durch die Möglichkeit, fast alles, was man braucht, in Stoffkreisläufen auf eigenem Boden herzustellen. Mit Findigkeit und Phantasie erschließt die Kompostwirtschaft viele Düngerquellen, die sonst gedankenlos den großen Müllströmen zugeleitet würden.

Die biologischen Handelsdünger, deren Aufzählung wir uns aus Platzgründen ersparen, erweisen ihren Wert beim Ankurbeln der eigenen Kompostwirtschaft, beim Verbessern minderwertiger oder ausgelaugter Böden und bei der Umstellung von der konventionellen zur biologischen Anbauweise. Sie mögen auch dort unentbehrlich sein, wo der Garten keine ländliche, sondern eine städtische Umgebung hat und wo wenig Haushaltsabfälle zur Verfügung stehen.

Inhalt und Anwendung der biologischen Handelsdünger werden von ihren Herstellern hinreichend beschrieben.

Wer biologisch wirtschaftet, sollte sich nach und nach frei vom Wunderglauben an besondere Hilfsmittel machen. Die Pflanze braucht zu ihrem Gedeihen und für höchste Erträge alle Grundnährstoffe und Spurenelemente, aber sie braucht auch nicht mehr. Grundsätzlich führt eine verrottende Pflanze der Komposterde, die aus ihr entsteht, alle diese Stoffe zu, soweit sie nicht aus Luft und Wasser bezogen werden.

Sowenig man Kleie essen muß, wenn man Vollkornbrot hat, sowenig braucht man in der biologischen Anbauweise besondere, oft recht kostspielige Handelsdünger, wenn man guten Kompost erzeugt. Bei tierlosen Stoffkreisläufen kann ein Mangel an Stickstoffträgern auftreten. Man gibt dann Hornspäne, Blutmehl oder andere stickstoffhaltige organische Dünger, doch führt man diese Zutaten besser erst dem Kompost als gleich dem Gartenboden zu. Im Innern der Kompostmiete sorgt die Kleinlebewelt für eine Harmonisierung der Zutaten. Es mag Leute geben, denen die Kompostwirtschaft voll einleuchtet und die auch Erfolg damit haben. Sie ist ihnen nur zu einfach.

Zuletzt soll noch der *Torf* erwähnt werden. Sieht man, in welchem Umfang er gehandelt wird, dann gewinnt man den Eindruck, daß unsere Gärten allgemein auf Torf gebaut werden.

Torf ist ein totes, so gut wie nährstofffreies organisches Material. Es entsteht bei der durch Luftabschluß unvollständigen Rotte von Torfmoosen und anderen anspruchslosen Pflanzen im Hochmoor. Die Fähigkeit des Torfs, wie ein Schwamm große Mengen Wasser zu binden, macht ihn scheinbar zum Bodenverbesserer. Er verbessert aber nur die Luft- und Wasserführung schwerer Böden, was nicht gering zu achten ist. Naturbelassener Torf darf nicht mit einem Dünger verwechselt werden. Er lockert, aber er düngt nicht.

Um diesem Mangel abzuhelfen, wird Torf auch mit verschiedenen Düngemitteln versetzt, wir haben dann eben nicht mehr Torf, sondern einen Träger von zugesetzten Nährstoffen.

Sieht man davon ab, daß Torf auf den Boden leicht säuernd wirkt, so kann man sagen, daß er nie schadet. Als gleichsam obligatorischer Zusatz für alle denkbaren Anlässe des Säens, Pflanzens, Umsetzens und Eintopfens wird er überflüssig, wenn man belebten, also humusreichen Boden hat. Verwendet man Mineraldünger, wird man zwangsläufig auf den Torf kommen, weil man durch seine Beimischung eine biologisch nicht vorhandene Bodengare vortäuscht.

Ich verwende grundsätzlich keinen Torf, doch sind dafür nicht die genannten Gründe ausschlaggebend, sondern die Überlegung, woher der Torf kommt. Torf kann nicht in der Fabrik hergestellt, er muß dort, wo ihn die Natur in Jahrtausenden bildete, abgebaut werden. Biologisch und landschaftlich wertvollste Feuchtgebiete fallen der Torfgewinnung zum Opfer – und das im Namen und für Rechnung der Gartenfreunde, die sich im allgemeinen auch als Naturfreunde bezeichnen. Solange die Gärtner aus Beruf oder Neigung ihren großen Torfbedarf aufrechterhalten, wird der Abbau unserer Torfmoore nicht zu bremsen sein.

Ich fand die Andeutung einer solchen Überlegung nur in einem der vielen Gartenbücher, die durch meine Hände gingen. Gerade deshalb halte ich es für wichtig, sie hier dem lesenden Gartenfreund zuzumuten.

Wieviel wird gedüngt?

Das Arbeiten mit Mineraldüngern und Pestiziden ist eine unmittelbarer Einsicht entrückte Tätigkeit: Man bringt Pulver oder Flüssigkeiten auf Boden und Gewächse. Der eigene Handlungsspielraum verengt sich auf das möglichst genaue Einhalten der Gebrauchsanleitung des Herstellers. Man bewegt sich auf einem schmalen Grat, denn Mengenabweichungen können vom erhofften Nutzen in Vergeudung oder in Schaden für das eigene Land und angrenzende Lebensräume umschlagen.

Bei der Bodenpflege mit Komposterde geben dem Gärtner die eigenen Sinne Aufschluß über sein Tun. Er sieht, riecht und fühlt die Qualität des belebten Stoffes, den er dem Garten läßt, er kann nach einiger Erfahrung ohne Rezept ermessen, wieviel der Boden, wieviel eine Kultur davon braucht. Auf biologisch gepflegtem Land handelt man, sobald man erste Erfahrungen gesammelt und aufgenommen hat, frei. Vielleicht liegt darin der größte Vorzug dieser Wirtschaftsweise: sie fördert unser Empfinden und Mitdenken, sie macht unabhängig von Vorschriften und frei für ein Handeln aus eigener Beurteilung.

Der Gartenanfänger hat, weil er Zusammenhänge, die durch die Gartenarbeit selbstverständlich werden, noch nicht erfahren konnte, gern Zahlen, nach denen er sich richtet, zum Beispiel für die Kompostmenge, die sein Garten braucht. Man muß sich in der biologischen Wirtschaftsweise mit dem Gedanken vertraut machen, ohne starre Anweisungen zu arbeiten. Man könnte auf die Frage nach Richtzahlen antworten, daß der Gartenboden jährlich eine Kompostmenge von drei bis vier Kilogramm je Quadratmeter bekommen sollte. Aber eine solche Angabe ist unpraktisch, weil man Kompost nicht nach Gewicht im Supermarkt holt, weil man den selbsterzeugten nicht auswiegt, die zu düngende Fläche nicht mißt. Als wirklichkeitsnäher erweist sich die Überlegung, daß der Kompost, den man aus Abfällen des Haushalts und des Hausgartens herstellen kann, für die Düngung dieses Gartens reicht, wenn man keine organischen Stoffe in die Mülltonne steckt oder verbrennt.

Hat man einen ertragsarmen Boden oder einen jungfräulichen, der erst in Kultur genommen wird, tut man gut daran, das Humusangebot durch zusätzliches Kompostiermaterial aus der Umgebung, aus dem Wald und mit Hilfe organischer Handelsdünger zu erhöhen.

Der üblicherweise erzielbare Zugewinn an Komposterde wird eine Gartenbedeckung von jährlich ein bis vier Zentimeter ergeben. Hat man am Anfang zuwenig Kompost, werden sich dem noch verhältnismäßig unbelebten Boden auch nur mäßige Erträge abverlangen lassen, man muß jedoch keine Angst haben, den Boden auszulaugen. Hat man viel Kompost, wächst auch mehr. Gibt man mehr Kompost als nötig wäre – vorausgesetzt, er ist auch wirklich reif –, schadet man dem Boden nicht. Ein hoher Humusanteil im Garten erlaubt es, auch einmal ein ganzes Jahr ohne Düngung gleichmäßig hohe Ernten einzubringen, was bei einer Anbauweise auf Mineraldüngergrundlage nicht möglich ist.

Dill und andere Küchenkräuter sind Schwachzehrer

Alle Krautarten verlangen als Starkzehrer gute Düngung

Bisher sprachen wir von Durchschnittszahlen. In der Gartenpraxis wird man verschiedene Kulturen auch unterschiedlich düngen, das heißt, mit unterschiedlichen Kompostmengen versorgen. So bringt eine Blaukrautpflanze ungleich mehr an organischer Masse hervor als Feldsalat. Die Nährstoffe entnimmt sie dem Boden, sie zehrt aus dessen Vorrat. Man spricht deshalb allgemein von Starkzehrern, Mittelzehrern und Schwachzehrern.

a) Starkzehrer: alle Arten von Kohl, Kürbis, Zucchini, Gurken, Sellerie, Lauch, Tomaten, Kartoffeln, Rhabarber. Diese umsatzstarken Kulturpflanzen brauchen einen gut belebten, nährstoffreichen Boden. Sie vertragen Frischkompost oder Mist, wenn er im Herbst als Bodenvorbereitung für das nächste Jahr ausgebracht wird.

b) Mittelzehrer: gelbe Rüben (Möhren, Karotten), rote Rüben, Rettiche, Radieschen, Zwiebeln, Fenchel, Salate, Frühkartoffeln. Man gibt ihnen mäßige Mengen reifen Kompostes vor dem Säen oder Auspflanzen.

c) Schwachzehrer: Feldsalat und Küchenkräuter. In bezug auf Stickstoff dürfen die Hülsenfrüchte, Erbsen und Bohnen, als Schwachzehrer gelten; sie reichern den Boden sogar mit Stickstoff an. Für die übrigen Pflanzennährstoffe können sie als Mittelzehrer eingestuft werden, zumal sie auf kleiner Fläche viel Pflanzenmasse entwikkeln.

Küchenkräuter und Feldsalat haben Wildpflanzencharakter, besonders die Küchenkräuter brauchen so gut wie nicht gedüngt zu werden. Wir wollen weniger ihren Massenzuwachs als ihr Aroma fördern. Es entfaltet sich, wie die Wildstandorte der meisten Gewürzkräuter zeigen, besonders gut auf mageren, oft trockenen Böden.

Anders verhält es sich mit Schnittlauch und Petersilie: Sie sollen sich kräftig entwickeln und nach dem Schnitt schnell nachwachsen, sie brauchen deshalb auch eine mäßige Düngung.

Fragen der Umstellung

Mancher, der die Anwendung von Mineraldüngern und Pestiziden für unumgänglich hielt, sieht andernorts Gartenerfolge bei ausschließlicher organischer Düngung. Dann möchte er wissen, ›wie das geht‹, ob eine Umstellung auf biologische Anbauweise nicht mehrjährige Einbußen mit sich bringt. Oft wird auch gefragt, wie sinnvoll eine ›Insel‹ biologischen Anbaus in einer herkömmlich bewirtschafteten Umgebung oder in der belasteten Umwelt städtischer Einzugsgebiete ist.

Ohne Einschränkung kann gesagt werden, daß die Umstellung immer möglich ist, daß eine Gesundung und Belebung des Bodens zwei, drei, in manchen Fällen bis zu fünf Jahren dauern kann. Die Stoffkreisläufe des Gartens müssen ein neues Gleichgewicht finden, das sich auch bei bester Pflege nicht von einem auf das andere Jahr festigt. Eine Umstellung ohne Ertragseinbußen wird möglich sein, wenn man zunächst für die Humusquelle sorgt, also vorsorglich kompostiert. Der Garten braucht für die Umstellung nicht brachzuliegen, aber man verschafft ihm durch eingeschaltete Gründüngung Ruhepausen.

Oft werden sich bei einer Umstellung die Schädlingsfragen weniger leicht biologisch lösen lassen als die Düngeprobleme. Man sollte nicht versuchen, echte oder vermeintliche Vorteile beider Wirtschaftsweisen zusammenzuspannen, also zum Beispiel Kompostbereitung, aber weiterhin Schädlingsbekämpfung mit chemischen Giften. Eine solche Handlungsweise führt zu Teilerfolgen, aber nicht zum in sich gefestigten biologischen Garten. Den wirklichen, nämlich umfassenden Erfolg einer Gesundung von Boden und Pflanzen zieht man mit Kompromissen unnötig hinaus oder gefährdet ihn. Im biologischen Gartenbau heißt die entscheidende Waffe gegen Schädlinge: Widerstandskraft der Pflanzen und Mischkulturen, die dem massenhaften Auftreten von Schädlingen vorbeugen. Erst in zweiter Linie sind die biologischen, unmittelbaren Abwehrmittel zu nennen.

Selbstverständlich können wir in einer vielfach belasteten Umwelt kein biologisches Paradies schaffen, das frei von äußeren, oft schädlichen Einflüssen bliebe. Seit wir wissen, daß auch unsere Waldpilze, gewachsen an entlegensten Orten, über die Luft mit unerwünscht hohen Mengen an Schwermetallen wie Blei und Kadmium angereichert werden, sollte uns klar sein, daß wir immer nur das unter gegebenen Umständen möglichst Richtige tun können. Aber gerade, weil wir vielen uns unerwünschten Einflüssen ausgesetzt sind, die wir nicht zu ändern vermögen, kommt dem eigenen Handeln im Rahmen des persönlichen Wirkungskreises große Bedeutung zu. Jeder biologisch bewirtschaftete Garten ist ein Beitrag zum Umweltschutz. Er dient dem wirklichen Fortschritt, von dem wir uns auf vielen Gebieten noch so weit entfernt wissen.

VII Bodenbearbeitung

Besinnen wir uns wieder auf das Beispiel Waldboden. Er ist locker, aber niemand lockerte ihn, tiefgründig, aber niemand grub ihn um. Auch der Frost, verantwortlich für die Frostgare im Herbst umgestochener Erdschollen des Gartens, dringt im geschlossenen Mischwald kaum durch die dicke Streueschicht des Bodens. Walderde verdankt die immerwährende Gare ihrem Bodenleben.

Außer dem Düngen gibt es kaum ein Gartenthema, über das man so gegensätzliche Ratschläge hören und lesen kann wie über das Umgraben. Früher hielt man diese überaus anstrengende Arbeit für die Voraussetzung jeden Gartenerfolges. Heute wird im biologischen Anbau behauptet, daß Umgraben nicht nur entbehrlich, sondern überflüssig und schädlich sei. Man kann sich den Sachverhalt, der hinter so gegensätzlichen Praktiken steht, klarmachen, wenn man sich das weiter vorn über das Bodenleben Gesagte in Erinnerung ruft:

Mikroben und Regenwürmer leben ausschließlich von den organischen Stoffen, die auf und in den Boden gelangen. Die Belebung der Erde geht also stets von ihrer Oberfläche aus und dringt je nach der anfallenden Nahrung sowie nach den Wasserverhältnissen in tiefere Schichten vor. Die Mehrzahl der Zersetzer belebt die oberen fünfzehn bis zwanzig Zentimeter des Bodens. Die Humusschicht reicht bei guten Böden bis dreißig Zentimeter tief hinab. Regenwürmer dringen auch in Tiefen von über einem Meter und erheblich weiter vor.

Da sich die Nahrungs-, Luft- und Wasserbedingungen nach unten schnell ändern, ändert sich auch die Art der Zusammensetzung des Bodenlebens. Der Waldboden beweist, daß ungestörte Tätigkeit des Bodenlebens die völlige Lockerung des Bodens bewirkt, wenn die Nahrungszufuhr fortbesteht und der Boden durch eine Auflage von organischem Material bedeckt bleibt. Man kann diesen Idealzustand eines fruchtbaren Bodens auch im Garten erreichen und sich dann in der Tat das jährliche Umgraben im Herbst ersparen. Doch wird man sich die Voraussetzungen dafür erst erarbeiten müssen. Bei einem neu in Kultur genommenen Garten sind sie noch nicht zu erwarten. Das Ziel, den Gartenboden so zu entwickeln, daß man ihn nicht mehr umzugraben braucht, kann mit Kompostwirtschaft und stetigem Mulchen erreicht werden, es ergibt sich bei richtiger biologischer Gartenpflege gleichsam von selbst. Das soll nun aber nicht so verstanden werden, daß der Beschluß, organisch zu düngen, den Spaten ein für allemal überflüssig macht.

Man findet in manchen Gartenbüchern verschiedene technische Anleitungen für das sogenannte Rigolen, ein besonders tiefes Umsetzen der Gartenerde nach verschiedenen, teilweise recht komplizierten ›Strickmustern‹. Es leuchtet ein, daß der Gartenboden damit gelockert und gelüftet wird, aber eben nur mechanisch, das heißt, der Vorgang muß jährlich wiederholt werden, unterstützt durch vieles Hacken während der warmen Jahreszeit, wenn man die Bodengare nicht auf natürlichem Wege herstellt. Man macht auch einen Mehlteig durch Rühren und Schlagen nicht so locker wie durch den Zusatz von Hefe. Und so, wie der Hefeteig Ruhe braucht, um zu gehen, soll man auch die natürliche Schichtung des Bodens nicht durch mechanische Bearbeitung unnötig durcheinanderwerfen, weil man damit die lebendigen Bodenlockerer in der Erde stört.

Mikroben, die als Erstzersetzer nahe der Bodenoberfläche leben und auf diesen Platz für ihre Nahrungs- und Luftzufuhr angewiesen sind, werden beim Wenden mitsamt ihrer Bodenschicht der Erde ›verlocht‹, das heißt, in eine Tiefe gebracht, die ihnen nicht entspricht. Bei schweren Böden kann das sogar eine unerwünschte Fäulnis der tiefgelegten Rohhumusschicht verursachen.

Natürlich ist es möglich, einen mangels Humus

Diese Wiese wurde im Herbst mit Pferd und primitivem Pflug umbrochen (Bild Seite 74)

verdichteten Gartenboden umzugraben und fein zu hacken. Er ist dann locker und luftig bis zum nächsten Regen. Aber was nach der mechanischen Bearbeitung so krümelig aussieht, hat nichts mit Bodengare zu tun. Sie entsteht im Garten so gut wie im Wald ausschließlich durch die Tätigkeit der Bodenlebewesen.

Belebter, humusreicher Boden hat die Struktur eines Schwammes. Mikroskopisch kleine Poren sind mit nährsalzreichen Ausscheidungen der Zersetzer ausgekleidet, mit Wasser und Luft gefüllt. Die mechanische Bodenbearbeitung verbessert diese Mikrostruktur nicht, sondern kann sie empfindlich stören. Mineraldüngung verbessert die Bodengare nicht.

Dem umbruchlosen Gartenbau, also Anbau ohne Umgraben, entspricht die pfluglose Anbauweise in der Landwirtschaft. Auch sie hat sich auf belebten Böden durchaus bewährt, wie bei vieljährigen, vergleichenden Versuchen beider Methoden gezeigt wurde. Man kann sogar sagen, daß ständig mechanische Bearbeitung des Bodens seine nachfolgende Verdichtung unter Regen und Sonne fördert.

Eine Art Martergerät für belebte Gartenerde ist die motorgetriebene Bodenfräse. Für den biologischen Garten kommt sie nicht in Frage, da sie die Bodenschichten gründlich durcheinandermischt und so eine Gare vortäuscht, die nur durch biologische Bodenpflege erreicht werden kann. Umgraben wird nützlich sein, wenn man zum Beispiel eine Wiese zum Garten machen will. Der Boden sollte dann soweit mechanisch gelockert werden, daß man ihn düngen und bepflanzen kann. Drei Hinweise für das Umgraben:

1. Grassoden erst dünn mit dem Spaten abschälen und mit Mist oder einem organischen Stickstoffdünger, Kalk und Steinmehl zu einer Kompostmiete aufschichten, die dem neu kultivierten Bo-

Nach der Schneeschmelze im März sind die nur flach abgeschälten Grassoden durch Frostgare mürbe geworden

den nach wenigen Wochen oder später wieder zugesetzt wird.

2. Nur so tief umstechen, wie die dunkle, obere Humusschicht reicht, damit nicht unbelebter Unterboden nach oben gebracht wird und die Entfaltung der Mikroben erschwert.
3. Gräbt man im Herbst um, läßt man die Schollen liegen und glättet sie erst im Frühjahr. In diesem Fall kommt die Frostgare, auf die wir im biologischen Garten weitgehend verzichten, zu Hilfe. Gräbt man im Frühjahr um, läßt man die Schollen nicht liegen und austrocknen oder einregnen, sondern arbeitet gleich anschließend reife Komposterde oder zu Humus verrotteten Mist oberflächlich ein und glättet die Erde mit dem Rechen. Sie ist dann fertig zum Einsäen oder Pflanzen und sollte anschließend gemulcht werden, also nicht offen liegenbleiben.

Auch sehr schwerer, lettiger Lehm- oder Tonboden, der noch zuwenig Humus hat, kann es notwendig machen, ihn vorerst ein oder zwei Jahre lang umzugraben, bis man ihn mit Komposterde soweit hat, daß er aus seinem Bodenleben heraus die erwünschte Gare selbst entwickelt. Auch dann geht man nicht über Spatenstichtiefe hinaus, was die Bodenbelebung nur verzögern würde.

Man hebt zunächst einen Graben aus und sammelt die so gewonnene Erde in der Schubkarre und gewinnt damit einen freien, glatten Anstich und Platz für die jeweils nächste Schollenreihe. Am Ende des zu bearbeitenden Gartenstückes füllt man die in der Schubkarre aufbewahrte Erde der ersten Reihe wieder an und kommt damit zum Bodenschluß der umgegrabenen Erde mit der angrenzenden.

Darüber hinaus gibt es im biologischen Garten kaum Anlässe, die ein Umstechen des Bodens erforderlich machen. Wer die Schwerarbeit des Umgrabens aus Gewohnheit jahrelang leistete, wird sich

Frostgare: Eiskristalle treiben Hohlräume in den Boden

gern angenehmeren Tätigkeiten im Garten zuwenden.

Wo Spatenarbeit weiterhin anfällt, zum Beispiel beim Umsetzen oder Abtragen einer Kompostmiete, tut man sich meist mit der vierzinkigen Grabgabel leichter.

Für belebten und während des Sommers bewachsenen oder gemulchten Boden wendet man im Herbst eine Lockerungsweise an, die den Arbeitenden und das Bodenleben gleicherweise schont: Man drückt Spaten oder Grabgabel wie zum Umgraben mit dem Fuß in den Boden, hebt dann die Scholle aber nicht aus, sondern drückt den Stiel des Gerätes einmal bis zum ausgestreckten Arm von sich weg und zieht ihn dann bis zum Körper zurück. Anschließend sticht man die Grabgabel etwa zwanzig Zentimeter weiter zurück in den Boden, um die gleiche Pendelbewegung auszuführen. Wie beim Graben geht man dabei zurück, um das gelockerte Erdreich nicht wieder festzutreten. Auf diese Weise lüftet man den Boden, ohne seine Schichten durcheinanderzubringen. Der Zeit- und Kraftaufwand ist denkbar gering.

Heute angebotene Gartengeräte haben einen erfreulich hohen Qualitätsstand. Da man solches Werkzeug viele Jahre lang benutzen kann, sollte man um so mehr darauf achten, daß es zur eigenen Körpergröße und Körperkraft paßt. In einem Verkaufsraum wird man darüber keinen Aufschluß bekommen. Am besten wäre es, wenn man bei einem Nachbarn oder einem anderen Gartenfreund dessen Geräte einmal ausprobiert, um Größe und Gewicht besser beurteilen zu können. Fehlgriffe in der Größe kann man vor allem beim Spaten und bei der Grabgabel tun, die es in verschiedenen Ausführungen gibt.

Gewöhnen Sie sich als Anfänger daran, jedes Gartengerät unmittelbar nach seiner Benutzung zu säubern und an seinen Platz zurückzustellen. Auch hochwertiger Werkzeugstahl rostet im Regen oder Tau, Lehm löst sich schwerer vom Gerät, wenn man ihn antrocknen läßt. Nässe und Trockenheit im Wechsel schaden den Holzstielen. Nicht ohne Grund halten Handwerker und Berufsgärtner so große Stücke auf Pflege und Ordnung ihrer Geräte.

Ein vielseitiges Gerät, das sich im Garten bewährt hat, ist der SZ-Wühler, kurz Sauzahn genannt, ein Kultivator mit nur einer Schar, der je nach Form und Gegend auch Kräuel heißt. Man zieht ihn zur Bodenlockerung und -belüftung durch die Erde und erspart sich damit in vielen Fällen das Hacken, das verhältnismäßig viel Kraft erfordert, weil man das Gerät jedesmal aus dem Boden heben und neu einschlagen muß.

Mit einem einscharigen Kultivator wie dem Sauzahn schichtet man die Erde nicht um und arbeitet deshalb mit diesem Gerät sehr schnell und ziemlich mühelos.

Betrachtet man einen Gartengerätekatalog oder das Angebot in einem einschlägigen Gartenbedarfsgeschäft, dann kann man den Eindruck gewinnen, daß die Bodenbearbeitung eine Vielzahl spezialisierter Arbeitsgänge erfordert. Man sollte sich aber nicht verführen lassen, sondern zunächst nur die Grundgeräte anschaffen, um dann bei der Bearbeitung zu sehen, was darüber hinaus auch wirklich gebraucht wird. Zur Grundausrüstung gehören:

Spaten, Grabgabel, Spitzschaufel, Sauzahn, eine schmale Pendelhacke, eine Ziehhacke, Rechen und für Erdbewegungen im Garten Pickel und Schubkarre. Entsprechend der Anzahl von Leuten, die immer oder gelegentlich im Garten arbeiten, sollten die Geräte mehrfach vorhanden sein, was nicht

Der einzinkige Kultivator (links) heißt Sauzahn

für Pickel und Schubkarre gilt. Zum Wässern braucht man Schlauch und Gießkanne.

An Kleingeräten kommen Setzholz, Gartenschnur und Pflanzkelle (Handschäufelchen) in Frage. Außerdem wird man Gartenschere und Sichel brauchen. Motorisierte Geräte erübrigen sich im Hausgarten üblicher Größe.

Hacken, so heißt es oft, ersetzt Gießen. Das gilt bei Trockenheit für sowohl humushaltigen als auch unbedeckten Boden. Nackter Boden soll aber im biologischen Garten die Ausnahme sein. Durch Bodenkapillare steigt Wasser, das die Humusschicht länger als andere Bodenarten festhalten kann, an die Oberfläche, wo es unter Sonne und Wind verdunstet. Hacken bringt zwar zunächst noch mehr Feuchtigkeit an die Oberfläche, unterbricht aber die Kapillaren oder Haarröhrchen und schützt auf diese Weise darunterliegende Bodenschichten vor Austrocknung. So kann Hacken in gewissem Umfang tatsächlich Gießen ersetzen. Aber einen weit wirkungsvolleren Verdunstungsschutz bildet die Mulchschicht. Auch unter ihr führen die Bodenkapillaren Wasser, aber die Mulchschicht vermindert stark die Verdunstung an der Oberfläche, das Wasser rückt nicht nach. Kapillaren befördern bekanntlich kein Wasser – sonst gäbe es ein Perpetuum mobile –, sondern füllen sich nur mit ihm.

Viele Kulturpflanzen werden von eifrigen Gartenpflegern unbeabsichtigt gestört. Man hackt scheinbar um die Pflanze herum, trifft aber in ihrem Umkreis das Geflecht der Haarwurzeln, das man wegen seiner Feinheit nicht wahrnimmt. Man sollte also lieber die Arbeit auf sich nehmen, gut zerkleinertes Mulchmaterial bis nahe an die Pflanzen heranzubringen, um dann ganz auf das Hacken verzichten zu können.

Von Pfeiffer/Riese stammt der bemerkenswerte Hinweis, daß häufiges Gießen die Pflanzen insofern verwöhnt, als sie dann vorwiegend flache Wurzeln bilden und bei ausbleibender Bewässerung mehr leiden als Pflanzen, die auf der Suche nach Wasser rechtzeitig Wurzeln auch in die tieferen, noch feuchten Bodenschichten schicken müssen. Sie überstehen eine Trockenheit besser.

Es empfiehlt sich auch aus Gründen der Arbeitsersparnis, während Trockenzeiten nicht jeden Abend ein bißchen zu gießen oder mit dem Schlauch zu wässern, sondern nur jeweils einen Gartenteil gründlich mit Wasser zu versorgen und dann umschichtig die anderen Teile an anderen Tagen.

Humusversorgung durch Kompost, Bodenbedekkung durch Mulchen und Mischkulturen, die nach dem Heranwachsen einen Bodenschluß ergeben, machen die früher viel geübte mechanische Bodenbearbeitung im Garten weitgehend überflüssig. Hier kann eine bedeutende Arbeitserleichterung durch biologische Anbauweise erreicht werden. Doch wird man sie nur nutzen, wenn man die Zusammenhänge zwischen belebtem Boden, organischem Düngen und Bodenbedeckung durchschaut und im täglichen Umgang mit dem Garten erlebt.

VIII Mischkulturen und Fruchtfolgen

Unser Buch soll auch dem Gartenanfänger Grundlagen vermitteln. Deshalb fügen wir hier einige Hinweise zur Einteilung des Nutzgartens an, die dem Praktiker nicht neu sein werden.

Üblicherweise teilt man den Nutzgarten in langgestreckte Rechtecke ein, die Beete. Bewährt hat sich eine Beetbreite von hundertzwanzig Zentimeter mit beidseitig angrenzenden Trittwegen von je dreißig Zentimeter Breite. Man erreicht von jeder Seite jeweils die halbe Tiefe der Pflanzfläche mühelos, was bei wesentlich breiteren Beeten nicht mehr der Fall ist. Mit Beeten von etwa Meterbreite verschenkt man zu viel Platz an die Wege.

Die Standardbreite der Beete bietet auch Vorteile, weil Gartenpläne und Vorschläge für Mischkulturen und Fruchtfolgen in Gartenbüchern stets von diesem Maß ausgehen. Plattenbelegte Wege zwischen den Beeten erleichtern die Arbeit, doch sollte man bei einer Neuanlage wenigstens das erste ›Betriebsjahr‹ des Gartens abwarten, weil man dann beurteilen kann, ob man die getroffene Einteilung beibehalten will. Wer aus Platzmangel noch sparsamer mit Bodenfläche umgehen muß, verwandelt bei entsprechend gewählten Kulturen auch einige der Wege gelegentlich in Anbaufläche, zum Beispiel bei schnell wachsender Vor- und Zwischenfruchtbestellung mit Kresse, Spinat oder Radieschen, die zeitweise keiner Bodenbearbeitung bedürfen. Man kann sich solche kurzfristigen Veränderungen ohne Umstände leisten, wenn man die Wege nicht befestigt hat und dafür auf starre Einfassungen verzichtet.

Ich halte die leichte Veränderbarkeit des Nutzgartens für wünschenswert, doch hängt die Garteneinteilung immer mit der Mentalität des Gartenbesitzers zusammen. Wer auch im Garten das Beständige liebt, die gleichsam eingewachsene Form, kann mit Recht anführen, daß fest eingefaßte Beete mit Plattenwegen ordentlicher aussehen und die jährliche Vorplanung sehr erleichtern.

Trittwege zwischen nicht fest eingefaßten Beeten dürfen auf keinen Fall tief gelegt werden, wie man das immer wieder sieht. Man verliert mit dieser Maßnahme Pflanzfläche an die kleinen Böschungen, muß die Beetränder ständig anhäufeln, weil Erde abbröckelt, und setzt die Randpflanzen stärkerer Verdunstung im Wurzelbereich aus.

Nicht ausführen, nur erwähnen möchte ich die ungewöhnliche, aber einleuchtende und offenbar gut in der Praxis bewährte Idee von Gertrud Franck (»Gesundheit durch Mischkultur«). Hier wird von vornherein auf die Anlage jeglicher Trittwege verzichtet und an ihrer Stelle über den ganzen Nutzgarten ein ›Linienblatt‹ aus Spinatreihen im Abstand von je vierzig Zentimeter gesät.

Nach dem Auflaufen der Saat sorgt man mit einer Ziehhacke für unkrautfreie Streifen zwischen den Spinatpflänzchen. Hier entstehen die eigentlichen Anbauflächen als Kleinkulturen von vierzig Zentimeter Reihenabstand, Mittelkulturen mit achtzig, Großkulturen mit hundertsechzig Zentimeter Reihenabstand. Auf ihnen werden die Mischkulturen angelegt. Während des Heranwachsens der verschiedenen Nutzpflanzen schneidet man die Spinatreihen mit der Ziehhacke ab und läßt die Blätter liegen, soweit man sie nicht für den Küchenbedarf verwendet. Das feine Mulchmaterial kann nun leicht an die Pflänzchen der Mischkultur herangebracht werden und auf diese Weise für Schattengare und Unkrautfreiheit sorgen. Aus den Spinatreihen entstehen zum Teil schmale Trittwege für die Bearbeitung.

Das Anlegen der mehrmals erwähnten Mischkulturen und Kulturfolgen könnte ein eigenes Buch füllen, wenn man alle vorliegenden Erfahrungen berücksichtigen wollte. Mischkultur heißt das räumliche Nebeneinander verschiedener Nutzpflanzen auf einem Beet, Kulturfolge oder der in der Landwirtschaft übliche Begriff Fruchtfolge ist das zeitliche Aneinanderreihen verschiedener Pflanzengenerationen. Dabei unterscheidet man Vor-, Haupt-, Zwischen- und Nachkulturen, bezogen auf jeweils eine Vegetationsperiode, also die warme Jahreszeit von Frühling bis Herbst. Darüber hinaus gibt es auch Winterkulturen frostharter Nutzpflanzen.

Wegen ihrer in zahlreichen Versuchen erwiesenen Mehrerträge setzten sich die Mischkulturen im biologischen Gartenbau voll durch. Man stellt sich mit ihnen in bewußten Gegensatz zu den Monokulturen, wie sie in der nach industriellen Maßstäben betriebenen Landwirtschaft üblich geworden sind.

Großflächige Monokulturen lassen sich nur mit den Hilfsdiensten der Chemie, das heißt mit dem Einsatz von Pestiziden, durchführen. Monokulturen widersprechen dem natürlichen Pflanzenkleid, das jeden Lebensraum mit möglichst großer Artenvielfalt überzieht und sich so gleichsam krisenfest macht. Das in Monokulturen zwangsläufig epidemische Auftreten von Pflanzenkrankheiten und der Befall durch massenhaft sich vermehrende Schädlinge kann, wenigstens in unseren Breiten, als eine Ausgleichsbewegung der Natur auf das Vorherrschen einer Pflanzenart begriffen werden. Ähnliche Verhältnisse ergeben sich für die Massentierhaltung. Deshalb ist die Mischkultur keine Erfindung des biologischen Gartenbaus, sondern eine der Natur nachempfundene Anbauweise, die schon von den Naturvölkern betrieben wurde. Daß Mischkulturen im Sinne heutiger Landwirtschaft nicht maschinengerecht sind, bedeutet im Hausgarten keinen Nachteil.

Die Vorteile der Mischkulturen liegen jedoch buchstäblich tiefer als nur in ihrer allgemeinen Hemmwirkung gegen eine Massenvermehrung von Schädlingen. Wenn wir wieder unser Waldbeispiel bemühen und den Boden eines naturnahen Mischwaldes aus Bäumen jeden Alters mit dem Boden eines Fichtenforstes, also einer Monokultur mit gleichaltrigen Bäumen, vergleichen, so sehen wir, daß dem Artenreichtum der Pflanzen im Mischwald eine artenreiche Tierwelt entspricht und auch ein formenreiches Bodenleben. Dies ist im Stangenforst auf eine dürftige, artenarme Mikrobenbevölkerung verengt, die, nur auf den Rohstoff Fichtennadeln angewiesen, keinen fruchtbaren Humus hervorbringen kann – ein Abbild der fast oder ganz fehlenden Lebensgemeinschaften an höheren Tieren.

Der Hausgarten steht niemals in der Gefahr solcher Verödung, aber man sollte sich die Wirtschaftsweisen an derart gegensätzlichen Beispielen vor Augen führen, um ihre Folgen klarer zu sehen. Auch im Hausgarten entspricht, wie bei jeder fruchtbaren Erde, pflanzliche Artenvielfalt über dem Boden einem Formenreichtum der Mikroben im Boden. Nun kommt noch eine alte Erfahrung hinzu, die heute im organischen Gartenbau zur alltäglichen Praxis gehört, obwohl man die biologischen Zusammenhänge noch nicht ausreichend erforschte.

Mehr oder weniger eng nebeneinander wachsende Pflanzen können sich gegenseitig fördern oder behindern. Von Trockenpflanzen der Halbwüste wissen wir, daß sie Wurzelgifte ausscheiden, die andere Pflanzen in ihrem Umkreis absterben lassen. Das geringe Wasser- und Nährstoffangebot läßt eben nur das Gedeihen jeweils einer Pflanze auf einer bestimmten Fläche zu.

Die Zu- und Abneigungen der Gartenpflanzen untereinander zeigen sich nicht so kraß, aber wir können sie uns doch zunutze machen, indem wir passende Nachbarpflanzen für die Mischkulturen wählen und ungünstig wirkende Nachbarschaften vermeiden. Wahrscheinlich rührt die schlechtere Verträglichkeit zweier Nutzpflanzenarten wenigstens zum Teil auch aus dem Stoffwechselgeschehen der Wurzeln her. Wurzeln nehmen nicht nur Sauerstoff, Wasser und gelöste Nährsalze auf, sie geben auch Stoffe ab, so wie die oberflächlichen Teile der Pflanze Duftstoffe ausströmen, die sowohl auf benachbarte Pflanzen als auch auf Tiere, zum Beispiel Schädlinge, wirken. So weiß der Gärtner aus Erfahrung, daß in Mischkulturen vereinte Zwiebel- und Möhrenpflanzen sich gegenseitig vor ihrem jeweiligen Hauptschädling schützen: Die Zwiebel wehrt die Möhrenfliege, die Möhre die Zwiebelfliege ab. Wir haben hier einen in doppeltem Sinne mittelfreien Pflanzenschutz, den uns die Natur selbst schenkt.

Die Verträglichkeit von Pflanzen beruht auch auf ihren ähnlichen oder unterschiedlichen Ansprüchen an den Boden. Dieser Gesichtspunkt kommt

Gute Nachbarschaft: Erbsen und Kohl

Von links: Möhren, Zwiebel, Eissalat und Rote Rüben

besonders bei der Planung von Fruchtfolgen zur Geltung. Sogenannte Bodenmüdigkeit tritt entweder bei Monokulturen auf oder bei falschen, beziehungsweise nicht durchgeführten Fruchtfolgen. Jede Pflanze entnimmt die für sie nötigen Nährstoffe dem Boden in ungleicher Verteilung. Wird immer wieder die gleiche Art angebaut, kann es zu einseitiger Belastung des Bodens kommen, zum Mangel an einzelnen Nährstoffen.

Die Natur läßt sich jedoch nicht in ein Schema pressen. Tomaten und Stangenbohnen düngt man zum Beispiel vorteilhaft mit ihren eigenen Pflanzenteilen. Besonders Tomaten kann man viele Jahre erfolgreich am selben Platz ziehen. Im biologischen Anbau kennt man einen Tomatenkompost aus abgestorbenen Tomatenpflanzen, mit dem man die neuen Tomatenpflanzen wiederum ernährt.

Noch längst sind nicht alle Fragen der Gesetzmäßigkeit von Mischkulturen und Kulturfolgen bekannt. Auch sollte der Anfänger nicht durch die vielfältigen Beziehungen der Pflanzen untereinander davor zurückschrecken, sich mit einer gewissen Unbefangenheit an die Bestellung seines Gartens zu wagen, und sei es die erste. Es geht ja bei diesen Fragen der mehr oder weniger günstigen Nachbarschaft nicht darum, ob eine Pflanze hochkommt und Erträge bringt, sondern darum, daß sie für beste Ernte die ihr am meisten zusagenden Standortbedingungen erhält. Das biologische Gärtnern würde weit weniger Spaß machen, wenn sein Erfolg in einem starren Regelwerk festläge. Natürlich kann man den Hausgarten so bewirtschaften, daß man alle erreichbaren Regeln – vom Mondstand bei der Aussaat bis zum Vieljahresplan der Fruchtfolge – beachtet, auch wenn man den Sinn solcher Vorschriften noch nicht durchschaut. Viel schöner und besser ist es, sich zunächst nur um die richtigen Grundlagen zu bemühen und Jahr für Jahr eigene Erfahrungen zu sammeln, bis man auch Feinheiten aus eigenem Pflanzenverständnis heraus beherrscht und sie dann angemessen für sich nutzen kann.

Im folgenden sollen deshalb einige Grundregeln der Mischkulturen und Fruchtfolgen ohne Anspruch auf Vollständigkeit erläutert werden. Für günstige und ungünstige Nachbarschaften bringen wir eine Aufstellung, in der die Erfahrungen vieler Gartenpraktiker stecken. Da ich es nicht gewöhnt bin (und mich auch nicht daran gewöhnen möchte), Pflanzpläne nach Tabellen zu gestalten, kann ich aus unserer Praxis nicht alle Behauptungen, die in einer solchen Liste stecken, durch eigene Erfahrung bestätigen. In mehreren Fällen sprach die erlebte Wirklichkeit gegen die Regel.

So wird in der biologischen Literatur mehrfach angegeben, daß Kartoffeln und Kohlgewächse nicht miteinander harmonieren. Blumenkohl und Rosenkohl blieben im Schatten des mächtig aufschießenden Kartoffelkrauts klein, Weiß- und Rotkohl (Blaukraut) rundeten sich in der Kartoffelumgebung zu festen, großen Köpfen.

Man soll die Angaben über das Zusammenpassen von Nutzpflanzen deshalb nicht als Dogma auffassen, sondern als Anregung nehmen, als eine Erfahrung anderer, die sich meistens bestätigen wird.

Die Abstände beim Säen und Pflanzen werden von Gartenanfängern regelmäßig unterschätzt. Das linke Bild dieser Mischkultur aus Möhren und Lauch wurde am 11.7., das mittlere am 8.8., das rechte am 8.9. aufgenommen

Mir ist es aus meiner Kenntnis nicht möglich, aus den Empfehlungen der Liste durchgängige, einsehbare Regeln abzuleiten. Doch gilt für *Mischkulturen* allgemein:

1. Abstände der Pflanzen untereinander werden so bemessen, daß sich ihre Blätter, wenn sie erwachsen sind, berühren oder etwas überschneiden, also den Boden decken.
2. Die Erntezeiten der verschiedenen Pflanzenarten einer Mischkultur sollten nicht zusammenfallen, so daß der Boden nie ganz entblößt wird.
3. Starkzehrer können mit Mittelzehrern, Mittelzehrer mit Schwachzehrern zusammengepflanzt werden, aber möglichst nicht Starkzehrer mit Schwachzehrern, weil ihre Bodenansprüche zu verschieden sind. Die ersteren vertragen Mist, Frischkompost und Jauchegaben, die letzteren nicht.
4. Flachwurzelnde Pflanzen stehen gut neben tiefwurzelnden, schlanke gut zwischen ausladenden Arten.

Für *Kulturfolgen* gilt:

1. Allgemein bewährt sich die Reihenfolge Starkzehrer, Mittelzehrer, Schwachzehrer, doch sind Abweichungen möglich.
2. Vor oder nach Starkzehrern baut man vorteilhaft Leguminosen, sie verbessern auch andere Beete.
3. Entstehende Pausen in Anbaufolgen nutzt man für Gründüngung; sie sollte alle drei bis vier Jahre eingeplant werden.
4. Ein einfaches Schema sichert abwechslungsreiche und ausgewogene Fruchtfolgen für mehrere Jahre (nach Howard):
   Man stellt vier im eigenen Garten erprobte Mischkulturen für jeweils ein Jahr zusammen, die
   a) überwiegend Starkzehrer
   b) überwiegend Mittelzehrer
   c) überwiegend Schwachzehrer
   d) überwiegend Gründüngung mit Leguminosen
   enthalten.

Man teilt die Gesamtfläche des Nutzgartens in vier Quartiere und wechselt im Umlaufverfahren deren Anbauprogramme (a bis d), so daß im Laufe von vier Jahren jede Anbaugruppe einmal auf jedem Quartier war.

Unser Vorschlag (s. Seite 85) will als Anregung, nicht als Vorschrift verstanden werden.

Wer im Garten plant – und das sollte man schon für den Samen- und Pflanzenbedarf tun, und um aus eigenen Fehlern und Erfolgen zu lernen –, wird seine Überlegungen zu Papier bringen müssen. Und damit hat er einen Gartenplan. Dieses Papier enthält den Gartenumriß mit den eingetragenen Beeten und unverrückbaren Gartenbestandteilen wie Bäume, Hecken, Gartenhaus, Brunnen, Pergola und so weiter. Für genaues Arbeiten auf mittleren und großen Grundstücken sollte man zumindest am Anfang maßstabgerecht auf Millimeter- oder Karopapier zeichnen.

Man verbessert die Planung wesentlich durch ein Gartenheft, zum Beispiel in Form eines Taschenkalenders, in das man unter dem jeweiligen Tag die verrichtete Arbeit, Aussaaten und Pflanzgut, Düngemaßnahmen, Ernteergebnisse, besondere Erfolge oder Mißerfolge einträgt. Ein solches Tagebuch, das nur in Stichworten geführt, aber regelmäßig benutzt werden muß, ist Gold wert, weil es eigene Erfahrungen festhält, deren Einzelheiten man sonst vergessen würde. Gleichzeitig sollte dieses Büchlein als Terminkalender dienen, auch wenn sich vorgesehene Aussaaten selbstverständlich nicht nach dem Datum, sondern nach dem Wetter richten müssen. Man hebt das fertige Jahrbuch zusammen mit dem dazugehörigen Gartenplan auf und hat damit ein persönliches Nachschlagewerk, das es so nur einmal auf der Welt gibt.

Hat man die im Gartenplan eingezeichneten Anbauflächen einmal mit Namen oder Nummern versehen und grübelt man nicht mehr über Aufteilungsfragen des Nutzgartens, dann kann man dazu übergehen, den Raumplan durch einen Zeitplan zu ersetzen. Er ist nichts anderes als eine Tabelle: Auf der oberen Waagerechten stehen die Wochen des Jahres, in der linken Senkrechten die Beetbezeichnungen. Je größer das Blatt, desto bessere Übersicht erlaubt es.

Nun wird jede geplante Kultur eines Beetes mit einem waagerechten Strich in die Zeitskala eingetragen. Die Pflanzenart schreibt man über den Strich. Wer noch keine Erfahrung hat, wann ausgesät, gepflanzt oder geerntet wird, hält sich an die Angaben der Samentüte, eines erfahrenen Freundes, eines Gartenbuches oder unserer Listen ab Seite 86. Dabei ist zu berücksichtigen, daß bei Mischkulturen jedes Beet zwei bis vier Linien be-

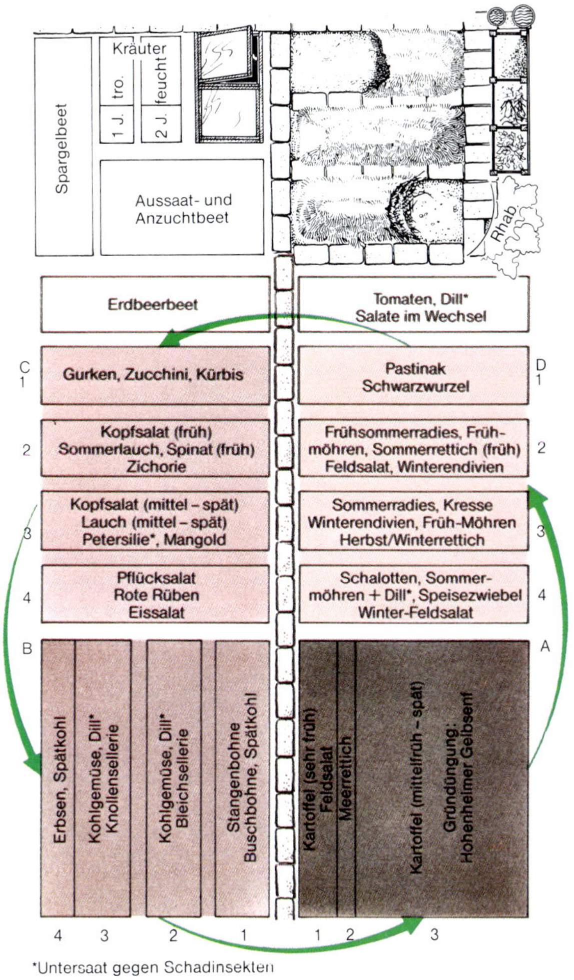

Gartenplan für Mischkulturen im ersten Anbaujahr. In den darauffolgenden Jahren rücken die Kulturen jeweils um ein Feld gegen den Uhrzeigersinn weiter, so daß im zweiten Jahr A auf D, B auf A usw. trifft

kommt. Findige Mischkulturliebhaber bauen auch sechs, acht und mehr Gemüsearten in ein einziges Beet! Es kann dadurch so bunt und formenreich werden, daß es dem Garten zum Schmuck gereicht. An Ihnen liegt es nun, lieber Leser, diese Hinweise mit Gartenleben und eigenen Erfahrungen zu füllen!

Die Handhabe der Mischkulturen und Fruchtfolgen ist ein Betätigungsfeld ohne Grenzen. Dafür möchte ich eine Anregung von Pfeiffer/Riese zitieren:

»Die gemischten Kulturen … haben außerdem einen bedeutenden Einfluß auf Qualität, Haltbarkeit

Zeitplan für Mischkulturen im Vierjahreswechsel

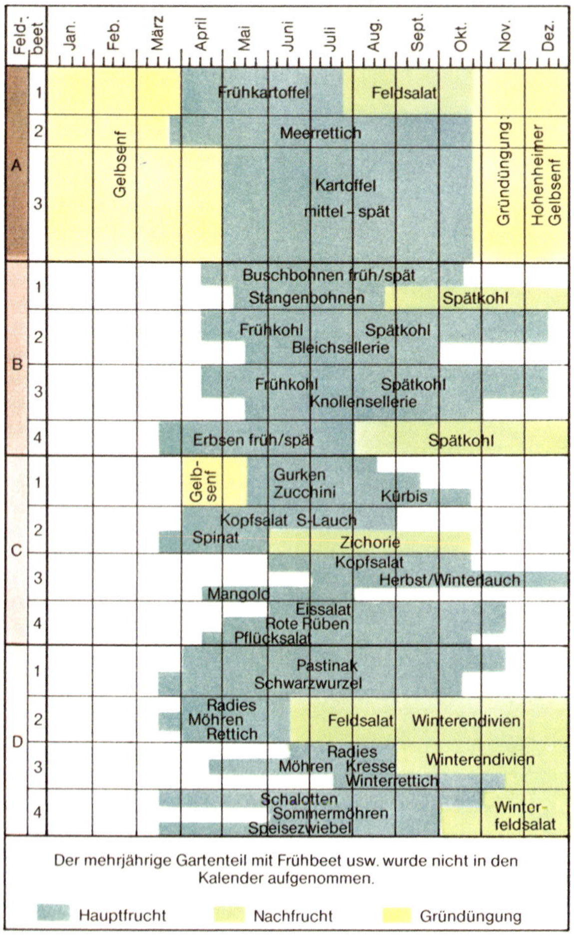

und Geschmack des Gemüses. Man pflanze nur einmal, um sich davon zu überzeugen, zwei bis drei Reihen Radieschen und ihnen zur Seite zwei bis drei Reihen Kresse, in einem zweiten, danebenliegenden Versuch, Kerbel als Rand. Dann wird man am Geschmack der Radieschen, wenn man noch dazu eine Kontrolle ohne Randpflanzen gemacht hat, recht deutliche geschmackliche Unterschiede bemerken:

Radieschen der Kontrolle ohne Randpflanzen: relativ geschmacklos.

Radieschen mit Kerbel als Randpflanzen: scharf.

Radieschen mit Kresse als Randpflanzen: sehr schmackhaft.«

Kein Erwerbsgärtner kann den Spielraum für sich in Anspruch nehmen, der dem Hausgärtner aus Neigung zur Verfügung steht: Spielraum für Versuche und Ideen. Mit der Kompostwirtschaft hat er eine sich selbst erneuernde Nährstoffquelle, die bei richtiger Anwendung reiche und gesunde Ernten sichert und ihn vor Abhängigkeit sowie großen Ausgaben für Düngemittel bewahrt. Der Garten verwandelt die Phantasie seines Besitzers oder Pflegers in Wirklichkeit. Er ist eine kleine Welt, in der Wünsche durch die Natur selbst erfüllt werden.

Die folgende Liste für günstige und ungünstige Nachbarschaften im Gemüsegarten fußt auf einer Tabelle des schweizerischen Forschungsinstitutes für biologischen Landbau, Bernhardsberg, Oberwil/BL., das freundliche Genehmigung zum Abdruck erteilte.

Die in unserer Liste nicht genannten Nutzpflanzen gelten als neutral, also ohne bemerkenswerte gegenseitige Beeinflussung. Natürlich stört jede Pflanze eine andere, wenn sie ihr Licht und Wasser nimmt. Genügend große Abstände sind Voraussetzung einer erfolgreichen Mischkultur. Ebenso ist darauf zu achten, daß nicht größere Pflanzen im Süden unmittelbar benachbarter kleinerer Pflanzen stehen und sie zu stark beschatten.

Wir können in unserem Klima zwischen dreißig und fünfzig gut anbaufähiger Gemüsearten wählen. Für die Planung von Fruchtfolgen gibt es deshalb unübersehbar viele Möglichkeiten. Eine von ihnen liegt dem Anbauplan dieser Seite zugrunde. Als allgemeine Planungshilfe ist unsere Pflanzenliste für Vor-, Haupt- und Nachkulturen auf Seite 89 anzusehen.

Natürlich überschneiden sich die Möglichkeiten auf breitem Raum. Im Sommer ist praktisch alles möglich; die Kunst des Ausfächerns liegt darin, frühe und späte Nutzungsmöglichkeiten für die Gemüsebeete zu finden und durchzuführen. So lassen sich zum Beispiel Kresse, Radieschen und Spinat zu ganz verschiedenen Jahreszeiten anbauen. Zeitangaben für Aussaat und Ernte, wie sie auch auf den Samentüten stehen, darf man nicht zu eng oder als Garantie für das Gelingen im eigenen Garten auslegen. Es kann sich bei solchen Hinweisen nur um Durchschnittswerte handeln. Der tatsächliche Ablauf des Keimens, Wachsens und Reifens einer Pflanze wird unter anderem von den jeweils

Pflanze	günstig mit	ungünstig mit
Bohnen (Busch- und Stangenbohnen)	Gurken, Kartoffeln, Kohlarten, Kohlrabi, Kopfsalat, Mangold, Meerrettich, Pflücksalat, Rettich und Radieschen, rote Rüben, Rhabarber, Rüben, Sellerie, Tomaten	Erbsen, Fenchel, Knoblauch, Lauch, Zwiebeln
Endivien	Fenchel, Kohlarten, Lauch, Bohnen	–
Erbsen	Fenchel, gelbe Rüben, Kohlarten, Kohlrabi, Kopfsalat, Rettich und Radieschen	Kartoffeln, Knoblauch, Lauch, Bohnen, Tomaten
Erdbeeren	Knoblauch, Kohlarten, Kopfsalat, Lauch, Rettich und Radieschen, Zwiebeln	–
Fenchel	Endivien, Erbsen, Gurken, Kopfsalat, Pflücksalat	Stangenbohnen, Tomaten
Gurken	Fenchel, Knoblauch, Kohlarten, Kopfsalat, Sellerie, Stangenbohnen, Zwiebeln	Rettich und Radieschen, Tomaten
Gelbe Rüben (Karotten/Möhren)	Erbsen, Knoblauch, Lauch, Mangold, Rettich und Radieschen, Tomaten, Zwiebeln	–
Kartoffeln	Kohlrabi, Mais, Meerrettich, Spinat	Erbsen, Sellerie, Tomaten
Knoblauch	Erdbeeren, Gurken, gelbe Rüben, Tomaten	Erbsen, Kohlarten, Stangenbohnen
Kohlarten	alle Salatarten, Erbsen, Fenchel, Gurken, Sellerie, Spinat, Knoblauch, Zwiebeln, Kartoffeln, Lauch, Rettich und Radieschen, rote Rüben, Tomaten	–
Kopfsalat	Erbsen, Erdbeeren, Fenchel, Gurken, Kohlarten, Lauch, Mais, Rettich und Radieschen, Rhabarber, Stangenbohnen, Tomaten, Zwiebeln	Kohlrabi (gegensätzliche Erfahrungen), Sellerie
Lauch	Endivien, Erdbeeren, gelbe Rüben, Kohlarten, Kohlrabi, Kopfsalat, Sellerie, Tomaten	Erbsen, rote Rüben, Stangenbohnen
Mais	Kopfsalat, Tomaten	Sellerie, rote Rüben
Mangold	gelbe Rüben, Rettich und Radieschen	–
Meerrettich	Kartoffeln	–
Pflücksalat	Fenchel, Kohlarten, Rettich und Radieschen, rote Rüben, Rhabarber, Tomaten	–
Rettich und Radieschen	Erbsen, Erdbeeren, gelbe Rüben, Kohlarten, Kohlrabi, Kopf- und Pflücksalat, Mangold, Spinat, Stangenbohnen, Tomaten	Zwiebeln
Rote Rüben	Gurken, Pflücksalat, Zwiebeln	Kartoffeln, Lauch, Mais
Rhabarber	Kohlarten, Kopf- und Pflücksalat, Spinat	–
Sellerie	Gurken, Kohlarten, Kohlrabi, Lauch, Stangenbohnen, Tomaten	Kartoffeln, Kopfsalat, Mais
Spinat	Kartoffeln, Knoblauch, Kohlrabi, Rettich und Radieschen, Rhabarber, Tomaten	–

Pflanze	günstig mit	ungünstig mit
Tomaten	gelbe Rüben, Knoblauch, Kohlarten, Kohlrabi, Kopf- und Pflücksalat, Lauch, Mais, Rettich und Radieschen, Sellerie, Spinat	Erbsen, Fenchel, Gurken, Kartoffeln
Zucchini	Stangenbohnen, Zwiebeln	–
Zwiebeln	Erdbeeren, Gurken, gelbe Rüben, Kopfsalat, rote Rüben, Zucchini	Kohlarten, Rettich und Radieschen, Stangenbohnen

herrschenden Klima-, Wetter-, Wasser- und Bodenverhältnissen bestimmt.

Man gewinnt im Frühjahr einige Wochen, wenn man statt der Aussaat, mit der man bei vielen Pflanzen noch die letzten Nachtfröste abwarten muß, Jungpflanzen vorzieht oder vorgezogene Jungpflanzen beim Gärtner kauft. Gegebenenfalls müssen auch sie vor den Rückzugsgefechten des Winters unter Folie oder Glas geschützt werden.

Mischkultur und Fruchtfolge kann man nicht voneinander trennen, weil sich die Trachten nicht nur örtlich, sondern auch zeitlich miteinander verzahnen. Unsere Aufstellung will erste Orientierungshilfe sein. Dem Anfänger empfehle ich nicht, ausgeklügelte Bepflanzungspläne, wie er sie in Gartenbüchern als Beispiele findet, wie ein Modellschiff nachzubauen, sondern verschiedene ›einfache‹ Gemüsesorten in zunächst kleinen Gruppen und Fruchtfolgen zu säen oder zu pflanzen. Im zweiten Jahr wird man weiterführen, was Erfolg brachte, vermehrt um neue, später auch ›schwierigere‹ Sorten. Man gewinnt dann einen Erfahrungsschatz, der jährlich zunimmt. Und: man macht sich unabhängig von Anleitungen. Einfach, das heißt leicht in jeder Spielart unseres mitteleuropäischen Klimas zu ziehen sind:

Buschbohnen, Endivien, Erbsen, Erdbeeren, gelbe Rüben (Karotten/Möhren), die verschiedenen Kohlarten, Kohlrabi, Kopfsalat, Lauch, Mangold, Pflücksalat, Rettich und Radieschen, rote Rüben, Rhabarber, Spinat, Zwiebeln, Zucchini und die meisten Gewürzkräuter. Dazu kann Beerenobst gepflanzt werden; wir behandeln dessen Anbau im zweiten Teil unseres Bandes.

Mit den Erfolgen des Gärtnerns erwachen ganz von selbst Wünsche auch nach anspruchsvolleren und selteneren Arten von Aubergine bis Spargel. Grenzen des Freilandanbaus setzt das Klima. Der Gärtner aus Neigung und Liebe wird immer wieder versuchen, auch nicht alltägliche Gewächse auf seinem Grundstück heimisch zu machen. Das wird ihm mit wechselndem Erfolg gelingen. Man besinnt sich nach Fehlschlägen gern auf die Sorten, die unserem Klima und damit auch unserer Ernährung wirklich angemessen sind. Ähnlich verhält es sich mit Obst. Wie herrlich kann eine ausgereifte Ananas schmecken! Doch wären wir wohl kaum bereit, ihr zuliebe auf Äpfel zu verzichten. Der Anbau im eigenen Garten läßt uns auch die alltäglichen Nutzpflanzen hochachten.

Die Übergänge fließen. Bei manchen Zusammenstellungen von Vor- und Nachkulturen bleibt keine Zeit für eine Hauptkultur oder die Hauptkultur reicht, wie zum Beispiel bei Chinakohl oder Brokkoli, bis in den Winter hinein. In rauhem Klima mit verhältnismäßig kurzen Vegetationsperioden, wie sie etwa in Höhenlagen gegeben sind, kann man ohnehin nur mit ein bis zwei Trachten im Jahr rechnen.

Mischkultur und Fruchtfolgen ermöglichen zwar Höchsterträge, doch sollte man sie auch unter dem Gesichtspunkt planen, daß der Gartenboden so lange wie möglich unter einer guten Bedeckung liegt und daß er nicht einseitig beansprucht wird. Man lernt mit der Zeit, ›mit dem Boden zu denken‹. Seine wünschenswerte und mit Kompostwirtschaft erreichbare Dauerfruchtbarkeit setzt eine Vielfalt der Bebauung voraus. Wenn wir hier ausschließlich vom Gemüsegarten sprechen, heißt das

Möglichkeiten für:

Vorkultur	Hauptkultur	Nachkultur
(frühe Sorten, gegebenenfalls im Früh- oder Saatbeet oder unter Folientunnel)	alle Salatsorten einschließlich	(wo vorhanden, späte Sorten)
	Chicorée	Feldsalat (Ackersalat) (w)
	Zuckerhut	Zuckerhut
	Schwarzwurzeln	Lauch (w)
Kresse	alle Kohlarten einschließlich	Winterzwiebeln (w)
Radieschen	Kohlrabi	Möhren
Rettich	Brokkoli, Rosenkohl	Fenchel
Steckzwiebeln	Chinakohl	Winterrettich (w)
Möhren	Spinat	Rosenkohl (w)
Spinat	Mangold (Stiel- und Schnittmangold)	Blumenkohl (w)
Kopfsalat		Spinat (w)
Endivien	rote Rüben	Schwarzwurzeln (w)
Kohlrabi	alle Arten von Erbsen und Bohnen	
Blumenkohl		
	Gurken	
	Kürbis	
	Melonen	
	Zucchini	
	Fenchel	
	Karotten (gelbe Rüben/Möhren)	
	Pastinaken	
	Sellerie	
	Kartoffeln	
	Tomaten	
	Paprika	
	Auberginen (Eierfrüchte)	
	Mais	
	Knoblauch	
	Lauch (Porree)	
	Zwiebeln	

w = winterhart

Jahresbesetzung: Gewürz- und Teekräuter, Rhabarber, Erdbeeren.

nicht, daß man im Hausgarten nicht auch Blumen in die Planung des Nutzgartens mit einbeziehen sollte.

Maria Thun, bekanntgeworden durch ihre langjährigen Versuche über kosmische Einflüsse auf den Pflanzenwuchs und dem daraus hervorgegangenen, von vielen Gartenfreunden (auch von uns) genutzten Aussaatkalender, arbeitete einen Anbauplan für achtjährige Fruchtfolge im Garten aus. Sie unterscheidet dabei Wurzelgemüse, deren eßbare Früchte unter der Erde reifen, Blattgemüse und echte Früchte wie Gurken, Tomaten, Hülsenfrüchte und Getreide. Sie sieht in ihrer Kulturfolge auch den Anbau von Blumen vor.

Blumen und Kräuter eignen sich besonders gut für Randstücke und Einfassungen. Mit Blumen verschönern wir nicht nur den Garten, wir bereichern ihn auch um ein nutzbringendes Insektenleben.

Ein Hügelbeet wird angelegt – hier in Nord-Süd-Richtung, damit nicht eine der Längsseiten zu lang beschattet wird

Bei dieser Ausrichtung kann man auch den Scheitel des Hügelbeetes mit schattenwerfenden Arten bepflanzen

Fruchtfolgen auf *Hügelkulturen* bedeuten bei sachgemäßer Handhabe eine Bestnutzung oder Intensivierung des Hausgartens. Neben den verschiedenen Formen des Anbaus hinter Glas und Folie gibt es seit einigen Jahren das Hügelbeet als eine aus dem biologischen Gärtnern entwickelte Anbauweise mit einem noch höheren Nutzungsgrad über gegebener Grundfläche.

Die Idee des Hügelbeetes wurde von Hermann Andrä in den Garten gebracht und von anderen weitergeführt. Sie ist, wie manche gute Idee, verblüffend einfach: sie führt den Kompostwall und das Pflanzbeet zu einer Einheit zusammen. Daraus ergibt sich eine ganze Reihe von Vorteilen:

1. Man vergrößert die Anbaufläche eines feststehenden Grundes beträchtlich.
2. Man erzeugt Humus und verbessert dadurch den Garten.
3. Man kann im Frühjahr eher säen und auspflanzen, weil das Hügelbeet wie eine Kompostmiete Wärme entwickelt.
4. Man verarbeitet eine ziemlich große Menge auch grober Holzabfälle, ohne dafür den Platz für eine Langzeitkompostmiete opfern zu müssen.

Das Hügelbeet ersetzt nicht die Aufgabe einer Kompostmiete, und es bedarf insofern mehr Pflege als ein übliches Gartenbeet, als es schneller austrocknet.

Da wir das Kompostkapitel ausführlich hielten, müssen wir das Hügelbeet nicht näher beschreiben. Die Zeichnung erläutert, wie man es aufbaut.

Nach unserer Erfahrung legt man das erste Hügelbeet zu flach an, weil man nicht richtig einschätzt, wie stark es in sich zusammenrutscht. Natürlich hängt das auch vom verwendeten Material ab. Jedenfalls sollte man das Hügelbeet nach Möglichkeit im Herbst aufsetzen. Man wird dann im Frühjahr davon ausgehen können, daß es nicht mehr so stark absinkt. Natürlich verbraucht sich das Rottematerial im Hügelbeet mit der Zeit. Durch neu aufgetragene Humusschichten schafft man den nötigen Ausgleich. Nach durchschnittlich sechs Jahren wird das Hügelbeet abgetragen sein, sein Holzkern ist dann völlig vererdet.

Für gleichmäßige Sonnenbestrahlung sollte man

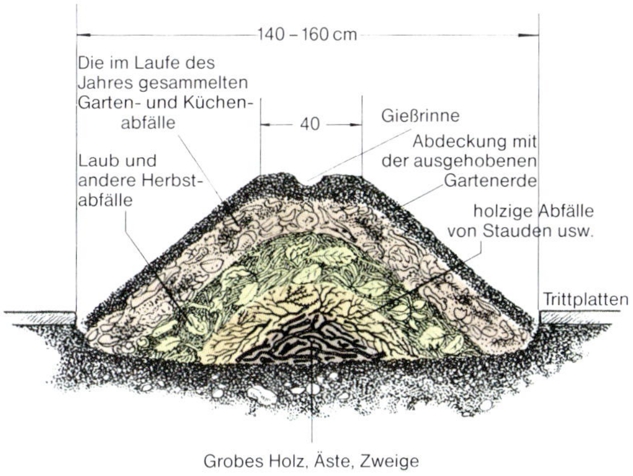

Querschnitt durch ein Hügelbeet (Schema)

das Hügelbeet in Nord-Süd-Richtung anlegen, seine Breite nicht unter 1,50 m halten. Seiner Länge sind nur die Grenzen des Gartens gesetzt. Um das Anlaufen der Rotte zu beschleunigen, kann man beim Aufbau Kompostierhilfen zusetzen wie bei der Kompostmiete. Fallen durch den Baumbestand eines Grundstücks jährlich bestimmte Mengen an Fall- und Schnittholz sowie Laub an und hat man die Zeit, mehrere Hügelbeete zu bewirtschaften, dann empfiehlt es sich, in jedem Herbst ein neues Hügelbeet anzulegen. Man verarbeitet dabei die Baumabfälle und hat im Frühjahr eine gut vorbereitete Pflanzfläche. Für eine gute Erwärmung kann man unmittelbar nach der Schneeschmelze Pferdemist in die Deckschicht aus Erde einarbeiten, in die man schon im Herbst reifen Kompost gemischt hat. Der Pferdemist ersetzt den reifen Kompost nicht. Ohne ihn würde er langsamer abgebaut. Bei jährlichem Zuwachs eines Hügelbeetes bekommt man im Höchstfall sechs Hügelbeete, was für den Hausgarten üblicher Größe zuviel ist.

Wir haben mit unseren Hügelbeeten gute Erfahrungen gemacht, finden aber, daß man es schon nach zwei oder drei Jahren räumen kann, sofern man nur gut zerkleinerte Holzabfälle für seinen Kern verwendet.

IX Von Folie bis Warmhaus

»Im Grunde genommen dürfte Plastik im Zusammenhang mit dem naturgemäßen Gartenbau nicht toleriert werden ...«, schrieb Anita Schoch, die bekannte Praktikerin biologischen Gartenbaus aus der Schweiz, als Einleitung zu Ratschlägen eben darüber, wie man aus Folien Nutzen zieht. Hier Grenzen zu setzen, weil man naturnah bleiben möchte, ist jedermanns persönliche Sache. Plastik verschönert den Garten nicht, aber doch läßt sich mit Folie, Kunststoff oder Glas der Winter gleichsam verkürzen, die Vegetationsperiode des Jahres verlängern. Man muß Aufwand und Ergebnis solcher Bemühungen gegeneinander abwägen und wird auf die Dauer eine den jeweiligen Verhältnissen angemessene Lösung zwischen ganzjährigen Kulturen im Warmhaus und den natürlichen Tatsachen, wie sie die örtliche Jahreszeit setzt, finden.

Am billigsten sind *Folien* – geschlossen, gelocht oder geschlitzt –, die man im Frühjahr auf bestellte Beete legt. Die Bedeckung schützt vor Austrocknung, vor übermäßiger Nässe und Nachtkälte. Zum Beschleunigen des Keimens darf die Folie auch getönt oder schwarz sein, sie nimmt dann noch mehr Strahlungswärme auf, was bei bedecktem Himmel von Vorteil ist. Das bei atmosphärischer Abkühlung sich bildende Kondenswasser erhöht die Isolierwirkung.

Folie, wie immer man sie für Kulturen verwendet, soll die Luft über dem Boden ruhigstellen, ›festhalten‹. Nur dadurch kommt ihre Isolierwirkung zustande, nicht oder kaum durch das Material der Folie selbst. Der verringerte Luftaustausch zeitigt zwei weitere für das Pflanzenwachstum in der Regel erwünschte Folgen:

1. Die Bodenverdunstung wird stark herabgesetzt, die Luftfeuchtigkeit unmittelbar über dem Boden erhöht. Für keimende und anwachsende Pflanzen wirkt sich das günstig aus. Bei ohnehin feuchtem Klima und nassem Boden kann jedoch ein Nachteil daraus werden, weil Pilzkrankheiten in der feuchtigkeitsgesättigten Luft – man spricht von ›gespannter Luft‹ – gute Bedingungen vorfinden.
2. Die von den Bodenlebewesen ausgeschiedene Kohlensäure erreicht unter der Folienbedeckung einen höheren Anteil als in freier Luft, was die Assimilation der Pflanzen, also ihr Wachstum, fördert.

Von den meist angebotenen Materialien Polyäthylen und PVC ist das erstere wegen seiner besseren Pflanzenverträglichkeit vorzuziehen. Ich verlasse mich hier auf Angaben anderer Gartenfreunde, weil meine Folienerfahrungen für solche Aussagen nicht ausreichen.

Ein Nachteil der Plastikfolien ist ihre Anfälligkeit. Besonders der UV-Anteil des Sonnenlichts macht das erst geschmeidige und glasklare Material nach und nach spröde, Verschmutzung und Kratzer verringern die Lichtdurchlässigkeit, die anfangs fast

Alte Vorhänge schützen die Saat vor der Sonne

an die von Fensterglas heranreicht. Bei ständigem Gebrauch im Freien wird man möglicherweise schon nach einem Jahr neue Folien brauchen.
Neuerdings werden gitterverstärkte Treibhausfolien mit dreijähriger Garantie für UV- und Wetterbeständigkeit angeboten. Ihr Nagel- und Ösenrand macht sie besonders geeignet für das Bespannen selbstgebauter Stützkonstruktionen. Auch beim Kauf einfacher, sogenannter Allzweckfolien sollte man auf UV-Schutz achten, er entscheidet im Garten über die Lebensdauer der Folie.
Überall, wo Spätfröste dem Anlauf des Gartenjahres Rückschläge zufügen, wird man mit einfachen Folienabdeckungen auf Pflanzbeeten bis zu drei Wochen Zeit gewinnen. Man schützt die jungen Pflanzen vor dem Erfrieren und kann deshalb die oft schon sehr schönen Tage des Frühlings dem Wachstum nutzbar machen.
Vorsorglich sollte man die Folie an ihren Rändern mit Steinen oder Stangen beschweren. Der Wind darf nie Gelegenheit finden, unterzufassen. Man kann die Folie aber auch auf einer Längsseite eingraben und sie dann für ein Offenlegen des Beetes auf diese Seite hin einrollen. Damit man dafür nicht zu zweit sein muß, nagelt man die nicht eingegrabene Längsseite der Folie auf eine gleichlange Dachlatte, wobei man das Holz in die Folie einschlägt und breitköpfige Dachpappennägel verwendet. Eine solche Latte hält die Folie am Boden und dient andererseits als Spindel zum Aufrollen.
Man vergrößert das Luftpolster über einem Beet und verbessert damit sein Kleinklima, wenn man zwischen den Pflanzenreihen Erde aufhäufelt, so daß gleichmäßig hohe Erdwälle entstehen, die mit der Folie überspannt werden. Diese Vorform des Frühbeetes verwendet man so lange, bis die heranwachsenden Pflanzen an die Folie stoßen. Die Frostgefahr ist dann ohnehin meist vorüber.
Schlitzfolien dagegen wachsen mit. Durch ihre dicht an dicht und versetzt eingestanzten Schlitze dehnen sich diese Folien mit den wachsenden Pflanzen, die Schlitze öffnen sich dabei. Schlitzfolien bekommt man in Bahnen bis über Beetbreite, so daß man die Ränder eingraben oder beschweren kann. Man legt die Folie nur locker auf die Kultur, sie wird später durch die heranwachsenden Pflanzen angehoben. Salat, Radieschen oder Spinat wird man unter diesem Schutz wesentlich früher ernten. Die herabgesetzte Bodenverdunstung erfordert wenig Bewässerung. Beim Gießen bleibt die Folie über den Pflanzen, das Wasser dringt durch die Schlitze ein.
Mit Hilfe geschlitzter *Schattierfolien* – sie sind milchigweiß – kann man auch im Hochsommer keimende Kulturen oder frisch gesetzte Pflanzen vor zu starker Sonne und Verdunstung schützen.
Schließlich setzt man lichtundurchlässige Folien als künstliche Mulchdecke im Garten ein. Man spricht von Anti-Unkraut- oder Mulchfolien. Man kann zum Beispiel Erdbeerpflanzen in schwarze Folie setzen, die man durch selbst angebrachte kreuzweise Einschnitte dafür vorbereitet. Diese Folie läßt sich dann nicht mehr abnehmen, sie bleibt als künstliche Bodenhaut bis zur Erneuerung der Kultur. Wenn dann die Erdbeeren ohne Bodenberührung sauber auf der Folie heranwachsen, ist das natürlich schön, aber es ist nicht schön natürlich. Mit Unkraut gibt es keine Arbeit, denn ohne Licht kann es nicht wachsen. Allerdings unterdrückt die Folie auch die Tochterpflanzen an den Ausläufern, mit denen man die Erdbeerkultur sonst ohne Zukauf von Pflanzen vergrößern und verjüngen kann.
Ein Folienfan mag durchaus auf die Idee kommen, Erdbeeren, Gurken, Kohlköpfe und Kürbisse auf einer schwarzen geschlitzten Mulchfolie und unter einer klaren ›wachsenden‹ Folie zu ziehen, also zwei Folienstockwerke auszulegen.
Hier sei eine persönliche Bemerkung erlaubt. Wir ziehen es in unseren Eigenbedarfsgärten – auch aus Kostengründen – vor, den allermeisten Pflanzen ihren freien Himmel und ihren organisch gemulchten Boden zu lassen. Einen Wettlauf mit einer foliengeschützten Konkurrenz würden sie wahrscheinlich verlieren. Für meine Belange wünsche ich mir den Garten nicht nur als optimierte Produktionsstätte eßbarer Pflanzenteile, sondern auch als ein Stück Natur von ästhetischem Reiz und mit der dazugehörigen Lebewelt, das ich ungehindert betrachten und in seiner Entwicklung erleben möchte.
Ein günstiges Kleinklima für Gartenpflanzen schaffen die preiswerten *Folientunnel*. Man baut sie

Hier schützt der Vorhang vor ersten, leichten Nachtfrösten

selbst aus etwa 0,1 mm starker Polyäthylenfolie, die man rollenweise bekommt. Für ungestützte Saatbeetauflagen genügen auch geringere Folienstärken.

Die Tragbögen der Tunnel kann man aus 5 mm starkem verzinktem Draht selbst schneiden und biegen. Drahtlängen von 1,5 m ergeben die übliche Tunnelgröße. Verwendet man nur einfache Drahtbügel, so muß die Folie auf beiden Längsseiten so viel überstehen, daß sie dort beschwert werden kann. Bei doppelten Drahtbögen liegt die Folie zwischen den Bügeln und kann zur Lüftung leicht verschoben werden.

Gleichmäßigere Folientunnel bei weniger Vorarbeit und leichterer Bedienung erhält man mit den käuflichen Fertigteilen. Sturmsicher sind diese Leichtkonstruktionen nur soweit, wie ihre Verankerung hält. In offenen, windigen Lagen sollte man Folientunnel nur mit zusätzlichen Sicherungen sich selbst überlassen, wenn man tagsüber berufstätig ist, sonst hängen sie eines Abends auf der Wäscheleine des Nachbarn. In jedem Fall erhöhen außen aufgesetzte, gut verankerte Bögen die Windsicherheit.

Bei selbstgebauten einfachen Tunneln zieht man die Folienbahn über die Drahtbügel und befestigt sie dort mit Wäscheklammern. Bei gutem Wetter läßt man die beiden Enden zur Durchlüftung offen, bei schlechtem bindet man sie zu oder beschwert die überstehende Folie mit Steinen. Im Frühjahr empfiehlt es sich bei Frostgefahr, eine zweite Folie über die Bögen zu spannen. Auch kleine Obstgehölze kann man durch übergezogene Folie vor Frostschäden bewahren.

Bei Freilandtomaten fehlen uns im Herbst meist ein paar milde Wochen zum Ausreifen aller Früchte. Auch hier helfen Folienüberdeckungen vor empfindlicher Nachtkälte und erhöhen die Tageswärme. Es gibt für diesen Zweck ›mitwachsende‹

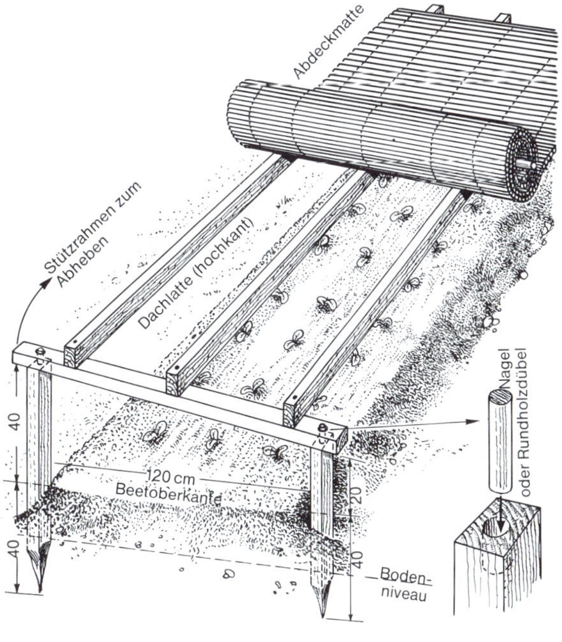

Ein sehr einfach zu erstellender Saatbeet-Überbau dient im Sommer dem Schattieren frischer Saaten und junger Setzlinge. Im Frühjahr kann man das Lattengestell mit Hilfe von Folien als behelfsmäßiges Frühbeet verwenden. Mit Steinen beschwerte Bodenlatten halten die Folie fest

Tomatenhauben, die den Sommer auch für Auberginen, Paprika und Weinstöcke verlängern.

Bespannt man einen Bretterrahmen einfach oder doppelt mit Folie, so gewinnt man schon ein bescheidenes, aber wirksames *Frühbeet,* einen Anzucht- und *Wanderkasten.* Mit ihm schützt und fördert man die jeweils jüngsten Kulturen im Garten. Nach Regen bilden sich auf der Plastikbespannung eines solchen Kastens Wassersäcke. Dagegen hilft ein unter die Folie gehefteter Maschendraht. Außerdem sollte ein solcher Kasten auch die für gute Bestrahlung erwünschte Neigung haben: hinten (die jeweilige Nordseite) ist der Rahmen etwa 10 cm höher als vorn (Süden).

Baut man einen solchen Kasten etwas höher und stabiler, läßt er sich mit Pferdemist oder Packungen aus angerottetem Stroh als *Warmbeet* einrichten. Schon ab März kann man in solchen Mistbeeten Pflanzen vorziehen oder Salat zur Frühreife bringen.

Die gleiche Wirkung erzielt man mit einer Kastenabdeckung durch alte Fenster. Sie gaben dem Frühbeet das klassische Maß von 1 m × 1,5 m. Glattes *Fensterglas* muß unter praller Mittagssonne abgedeckt (schattiert) werden, weil sonst die Pflanzen Verbrennungsschäden davontragen können. Treibhausglas hat für die erwünschte Lichtbrechung eine geriffelte oder gekörnte Oberfläche. In rauhen Lagen bringt später Schnee den ausgelegten Fensterscheiben Glasbruchgefahr, Sonne und Regen verziehen die Holzrahmen.

Heute gibt es glasklare, bruchfeste, witterungsbeständige und dabei federleichte *Kunststoffe.* Die gartengeeigneten Materialien weisen eine Lichtdurchlässigkeit zwischen 80 und etwa 92 Prozent auf. Wellplatten und Stegdoppelplatten oder andere Hohlkammersysteme brechen das Sonnenlicht und brauchen deshalb nicht schattiert zu werden. Verwendet werden Hart-PVC mit sehr guter Lichtdurchlässigkeit, Polyester mit Glasfaserverstärkung und Polycarbonate, PMMA (Polymethylmeth-acrylat) sowie das sehr beständige Plexiglas. Je größer die Dicke der Hohlplatten, desto besser ist ihre Isolierwirkung, desto höher aber auch ihr Preis.

Der Gartenbedarfshandel hält Früh- und Schutzbeete in allen denkbaren Größen und Ausführungen bereit. Man achte bei Metallkonstruktionen auf feuerverzinktes Stahlblech und allgemein auf gute, regulierbare Belüftbarkeit. Manche Systeme lassen sich auch nachträglich durch Anbausätze vergrößern. Für Leute mit Rückenproblemen empfehlen sich Frühbeete mit Schiebefenstern (zum Beispiel Stabilex).

Einfach zu vergrößern und zu handhaben sind Plexiglasbauteile, die man zu jeder beliebigen Größe eines geschützten Beetes aneinanderreiht. Auch die integrierten Seitenwände lassen das Licht durchscheinen.

Plastikhauben gibt es in kleinen Ausführungen schon für einzelne Pflanzen oder Pflanzgruppen. Die Vielzahl der Angebote mag dazu verleiten, diese und jene praktisch erscheinende Einrichtung anzuschaffen und auszuprobieren. Gerade das

Ein Frühbeet aus Bretterrahmen und alten Fenstern

Aber der Schnee setzt Grenzen

Oben: Schutz der Frühbeetfenster mit Brettern schneidet die Pflanzen vorübergehend vom Licht ab

Unten: Frühe Ernten aus dem kalten oder mit einer Mistpackung geheizten Kasten entschädigen für alle Mühen

sollte man nicht tun. Man muß sich darüber klar sein, daß jedes fixierte Kleinklima – also jede durch Folie, Kunststoff oder Glas geschützte Kultur – ständiger Überwachung bedarf. Nun ist nicht mehr das Wetter allein verantwortlich, sondern wir selbst bestimmen die Feuchtigkeitszufuhr, die Lüftung, die Schattierung. Wir haben es damit in der Hand, Bestbedingungen zu schaffen, aber wir müssen uns dazu auch regelmäßig die Zeit nehmen.

Das kann bei großen Temperaturschwankungen im Frühling und Herbst wenigstens zweimal täglich erforderlich sein. Diese Zuwendungszeiten summieren sich im Laufe eines Gartenjahres zu einem erheblichen Pflegeaufwand, der sich noch vergrößert, wenn man hier einen Folientunnel, dort ein Frühbeet, am dritten Platz einen Wanderkasten aufgestellt hat.
Spürbare Erleichterung, wenigstens in der Lüf-

tungsfrage, bringen die schon seit Jahren bewährten *selbstlüftenden Fenster.* Hierbei werden die drehbaren Scheiben des Kastens selbsttätig ohne Energiezufuhr und temperaturabhängig durch einen Thermostaten geregelt.
Für den Familiengarten üblichen Zuschnitts empfiehlt sich ein nicht zu kleines Frühbeet, das im Frühjahr eine wärmende Packung bekommt, das auch im Sommer als Anzuchtkasten dient und im Herbst als Miete für Wintergemüse oder zur verlängerten Kultur etwa von Feldsalat dient. Will man mehr als zum Beispiel noch zwei zusätzliche Wanderkästen, sollte man sich gleich für ein Kalthaus entscheiden, wenn das die Platzverhältnisse im Garten zulassen.
Als die Pferdehaltung noch allgemein war, packte man das Frühbeet mit Pferdemist. Er erzeugt von allen Mistarten die meiste Wärme. Heute, wo die Reit- und Freizeitpferde in Stadt und Land zunehmen, kann sich mancher Hobbygärtner wieder mit dem begehrten Pferdemist versorgen. Der gepackte Kasten oder das Warmbeet läßt sich aber auch mit Stroh erwärmen. Es sollte zerkleinert werden – zum Beispiel mit einem Gartenhäcksler – und schon im Herbst mit Hornspänen, Guano oder einem anderen organischen Stickstoffträger in den Kasten kommen, damit es im März bereits angerottet ist. Wie beim Pferdemist brauchen wir die Gärungswärme dieser Stoffe, so daß auch Frischkompost den Heizdienst erweist.
Der Mistbeetkasten umfaßt bis 60 cm Erdtiefe; die ›Heizschicht‹ aus Pferdemist, Strohgemisch oder Kompost kann 40 cm stark sein. Eine flachere Schicht heizt weniger nachhaltig und hält die Wärme schlechter. Pferdemist sollte vor dem Einbringen einige Tage abgelagert werden. Nach dem Packen hält man die Frühbeetfenster geschlossen, damit sich Wärme entwickelt. Der Mist oder Kompost wird nach Anlaufen der Rotte leicht gestampft und mit 10 bis 15 cm Gartenerde überdeckt. In sie sät oder pflanzt man. Steht der Frühbeetkasten in wasserundurchlässigem Lehm oder Ton, sollte man noch mehr Grund ausheben, um unter den Mist eine wasserabführende Sandschicht einbringen zu können.
Die Wärme unseres Erdbrutkastens bleibt leichter erhalten, wenn man Mist oder Kompost auch an die vier Außenseiten bringt und mit Stroh abdeckt. Vor nächtlicher Abkühlung schützt eine Bretterlage oder eine Strohmatte auf dem Fenster. Die Luft- und Feuchtigkeitsverhältnisse der Packung entsprechen denen der Kompostmiete: feucht, aber nicht naß, damit dem Rottevorgang genügend Sauerstoff zur Verfügung steht. Aus diesem Grund sollte der Pferdemist auch einen die Luftzufuhr erleichternden Strohanteil haben, er verdichtet sich dann weniger stark in seinem Erdbett. Mit zuviel Gießwasser kann man einen Boden vorübergehend verdichten, ihm die Luft austreiben, deshalb sollte man das Mistbeet nur mäßig feucht halten.
Später ist es wichtig, die in diesem günstigen Kleinklima ›verwöhnten‹ Pflanzen nach und nach an die natürlichen Außentemperaturen zu gewöhnen, bevor man sie ins Freiland setzt. Die Pflanzen werden durch zunehmend längere Lüftungszeiten regelrecht abgehärtet – natürlich erst dann, wenn ihnen die Außentemperatur nicht mehr schadet.
Das *Gewächshaus* mit Isolierglas oder Stegdoppelplatten aus Kunststoff bildet für manchen Hobbygärtner die Krönung seiner Garteneinrichtungen. Im allgemeinen wird ein Kalthaus, also ein ungeheiztes Grünhaus, alle Wünsche erfüllen. Nur wenn man Exoten ziehen oder im Winter wie im Sommer ernten will, braucht man ein geheiztes Warmhaus.
In der Bauweise unterscheiden sich beide Einrichtungen nicht grundsätzlich voneinander. Jedes solide Kalthaus kann durch zusätzliche Isolierung und durch den Einbau einer geeigneten Heizung zum Warmhaus umgerüstet werden. Angesichts steigender Energiepreise wird sich der Freizeitgärtner einen solchen Schritt gut überlegen. Zu den erheblichen Unterhaltskosten kommt die ganzjährige Arbeit mit den Gewächshauskulturen hinzu.

Seite 99/100: Im Frühsommer entschlossen wir uns, über die Frühbeete und Tomatenpflanzen ein Gewächshaus zu bauen. Wir schlugen Fichten für das Bauholz und kauften Doppelstegplatten aus Carbonatglas. Die Südseite des Hauses (Viehställe und Heulager) bietet ganztägige Besonnung. Das Balkengerüst mußte wegen der winterlichen Schneemassen unserer Höhenlage überstark ausgelegt werden, ein Nachteil für die Belichtung

Sicher wird eine verbesserte Solartechnik künftig das sonnengeheizte Warmhaus nicht nur möglich, sondern auch wirtschaftlich machen. Heute liegen die Anschaffungskosten noch bei weitem zu hoch, weil vor allem das Problem der Wärmespeicherung großen technischen Aufwand erfordert.

Im übrigen kann man auch aus dem Kalthaus ganzjährigen Nutzen ziehen, wenn man während der kalten Jahreszeit frostharte Wintergemüse kultiviert. Auch sie stellen zwar in Kälteperioden ihr Wachstum ein, wachsen aber weiter, wenn es wieder wärmer wird. Jeder sonnige Wintertag heizt auch bei tiefen Lufttemperaturen das Kalthausinnere auf. Steigt die Außentemperatur auf über 5 °C an, setzt bei vielen winterharten Pflanzen die Assimilation ein, sie wachsen.

Kleingewächshäuser lassen sich im Eigenbau mit recht wenig Aufwand erstellen. Das Gerüst fertigt man aus Dachlatten, die durch vorgefertigte Steckverbinder (zum Beispiel Firma Delta) mühelos aneinandergefügt werden. Die ›Verglasung‹ geschieht zum Beispiel durch die schon erwähnten gitterverstärkten, an ihren Rändern nagelfesten Folien. Für die Konstruktion eines knapp 3 × 3 m großen Häuschens mit Stehhöhe am First bekommt man für rund 250 Mark den fertigen Bausatz. Man hat dann die Gewähr, kein improvisiertes Gebilde in den Garten zu stellen, das sich mit der Zeit zum optischen Ärgernis entwickelt.

Geradezu schmuck wirkt ein Kleingewächshaus aus Aluminiumprofilen mit Schiebetür. Bei einer Grundfläche von rund 2,5 × 2 m kommt man auch beim Selbstaufbau der Fertigteile nicht unter 1000 Mark davon.

Steht eine Südwand des Wohnhauses oder ein Teil von ihr zur Verfügung, baut man zweckmäßigerweise ein Pultgewächshaus, das sich ans Haus anlehnt und deshalb eine Wand weniger braucht. Auch hier gibt es standardisierte Typen zum Selbstaufbau.

Wir errichteten ein Pultgewächshaus im Eigenbau nach eigenem Plan, wie das unsere Bildserie zeigt. Das Holzgerüst wurde, weil wir in unserer Höhenlage mit bis zu 3 m Winterschnee rechnen müssen, überdimensioniert. Die Eindeckung erfolgte mit 6 mm starken Doppelstegplatten aus dem Polycarbonatglas »thermoclear«. Dieses Material läßt sich biegen, sägen, bohren und nageln, also leicht verarbeiten; seine Lichtdurchlässigkeit beträgt 85 Prozent.

Wir bauten das Haus während des Sommers um schon bestehende Tomatenpflanzen herum und hatten dann einen guten Vergleich mit gleichaltrigen und gleichartigen Pflanzen, die im Freiland geblieben waren. Die Wuchsfreudigkeit der geschützten Tomatenpflanzen kannte fast keine Grenzen, ihr Ertrag lag um ein Mehrfaches höher als bei den Freilandpflanzen (15 Tomatenstöcke brachten 475 Fleischtomaten). Dazu trug nicht nur die Wärmedämmung im Herbst bei, sondern auch die Tatsache, daß ein ziemlich verregneter Sommer den Tomaten im Grünhaus keinen Schaden brachte.

Die Frostnächte im November (1981) mit bis zu −10 °C überstanden die nur noch langsam vor sich hinreifenden Tomaten mit Hilfe zweier Petroleumlampen, die ich einige Nächte lang brennen ließ. So sank das Thermometer gegen Morgen nicht tiefer als bis −2°C. Bei sorgfältiger Isolierung hätten wir diese Heizhilfe vermutlich nicht einmal gebraucht.

Weniger gute Erfolge hatten wir mit dem Fenchel im Grünhaus. Hier erwiesen sich die gleich alten Freilandpflanzen sogar als durchschnittlich überlegen. Dagegen gedieh der Stangensellerie im Grünhaus besser als draußen. Der leichte Frost setzte zwar seinen Blättern zu, doch erholten sie sich jedesmal schnell.

Ein ›anständiges‹ Gewächshaus kostet allemal ein paar tausend Mark. Rentabel im Sinne einer Kostennutzenrechnung wird es für den Freizeitgärtner kaum sein. Aber wenn man auch der Freude wegen gärtnert, wird man eine solche Anschaffung doch einmal in Erwägung ziehen – eben nicht nur deshalb, weil die Gemüsepreise in den letzten Jahren immer schneller anstiegen.

X Gartengemüse in der Übersicht

Die wichtigsten Gemüsearten des Hausgartens (alphabetisch)

Gemüseart	Allgemeines und Pflege	durchschnittl. Kulturdauer in Wochen	Säen, Pflanzen, Ernten R = Reihe je Beet v. 120 cm Breite
Bohnen = Hülsenfrüchtler, Schmetterlingsblütler			
Buschbohnen 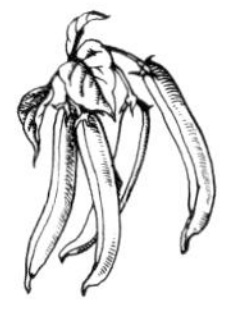	Vielerlei Sorten, kälteempfindlich, wärmeliebend, brauchen lockeren Boden und Gießen. Grüne Pflückbohnen sind unempfindlicher als gelbe Wachsbohnen.	10	R 2–3 alle 8 cm ein Korn, 3 cm tief. Aussaat in Folgen ab Mitte Mai bis Ende Juli. Vorziehen von Pflanzen bringt frühere Ernte. Erste Bohnen frühzeitig ernten für neue Fruchtansätze, vorsichtig pflücken, danach Boden lockern.
Puffbohnen (Sau-, Pferde-, Dicke oder Ackerbohnen) 	Kleinkörnige Sorten sind unempfindlicher. Ziemlich kältefest, mögen am Anfang keine Wärme. Späte und zu enge Aussaaten verlausen. Vertragen schwere Kalkböden und lieben windige Standorte. Hinterlassen wie alle Hülsenfrüchtler und andere Leguminosen lockeren, mit Stickstoff angereicherten Boden.	15	R 3, alle 20 cm zwei Bohnen, 5 cm tief. Aussaat ab Anfang März. Vorkeimen oder Vorziehen bei Temperaturen um 10 °C. Man kann schon die grünen Kerne für Gemüse ernten.
Stangenbohnen 	Es gibt fadenlose Sorten, in rauhen und hohen Lagen nur rotblühende Feuerbohnen nehmen, die auch dort reiche Ernte bringen. Brauchen viel Sonne und nährstoffreichen Boden (Humus). Gerüste aus 2,5 m langen Holzlatten oder Haselnußstecken, auch Welldraht. Wegen Schattenwurf	18	R 2, alle 80 cm 6 Körner 2 cm tief im Halbkreis, Folgesaaten für längeres Ernten oder frühe und späte Sorten zur gleichen Zeit säen. Mit zwei Händen an den empfindlichen Pflanzen pflücken, kleine Leute brauchen Trittleiter.

Gemüseart	Allgemeines und Pflege	durchschnittl. Kulturdauer in Wochen	Säen, Pflanzen, Ernten R = Reihe je Beet v. 120 cm Breite
	möglichst am Nordende des Gartens pflanzen, für Sonne an einer Südwand. Dort auch Spalierleisten möglich. Jungpflanzen um die Stangen anhäufeln, irrende Triebe um Stangen legen. Feuerbohnen in Blüte sind Gartenschmuck und Bienenweide.		
Erbsen = Hülsenfrüchtler 	Es gibt Schalerbsen (Palerbsen), Markerbsen und Zuckererbsen. Sie gedeihen am besten auf leichtem, warmem Kalkboden. Bei zu viel Stickstoff schießen sie ohne Fruchtansatz ins Kraut. Buscherbsen brauchen keine Stützen, Reisererbsen (bis 1,50 m Höhe) stützt man mit Reisig, am besten von Laubholz, weil es weniger Licht wegnimmt als Tannenreiser. Vielfach nimmt man auch käufliche Erbsengitter oder Maschendraht, den man auf der Innenseite jeder Pflanzenreihe (zur Mitte hin) zwischen zwei Pflöcken aufzieht und dazwischen mit Stäben stützt.	10 (sehr unterschiedlich)	R 2, alle 3–4 cm ein Korn in die 5 cm tiefe Rille. Aussaat von Schalerbsen Mitte März bis Juli, Markerbsen ab Mitte April, Zuckererbsen Ende April. Späte Saaten sind mehltaugefährdet. Saatschutz gegen Vögel mit Tannenreisig oder auf die Erde gelegtem engem Maschendraht, der auf dem Boden bleibt, bis die Pflanzen erscheinen. Wegen Mehltaugefahr nicht bei nassem Wetter ernten. Zuckererbsen ißt man mit den Schoten.
Fenchel = Doldengewächse 	Anspruchsvolle, wärmebedürftige Pflanze mit feinem Anisgeschmack, braucht lockeren, nährstoffreichen Boden, deshalb nicht als Folgetracht nach Starkzehrern anbauen. Fenchel muß gut gegossen und unkrautfrei gehalten, die Stengelknolle angehäufelt werden.	14	R 3–4, dicht in flache Rillen säen, später auf Pflanzenabstand von 25 cm verziehen. Aussaat Ende Juni bis Anfang Juli. Spätere Kulturen kommen nur noch bei sonnigem Herbst zur Knollenreife. Ein kühler Herbst hemmt das Wachstum. Ernte im Oktober.

Bohnenstangen aus Haselnußstecken

Buschbohnen vor Feuerbohnen

Oben: Bohnenernte; unten: Fenchel im Freiland

Oben: Zuckererbsen in Blüte; unten: vor ihrer Reife

Gemüseart	Allgemeines und Pflege	durchschnittl. Kulturdauer in Wochen	Säen, Pflanzen, Ernten R = Reihe je Beet v. 120 cm Breite
Gurken = Gurkengewächse 	Wärmeliebende, recht empfindliche Pflanze aus Hinterindien. Bodentemperatur sollte nicht unter 10 °C fallen. Freilandsaat bei kühlem Frühjahr schwierig. Braucht viel Nährstoffe und Wasser, verträgt aber keine hohen Nährsalzkonzentrationen. Stickstoffreichen, reifen Kompost geben. Folientunnel ist günstig, zu dichte Triebe werden ausgedünnt. Nie mit kaltem Wasser gießen und nicht mit dem Schlauch wässern. Gurken baut man wegen ihres hohen Nährstoffbedarfes nicht als zweite Tracht. Im Freiland mulchen, damit sich der Boden nicht verkrustet, Beetränder mit Kresse oder Radieschen bepflanzen. Sind fünf Blätter voll ausgebildet, bricht man die Triebspitze (Endspitzen) für eine bessere Entwicklung fruchtbringender Seitentriebe aus. Günstige Lagertemperatur für geerntete Gurken bei 12 °C.	12	R 1, Aussaat Mitte Mai (nach den Eisheiligen), alle 15 cm einen Kern, Samen nur mit reifem Kompost bedecken, später läßt man nur die kräftigsten Pflanzen mit einem Abstand von 40–50 cm stehen. Vorziehen der Pflanzen unter Glas oder Folie ist empfehlenswert. Nach der Entwicklung der ersten drei Laubblätter ins Freiland setzen, wenn die Erde erwärmt ist. Im Frühbeet bekommen Gurken vorteilhaft ein Gemenge aus Gartenerde, Kompost und Pferdemist für gute Erwärmung.
Karotten (Gelbe Rüben, Möhren, Rübli) = Doldengewächse 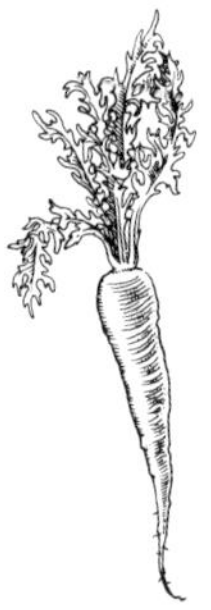	Frühe, mittlere und späte, kurze, halblange und lange Sorten. Samen und Jungpflanzen kälteunempfindlich. Je nach Sorte sandige bis leicht lehmige Böden, humös, aber nicht zu nährstoffreich. Sprechen gut auf Frischkompost an, der schon im Herbst auf das Land kommt. Mulchen gegen Unkraut erspart Hakken. Wegen der Möhrenfliege nicht mehrmals auf demselben Beet anbauen.	18	R 4 (späte) bis 6 (frühe), Aussaat der frühen Sorte ab Anfang März – auch ins Frühbeet, der mittleren ab Anfang April, der späten im Juni und Juli. Späte Sorten zum Einwintern. Lange Keimzeit. Aussaat in 3 cm tiefen Rillen, Markierungssaaten mit Kresse, Spinat oder Radies empfehlenswert. Jungpflanzen auf 4 cm Pflanzenabstände auslichten.

Frühe gelbe Rüben (Möhren)

Späte Karotten zum Einkellern

Kartoffelblüten

Rotschalige Kartoffeln

Kartoffeln
= Nachtschattengewächse

Zahlreiche frühe, mittelfrühe und späte Sorten. Im Garten vor allem frühe. Frühere Ernte durch Vorkeimen in hellem, kühlem Raum, frostempfindlich. Leichte bis mittelschwere Böden, in die Furchen oder vergrößerten Pflanzlöcher verrotteten Mist oder Komposterdc füllen. Spinat als Bodenbedecker spart Hacken.

16

R 2 (Reihenabstand auf größeren Anbauflächen 50 cm), alle 40 (frühe) bis 60 (späte) cm eine ganze oder geteilte Kartoffel legen. Frühe ab Anfang April, späte ab Anfang Mai. Jungpflanzen zweimal häufeln. Ernte nach dem Welken des Krautes.

Gemüseart	Allgemeines und Pflege	durchschnittl. Kulturdauer in Wochen	Säen, Pflanzen, Ernten R = Reihe je Beet v. 120 cm Breite
Knoblauch = Liliengewächse 	Ausdauernde Gewürzpflanze, wärmebedürftig, braucht wenig Wasser, liebt tiefgründige, aber nicht zu nährstoffreiche Böden. Vermehrung durch Samen und vegetativ aus Nebenzwiebeln (Zehen). Verdichteten oder verkrusteten Boden lockern. Knoblauch enthält schwefeliges, ätherisches Öl und Jod. Gilt seit alters her auch als Heilpflanze.	20 und mehr	R 6, man steckt entweder ab April alle 15 cm Zehen in den Boden, 5 cm tief (auch Aussaat möglich) oder steckt im September und Oktober für eine Ernte im nächsten Jahr. Nassen Boden vermeiden. Im Sommer oder Spätsommer stirbt das Grün ab, geerntet wird an einem sonnigen Tag, die oberirdischen Teile sollen schon vertrocknet sein. Man flicht Zöpfe und bewahrt sie an trockenem Platz auf.
Kohlarten = Kreuzblütler			
Blumenkohl (Karfiol) 	Frühe und späte Sorten, braucht nährstoffreichen, krümeligen Boden (Humus) und gute Wasserversorgung während seiner ganzen Wachstumszeit. Verträgt Frischkompost. Komposterde ins Pflanzloch und als Bodendecke. Junge Pflanzen vor Frost schützen, z.B. im Folientunnel. Zeitiger Anbau im Frühbeet schützt vor Kohlhernie. Anhäufeln stärkt die Pflanze. Werden die grünen Blätter nicht groß genug, um die weiße Blume zu beschatten (sie soll weiß bleiben), bindet man die inneren Blätter zusammen – nicht etwa abknicken.	16	R 2, Saaten für Vorzucht schon ab Februar ins Warmbeet. Es empfiehlt sich, Setzlinge für die erste Tracht zu kaufen. Auspflanzen ab April bis Juli. Pflanzenabstand 50 cm. Jungpflanzen müssen abgehärtet werden, bevor sie ins Freiland kommen. Jungpflanzen vor Nachtfrösten schützen. Auspflanzen und später säen, in Abständen und kleineren Mengen, sichert Ernten bis zum Spätherbst.
Chinakohl	Fernöstliche Kohlart, ohne den durch Senföl verursachten strengen Kohlgeschmack.	10	R 3, Aussaat ab Juli, vorteilhaft gleich ins Freiland. Frühere Saaten schießen leicht.

Gemüseart	Allgemeines und Pflege	durchschnittl. Kulturdauer in Wochen	Säen, Pflanzen, Ernten R = Reihe je Beet v. 120 cm Breite
	Kann gut als Salat gegessen werden. Dankbare Gemüsepflanze – auch für Anfänger – ohne hohe Nährstoffansprüche, bevorzugt leichte Böden. Kann gut als zweite Tracht nach Frühkartoffeln oder Erdbeeren stehen. Verträgt im Herbst nur schwachen Frost.		Junge Pflanzen auf 30 cm Abstand verziehen. Erntereife Köpfe können bis 2 kg schwer werden. Chinakohl hält sich in Papier oder Sand eingeschlagen im abgedeckten Frühbeet oder im Keller bis Februar.
Grünkohl (Federkohl, Winterkohl, Blattkohl) 	Sehr schmackhaftes, frostHartes Wintergemüse; für schneereiche Gegenden wählt man besser niedrige als hohe Sorten. Frost verbessert das Aroma durch Zuckerbildung. Nachfrucht für viele Sommergemüse. Anspruchsloseste aller Kohlarten, die auch im Halbschatten gedeiht, macht wenig Arbeit.	15	R 2, Aussaat Mai und Juni ins Saatbeet, Auspflanzen Juli bis August, Pflanzenabstand je nach Sorte 40–50 cm. Im Herbst schneidet man zunächst die großen äußeren Blätter für Gemüse ab und läßt die Pflanzen stehen. Sie können während des ganzen Winters auch unter dem Schnee geerntet werden. Man sät Grünkohl auch in Reihenabständen von nur 15 cm dicht ins Freiland, verzieht ihn dann nicht und erntet ihn wie Spinat ohne Abfälle durch Strünke und braune Blätter.
Kohlrabi (Rübkohl) 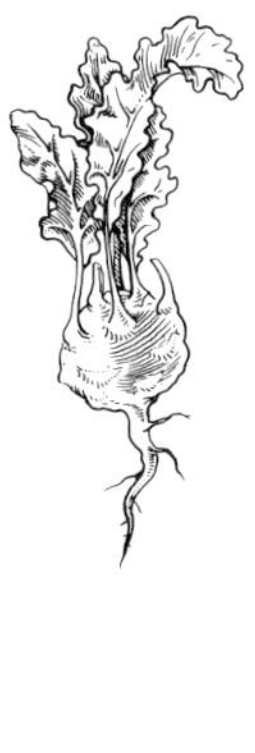	Weiße und blaue Sorten. Weiß: schnellwüchsig und zart, verholzen aber später. Kohlrabis vertragen sich mit allen anderen Nutzpflanzen, deshalb besonders günstig für Mischkulturen. Wegen ihres geringen Platzbedarfs eignen sie sich gut als Lücken- und Randbepflanzung. Brauchen lockere Böden, bei Verkrustung hacken. Besser: reichliche Kompostgaben und mulchen.	10 (frühe Sorten kürzer, späte länger)	R 3–5, Aussaat schon ab Februar ins Frühbeet; ab März Auspflanzen, leichter Frost schadet nicht. Ab April gleich ins Freiland säen. Späte Sorten erst nach den Eisheiligen. Folgesaaten bis in den August möglich für Herbsternte. Kohlrabis werden halbwüchsig geerntet, sie sind dann noch zart und süß. Pflanzenabstand 25 cm, späte Sorten bis 40 cm. Junge Blätter miternten für Gemüse.

Gemüseart	Allgemeines und Pflege	durchschnittl. Kulturdauer in Wochen	Säen, Pflanzen, Ernten R = Reihe je Beet v. 120 cm Breite
Rosenkohl 	Seine Röschen sind kleine Kohlköpfe. Winterfest, mäßiger Frost verbessert wie beim Grünkohl Geschmack und Bekömmlichkeit. Bleiben bis zum Herbst die Röschen aus, werden die Spitzen der Sproßachsen abgeschnitten. Mäßiger Nährstoffbedarf. Da nicht ganz so frosthart wie Grünkohl, empfiehlt es sich in besonders rauhen Lagen, die reifen Pflanzen im Frühbeet einzuschlagen und mit Nadelreisig abzudecken. Der jewei-	18 und mehr	R 3, Aussaat ab Anfang Mai ins Saatbeet, freilandfertig nach 5 Wochen. Auspflanzen nicht vor Juni. Zu früher Anbau öffnet die Röschen, zu später läßt sie klein bleiben. Pflanzenabstand 40 cm. Zur Ernte mehrmals von unten nach oben pflücken, damit junge Röschen nachwachsen können. — lige Küchenbedarf kann dann den ganzen Winter über geholt werden.
Weißkohl (Weißkraut) **Rotkohl** (Blaukraut) **Wirsing**	Frühe und späte Sorten, Spätkohl wird im Herbst sehr billig angeboten, deshalb lohnt sich vor allem der Anbau früher Sorten. Spätes Weißkraut wird zu Sauerkraut verarbeitet. Frühkohl hat wesentlich kürzere Entwicklungszeiten als Spätkohl. Alle drei Kohlarten auch roh eßbar. Kohlpflanzen ertragen leichten Frost. Großer Nährstoff- und Wasserbedarf. Vertragen Frischkompost und Stallmist als Bodenvorbereitung. Unserem Klima gut angepaßt; Kohl wächst auch bei kühler Nässe, gehemmtes Wachstum bei Trockenheit. Die gefürchtete Pilzkrankheit Kohlhernie verbietet es, Kohlarten mehrere Jahre auf demselben Beet anzubauen. Kohl hat viele tierische Schädlinge.	frühe Sorten 10, späte Sorten 22	R 2–3, Aussaat früher Sorten ab Ende Februar ins Frühbeet, Auspflanzen ab April ins Freiland. Pflanzweiten bei frühen Sorten ab 40 cm, bei späten Sorten bis 60 cm. Ab März ins Saatbeet, Auspflanzen Mai und Juni. Auch Überwintern möglich: Aussaat August, Auspflanzen im Oktober oder im zeitigen Frühjahr. Ernte je nach Sorte während des ganzen Sommers und Herbstes. Mit gutem Erfolg läßt sich bei uns der in Italien sehr verbreitete *Brokkoli* anbauen. Er ist etwas wärmebedürftiger als die genannten Kohlarten.

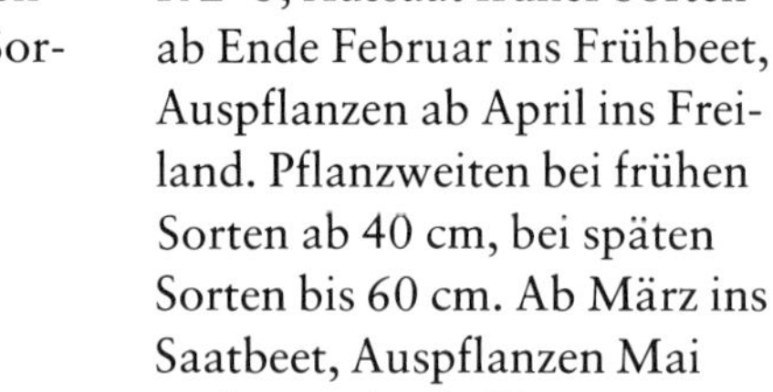

Rotkohl Weißkohl Wirsing

Chinakohl

Grünkohl

Junge Weißkrautpflanze

Junge Blaukrautpflanze (Rotkohl)

Wirsing

Brokkoli (Spargelkohl)

Gemüseart	Allgemeines und Pflege	durchschnittl. Kulturdauer in Wochen	Säen, Pflanzen, Ernten R = Reihe je Beet v. 120 cm Breite
Kürbis = Gurkengewächse 	Anbau sehr lohnend, wenn man die vielerlei Verarbeitungsmöglichkeiten dieser schmackhaften Riesenfrucht kennt und nutzt. Wärme- und wasserliebend, großer Nährstoffbedarf. Wird oft auf Komposthaufen gepflanzt, verträgt Frischkompost und Stallmist. Zweckmäßiger setzt man die Kürbispflanze nicht auf den Kompost, sondern an seinen Fuß (möglichst Südseite). Dort hat sie mehr Feuchtigkeit, dieselben Nährstoffe, weniger Wind und deshalb mehr Wärme. Ihre Ranken können dann den Komposthaufen überziehen und beschatten. Wachsende Früchte gegen Fäulnis auf Brett oder Lattenrost legen. Die nahe verwandten süßen Melonen reifen in unseren Breiten nur, wenn sie ihre ›Kindheit‹ im Frühbeet oder unter Folie verbringen.	22	Platzbedarf je Pflanze 3 qm und mehr, Aussaat Anfang Mai oder Vorzucht im Blumentopf. Bei sonnigem Herbst wächst die Frucht bis in den Oktober hinein, Ernte spätestens vor dem ersten Nachtfrost. Frucht bis 40 kg schwer, monatelang im Keller haltbar, vitaminreich.
Lauch (Porree) = Liliengewächse 	Gemüse- und Würzpflanze als Sommer- und Winterlauch, frosthart. Liebt Lehmboden mit Humus. Zu starke Stickstoffdüngung beeinträchtigt den Geschmack. Lauch hinterläßt dicht durchwurzelte, lockere Böden.	20 und mehr	R 4, besser als die Aussaat ab Mitte März ins Frühbeet ist es, junge Pflanzen zu kaufen. Auspflanzen ins Freiland im Mai, in 15 cm tiefen Furchen. Winterlauch im Juni ins Freiland säen bzw. Anfang August auspflanzen. Wurzeln vor dem Pflanzen etwas einkürzen. Pflanzrillen bald einebnen, später mehrmals anhäufeln für lange weiße Schäfte. Im Spätherbst auf dem Beet überwintern lassen für beliebiges Ernten bis weit ins nächste Jahr hinein.

Gemüseart	Allgemeines und Pflege	durchschnittl. Kulturdauer in Wochen	Säen, Pflanzen, Ernten R = Reihe je Beet v. 120 cm Breite
Mangold = Gänsefußgewächse 	Spinat- oder Blattmangold für den Schnitt und Stiel- oder Rippmangold mit breiten, fleischigen Stielen. Sehr dankbares, unverdient wenig verbreitetes Gemüse, schmackhaft und vielseitig. Wer Oxalsäure und damit Spinat meiden muß, schätzt Mangold besonders. Starkzehrer, soll aber nicht mit frischer Gülle oder frischem Stallmist gedüngt werden. Reichlich reifen Kompost geben und feucht halten. Verträgt sich in Mischkulturen mit allen anderen Gartenpflanzen. Auch die Wurzeln sind genießbar – gerieben sogar als Rohkost.	12 und mehr	Schnittmangold R 5, Stielmangold R 3, Aussaat ab April, Pflanzenabstand Stielmangold 30 cm, Schnittmangold etwas enger. Auch zu dicht gesäter Stielmangold wird spinatartig verwendet. Aussaat im richtigen Abstand mit jeweils mehreren Körnern – später vereinzeln – erspart das Verziehen. Erntet man jeweils nur die äußeren großen Blätter bzw. Stiele, kann man ab Juni monatelang von denselben Pflanzen zehren, die Herzen müssen dabei unversehrt bleiben.

Links: Vom Stielmangold (Bild) kann man auch die Blätter, vom Blattmangold auch die Stiele, von allen Mangoldsorten auch die Wurzeln (Bild oben) verwerten

Gemüseart	Allgemeines und Pflege	durchschnittl. Kulturdauer in Wochen	Säen, Pflanzen, Ernten R = Reihe je Beet v. 120 cm Breite
Radieschen und **Rettich** = Kreuzblütler 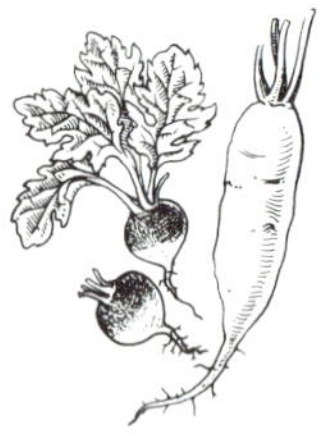	Radieschen rot und rund oder als weiße Eiszapfen. Rettiche in weiß, rot und schwarz. Radieschen und Rettiche sind leicht und jederzeit anzubauen, am besten auf Humus bei guter Feuchtigkeit. Trockenheit läßt sie holzig werden. Für sehr frühe Treibrettiche braucht man ein gepacktes Frühbeet (Mistbeet). Vorbeugend gegen Rettichfliege sollte man im Freiland keinen Stallmist und Frischkompost geben. Radieschen eignen sich gut für Randbepflanzungen jeder Art. Man sollte auch ihre vitamin-C-reichen grünen Blätter unter Salate mischen.	Radieschen 5–8, Rettiche 10–12	R 6, Winterrettich R 5, Aussaat Radieschen ab Februar im gepackten Frühbeet, ab Anfang April ins Freiland. Mairettich unter Glas ab März, Sommerrettich April bis Juni, Winterrettich Juni und Juli. Pflanzenabstand Sommerrettich 10 cm, Winterrettich 15 cm. Schwarze Winterrettiche können noch im November geerntet werden, sie halten sich im Sand bis zur Ernte der ersten Radieschen.

Weiße, schwarze und rote Rettiche. Zum Einkellern oder zum Einschlagen in Sand in Freilandmieten eignen sich die trockenen, festfleischigen schwarzen Sorten. Rettiche gedeihen gut auf jungem Boden, etwa als Erstfrucht auf einem Neuumbruch. Für gutes Längenwachstum brauchen sie tiefgründige Erde

Gemüseart	Allgemeines und Pflege	durchschnittl. Kulturdauer in Wochen	Säen, Pflanzen, Ernten R = Reihe je Beet v. 120 cm Breite
Salat = Korbblütler			
Endivien Sommer- und Winterendivien = Korbblütler 	Liebt gut gedüngten Boden. Junge Pflanzen oft gießen. Winterendivie kann eingeschlagen bis November auf dem Land bleiben, Fäulnisgefahr, besser in frostfreiem Kellerraum einlagern. Pflanzen bleichen dort von selbst.	10	R 4, Pflanzenabstand 20 cm. Sommerendivie Mai bis Juni aussäen, Winterendivie Anfang Juli. Nach gut einem Monat Pflanzen verziehen. Oft werden die sich entfaltenden Pflanzen zum Bleichen aufgebunden.
Eissalat (Krachsalat) 	Braucht etwa zwei Wochen länger als Kopfsalat, frostempfindlich und wärmebedürftig. Bildet sehr große und schwere Köpfe, deshalb größerer Nährstoffbedarf als Kopfsalat.	8	R 3, Pflanzweite 35 cm. Auspflanzen im Mai und Juni. Eissalat ist besonders schmackhaft, knackig und haltbar.
Kopfsalat 	Viele Sorten von Mai- bis Wintersalat. Liebt tiefgründigen Humusboden, den man stets feucht halten sollte. Am besten gedeiht er unter vollem Sonnenlicht, mehr als halbtägige Beschattung verhindert die Kopfbildung. Kopfsalat kann jederzeit auf Ränder und als Lückenbüßer gepflanzt werden. Frühbeet und Plastiktunnel ermöglichen unter günstigen Umständen Ernten ab Ende April. Frühjahrsvorzucht in Joghurtbechern und Auspflanzen mit Topfballen vereinfacht die Arbeit und verkürzt die Zeit bis zur Schnittreife. Das gilt auch für alle anderen Salatarten.	6	R 4 (spät) und R 5 (früh), erste Aussaaten schon ab Februar in Blumenkästen im Haus möglich. Erstes Auspflanzen ab März ins gepackte Frühbeet. Letzte Aussaat im Juli, letztes Auspflanzen im August. Wer alle 14 Tage sät bzw. pflanzt, hat bis in den Spätherbst ständig Salat. Pflanzenabstände ab 20 cm für frühe bis 30 cm für späte Sorten. Wintersalat kann noch im September ausgepflanzt werden, mit Komposterde und Reisig abdecken. Wintersalat gelingt nicht überall.

Gemüseart	Allgemeines und Pflege	durchschnittl. Kulturdauer in Wochen	Säen, Pflanzen, Ernten R = Reihe je Beet v. 120 cm Breite
Pflücksalat  **Schnittsalat** 	Beide Arten sehr ergiebig, da sommerlange Ernte möglich. Keine Kopfbildung, bräunliche Blätter. Pflücksalat wird bis 50 cm hoch, Schnittsalat wird durch die Ernte an der Stengelbildung gehindert. Ansprüche ähnlich wie Kopfsalat, doch auch Halbschatten möglich.	6–20	Pflücksalat R 4, Schnittsalat R 5, Aussaat im April ins Pflücksalat 15 cm, Schnittsalat 5 cm. Beim Pflücksalat werden von unten nach oben um den Stengel herum die größten Blätter gepflückt, beim Schnittsalat schneidet man knapp über dem Boden entweder die ganze Pflanze ab oder die größten einzelnen Blätter, die Pflanze wächst dann weiter, man kann viele Wochen von derselben Pflanze ernten.
Römischer Salat Romana Bindesalat, Kasseler 	Ansprüche und Pflanzweise wie Eissalat		

Junger Schnittsalat

Pflücksalat

Kopfsalat

Zuckerhut

Feldsalat

Radicci im Herbst vor dem Rückschnitt

Radicci nach der Schneeschmelze

Erntereifer Radicci

Gemüseart	Allgemeines und Pflege	durchschnittl. Kulturdauer in Wochen	Säen, Pflanzen, Ernten R = Reihe je Beet v. 120 cm Breite
Zuckerhut (Zichorie) 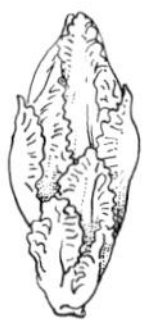	Kräftige, hohe Salatpflanze mit Pfahlwurzel. Schmackhaftes Wintergemüse. Anspruch und Pflege ähnlich dem Kopfsalat. Anbau und Ernte später, braucht von der Saat bis zur Ernte wesentlich mehr Zeit. Auch der aus Italien kommende rote Radicchio hat eine Pfahlwurzel und stellt ähnliche Ansprüche wie der Zuckerhut.	16	R 4, Aussaat von Mitte Juni bis Mitte Juli, wegen schlechter Verpflanzbarkeit der Pfahlwurzel am besten gleich ins Freiland. Pflanzenabstand 30 cm. Verträgt schwachen Frost, kann im Winter, wenn er geschützt wird, draußen bleiben. Mit Wurzeln eingeschlagen, hält er sich im Keller bis zum Frühjahr.
Feldsalat (Ackersalat, Nüßlisalat, Nisselsalat, Rapunzel) = Baldriangewächse 	Eigentlich ein Wildgemüse. Im Gegensatz zu allen anderen Gartensalaten gehört er nicht zu den Korbblütlern. Liebt humosen Boden, stellt aber keine großen Nährstoffansprüche. Besonders hoher Vitamin- und Eisengehalt. Günstig als späte Nachfrucht auf allen freiwerdenden Gartenflächen. Wegen der mühsamen Ernte steht der hohe Kaufpreis in krassem Gegensatz zu seiner mühelosen Kultur.	12 und mehr	Aussaat ab Juli bis September, bei Unkrautgefahr in 8 Reihen, sonst breitwürfig. Samen mit dem Rechen in die Erde harken, dann mit der Schaufel festklopfen. Ernte ab Mitte September, unter Glas kann den ganzen Winter geerntet werden. Schneidet man nicht dicht über dem Boden, lassen sich die nachgetriebenen Blätter erneut sammeln. Feldsalat im Freiland überwintert ohne Schaden, wächst aber während der kalten Jahreszeit nicht. Mit Reisern abdecken und im Frühjahr ernten.
Rote Rüben (Rote Bete, Rahnen, Salatrüben) = Gänsefußgewächse	Runde und lange Sorten. Nicht mit den gelben Rüben, sondern mit Spinat und Mangold verwandt. Stellen keine besonderen Ansprüche, brauchen keine volle Besonnung, gedeihen auf schweren Böden besser als auf leichten. Dürfen	18	R 4, Aussaat Mai bis Juni, frühere Saaten können harte Rüben hervorbringen, spätere bleiben zu klein. Einzelsamen stecken (2 cm tief) erspart späteres Verziehen. Pflanzabstand 10 cm, große Sorten mehr. Empfindlich beim Aus-

Gemüseart	Allgemeines und Pflege	durchschnittl. Kulturdauer in Wochen	Säen, Pflanzen, Ernten R = Reihe je Beet v. 120 cm Breite
	nicht zu trocken werden, mulchen oder hacken. Erntet man erst die großen Rüben, können die kleineren noch nachwachsen. Kraut nicht zu knapp abschneiden, unverletzte Wurzeln ergeben bessere Haltbarkeit. Ab Endc Oktober frostfreies Winterlager in Sand.		pflanzen vom Saatbeet ins Freiland, nicht unter praller Sonne!
Sellerie = Doldengewächse			
Knollensellerie 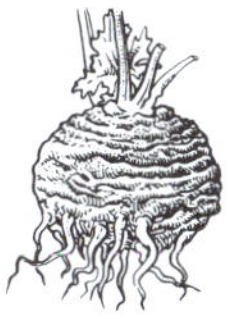	Zweijährige Gemüse- und Gewürzpflanze mit einjährigem Anbau. Hohe Ansprüche an Boden, Düngung und Wärme. Braucht kalk-, nährstoff-, humusreiche, warme und lockere Erde. Kalizehrer. Deshalb setzt man dem Kompost, wenn möglich, Holzasche zu. Kleine Kochsalzgaben decken den Chlorbedarf – auch beim	21	R 3, Aussaat der winzigen Samen (2500 Körnchen je Gramm) Februar bis März in Anzuchtkästen bei Zimmertemperatur. Samen nicht in, sondern auf dic Erde (Lichtkeimer). Anzucht unsicher, deshalb besser Setzlinge beim Gärtner kaufen zum Auspflanzen Ende Mai, auf jeden Fall nach den letzten Nacht-

Gemüseart	Allgemeines und Pflege	durchschnittl. Kulturdauer in Wochen	Säen, Pflanzen, Ernten R = Reihe je Beet v. 120 cm Breite
	Stangensellerie. In der Fruchtfolge verträgt sich Sellerie schlecht mit sich selbst, erst nach vier und mehr Jahren wieder auf dasselbe Beet pflanzen. Mist nur gut verrottet, Jauche nur vergoren geben, nur bei warmem Wetter reichlich gießen. Nachbarschaft mit krautreichen Pflanzen ungünstig. Flachwurzler, deshalb Vorsicht beim Hakken, besser dick mulchen. Das manchmal noch geübte Entfernen von Laubblättern im Sommer stört die Knollenbildung. Mineraldüngung ab August kann zu hohlen Knollen führen. Wie Lauch hinterläßt Sellerie gut durchwurzelten, gelockerten Boden.		frösten. Pflanzenabstand 35–40 cm. Schoßgefahr bei zu frühem Auspflanzen. Als Nachkultur kann Sellerie auch noch Ende Juni und Anfang Juli ins Freiland. Nicht tief setzen, Blattrosette mit Blatthälsen bleiben über der Erde. Knollen wachsen bis November deshalb möglichst spät, aber vor Frost ernten. Herzblätter bleiben an der Knolle, in feuchten Sand einschlagen, frostfrei lagern.
Bleichsellerie 	Ähnlich Knollensellerie, aber geringerer Nährstoffbedarf. Nachtfrostempfindlich. Selbstbleichende Sorten machen Anhäufeln überflüssig. Neben Knollen- und Bleichsellerie gibt es großlaubigen Schnittsellerie ohne ausgeprägte Knollen. Gut für Suppengrün.	21	R 4, ab Ende April in Zimmerkästen vorziehen, dann ins Frühbeet. Pflanzenabstand 30 cm.
Spinat = Gänsefußgewächse 	Vitaminträger und Kinderschreck; viele Sorten. Sehr eisenhaltig, enthält je nach Sorte und Jahreszeit mehr Vitamin C als Zitronen (nur im frischen, nicht im tiefgefrorenen Spinat). Liebt tiefgründigen, kalkreichen Hu-	12 und mehr	R 6, Aussaat in 3 cm tiefe Rillen, anfangs gut gelüftete Folientunnel günstig. Saatrillen mit reifer Komposterde bedecken und gut festklopfen. Aussaaten während der kürzeren Tage des Frühlings, Spätsommers und Herbstes

Gemüseart	Allgemeines und Pflege	durchschnittl. Kulturdauer in Wochen	Säen, Pflanzen, Ernten R = Reihe je Beet v. 120 cm Breite
	musboden, der nicht mechanisch gelockert ist (Bodenschluß). Saure Böden sind ungeeignet. Frischkompost nur als Bodenvorbereitung geben. Verträgt und braucht starke Gaben von Reifkompost. Stallmist nur in verrotteter Form. In der Fruchtfolge sollte man Spinat nicht mit rote Bete und Mangold anbauen, den beiden anderen Mitgliedern der Gänsefußgewächse.		beugen dem Schießen vor. Deshalb nicht im Mai, Juni und Juli anbauen, sonst Samenbildung. Augustaussaat gibt Herbstspinat, Septemberaussaat Winterspinat mit Frühlingsernte. Überwinternder Spinat soll im Herbst nicht durch Ernte geschwächt werden. Höhere Erträge durch Pflücken statt Schneiden, weil dann mehrmaliges Ernten möglich ist.
Neuseeländer Spinat = Eiskrautgewächse 	Große, dickblättrige, kriechende Pflanzen, wärmebedürftiger und kälteempfindlicher als unser Spinat. Sechs Pflanzen decken Familienbedarf. Problemlos während der Sommermonate, daher gute Ergänzung zum Spinat. Gut verträglich mit den oben genannten Gänsefußgewächsen. Günstig für Kompostbepflanzung. Unkrautjäten und Gießen erforderlich.	10	R 2–3, Anzucht im April in Töpfen, 1 Samenkorn (viereckige Frucht) je Topf. Auspflanzen Mitte Mai. Pflanzenabstand 50–100 cm. Nur Blätter und Triebspitzen ernten. Fortlaufendes Ernten verhindert das In-Samen-Gehen und fördert neue Triebe. Keimzeit etwa 5 Wochen.
Tomaten = Nachtschattengewächse 	Eine bei uns noch junge, sehr ertragreiche Gartenpflanze aus der Neuen Welt. Viele Sorten von kleinen runden Zuckertomaten bis großen Fleischtomaten. Hohe Ansprüche an Boden, Standort und Pflege. Man gibt ihnen den wärmsten Platz im Garten, am besten an einer Südwand. Standort wird beibehalten, da keine Fruchtfolge	20	R 1–2, Aussaat 2. Märzhälfte in Anzuchtkästen bei gleichbleibender Zimmertemperatur. Nach Entfaltung der ersten Laubblätter Umsetzen mit 3–5 cm Pflanzenabstand. Auspflanzen Mitte, eher Ende Mai. Pflanzenabstand 60 bis 80 cm. Man setzt die etwas schräg liegende Pflanze tief, so daß der grüne Stengel mit Erde bedeckt ist, dann bilden

Gemüseart	Allgemeines und Pflege	durchschnittl. Kulturdauer in Wochen	Säen, Pflanzen, Ernten R = Reihe je Beet v. 120 cm Breite
	nötig. Tiefgründiger, nährstoffreicher Humus, Tomaten sind Tiefwurzler. Im Herbst Mist oder Frischkompost einarbeiten. Tomaten brauchen viel Feuchtigkeit. Doch sollte die Pflanze wenigstens beim Gießen trocken bleiben. Abgestandenes Wasser in Gießmulde füllen. Nicht spritzen, wenn möglich, vor starken und langen Regenfällen schützen. Der große Phosphor- und Stickstoffbedarf kann durch guten Kompost voll gedeckt werden. Bei umfangreichem Anbau lohnt sich eigener Komposthaufen für Tomaten, auf den die Tomatenpflanzen und alle Tomatenabfälle gebracht werden. Mit erhöhtem Wärmeangebot durch schwarze Bodenfolie oder Folientunnel wesentliche Ertragssteigerung und Verlängerung der Reifezeit. Unter Glas und Folie für gute Durchlüftung sorgen. Tomaten sind Selbstbestäuber. Zur Blühzeit müssen die Pflanzen geschüttelt werden, wenn sie nicht im Freien stehen. Wöchentlich knipst (besser schneidet) man die Achseltriebe der heranwachsenden Tomatenpflanze aus, damit sie sich nicht unnötig stark verzweigt. Im Spätsommer und Herbst ist dieses Ausgeizen nicht mehr nötig. Mehr Früchte als die von fünf Blütenständen kom-		sich neue Wurzeln für bessere Nährstoffversorgung. Kompostunterlage in die Pflanzlöcher füllen. An die Wetterseite 180 cm hohe Stäbe aus Holz oder Welldraht setzen. Auch Drähte oder Schnüre möglich. Mit dem wöchentlichen Ausgeizen nachbinden. Grüne Tomaten reifen gut nach, am besten bei nicht zu hoher Zimmertemperatur – unabhängig vom Licht. In der Regel wird man bis Ende Dezember nachgereifte Tomaten haben.

Gemüseart	Allgemeines und Pflege	durchschnittl. Kulturdauer in Wochen	Säen, Pflanzen, Ernten R = Reihe je Beet v. 120 cm Breite
	men bei uns nicht zur Reife. Gegebenenfalls im Sommer entspitzen. Die bodennächsten, pilz- und fäulnisgefährdeten Blätter, aber sonst kein Grün abnehmen. Die Früchte sollen im Laubschatten reifen, Sonne brauchen nur die Blätter. Eine dicke Mulchschicht aus trockenem Material, z. B. Stroh, hält den Boden feucht und locker.		
Buschtomaten	Anspruch und Pflege wie Stabtomaten, aber früher reif, Stäbe und wöchentliches Ausgeizen unnötig.		Pflanzenabstand bis zu 1 m.
Zucchini (Zucchetti) = Gurkengewächse 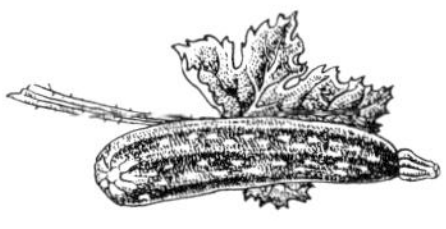	Früchte schlank und grün, sonst kürbisähnlich, auch in Anspruch und Pflege. Weniger wärmebedürftig als Kürbis, deshalb leichter anzubauen, auch bei Anfängern gute Ernte. Die Pflanze entwickelt viel Blatt- und Fruchtmasse, daher großer Nährstoff- und Wasserbedarf. Bodenvorbereitung mit Mist oder Frischkompost. Gute Anbaumöglichkeit südseitig der Kompostmiete. Schon drei bis vier Pflanzen decken den Familienbedarf. Reifende Früchte gegen Schneckenfraß mit Holzwolle unterlegen.	16	R 1, Vorzucht ab April in Töpfen möglich, aber nicht nötig. Aussaat ins Freiland Mitte Mai, je 1–3 Kerne in Meterabstand, man läßt später nur jeweils die stärkste Pflanze stehen. Starthilfe durch Folienschutz oder schwarze Bodenfolie bringt frühere Ernte. Ab Juli nimmt man die ersten Früchte ab. Man kann schon die 20 cm langen, weißfleischigen Zucchinis ernten und bekommt dann mehr Fruchtansätze oder man läßt die Früchte bis Kürbisgröße weiterwachsen. Später verhärtet sich die Schale, aber nicht das gelb werdende Fleisch. Im Herbst geerntete große Früchte halten sich im kühlen Keller bis weit in den Winter hinein.

Links oben: Zucchiniblüten mit Fruchtansatz
Rechts oben: Gelbfrüchtige Zucchini
Mitte: Zwiebeln sollte man weder allein mit sich selbst (links), noch mit zu geringen Pflanzabständen (rechts) anbauen
Unten: Die Winterheckzwiebel ist eine »lustige« Pflanze (links), doch enttäuschen die ziemlich harten Luftzwiebelchen (rechts) bei ihrer Verwendung in der Küche

Gemüseart	Allgemeines und Pflege	durchschnittl. Kulturdauer in Wochen	Säen, Pflanzen, Ernten R = Reihe je Beet v. 120 cm Breite
Zwiebeln = Liliengewächse 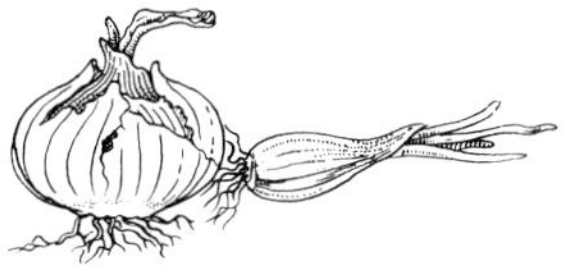	Sehr formenreiche Gruppe von Gewürz- und Gemüsepflanzen. Zwiebeln lieben leichten, aber nicht sandigen, warmen, eher trockenen und gut lockeren Boden. Mulchen ist besser als Hacken und Gießen. Gegen Zwiebelfliege Mischkultur mit gelben Rüben. Leicht anzubauen sind auch die schmackhaften Perlzwiebeln, Schalotten und Winterheckzwiebeln, eine mehrjährige, frostharte Art, die auf starkem Schaft frostbeständige Luftzwiebelchen ausbildet. Zur Vermehrung einfach in den Boden stecken.	16 und mehr	R 6, Winterbedarf: ab Februar ins Frühbeet, ab Mitte März ins Freiland 3 cm tief säen. Für Frühsommerbedarf: Juni bis August ins Freiland säen, Pflanzenabstände später auf 5 cm bringen. Dritte Möglichkeit: Gekaufte, haselnußgroße Steckzwiebeln Anfang April ins Freiland, eng setzen, Reihen später auf 10–15 cm Pflanzenabstand auslichten, überzählige Pflanzen in der Küche verwerten. Geerntet wird, wenn das Kraut welkt. Möglichst trokken ernten, luftig lagern, am schönsten im geflochtenen Zopf. Für gut lagerfähige Winterzwiebeln eignen sich gesäte Zwiebeln besser als gesteckte. Ernte ab August, Steckzwiebeln schon früher.

XI Unkraut im Garten

Je nach Standort bedeutet der Löwenzahn eine hübsche Wildblume, die im Mai ganze Wiesen in ihr leuchtendes Goldgelb taucht, eine geschätzte, mancherorts kultivierte Salatpflanze oder ein lästiges Gartenunkraut, das wegen seiner Pfahlwurzel schwer zu bekämpfen ist.

Ich habe oft, wenn wir im Frühling Löwenzahnsalat sammeln und zubereiten, sagen hören: Wir sind doch keine Kühe! Der Löwenzahn ist ein Zungenblütler. Aus dieser Unterfamilie der Familie Korbblütler wurden mit Ausnahme des Feldsalats alle Arten unserer Gartensalate gezüchtet. Während die Endivie und der Chicorée der Gattung Wegwarte angehören, zählt unser Kopfsalat zur Gattung Lattich. Milchsaft und leicht bitterer Geschmack bilden die gemeinsamen Merkmale, wie sie auch der Löwenzahn aufweist.

Bemerkenswerterweise leitet sich der Formenreichtum unserer Ernährungspflanzen von Artischocke bis Zuckerhut, eingeschlossen der in der Landwirtschaft angebauten, aus nur zehn Pflanzenfamilien her. Mit dem Unkraut bekämpfen wir oft die ›ungezähmten‹ Verwandten unserer Nutzpflanzen. Das gilt besonders für die Gänsefußgewächse, die Kreuzblütler, die Doldengewächse und die Korbblütler. Viele Pflanzengäste des Gartens – meist ungebetene – können als Wildgemüse, Tees und Heilkräuter verwendet werden: Huflattich, Schafgarbe, Brennessel, Schachtelhalm, Minze, Kamille, Ackermelde, Guter Heinrich und Geißfuß. Sogar der außerordentlich anspruchslose Breitwegerich findet in der Volksmedizin Verwendung.

Wer die Wildkräuter im Garten nur als Feinde ansieht, tut ihnen Unrecht. Eine unbiologische Einstellung zum Unkraut führte zu seiner Bekämpfung durch Gift. Man kann die Unkräuter aber auch als Botschafter des Gartenbodens deuten. Daraus, welche Arten erscheinen oder vorherrschen, liest der Kundige die Qualität der Gartenerde ab.

Am bekanntesten ist die Unterscheidung zahlreicher Wildpflanzen in kalkliebende und kalkmeidende Arten. Kalkliebende Pflanzen zeigen alkalische, kalkmeidende saure Böden an. Zur ersten Gruppe gehören Ackersenf, Löwenzahn und Wiesensalbei, zur zweiten Hederich, Hohlzahn und Sauerampfer.

Trotz dieser freundlichen Worte für das Unkraut muß es gesagt werden: seine Bekämpfung macht im Garten eine Menge Arbeit. Wir können die Kulturpflanzen nur ausnahmsweise während der ganzen warmen Jahreszeit sich selbst überlassen. Sie

Das Unkraut Gänsedistel kann man ernten und zubereiten

brauchen unsere Pflege, und wir müssen sie auch davor schützen, von Wildpflanzen bedrängt zu werden. Der gute Gartenboden ist natürlich auch für die Unkräuter ein verlockendes Angebot. Doch möchte ich den allzu eifrigen Unkrautjägern sagen, daß es nicht dafürsteht, jedes aufkommende Unkraut im Keim zu ersticken, alle nicht angebauten Pflänzchen gleichsam in Einzelverfolgung zu erlegen.

Einen solchen, im Sinne einer guten Ernte ungerechtfertigten Arbeitsaufwand wird man vielleicht nicht mehr betreiben, wenn man sich vor Augen führt, daß Unkräuter, solange sie nur als Randfiguren auftreten, wenig Nährstoffe brauchen und unseren Nutzpflanzen als Wettbewerber nur bei deren Heranwachsen gefährlich werden können. Was braucht schon ein Greiskraut mit seiner geringen Pflanzenmasse gegenüber einem Kohlkopf! Man muß hier die Verhältnismäßigkeit von ›Schaden‹ und dem Aufwand, diesen Schaden abzuwenden, wirklichkeitsnah und nicht nur an der Ordnungsliebe orientiert einschätzen.

Natürlich gilt es zu handeln, wenn Unkräuter massenweise auftreten und die Kulturpflanzen überwuchern. Aber das ist immer auch ein Zeichen für Fehler in der Düngung, der Bodenbearbeitung oder der Kulturfolge. Da heißt es dann, nicht nur das Unkraut, sondern auch das verursachende Übel an der Wurzel zu packen.

Ein bißchen fremdes Grün an den Wegrändern oder sonstwo im Garten sollte mit Gelassenheit hingenommen werden. Man kann sich sagen, daß alle Nährstoffe, die es dem Boden entnimmt, dem Garten nicht etwa verlorengehen, sondern ihm wieder zugute kommen: Entweder wird das Unkraut beim nächstfälligen Jäten eines Beetes oder Weges gesammelt und gelangt dann auf den Kompost, oder es entgeht der Nachstellung, aber nicht

Igel machen sich als Insektenfresser im Garten nützlich. Doch brauchen sie für ihre Lebensweise ein wenig Wildnis

dem Winterfrost oder einer kommenden Bodenbearbeitung, so daß es auch auf diese Weise die Gartenerde wieder anreichert.

Unkräuter sind als Wildpflanzen für Kompost im Ausgleich zum Abfall aus Kulturpflanzen und des Haushalts geradezu erwünscht. Diese Gedanken spricht Mario Howard deutlich aus:

»Unkrautsamen liegen in jedem Boden in solchen Mengen, daß ihr Vorrat für Jahrzehnte ausreicht. Sie keimen aber nur in großem Ausmaß, wenn eine für sie besonders günstige Konstellation vorherrscht; wenn der Boden und die auf ihm wachsenden Pflanzen das Unkraut als Gegenpol brauchen. Darum soll man gerade die Unkräuter, die im Garten in großen Mengen wachsen, kompostieren und dasselbe Stück Land, auf dem sie gewachsen sind, mit diesem Kompost düngen. Mit dieser Heilmethode bringt man den Boden am schnellsten wieder ins Gleichgewicht.«

Die Bodengesundung mit Auszügen und Präparaten von Wild- und Heilkräutern wird in der biologisch-dynamischen Wirtschaftsweise in starkem Maße gepflegt und hat zum Teil auch in den allgemein naturgemäßen Anbauweisen Eingang gefunden. Der belesene Gartenfreund wird einwenden, daß man sich doch davor hüten soll, samentragendes Unkraut zur Kompostrotte zu geben. So steht es in den allermeisten Gartenbüchern.

Ich hätte wahrscheinlich nicht den Mut gehabt, unsere eigene Arbeitsweise in dieser Frage zu empfehlen: Wir nehmen uns nicht die Zeit, jedes Jätergebnis noch nach Unkräutern mit und ohne Samen aufzuteilen. Wahrscheinlich brächte ich es auch nicht fertig, irgend etwas aus dem Garten regelmäßig in die Mülltonne zu werfen. Wir führen alle mit und ohne Wurzeln gejäteten Unkräuter dem Kompost zu. Und eben dies gesteht für seine Arbeitsweise auch Mario Howard ein, wenn er schreibt:

»Ich selber tue immer alle Unkräuter, mit und ohne Samen, auf den Komposthaufen und habe dabei keine nachteiligen Folgen feststellen können.« Vielleicht wird mit der Warnung vor Unkrautsamen im Kompost eine arbeitserschwerende, aber überflüssige Anweisung von Gartenbuch zu Gartenbuch geschleppt? Möge diese Frage also jeder für sich selbst entscheiden.

Wie schon an anderer Stelle gesagt wurde, löst das aus vielen Gründen empfehlenswerte Mulchen der Gartenerde die Unkrautfrage der Gemüsebeete weitgehend ohne Jäten. Was an Wildpflanzen durch die Mulchdecke wächst, bleibt Ausnahme.

Schließlich möchte ich noch auf eine andere Aufgabe des Unkrauts hinweisen. Gemessen an der Artenvielfalt einer naturnahen Wiese finden im reinen Nutzgarten trotz Mischkultur und Fruchtfolge nur verhältnismäßig wenig Pflanzenarten ihr geplantes und gefördertes Auskommen. Der Garten als ein Organismus höherer Ordnung wird aber nur dann gesund und widerstandskräftig gegen Pflanzenkrankheiten und Schädlinge sein, wenn er ein formenreiches Tierleben ermöglicht. Damit sind außer dem meist unsichtbaren Bodenleben auch die zahlreichen nützlichen oder wenigstens nicht schädlichen krabbelnden und fliegenden Kerbtiere von Biene und Florfliege über Lauf- und Marienkäfer bis Schwebefliege gemeint. Die wenigen höheren Wildtierarten, die den Garten bevölkern können: Erdkröten, Blindschleichen, Eidechsen und Igel finden erst durch die Wildpflanzen des Gartenzauns, des Kompostrandes, der Plattenwege oder eines umwachsenen Reisighaufens, also durch das mehr oder weniger geduldete Unkraut Unterschlupf und mittelbare Nahrung.

»Ein Guß – mit Unkraut Schluß« – diese lebensfeindliche Aufforderung an den Hausgärtner bedeutet Todesurteile für viel mehr Lebewesen, als man mit dem Giftkanister eigentlich treffen wollte. Die Strategie der ›verbrannten Erde‹ findet im biologisch gepflegten Garten keine Verwirklichung. Hier sollte es besser heißen: Leben und leben lassen.

XII Pflanzenschutz

So wie die Gartenerde voller Wildpflanzensamen steckt, deren ganze Entfaltung unsere Beete verunkrauten würde, so übt auch die Tierwelt einen Ausbreitungsdruck auf den Garten aus. Wer auf dem Land oder in Waldnähe wohnt, braucht einen Gartenzaun gegen Rehe, Fuchs und Marder besuchen seine Kompostmiete, in der Nachbarschaft von Feldern tun sich Hasen in Kohlbeeten gütlich.

Der Garten mit seiner Erde, die fruchtbarer ist als die der Umgebung, und mit seinen Pflanzen, die mehr und besser Verzehrbares hervorbringen als die der freien Natur, übt eine starke Anziehungskraft auf Nutznießer in vielen Gestalten aus. Aber so, wie nur bestimmte Wildpflanzen im Garten Lebensraum finden, während die meisten dort gar nicht gedeihen könnten, so finden auch nur bestimmte Arten der Kerbtiere (Insekten) Bedingungen im Garten vor, die ihre Vermehrung fördern.

Nach einem noch immer weitverbreiteten Mißverständnis bestimmen im Tierreich die Räuber den Bestand ihrer Beute. Dank eingehender Forschungen weiß man heute, daß es umgekehrt ist: Der Bestand an Raubtieren hängt vom Bestand ihrer Beutetiere ab. So bestimmen nicht die Wölfe, wie viele Elche es gibt, sondern die Elche ernähren eine bestimmte Anzahl von Wölfen, bestimmen also deren Bevölkerungszahl. Der Bestand der Elche aber hängt von dem Äsungsangebot ihres Lebensraumes ab. Die Pflanzendecke wird unter natürlichen Bedingungen nicht von den Elchen, sondern von Boden-, Wasser- und Klimabedingungen bestimmt und begrenzt.

Darüber hinaus entdeckten die Wildökologen durch langjährige Versuche und Beobachtungen in Nordamerika eine unerwartete Abhängigkeit der Mitglieder eines Ökosystems untereinander. Schaltet man nämlich die Räuber künstlich aus, so fördert man damit nicht etwa ihre Beutetiere, sondern fügt auf lange Sicht der Pflanzendecke schwere Schäden zu. Das lebentragende Gleichgewicht zwischen allen Beteiligten des Systems bricht zusammen, weil sich die Pflanzenfresser ungehemmt vermehren und damit ihre Nahrungsquellen zugrunde richten. Dabei werden sie erst durch Nahrungsmangel, dann durch Parasiten und epidemische Krankheiten in den Zusammenbruch ihrer Bevölkerung getrieben. Nach der Katastrophe wird sich wieder ein neues Gleichgewicht mit den drastisch verringerten Beständen der ehemaligen Gegenspieler oder mit anderen Teilnehmern des Ökosystems einpendeln.

Nur weil die Natur jedes Herausfallen ihrer Lebewesen aus dem Gleichgewicht mit anderen Lebewesen so folgerichtig und durchgreifend mit den ihr zur Verfügung stehenden Mitteln beantwortet, konnte sich die belebte Schöpfung über viele Jahrmillionen fortentwickeln und die Erdoberfläche unter verschiedensten Bedingungen besiedeln. Der massenweise Anbau von Kulturpflanzen ist für einen gegebenen Lebensraum ein Ungleichgewicht seiner Artenzusammensetzung. Die Natur läßt aus ihrer Waffenkammer solche Lebewesen aufmarschieren, die der überhandgenommenen Pflanzenart gefährlich werden.

Ein Reh fraß das Radicci-Herz

Auf diesen natürlichen Hintergrund der Schädlingsfrage wollte ich hier in aller Kürze und der dadurch notwendigen Vereinfachung hinweisen. Wir leben nicht nur in einem Gruselkabinett von fressenden, nagenden, stechenden, bohrenden, saugenden und sich hemmungslos mehrenden Schädlingen, wie uns das die Schmiede der chemischen Keule ausmalen, sondern wir stehen auch mit unseren Kulturflächen in einem größeren Beziehungsgefüge, das aus sich heraus immer bestrebt ist, unnatürliche Vorherrschaften einer Art aufzulösen. Es gibt auch in der Natur unter bestimmten örtlich begrenzten Bedingungen Ansammlungen von Lebewesen mit Kennzeichen von Monokulturen, zum Beispiel Schilfwald oder Grassteppe. Und es gab in verhältnismäßig artenarmen Lebensgemeinschaften, wie wir sie im hohen Norden, aber auch in der afrikanischen Savanne antreffen, Tierinvasionen, bevor der Mensch in die Gestaltung von Landschaften eingriff, zum Beispiel die Lemminge oder die Heuschrecken. Tatsache ist, daß nahezu alle Schädlinge der Landwirtschaft, denen man heute in einem weltweiten Abwehrkampf vergeblich Herr zu werden sucht, mit dem Einführen von Mineraldünger und Monokulturen erst massenweise in Erscheinung traten. Viele von ihnen richteten auch in vorindustriellen Zeitaltern Ernteschäden an, doch hatten sie mit Ausnahme der wenig spezialisierten Heuschrecken keine Veranlassung, nämlich keine Möglichkeit, zu ähnlichen Massenauftritten wie heute.

Das Gesagte will nicht zu der Annahme einladen, man müsse nur alles sich selbst überlassen, die Natur würde das schon regeln. Die Natur kann nur sich selbst regeln. Die vom Menschen gezüchteten Nutzpflanzen bedürfen auch der Pflege und des Schutzes durch Menschen. Aber wo wir unsere Kulturflächen vor den Ausgleichsbewegungen der Natur schützen müssen, können wir das mit Mitteln tun, die uns die Natur selbst an die Hand gibt.

Ähnlich verhält es sich mit den Pflanzenkrankheiten. Ihre Erreger sind nichts anderes als Schädlinge geringerer Körpergröße: Bazillen, Pilze und Viren. Sie werden in der Natur immer da wirksam, wo das Gleichgewicht mit anderen Mitteln nicht mehr aufrechterhalten werden kann. Wenn Weidetiere nicht mehr durch große Raubtiere gesund erhalten werden, indem die Raubtiere einen Auslesedruck auf sie ausüben, dann übernehmen Krankheiten und Schmarotzer die Aufgabe fehlender Freßfeinde. Krankheiten sind die Fortsetzung natürlicher Bestandsregelung mit anderen Mitteln.

Im Garten, einem Schutzgebiet für Hochleistungspflanzen, haben Schädlinge und Krankheitserreger immer dann leichten Zugriff, wenn Nutzpflanzen

1. in einem Klima gezogen werden, das ihnen nicht entspricht; das gilt für alle deshalb besonders empfindlichen Treibhauskulturen;
2. auf Böden und in Pflanzennachbarschaften gezogen werden, die nicht ihren Bedürfnissen entsprechen; das gilt gegebenenfalls auch für die Nachbarschaft mit sich selbst;
3. durch Mangel an bestimmten Nährstoffen, Wasser oder Licht in ihrer Widerstandskraft geschwächt werden;
4. unter besonders ungünstigen Wetterverhältnissen zu leiden haben, wie zum Beispiel Tomaten unter Dauerregen;
5. künstlich ernährt werden, das heißt, wenn man sie durch Mineralsalzgaben zu einem Wachstum anregt, das dem Belebungsgrad des Bodens nicht entspricht;
6. durch einseitige Zuchtziele degeneriert sind. Man kennt dieses ›Abbauen‹ vor allem bei sehr ertragreichen, also hochgezüchteten Sorten, aber letztlich bei allen Kulturpflanzen. Man kann deshalb in der Regel nicht unbegrenzt lange aus eigenem Anbau Samen ziehen. Die fehlende Auslese, in der ungeschützten Natur durch den Daseinskampf gegeben, läßt die Kulturpflanzen im Laufe der Generationen lebensuntüchtig werden, sie bauen ab.

Wenn ich nun Maßnahmen des biologischen Pflanzenschutzes aus eigener Erfahrung mitteilen soll, komme ich in Verlegenheit. Wir haben in unseren Gärten bis auf eine Ausnahme, von der ich gleich berichten werde, in den Jahren ihrer Bewirtschaftung weder Mineraldünger noch chemische Pflanzenschutzmittel eingesetzt. Und wir erlitten bisher keine nennenswerten Verluste durch Krankheiten oder Schädlinge, konnten also auch keine Erfahrung bei ihrer unmittelbaren Abwehr sammeln.

Von Zufall wird man nach über drei Jahrzehnten Gartenpflege nicht sprechen können.
So haben wir in Wirklichkeit viel Erfahrung mit biologischem Pflanzenschutz gesammelt, aber wir wußten nichts davon. Er ist durch Kompostwirtschaft, Mischkulturen und Fruchtfolge gegeben. Biologischer Pflanzenschutz setzt lange vor der Notwendigkeit ein, Schädlinge zu bekämpfen.
Hier schließt sich ein beziehungsreicher Kreis zwischen Mensch und Garten:

- Der Hausgarten ist dann richtig gedüngt, wenn er aus seinen eigenen Abfällen und denen des dazugehörigen Haushalts über die Kompoststufe versorgt wird,
- wenn man die Kräuter, Gemüse und Früchte auf ihm anbaut, die den Eigenbedarf der Familie decken; denn damit hat man bei gesunder Ernährungsweise den erwünschten Artenreichtum der Nutzpflanzen.

Würde man nur eine Pflanzenart anbauen, hätte man auch gleich das Schädlings- und Krankheitsproblem. Der Hausgarten bildet eine Erzeugungsstätte nach dem Maß des Menschen, der ihn bebaut. Das mag manchem, der noch nicht mit einem eigenen Garten gut Freund ist, fast enttäuschend einfach klingen. Aber in dieser wechselseitigen Genügsamkeit lebt die Harmonie zwischen Mensch und Garten, beschlossen zwischen kultivierter und naturhafter Erde. Einen Garten im biologischen Sinne erfolgreich zu bestellen, befriedigt eben nicht nur die Bedürfnisse der Küche, sondern auch die nach tätiger Auseinandersetzung mit der Natur. Die Freude am Garten entspringt nicht dem Befolgen von Mengenvorschriften, wie sie die Anwender von Mineraldüngern und chemischen Pflanzenschutzmitteln so genau einhalten müssen, sondern dem Verständnis der von Menschen mitgestalteten Naturvorgänge.
Vereinzelte Schadinsekten im Garten oder ihre Fraßspuren sind weder ein Grund zur Beunruhigung noch für Gegenmaßnahmen. Wer etwas von den so unterschiedlich gestalteten Kerbtieren des Gartens versteht und sich sozusagen fachkundig etwa über die Schwebefliegen freut, die im Schwirrflug über Blumenrabatten stehen, der wird sich auch klar darüber sein, daß diese schlanken, wespenähnlichen Räuber nicht von Nektar, sondern von Blattläusen leben, die mit Sicherheit auch seinen Garten bewohnen und dort ihr Auskommen finden. Das heißt, ein paar Blattläuse sind, obwohl sie in der Masse als arge Schädlinge wirken können, im Garten nicht ganz unerwünscht. Sie sorgen dafür, daß sich ihre natürlichen Feinde gleichsam zum Einsatz bereithalten, wenn die Blattläuse günstige Vermehrungsbedingungen vorfinden und sich in kurzer Zeit zur Plage auswachsen.
Ein artenreiches Kleintierleben im Garten setzt eine artenreiche Pflanzendecke voraus. Dazu tragen, wie im letzten Kapitel ausgeführt, auch die Wild- oder Unkräuter bei, die wir dort, wo sie nicht unmittelbar die Nutzpflanzen stören, dulden sollten. Es versteht sich von selbst, daß man solches Entgegenkommen nicht etwa auch auf Quecken oder Geißfuß ausdehnt, wo sie innerhalb des Gartens gehäuft auftreten.

Wühlmäuse

Unsere Einflußnahme auf natürliche Lebensgemeinschaften, besonders unsere Fördermöglichkeit, ist außerhalb des Gartens gering. Deshalb können wir die Freßfeinde etwa der Wühlmaus nicht zu Hilfe rufen. Dieser beißkräftige Nager wurde vielerorts zu einem gefürchteten Schädling in der Land- und Gartenwirtschaft. Wühlmäuse decken ihren Nahrungsbedarf vorzugsweise im Kulturland, nämlich in Wiesen, Äckern und Gärten. Der Angebotsvermehrung durch die Anbauflächen des Menschen stehen aber keine gleichfalls erstarkten Freßfeinde, sondern es steht ihr deren Ausdünnung gegenüber. Der Mensch, so kann man vom Standpunkt der Nager aus sagen, hat sich um die Wühlmäuse verdient gemacht. Er deckte ihnen den Tisch und schoß die Greifvögel ab, nahm den Eulen Lebensraum und Brutmöglichkeiten und geht jetzt daran, den dritten großen Feind der Wühlmaus, den Fuchs, mit dem Ziel zu vergasen, ihn weitgehend auszurotten, weil er die Tollwut überträgt. Wo Wühlmäuse die Gartenerde gefährden, und das tritt bei ihrer Freßlust sehr schnell ein, müssen sie energisch bekämpft werden.

Große Wühlmaus oder Schermaus (Arvicola amphibius)

Kleinwühlmaus (Pitymys subterraneus)

◁ Wühlmausgänge nach der Schneeschmelze

Was kann man tun?

1. Hinausekeln: Kaiserkrone, Hundszunge und Schwarze Johannisbeere sollen Wühlmäuse vertreiben. Die praktischen Erfahrungen mit solcher Vorbeuge sind gegensätzlich. In einem Fall fraßen die Wühlmäuse bevorzugt an den Zwiebeln der Kaiserkronen. Wir machten gute, aber letztlich nicht zwingend beweiskräftige Erfahrungen mit dem Anbau von Narzissen und Hundszunge im Nutzgarten: Die zahlreichen Wühlmäuse, die im Garten überwintern, verschwinden mit Beginn der warmen Jahreszeit.
   Auch in die Röhre gelegte Knoblauchzehen, Lappen, mit Karbid oder Petroleum getränkt, oder in die Laufgänge geleitete Auspuffgase können Wühlmäuse vergrämen. Mit so friedlichen Lösungen aber schickt man die Wühlmäuse vielleicht nur in Nachbars Garten und hat sie bald wieder im eigenen Land. Andererseits schützt auch das Töten der Wühlmäuse nicht vor Neuzugängen, besonders dann nicht, wenn der Garten an Wiesen oder Äcker grenzt.
2. Ertränken (nach Hitschfeld): Man gräbt Töpfe oder kleine Eimer so in einen belaufenen Gang ein, daß Gangboden und Eimerrand auf gleiche Höhe kommen. Nun wird Wasser bis 10 cm unter dem Eimerrand gefüllt. Hineingefallene Wühlmäuse können sich dann nicht mehr befreien.
3. Fangen: Die wahrscheinlich häufigste Art, Wühlmäuse zu bekämpfen, ist, Fallen in ihre Gänge zu stellen. Es gibt einfache und bewährte Federkonstruktionen, die durch Plättchen offengehalten werden und keinen Köder brauchen. Die Maus läuft hinein und wird erschlagen. Man achte auf Fallen, die genügend stark sind, die bald rattengroßen Tiere zu töten (ich befreite einmal einen noch lebenden Maulwurf aus einer

Viele Katzen jagen erfolgreich Schermäuse

solchen Falle). Als vorteilhaft erwiesen sich mir Fallen, deren aus der Erde ragendes Oberteil erkennen läßt, ob sie schon zugeschlagen haben. Man erspart sich dann das Herausnehmen der leeren Falle und ihr erneutes Stellen.

4. Vergiften: Das auf pflanzlicher Grundlage hergestellte Quiritox lockt die Wühlmäuse an und tötet sie schmerzlos. Es soll nur auf Nagetiere giftig wirken. Den Köder erneuert man so lange, bis er nicht mehr abgeholt wird.

Wir machten vor dem Anbau von Hundszunge mit Quiritox die besten Erfahrungen, nachdem wir einen Sommer lang mit Fallen erfolglos unseren Kopfsalat zu retten suchten. Im nächsten Frühjahr verschwanden die Wühlmäuse nach dreimaligem Auslegen des Präparates und ließen den befallenen Garten den ganzen Sommer über unbehelligt, obwohl er inmitten ausgedehnten Grünlandes liegt.

Fragt man im allgemeinen Gartenbedarfshandel nach Mitteln gegen Wühlmäuse, wird man auch mit schwererem Geschütz bedient: Patronen für Giftgas und zum Ausräuchern sowie hochgiftige Köder. Der verantwortungsbewußte Gärtner wird eingedenk der hilfreichen Lebewelt seines Gartens davon nur im Notfall Gebrauch machen. Man sollte zunächst versuchen, mit umweltfreundlichen Mitteln auszukommen (Bezugsquellen s. S. 276).

Nicht jeder aufgeworfene Erdhaufen stammt von einer Schermaus. Gänge des Maulwurfs sind bei etwa gleicher Breite niedriger (queroval). Maulwürfe leben hauptsächlich von tierischer Nahrung, vor allem von Larven; und sie vertilgen die im Garten gefürchteten Maulwurfsgrillen. Abgesehen von ihren im Garten unerwünschten Erdbewegungen sind sie überwiegend nützlich. Als Regenwurmplünderer können Maulwürfe auch in einer älteren Kompostmiete heimisch werden. Man sollte sie dann vertreiben oder fangen. Man nervt Maulwürfe mit eintöniger Musik, indem man leere Flaschen in den Boden gräbt und den Wind darauf pfeifen läßt. Das soll auch Wühlmäuse vergrämen. Ich habe dieses Rezept nicht ausprobiert.

Hundszunge in Blüte – bescheidener Gartenschmuck

Maulwurfsgrillen (Werren oder Erdkrebse)

Wo diese etwa vier Zentimeter langen Wühler mit schaufelartig ausgebildetem ersten Beinpaar auftreten, können sie großen Schaden anrichten. Sie leben zwar auch von Larven der Schadinsekten, aber hauptsächlich von Pflanzenwurzeln. Sie fressen sich unterirdisch durch den Garten. Da die lichtscheuen Tiere nachts an die Oberfläche kommen, fängt man sie mit Büchsen, die als Fallgruben eingegraben werden. Die Büchsenränder schließen mit dem Erdboden ab.

Die Maulwurfsgrillen legen flache Gänge an. Man kann ihnen mit dem Finger folgen und so zu ihrem Kessel gelangen. Im Frühsommer befindet sich dort

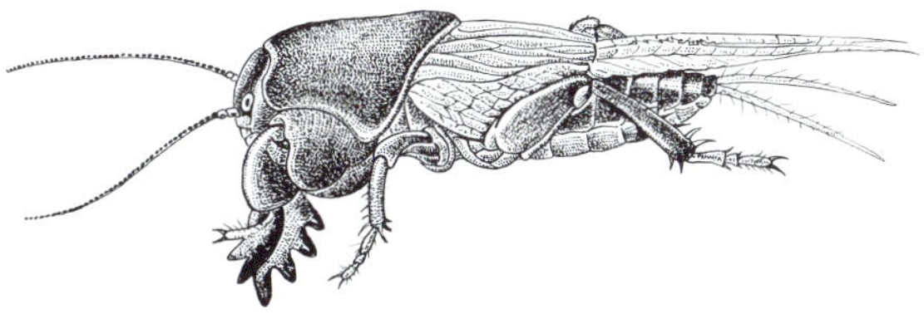

Maulwurfsgrille

die Brut. Man vernichtet sie mit dem Spaten oder durch etwas Speiseöl, das man in die Bruthöhle träufelt. Später gießt man Wasser nach. In vielen Gegenden treten Maulwurfsgrillen nicht auf.

Schnecken

Nacktschnecken in vielen Größen und Farben, vor allem die kleineren Arten, können dem Gartenfreund das Leben schwermachen. Nacktschnecken müssen ihre feuchte Haut gegen Austrocknen schützen und werden deshalb vorwiegend nachts tätig. Tagsüber scheint der Garten schneckenfrei zu sein, aber morgens sind besonders die zarten Blattpflanzen, wie Kopfsalat, vorzeitig geerntet, gerade vom Gärtner geholte Setzlinge erledigt.

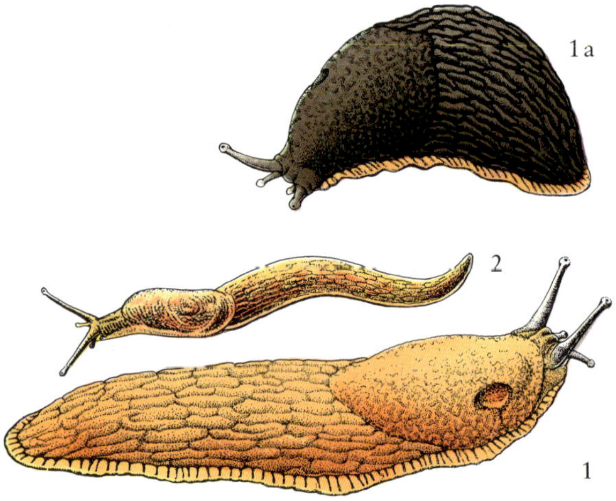

1 Große Wegschnecke (rot mit schwarzen Fühlern)
1 a Große Wegschnecke (schwarz mit rotem Fußsaum)
2 Gemeine Ackerschnecke

Es gibt viele ungiftige und wirksame Möglichkeiten, sich der Schnecke zu erwehren. Aber ein feuchtes Jahr und an den Garten grenzende Entfaltungsräume für Schnecken bringen möglicherweise einen solchen Zuwachs, daß sie häufig zum lästigsten Schädlingsproblem werden.
Trotzdem wird man im biologisch gepflegten Garten auf das hochgiftige Schneckenkorn verzichten. Da sich Schnecken ihren natürlichen Feinden nicht durch Flucht entziehen können, verlieh ihnen die Natur große Fruchtbarkeit. So wirkt es sich jetzt besonders nachteilig aus, daß in unseren Kultur- und Siedlungslandschaften oft wenig Lebensraum für die Freßfeinde der Schnecken blieb: Igel, Spitzmäuse, Weichfutter fressende Singvögel, Eidechsen, Blindschleichen, Kröten und große Laufkäfer. Die Gifte der Landwirtschaft verringern ihre Zahl weiter.
Wo immer es die Umstände erlauben, sollte man diese Tiere im Garten und dessen Umgebung fördern: Igel durch Holz- und Reisighaufen, unter denen sie Verstecke finden, Singvögel durch Beeren tragende Hecken, Eidechsen durch südseitige Trockenmauern, Blindschleichen durch schattige Moosplätze, Kröten durch kleine, nicht zu trokkene Verliese in Steinhaufen, unter Holz und Ziegeln, in schattenspendenden Unkrautbeständen. Ein flacher Teich ist für ihre Vermehrung nötig.
Kröten, nachttätige Lurche, die ihren großen Futterbedarf ausschließlich mit Tieren decken, machen sich im Garten sehr nützlich, auch wenn sie ab und zu Regenwürmer vertilgen. Sie verbringen den Tag auch gern in kleinen Erdhöhlen, worauf man bei Gartenarbeiten achten sollte. (Ich hatte als Kind eine Erdkröte unseres Gartens durch Verfüttern von Regenwürmern so zutraulich gemacht, daß sie auf Anruf aus ihrem Versteck krabbelte.)

Maßnahmen gegen Schnecken

1. Aussperren: Ein im Handel erhältlicher Schnekkenzaun ist für die Weichtiere unüberwindlich.

Kröten kann man gut im giftfreien Garten heimisch machen

Man steckt die verzinkten Profilbleche um solche Beete, die schneckengefährdete Kulturen tragen. Umfriedet man den ganzen Garten auf diese Weise, so wird man ihn nach und nach schnekkenfrei bekommen. Für Eigenbedarf kann man den patentierten Schneckenzaun auch selbst nachbauen.

2. Ertränken: Die einfach aufzustellenden Schnekkenfallen – auch im Handel erhältlich – haben sich sehr bewährt. Man gräbt leere Joghurtbecher oder ähnliche kleine Gefäße ebenerdig ein, füllt etwas Bier hinein und überdacht mit gebogenem Blech oder zwei gegeneinander gestellten Holzbrettchen. Natürlich gehen auch nützlichere Käfer in die Bierfalle. Mit Wasser lockt man die Schnecken nicht. Spätestens alle zwei Tage müssen die Becher geleert und gesäubert werden. Ihr Inhalt kommt auf den Kompost.
3. Behindern: Schnecken überklettern zwar eine aufgestellte Rasierklinge, ohne sich zu verletzen, aber sie meiden trockene Unterlagen und solche, die an ihrer feuchten Fußfläche haften bleiben. Man kann deshalb Beete oder einzelne Pflanzen mit Umrandungen aus Holzwolle, Sägemehl, Nadelstreu, Ätzkalk, Asche oder Steinmehl schützen. Die pulverartigen Stoffe helfen allerdings nur bis zum nächsten Regen. Angeblich hält auch angebauter Kerbel Schnecken fern; wir haben's nicht ausprobiert.
4. Sammeln: Schnecken suchen für den Tag einen sonnengeschützten Unterschlupf. Sehr gern halten sie sich unter modernden Brettern auf. Legt man solches Altholz auf die Gartenwege – natürlich nur auf Erdwege –, dann kann man die Schnecken am nächsten Morgen bequem von den Brettunterseiten ablesen; am besten mit zwei Hölzchen oder einer Pinzette, denn Schneckenschleim läßt sich nur mit Scheuermitteln wieder von den Händen waschen. Die Schnecken überbrüht man mit kochendem Wasser. Man kann auch Grapefruit- oder Melonenschalen auf gefährdete Beete legen als Sammelpunkte für Schnecken. An feuchten, geschützten Stellen findet man die glasigen Schneckeneier, die man ebenso einsammelt wie die Schnecken.
5. Abschrecken: Wasser, mit dem man Schnecken

Unter Brettern auf Gartenwegen sammeln sich Schnecken

überbrühte oder in dem einige Stunden tote Schnecken lagen, benutzt man als Gießwasser für gefährdete Beete oder Pflanzen. Die Schnekken meiden sie dann.
6. Fressen lassen: Das offenbar wirksamste und zugleich freundlichste Schneckenmittel, das gleichwohl nicht allen Gartenfreunden zugänglich ist, erlebten wir durch Zufall. Im ersten Sommer unseres aus der Wiese gegrabenen Gartens gab es ein Schneckenproblem. Ohne mein Wissen kam Schneckenkorn in den Garten, doch einigten wir uns schnell darauf, die Giftkur zu beenden und erst andere Bekämpfungsmöglichkeiten zu versuchen. Wir sammelten dann während des ganzen Frühsommers viele Schnecken von ausgelegten alten Dielen ab, aber der Zuzug aus dem umliegenden Grasland schien den Abgängen die Waage zu halten. Erst im Spätsommer ließ der Schneckendruck nach.

Für das nächste Frühjahr nahmen wir uns vor, den Schneckenkrieg auf breiterer Front zu führen, aber trotz eines verhältnismäßig feuchten Sommers, in dem andere Gartenbesitzer erhebliche Teile ihrer Salaternte an die Schnecken verloren, blieben wir ohne Gegenwehr verschont. Die Erklärung dieser auch für uns zunächst überraschenden Entwicklung lag in drei Enten, die im Frühjahr als Geburtstagsgeschenk auf den Hof kamen: eine Peking- und zwei junge Moschusenten. Nach ihrer Gewöhnung an Teich und Nachtunterkunft fanden sie einen Durchschlupf im Maschendraht und erkundeten eifrig ihre Umgebung. Nachdem wir ihre Umzäu-

Enten halten die Schnecken kurz

nung ganz weggenommen hatten, betätigten sie sich bald rund um Haus und Garten. Anfangs fütterte ich die Enten gelegentlich mit Nacktschnekken, die ich unter den Brettern im Garten fand, aber im Verlauf der nächsten Wochen gab es in unserem Garten kaum noch eine Schnecke. Der Zuzug aus den angrenzenden Wiesen war durch die ständigen Rundgänge der Enten abgeschnitten. Man muß nur einmal beobachten, was eine Ente alles findet, wenn sie durchs Gras marschiert. Entsprechend gering ist ihr Futterbedarf im Sommer bei solchem Weidegang. Nur einmal ließ ich die Enten in den Garten, als ich dort am Kompost zu tun hatte (Bild oben). Aber sie fraßen mir so viele Regenwürmer vom Spaten, daß ich sie bald wieder hinauskomplimentierte.

Wir haben jetzt Enten im vierten Jahr und finden im Hausgarten so gut wie keine Schnecke mehr.

Es ist aus Platzgründen nicht möglich, hier biologische Maßnahmen gegen alle Schädlinge, besonders die Schadinsekten, gegen Pilzbefall und Pflanzenkrankheiten aufzuführen. Angaben, die man für die Wirksamkeit von Pflanzenauszügen gegen bestimmte Schädlinge findet, sind oft ungenau und bisweilen widersprüchlich, was nichts gegen den Wert sachkundig durchgeführten biologischen Pflanzenschutzes sagt. Man hört und liest einleuchtende, angeblich erfolgssichere Rezepte gegen dieses und jenes, braucht sie aber im eigenen Garten so selten, daß man sie bald wieder vergißt.

Wir wollen im Rahmen unseres allgemeineren Themas dem zweifellos gut gemeinten Dilettantismus, dem man auch bei den ›Biologischen‹ begegnet, nicht Nahrung geben und unbedacht ausführen, was wogegen hilft oder helfen soll. Überzeugungseifer kann dann schnell in Enttäuschung umschlagen, wenn ein einfaches Rezept auch einfach ausgeführt wird und nicht ähnlich wirkt wie das Garantiegift aus der Sprühdose. So beschränken wir uns im folgenden auf knappe Hinweise für die Bekämpfung einiger Schadinsekten, mit denen es der Gartenfreund am ehesten zu tun hat. Darüber hinaus findet der Leser eine Übersicht bewährter Anwendungen biologischer Pflanzenschutzmittel für den Obst- und Gemüseanbau ab S. 257.

Blattläuse

Blattläuse befallen allgemein keine gesunden Pflanzen. Das konnte Professor Alwin Seiffert überzeugend nachweisen, als er seine Obstbäume und seinen Garten auf Kompostdüngung umstellte. So wie ein Mensch durch Unachtsamkeit oder vorübergehend geschwächten Allgemeinzustand eine Erkältung auffängt und ohne schwere Gegenmittel mit ihr fertig wird, kann eine Pflanze durch eine unbedeutende Stoffwechselstörung eine Anzahl von Blattläusen anziehen, die bald wieder verschwinden. Erst bei nachhaltigem, vor allem bei längerfristigem Befall sollte man zu Gegenmaßnahmen greifen, sofern die natürlichen Feinde der Blattlaus, die Flor- und Schwebefliege, der Marienkäfer und die Larven dieser Kerbtiere sowie einige Singvogelarten, wie die Kohlmeisen, nicht schon ausreichend zur Stelle sind. Bei ernstem Blattlausbefall rollen sich die Blätter der Pflanze ein.

1. Spritzen: Bei kräftigen Pflanzen mit scharfem Wasserstrahl, mit beißender Brühe aus Brennesseln: ein Kilogramm frische Brennesselpflanzen

in zehn Liter Wasser ansetzen, nach etwa vier Tagen unverdünnt spritzen; Rest zehnfach verdünnt für Düngung und Kompost verwenden.
Ähnliche Brühen kann man aus Wermut, Adlerfarn (gegen Rosenläuse) und Schachtelhalm ansetzen. Bewährt hat sich auch eine höchstens zweiprozentige Schmierseifenlösung.
2. Bestäuben nach Besprühen mit Wasser mit feinem Kalk, Holzasche oder Steinmehl.

Die genannten Anwendungen sind ungefährlich; übrigbleibende Reste der Mittel setzt man dem Kompost zu.

Erdflöhe

Erdflöhe verdanken ihren Namen der Fähigkeit, wie Flöhe zu springen. Es handelt sich um zwei bis drei Millimeter kleine Käferchen von unterschiedlicher Farbe: schwarz, grünblau oder schwarzgelb gestreift; Fühler etwa so lang wie Beine. Sie fressen im Frühjahr kleine und große Löcher in die Blätter der Kohlgemüse, befallen aber auch andere Kreuzblütler, zum Beispiel Rettiche und Radieschen. Der Schaden geht mit dem Ablegen der Eier im Mai und Juni zurück.

Erdflohbefall zeigt falsche Bodenpflege an, weil sich dieser Schädling nur auf verkrusteten, verdichteten und zu trockenen Böden halten kann. Schon eine Mulchdecke verhindert sein Überhandnehmen. Auch Hacken und Gießen vertreibt Erdflöhe. Die Käferchen meiden Spinat und Salat, so daß Mischkulturen von Kreuzblütlern mit diesen Pflanzen geschützt sind. Man kann auch mit Spinatpflanzen mulchen.

Wer unmittelbar gegen Erdflöhe vorgehen muß, spritzt einen kräftigen Tee aus Rainfarn oder Wermut auf die Pflanzen. Ein solcher Tee wird durch einfaches Kochen der frischen oder getrockneten Pflanzen hergestellt.

Schließlich kann man auch befallene Böden mit Holzasche oder Steinmehl bestäuben. Unmittelbar danach sollte man durch Mulchen die Schattengare des Bodens einleiten, so daß sich weitere Abwehrmaßnahmen erübrigen.

Drahtwürmer

Drahtwürmer sind keine Würmer, sondern die ziemlich harten gelben Larven der Saatschnellkäfer. Ein brauner Kopf und drei Beinpaare erinnern an den Engerling, doch wird der Drahtwurm höchstens 25 Millimeter lang und ist schlank. Man findet ihn beim Umbrechen von Wiesenboden, in dem er keinen nennenswerten Schaden stiftet. Im Garten frißt er gern zarte Wurzeln an und wird bei zahlreichem Auftreten zum Schädling.

Auch der Drahtwurm stellt sich gehäuft bei falscher Bodenpflege ein; in lockerer, krümeliger Erde kommt er so gut wie nicht vor. Zur Vorbeuge müßte man Bodenverdichtungen durch Humusgaben und Mulchen überwinden.

Soll er unmittelbar bekämpft werden, lockt man ihn mit rohen Kartoffel- oder Rübenscheiben, die man oberflächlich in den Boden bringt und markiert oder gut eindrückt und am nächsten Tag aufnimmt. Drahtwürmer haben sich dann in den Köder gebohrt und können vernichtet werden.

Engerlinge

Engerlinge sind die Larven der Maikäfer und gehörten früher zu den bekanntesten Wurzelschädlingen in Feld und Garten. Als Schüler schüttelten wir Maikäfer in großer Zahl von den Bäumen. Besonders die gerade ausgetriebenen Eichen waren vom Kahlfraß bedroht. Heute findet man in derselben Gegend nicht einmal jedes Jahr *einen* Maikäfer. Entsprechend selten sind die Engerlinge geworden. Man möchte sie geradezu hegen, um den Kindern wieder einen hübschen Maikäfer zeigen zu können. Die sehr weichen Engerlinge bevorzugen für ihre drei- bis fünfjährige unterirdische Entwicklung dichten, harten Boden, vielleicht, weil sie dort sicherer vor ihrem Hauptfeind, dem Maulwurf, sind. Guter Humusboden enthält in der Regel keine Engerlinge und verlockt die Maikäfer auch nicht dazu, hier ihre Eier abzulegen. Wo Engerlinge dennoch auftreten, suchen sie die Wurzeln von Salatpflanzen, bei deren erstem Welken man den Engerling durch Ausgraben erwischt.

Bohnenkraut

Kapuzinerkresse

Borretsch

Garten-Salbei

Krause Petersilie

Farn im Hausgarten (halbschattiger Standort)

Der wichtigste Grundsatz biologischer Schädlingsabwehr heißt, sich um einen belebten Humusboden zu bemühen. In Massen auftretende Schädlinge zeigen uns immer, daß es den befallenen Pflanzen an Widerstandskraft fehlt, daß wir in der Boden- oder Pflanzenpflege Fehler gemacht haben.
Unter den duftenden Gewürzpflanzen wirken viele wahrscheinlich durch ihren Geruch schädlingsabweisend. Man tut gut daran, mehrere Kräuterecken im Garten einzurichten und auf Schmalseiten von Gemüsebeeten Würzpflanzen anzubauen. Viele von ihnen lassen sich auch als Tee und Teemischungen verwenden. Als schädlingsvertreibend gelten:

Beifuß	Pfefferminze
Bohnenkraut	Pimpinelle
Borretsch	Rosmarin
Brunnenkresse	Salbei
Dill	Sauerampfer
Kamille	Schnittlauch
Kapuzinerkresse	Senf
Kerbel	Thymian
Knoblauch	Wermut
Kümmel	Ysop
Lavendel	Zitronenmelisse
Petersilie	Zwiebel

Ferner die Wildpflanzen Brennessel, Rainfarn, Wurmfarn, Zinnkraut (Schachtelhalm) und die unangenehm riechende Gartenpflanze Ringelblume.

XIII Überwintern und einkellern

Als es noch keine klimatisierten Lagerhallen, keine Flugzeuge, Kühlschiffe und Gefriertruhen gab, war die Vorratshaltung eine Lebensfrage. Heute können wir frei zwischen den Versorgungsarten wählen. Noch immer und schon wieder sprechen gute Gründe dafür, die Gartenernte möglichst weit in die kalte Jahreszeit hinein verfügbar zu halten. Unter geschickter Nutzung aller Arten biologischer Lagerung und Haltbarmachung von Obst und Gemüse ist es tatsächlich möglich, auch ohne Tiefkühltruhe über die Jahresrunde zu kommen.

Aus dem zeitgemäßen Wunsch heraus, die Abhängigkeit von Fremdenergie und aufwendiger Technik wieder kleiner zu halten, gewinnen die hergebrachten Lager- und Konservierungsmethoden erneut an Bedeutung. Denken wir nur an die einfach durchzuführende Milchsäuregärung, die Kraut und andere Gemüsearten nicht nur erhält, sondern auch besonders schmackhaft und gesund macht. Es gibt noch andere, weniger bekannte Verfahren, Naturprodukte ohne chemische Konservierungsstoffe oder Einkochen frisch zu halten. Im folgenden geht es um die Lagerung der Nutzgartenernte. Bewährte Verfahren naturnahen Haltbarmachens von Gemüse und Obst behandeln wir im Anhang unseres Buches.

Grundsätzlich gibt es zwei Möglichkeiten, lagerfähiges Erntegut des Hausgartens in den Winter, teilweise sogar ins Frühjahr zu bringen.

1. Draußen

Die beste Lagerhaltung überlassen wir der Natur, indem wir winterhartes Gemüse so anbauen, daß es entweder im Herbst erntereif ist und für die Winter- und Frühjahrsernte stehenbleibt, oder daß es erst im späten Frühjahr oder Frühsommer des nächsten Jahres erntereif wird.

Mehr oder weniger winterharte Gemüse sind: Grünkohl, Rosenkohl, Lauch, Ackersalat, Spinat, Radicci, Pastinaken und Chinakohl (nur bedingt). Natürlich wachsen auch diese Gemüsearten nicht im Frost weiter, aber sie halten sich, ohne Schaden zu nehmen. In milden und schneearmen Gegenden holt man den jeweiligen Küchenbedarf auch im Winter aus dem Garten. Da man sie auch verhältnismäßig lange aufbewahren kann, versorgt man sich zweckmäßigerweise gleich für ein oder zwei Wochen und lagert das Erntegut in einem möglichst kalten Raum, üblicherweise im Keller.

Feldsalat kann man noch im Winter ernten

Auch Lauch (Porree) ist begrenzt winterhart

Magere, aber winterliche Fenchel-Ernte aus dem Kalthaus

Im Freiland häufelt man Grünkohl, Rosenkohl, Lauch und Pastinaken vor den ersten Frösten gut mit Erde an. Wo eine Schneedecke zu erwarten ist, deckt man die Pflanzen außerdem mit Nadelholzreisig ab, schon, um sie später leichter wiederzufinden. Die Winterernte grüner Pflanzen ist keine Spitzfindigkeit unentwegter Selbstversorgung; sie erhält unsere größten Wildtiere im Winter am Leben.

Einige Gemüsearten widerstehen strenger Kälte nicht, können aber bei entsprechendem Schutz draußen bleiben. Zu ihnen zählen vor allem die Wurzelgemüse, wie schwarze Winterrettiche, gelbe Rüben, rote Rüben, Schwarzwurzeln und Sellerie, außerdem mit beschränkter Haltbarkeit Fenchel, Mangold, Endivie und Zuckerhut. Man läßt die Pflanzen entweder an ihrem Platz oder bringt sie in ein hausnahes Winterlager.

Für die erste Art häufelt man die Wurzelgemüse gut mit nicht zu feuchter Gartenerde an und versieht sie dann mit einer Laub-, Heu- oder Strohschicht, auch Holzspäne und Sägemehl eignen sich. Gemüsearten mit oberirdischem Erntegut häufelt man mit möglichst trockener Erde weniger stark an und füllt die Räume zwischen den Pflanzen mit Laub oder Stroh. Darübergelegte Säcke halten alles zusammen. Doch nun muß der Winterwall noch gegen Regen und Schmelzwasser geschützt werden, was am einfachsten mit Plastikfolie geschieht. Man treibt dazu je einen Pflock in die schmalen Beetseiten, verbindet die Hölzer mit einer Dachlatte oder, wenn sie stark genug sind, mit Schnur oder Draht, so daß man einen First bekommt, über den dachartig die Plastikfolie gezogen und an den Seiten mit Steinen beschwert wird. Je niedriger man mit dem Gebilde bleibt, desto weniger Angriffsfläche bietet es für Wind und Schnee. Will man ganz gründlich arbeiten, beschwert man die Folie mit giebelartig gegeneinandergestellten Brettern. Sie müssen dafür gleich lang sein und können im Laufe des Winters Stück für Stück abgenommen werden.

Diese Lagerung am Ort hat zwei Nachteile:

a) Man muß über jedem Beet mit Wintergemüse eine eigene Miete errichten, was viel Ummantelungsaufwand für verhältnismäßig wenig Inhalt bedeutet;
b) man hat im Winter Schneeräum- und Abdeckarbeit zu leisten und möglicherweise lange Wege zurückzulegen.

Deshalb dürfte das ›richtige‹ Einmieten an einem Sammelplatz in der Regel günstiger sein:

Man erntet die Gemüsepflanzen, klopft die Erde ab, ohne Wurzeln zu verletzen, säubert sie nicht, sondern entfernt nur angefaulte Pflanzenteile und bringt das Erntegut in den Frühbeetkasten oder einen dafür angefertigten Bretterrahmen im Schutz einer der Wetterseite abgewandten Hauswand. Man wartet dafür ein paar trockene Tage ab, damit die Ernte nicht naß oder feucht ist. Wer viel Gemüse unterzubringen hat, ohne daß entsprechende Frühbeetkästen zur Verfügung stehen, spart sich den Holzrahmen und baut eine Miete auf, wie sie oben für das Freiland beschrieben wurde.

Für Frühbeet oder Holzrahmen schlägt man das Erntegut in leicht feuchten, auf keinen Fall nassen Sand so ein, daß die verschiedenen Gemüsearten beieinander bleiben, sich aber gegenseitig nicht berühren. Darüber gibt man eine Laub- oder Strohdecke und schließt den Kasten mit brettergeschütztem Glas, mit Kunststoffplatten, mit Folie oder nur mit zugeschnittenen Brettern. Fällt Regen auf die Miete, sollte er ablaufen können. Ein solches Gemüselager ist leichter erreichbar und beherbergt die

Das eingeschneite Kalthaus als frostgeschütztes Gemüselager

Kartoffeln, zum Einlagern nach Größen sortiert

Frischgemüsevorräte an einem einzigen Platz, der zudem geschützter liegt als im offenen Garten. Auch ein Geräteschuppen, der im Winter ohnehin nicht benützt wird, kann gut als regengeschützte Miete verwendet werden. Es ist dann darauf zu achten, daß Fußboden und Wände nicht unmittelbar mit dem feuchten Sand in Berührung kommen. Man kann auch ein abgedecktes Kalthaus als Winterlager benutzen, wenn man es nicht mit Feldsalat oder anderem Wintergemüse bepflanzt hat. In hohen Lagen bildet der Schnee eine frostsichere Ummantelung (Bild oben).

2. Drinnen

Wer noch einen Keller mit gestampftem Lehmboden hat, kann sich glücklich schätzen. Im Hochmut der Ölschwemme werden Häuser heute mit Kellern ausgestattet, die jeder naturgemäßen Vorratshaltung spotten: schlecht belüftet, durch Betonboden von der Erde getrennt, durch Heizungsrohre ganzjährig warm- und trockengehalten. Schlechtere Bedingungen für das Einkellern von Obst, Gemüse und Kartoffeln sind kaum zu schaffen. Man überbrückt den Mangel teilweise durch eine Tiefkühltruhe, die auf ihre Weise alle Frischhalteprobleme löst.

Die Architekten unserer Tage müßten sich des alten Lehmkellers nicht schämen; denn er schafft während des ganzen Jahres beste Lagerbedingungen. Gestampfter Lehm darf nicht mit schmutziger Erde verwechselt werden. Verdichteter Lehm ist trittfest, gibt aber ständig und gleichmäßig Feuchtigkeit ab. Die entstehende Verdunstungskälte hält den Keller im Sommer so kühl, daß Getränke, die man dort in Bodennähe aufbewahrt, auch während der Mittagshitze eines Julitages ohne technische Hilfe trinkkalt bleiben.
Im Winter fällt der Bodenfrost von draußen nicht in den Keller, die natürliche Bodenwärme strahlt nicht ab, so daß eine ziemlich gleichmäßige Temperatur zustande kommt, die auch bei tiefsten Frösten nicht bis auf den Gefrierpunkt fällt.
Die Lagerverhältnisse in heizungsnahen Betonkellern sind oft so schlecht, daß man solche Räume besser für andere Zwecke verwendet und das Wintergemüse an einen ungeheizten, aber frostgeschützten Ort des Hauses bringt. Wichtig ist ausreichende Luftfeuchtigkeit. Man erreicht sie im Keller mit überbautem Boden durch nasse Tücher oder aufgestellte Mooskisten, die regelmäßig bewässert werden müssen. Oft lassen sich die Luft- und Temperaturverhältnisse eines Kellers verbessern, wenn man für ausreichende Belüftung sorgt, möglichst nach der straßenabgewandten Seite. Sehr

Lagerzwiebeln werden trocken und luftig aufgehängt

Karotten in feuchter Kellerluft in Sand einschlagen

vorteilhaft wäre es, den Kellerboden wenigstens an einer Stelle dem Feuchtigkeitszustrom des darunterliegenden Naturbodens zu öffnen. Strahlen ein Heizungskeller und seine Rohre viel Wärme ab, empfiehlt sich ohnehin deren bessere Isolierung. Der Dachboden des Hauses ist luftig, aber meist recht trocken und nicht immer frostfrei. Üblicherweise eignet er sich nur für die Aufbewahrung von Trockenobst, getrockneten Kräutern, Zwiebeln und Getreide. Zwiebeln können im Keller Schimmel ansetzen und dann schnell verderben.

Wird eine Raumtemperatur des Kellers, die im Sommer zwölf Grad nicht übersteigen, im Winter nicht unter vier Grad fallen sollte, weder mit Fenstern noch mit Lüftungen erreicht, bleibt noch der Einbau eines Ventilators, den man zur Selbststeuerung an einen Thermostaten anschließen kann. Das heißt, man zahlt erst für den betonierten Kellerboden und dann noch einmal, um seine Auswirkungen zu mildern.

Wasserreiche Gemüse, wie Tomaten und Gurken, lagern am besten bei Temperaturen zwischen zehn und zwölf Grad. Für die anderen Sommergemüse wirken sich Temperaturen zwischen sechs und zehn Grad am günstigsten aus. Frosthartes Wintergemüse lagert am besten bei Temperaturen knapp über dem Gefrierpunkt. Am wenigsten Probleme gibt es bei einer Luftfeuchtigkeit um achtzig Prozent, niedrige Raumtemperatur vorausgesetzt. Man sollte das Gemüse deshalb so lange im Garten lassen, bis der Keller winterkühl ist. Wurzelgemüse schlägt man wie in der Freilandmiete am besten in Sand ein. Dafür eignen sich Holzkisten mit gewöhnlichem Bausand. Man kann sich auch ungewaschenen Sand aus dem Bach holen. Für größere Mengen ist das nicht erlaubt. Bach- oder Flußsand muß getrocknet werden.

Bei zu trockenen Kellern befeuchtet man je nach Austrocknung den Sand alle ein bis zwei Wochen mit einem Wäschespritzer auf seiner Oberschicht. Im Naturbodenkeller hält der Sand seine Feuchtigkeit den ganzen Winter über.

Blattgemüse kann auf luftigen Holzrosten gelagert werden. Endivien- und Zuckerhutpflanzen wickelt man in Zeitungspapier und stellt sie aufrecht nebeneinander in eine offene Holzkiste. Es wird auch empfohlen, die Pflanzen mit den Wurzeln nach oben einzuordnen. Ist der Keller zu trocken, überdeckt man die Kiste oder den Karton mit einem feuchten Tuch, das man weiterhin feucht hält. Darin liegt auch eine Kühlwirkung für den Kisteninhalt.

Wird Chinakohl im Keller eingelagert, welken die äußeren Blätter, während sich das Innere lang frisch hält. Voraussetzung ist feuchtkühle Luft

Bei sehr trockenen Kellern kann man wie bei Kernobst verfahren: Man steckt das Erntegut noch draußen, also bei normaler Luftfeuchtigkeit, in Folienbeutel und beläßt das Gemüse in dieser mehr oder weniger luftdichten Verpackung einzeln auf Rosten, nicht übereinandergestapelt. Völliger Luftabschluß ist meist ungünstig, weil das Gemüse Feuchtigkeit abgibt, die sich als Kondenswasser an der Folie niederschlägt. Einige Tröpfchen schaden nicht, zuviel muß durch Öffnen der Beutel zum Verdunsten gebracht werden. Deshalb kann es sich als besser erweisen, von vornherein die Beutel nicht zuzubinden, sondern nur leicht einzudrehen. Das muß man ausprobieren, um die für den jeweiligen Keller beste Lösung zu finden. Keinesfalls darf man das eingekellerte Gemüse wochenlang ohne Aufsicht lassen.

Das klingt alles ein wenig kompliziert, ist aber sehr einfach, wenn man erst einmal erfahren hat, worauf es im eigenen Keller ankommt. Wer mehrere Kellerräume hat, kann Obst, Gemüse und Kartoffeln getrennt aufbewahren – ein Lagerluxus, der sich günstig auf den Aromagehalt des Obstes auswirken soll.

Am Rande sei noch ein anderes Kellerproblem erwähnt, das vor allem Leute auf dem Land betrifft. Wir haben in unserem Lehmkeller keine Temperatur- oder Feuchtigkeitsprobleme, aber hin und wieder Mäuse. Ihr Zuzug von draußen läßt sich nicht verhindern. Deshalb lagern wir Lebensmittel, die auch Mäusen schmecken, auf Schwebebrettern. Das sind Lattenroste, die an der Decke hängen. Kraut- und Wirsingköpfe hängen wir an ihren Wurzeln auf. Die äußeren Blätter werden mit der Zeit unansehnlich, aber das Innere bleibt frisch, so daß wir auch im Winter Rohkost aus dem Garten genießen. Kürbisse und Zucchini liegen einfach auf Lattenrosten. Das Wurzelgemüse im Sand bleibt von den Nagern unbehelligt. Hat man keine Katze, fängt man Mäuse mit Fallen, nicht mit Gift.

Schließlich sollte der Keller dunkel oder doch dämmrig, nicht hell sein. Das gilt besonders für die Lagerung der Winterkartoffeln, die unter Licht bald zu keimen beginnen. Nach unserer Erfahrung keimen die Kartoffeln in Betonkellern am schnellsten, in Lehmkellern am langsamsten. Will man chemische Mittel gegen das Keimen vermeiden, kann man sich auch eine drehbare Holztrommel für die Kartoffellagerung kaufen. Man bewegt das Gerät ab und zu ein wenig, so daß die Kartoffeln ihre Lage verändern. Damit hindert man sie erfolgreich am Austreiben.

Gute Voraussetzungen für das Einkellern zu schaffen, lohnt sich für jeden, der viel Arbeit und Zeit in den Garten steckt.

Der Obstgarten

I Obst im eigenen Garten?

»Mit alten Obstbäumen« steht in mancher Immobilienanzeige, mit der wieder einmal ein aufgelassener Bauernhof städtischen Liebhabern des Landes angeboten wird. Solche Obstgärten bestehen meist aus verkrüppelten und vergreisten Baumruinen. Sie führen alles vor, was einem, der heute gewerbsmäßigen Obstbau betreibt, die Haare zu Berge stehen läßt: ungepflegtes Ästedickicht auf hohen, oft verkrümmten, oft angefaulten Stämmen, dürre Baumteile; Krebsverdickungen reihen sich aneinander, gnädig überdeckt von Flechten und Moosen.

Der Makler wollte aber mit dem Hinweis die Anziehungskraft seines Objektes nicht schmälern, sondern erhöhen. Seine Kunden suchen keine pflegeleichten Spindelbüsche in Reih und Glied, sondern Landatmosphäre wie zu Großvaters Zeiten. Während der Blüte schmücken diese Bäume Haus und Garten wie im Bilderbuch, zur Erntezeit fallen vielleicht nur ein paar Pfund schorfiger, kleiner Früchte ab, die als ›biologisch gezogenes Obst‹ über den grünen Klee gelobt werden. Der Pflegeaufwand für solche Bäume beschränkt sich auf das Einsammeln des Fallobstes.

In unserem Buch geht es weder um die Obstplantagen des Erwerbsanbaus, die in einem Jahr über zwanzig Spritzungen über sich ergehen lassen müssen, noch um Vorschläge, wie man zu verwilderten ›Obstgärten‹ kommt. Der gewerblich betriebene Obstanbau ist heute fest im Griff chemischer ›Versorgung‹. Seine Anlagen erfüllen die Forderung einer möglichst weitgehend maschinengerechten Wirtschaftsweise. In solchen Betrieben wird Tafelobst der Handelsklasse A so preisgünstig und reichlich erzeugt, daß der Eigenanbau unter geldlichem Gesichtspunkt kaum lohnt. Wer trotzdem Obst im eigenen Garten zieht, muß dafür andere Gründe haben. Ein Grund kann die Ansicht sein, daß selbstgezogenes Obst besser schmeckt als gekauftes.

Äste eines vergreisten Apfelbaumes

Sich selbst überlassene Obstbäume im Hofbereich

Der bemooste Stamm dieses alten Apfelbaumes ist hohl und teilweise vererdet, aber er blüht und fruchtet noch

Wie alle Kulturpflanzen erfordern auch Obstbäume und Beerenobststräucher Pflege. Der Zeit- und Arbeitsaufwand für gleich große Flächen stellt sich kleiner als bei Gemüse, aber kaum größer als bei einer Wiese, die zweimal jährlich gemäht wird. Die verkommenen Obstbäume, wie sie oben erwähnt wurden, verdienen die Bezeichnung Obstgarten im eigentlichen Sinn dieses Wortes nicht. Denn jeder Garten, gleichgültig, was man darin anbaut, unterscheidet sich von einem Stück Natur durch das Pflegebedürfnis seiner Pflanzen.

Die Liebe zum sich selbst überlassenen Obstgarten ist ein Mißverständnis. Wir finden diese Bäume nur deshalb schön, weil die fluchtenden Obstanlagen heutigen Stils so eintönig und langweilig aussehen. Die Bauern wandten in den Zeiten, als jene Obstgärten noch im allgemeinen Gebrauch standen, sehr wohl Fürsorge und Pflege an ihre Bäume. Anders hätten die Anlagen gar nicht entstehen können. Die Bauern hatten kein Geld, oft auch keine Möglichkeit, Obst zu kaufen. Kernobst- und Steinobstbäume wurden gepflanzt, veredelt, gedüngt und geschnitten, weil man die Ernte im besten Sinn des Wortes notwendig brauchte. Man war auf die Erträge der Obstbäume ähnlich angewiesen wie auf die Erträge der Felder. Die Bauern verstanden etwas von ihrem Obst. Wenn sie die besten Wiesen ums Haus herum mit Bäumen besetzten, die Bearbeitbarkeit dieser Flächen damit erschwerten, dann taten sie das nicht der Schönheit, sondern des Obstes wegen.

Der ungepflegte, sich selbst überlassene Obstbaum wird zum Zerrbild dessen, was er seiner Natur nach sein könnte. Er ist kein Wildgewächs, das sich selbst erhält wie eine Buche oder Fichte, sondern eine Kulturpflanze, die mehr leistet als ein Baum der freien Flur, die aber auch höhere Ansprüche stellt, als sie der Naturhaushalt erfüllen könnte.

Doch geht man fehl in der Annahme, daß möglichst hohe Nährstoffgaben und möglichst viel Sonnenwärme Bestbedingungen für unsere Obstbäume sind. Träfe das zu, dann wären die höchsten Ernten zu erzielen, wenn man Obstbäume in wärmeren, südlichen Ländern – also in den Subtropen oder Tropen – anpflanzte, sie mit mineralischem Volldünger ›sattfüttern‹ würde. Zwar brauchen gut tragende Obstbäume mehr Nährstoffe, als sie Wald- und Wiesenböden auf die Dauer zu geben vermögen, und mehr Sonnenbestrahlung als wildwachsende Waldbäume, aber in den Tropen fruchten unsere Obstbäume überhaupt nicht. Sie benötigen unser gemäßigtes Klima mit seinem ausgeprägten Jahreszeitenwechsel zwischen Warm und Kalt, zwischen Entfaltung und Ruhe. Stärker als an anderen Kulturpflanzen können wir an den Obstbäumen erleben, daß sie für ihr artgemäßes Gedeihen auf Zusammenhänge ihrer Umwelt angewiesen sind, die weit über ihre bloße Einzelerscheinung hinausweisen:

1. Unsere Apfel- und Birnensorten sind mit sich selbst weitgehend unfruchtbar. Das heißt, man muß stets mehrere (und zwar bestimmte) Sorten zusammenpflanzen, damit sogenannte Kreuzbefruchtungen, also Pollenübertragungen zwischen verschiedenen Bäumen, zustande kommen. Eine Voraussetzung für sich gegenseitig befruchtende Bäume sind etwa gleiche Blühzeiten der gewählten Sorten.
2. Zur Befruchtung brauchen Obstbäume Bienen. Ohne Bienen kann kein erfolgreicher Obstbau betrieben werden.
3. Von und an Obstbäumen leben eine Reihe weiterer Kerbtiere (Insekten). Bei größeren Obstbaumbeständen können sie als Schädlinge auftreten, wenn ihre natürlichen Feinde, unter ihnen die Vögel, nicht ausreichend zur Stelle sind. Wer Obstbau ohne Gift betreiben will, hat sich deshalb auch um den Vogelschutz zu kümmern.
4. Obstbäume vermehren sich weder geschlechtlich durch Samen noch ungeschlechtlich durch Stecklinge sortenecht. Sie bedürfen zum Aufrechterhalten ihrer gewünschten Eigenschaften von Pflanzengeneration zu Pflanzengeneration des Menschen, der durch Veredelung für den Fortbestand der angezüchteten Eigenschaften sorgt.
5. Die Bildekräfte unserer Obstbäume wirken nicht ähnlich selbständig wie die unserer Waldbäume. Eine Linde oder eine Tanne bildet im Freistand unter angemessenen Bedingungen stets die ihrer Art eigene Baumgestalt in schöner Harmonie der Teile aus, in unserem Beispiel die kugelähnliche oder spitzkegelähnliche Form. Obstbäume bekommen ihre ›Bildung‹ zu wesentlichen Teilen durch Zutun des Menschen. Auch nach dem Heranwachsen der veredelten Jungpflanzen in Baumschulen bedürfen sie nach dem Einpflanzen im Hausgarten noch des jährlichen ›Erziehungsschnittes‹. Der Obstbaum ist bildsam, man kann seinen Wuchs weitgehend beeinflussen und formen, man ›erzieht‹ ihn. Sich selbst überlassen, verfehlt er seine Bestimmung, die der Wildbaum so sicher erreicht.
6. Obstbäume, die viel tragen, tätigen erhebliche Stoffumsätze. Sie sind für die Zufuhr dieser Nährstoffe sowohl auf menschliche Hilfe als auch auf die Mineralisierungsarbeit der zahlreichen Mikroben des Bodenlebens angewiesen.

Wer noch nie Obstbäume gepflanzt und gepflegt hat, könnte von diesen Hinweisen eher abgeschreckt werden: Soll man sich auf den jahrelangen Umgang mit derart anspruchsvollen Geschöpfen im eigenen Garten einlassen?

Die angedeuteten Bedingungen für Obstbäume können in einer einigermaßen belebten oder belebungsfähigen Umwelt leicht geschaffen werden. Diese Bedingungen sollte eigentlich jeder Garten zum Gedeihen seiner Pflanzen erfüllen. Wer Freude am Gärtnern hat (was nichts anderes bedeutet als das Bedürfnis und die Fähigkeit, sich Pflanzen zuzuwenden), der wird mit Obstbäumen besonders viel Erfreuliches erleben. Bei der vieljährigen Lebensdauer der Obst- und Beerengehölze kann es nicht ausbleiben, daß man zu diesen Garteninsassen bald ein persönliches Verhältnis gewinnt, das ohne jede falsche Sentimentalität in wechselseitigem Geben und Nehmen seinen Ausdruck findet. Wir geben dem Baum oder Busch Aufmerksamkeit und Pflege. Man müßte seelisch schon sehr abgestumpft sein, was man Leuten, die aus Neigung gärtnern, kaum nachsagen wird, um sich nicht über jeden pflückreifen Apfel zu freuen, den ein Baum uns gleichsam entgegenhält. Das ist die Geste eines Lebewesens – die freundlichste, die wir uns für eine Pflanze vorstellen können!

Die Frage ›Obst im eigenen Garten?‹ darf man außerhalb aller materiellen Voraussetzungen, von denen noch die Rede sein soll, mit ja beantworten. Der Marktwert des geernteten Obstes fällt im

Hausgarten üblicher Größe und bei einer Familie üblichen Einkommens nicht eigentlich ins Gewicht. Unter dem Ertragsgesichtspunkt in Mark und Pfennig hat der Nutzgarten ohnehin wenig Berechtigung. Bei auch für den Garten angewandtem reinen Kostendenken sollte man eines nie tun: Blumen, Gemüse oder Obst verschenken. Und gerade das macht, wenn man sich's nur ehrlich eingesteht, am meisten Freude an der ganzen Gartenarbeit.

Weil diese Überlegungen in Wahrheit wichtiger sind als alle anderen ›praktischen Fragen‹, stelle ich sie an den Anfang unseres zweiten Buchteiles. Erfolg im Obstgarten heißt doch nicht nur, drei Kilogramm rote Johannisbeeren von einem Strauch ernten zu können, sondern auch, viele Jahre lang mit denselben Pflanzen zu leben und an ihnen Freude zu haben.

Man stellt sich unter einem Obstgarten gewöhnlich ein großzügig bemessenes Grundstück vor. Aber dem Obstanbau im Hausgarten sind keine bestimmten Größengrenzen des zu bebauenden Grundes gezogen. Nur theoretisch könnte man einen 25-Quadratmeter-Garten mit einem Hochstamm bepflanzen. Es gibt aber reich tragende Obstgehölze, die mit weit weniger Fläche auskommen: Buschformen, Spindeln, Halb- und Viertelstämme, Spalierobst.

Zunehmende Bodenverknappung wird Grundstücke in Zukunft eher kleiner werden lassen. Die zunächst für wirtschaftlichen Erwerbsbau gezüchteten kleinen und deshalb bequem zu pflegenden Spindelbüsche bringen gute Erträge bei einem Bruchteil des Flächenbedarfs von Halb- oder Hochstämmen. Zwergformen von Obstgehölzen tragen sogar im Pflanzkübel auf der Terrasse, dem Balkon oder dem Dachgarten. Man kann also auch ohne Garten Obst anbauen!

Die Grenzen der Arbeitszeit, die man den Obstgehölzen im Hausgarten widmen will oder kann, liegen nicht fest. Hochstämme, die erst einmal herangewachsen sind und nicht ganz von den natürlichen Stoffkreisläufen abgeschnitten wurden, können noch viele Jahre ohne den geringsten Pflegeaufwand Ernten bringen. Man kann dabei aber nicht mehr von Obstanbau sprechen, höchstens einem solchen auf der Kulturstufe von Sammlern und Jägern. Bekanntlich vermehren sich auch halb-

Baumformen (Jungbäume aus der Baumschule)

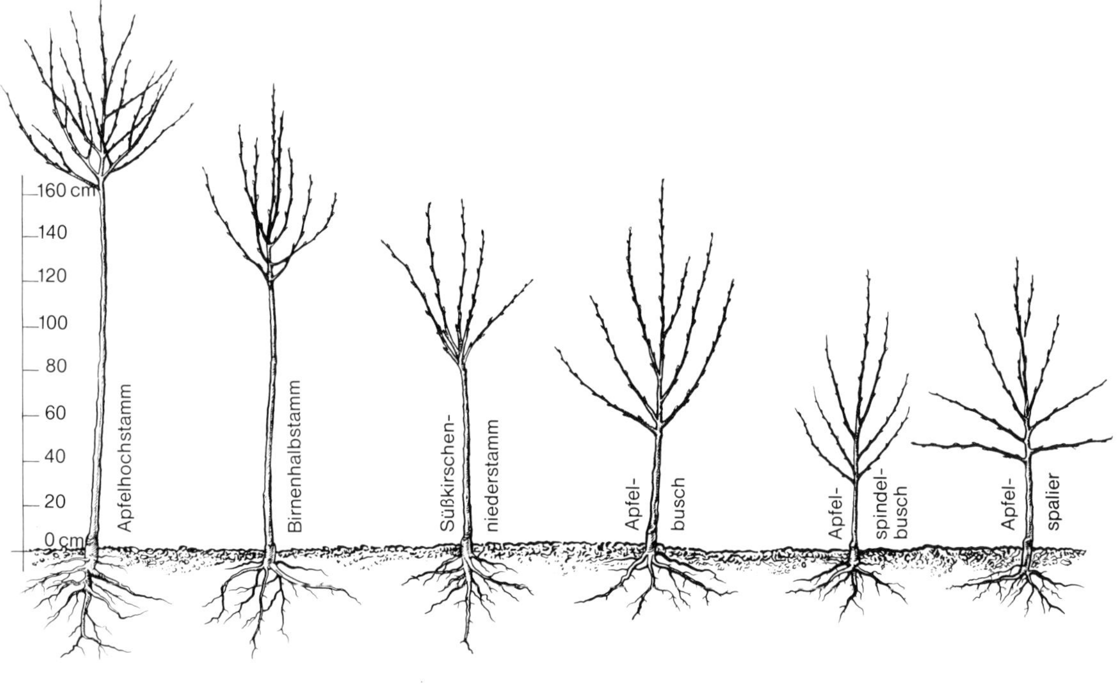

Halbstämme können schon im zweiten Jahr nach ihrer Pflanzung Früchte tragen. Knapp bemessene Gartengrundstücke verdrängen heute den Hochstamm weitgehend

wilde Katzen auf Trümmergrundstücken und in Ruinen, nur handelt es sich dann nicht mehr eigentlich um Haustiere.

Obstbäume, die jahrelang vernachlässigt wurden und nicht mehr tragen, lassen sich durch sachgemäße Pflege, nämlich Schneiden und Düngen, wieder zu ›anständigen Familienmitgliedern‹ erziehen, die solche Zuwendung mit unerwarteten und regelmäßigen Erträgen danken.

Man sollte sich vor dem ersten Spatenstich darüber klar sein, daß Obstanbau ähnlich wie die Anschaffung eines Haustieres ein lebensbegleitendes, also langfristiges Unternehmen darstellt. Man geht mit solchen Entschlüssen Bindungen ein, die man nicht ohne weiteres wieder löst. Obst- und Waldbauern brauchen ein gesundes Maß an Vertrauen in die Zukunft – und Geduld. Fehler, die man zum Beispiel durch falsche Sortenwahl gleich am Anfang begeht, kann man nicht mehr ganz rückgängig machen. Merkt man den Fehler nach Jahren und pflanzt neue Bäume, so hat man doch viel Zeit verloren. Der erfolgreiche Anbau von Obst setzt zwingender ein Grundwissen voraus als die Pflege anderer Gartenpflanzen. Dieses Wissen füllt heute Bände. Deshalb wollen wir unsere Darstellung auf die praktischen Fragen beschränken, die sich dem stellen, der unter anderem auch Obst im Garten ziehen und ernten möchte, ohne damit gleich zum Fachmann zu werden. Wir möchten vor allem den Anfänger in den Stand setzen, möglichst ohne Rückschläge vom Pflanzen bis zum Ernten zu gelangen.

»Alles über den Obstbau« dürfen wir unsere Ausführungen nicht nennen. Doch hoffen wir, vieles und Wissenswertes dem Leser nahezubringen. Dabei legen wir Gewicht auf das biologische, das heißt unter anderem giftfreie Gärtnern.

II Warum biologisch?

Auch im Obstgarten verstehen wir unter biologischer Arbeitsweise Bodenpflege durch Kompostwirtschaft ohne Mineraldünger, Schädlingsvorbeuge durch gesunde, widerstandsfähige Pflanzen auf belebtem Boden bei Verzicht auf die Anwendung chemischer Gifte.
Die eingangs erwähnte Verflechtung der Kulturpflanze Obstbaum mit dem Tierreich und die Notwendigkeit, natürliche Vorgänge der Gestaltbildung und der Vermehrung bei Obstbäumen durch Kulturmaßnahmen lenkend zu unterstützen, machen erklärlich, daß unbiologische Bedingungen wie Monokulturen und Mineraldüngung zu massiven unbiologischen Folgemaßnahmen zwingen. Das Giftspritzen im Erwerbsobstbau hat in der Tat gespenstische Ausmaße erreicht. Hier soll nicht darauf eingegangen werden, ob ein Apfel aus Südtirol, vom Bodensee oder aus einem anderen Anbaugebiet schädliche Rückstände enthält oder weniger gesund ist als biologisch gezogenes Obst. Qualitätsunterschiede werden je nach Standort der Prüfenden hervorgehoben oder bestritten. Vielmehr möchte ich auf die Unverträglichkeit des mit Giften ermöglichten Obstanbaus zur lebendigen Umwelt hinweisen. Es geht heute nicht mehr nur um die Qualität der Erzeugnisse, sondern ebenso um die Qualität des Erzeugens. Nach aller Erfahrung, die man in mehr als einem halben Jahrhundert mit biologisch ausgerichteten Wirtschaftsweisen machen konnte, führt der Weg vom naturgemäßen Anbau mit innerer Folgerichtigkeit auch zur Ernte hochwertiger Früchte. Dagegen rechtfertigen die Sachzwänge maschineller Obstbaumpflege und -ernte eine naturferne Anbauweise nicht. Das Ergebnis nur rationeller, unbiologischer Denkweise sind immer größere Ernten, die immer ›wirtschaftlicher‹ gewonnen werden. Die Umstände dieser Obsterzeugung finden viele bedenklich und fragwürdig: des Nachdenkens und Fragens würdig. Dafür sei es erlaubt, unser Thema wenigstens für einen Gedankengang weiter zu fassen.
Wir haben weder in unseren noch in anderen Breiten unerschöpfliche Landvorräte. Gerade die Entwicklung in den Staaten der Hochzivilisation führt uns mit scharfer Deutlichkeit vor Augen, daß Boden immer kostbarer wird, weil er sich nicht wie ein Industrieprodukt vermehren läßt. Es darf uns auf die Dauer nicht gleichgültig sein, was mit diesem Boden gemacht, auch nicht, wie er bearbeitet wird. Mit einer gewissen Berechtigung regen sich die Menschen darüber auf, wenn ihre Nahrungsmittel Rückstände von Schadstoffen enthalten. Der egoistische Teil dieser Erregung reicht nicht über den eigenen Einkaufskorb, nicht über die unmittelbaren Belange des eigenen Wohlergehens hinaus. Mit selbstkritischem Ernst sollten wir uns darum kümmern, ob wir durch unser Anspruchsdenken im kleinen und großen nicht viel zu einem Fortgang oder Fortschritt beitragen, der erst unsere Nahrungsmittel, im weiteren aber auch andere Lebensbereiche nach und nach vergiftet. Um den Boden, auf dem ausnahmslos alles, was wir essen, in irgendeiner Form einmal gewachsen ist, kümmern wir uns in der Regel nicht.
Zahlen werden ins Feld geführt, daß die Welt nur mit massivem Einsatz hochgiftiger Biozide ernährt werden könne. Um die ganz anders geartete Wirklichkeit ins allgemeine Bewußtsein zu rücken, ist es notwendig, daß sich immer mehr Menschen wenigstens im eigenen Wirkungsbereich, zum Beispiel im Garten, durch eigene Arbeit und Erfahrung sachgemäße Urteile bilden, die den unentwegt vervielfältigten Vorurteilen Widerstand bieten. Eine solche auch auf kleinem Raum einfach zu gewinnende Erkenntnis heißt, daß die Natur in Stoffkreisläufen selbstgenügsam arbeitet, und daß wir in der Landwirtschaft oder im Gartenbau ebenso arbeiten können, wenn wir diese Kreisläufe fördern, wo nötig,

erst in Gang setzen. Biologisch arbeiten heißt, die Zusammenhänge wahrzunehmen und zu nutzen, damit unser Wirtschaften nicht in unlösbare Gegensätze zur Natur und damit in Gegensätze zu unseren eigenen Lebensinteressen gerät. Vor dieser Forderung verblassen die kindlichen Vergleiche, die man zu der Frage anstellt, ob man mit herkömmlicher Mineraldünger- und Giftwirtschaft oder mit biologischer Arbeitsweise höhere Erntegewichte aus einer bestimmten Fläche holt. Erntemengen beschäftigen uns gerade in Europa vor allem in der Weise, daß wir sie nicht bewältigen, daß Obst und Gemüse vernichtet, Milchpulver-, Butter- und Fleischberge mit erheblichem Aufwand an Steuermitteln verwaltet und abgebaut werden müssen.

Kurzatmige Rentabilitätsvergleiche gehen großzügig am Wesen der eigentlich lebenswichtigen Fragen vorbei. Auch wenn Vergleiche die ›Konkurrenzfähigkeit‹ biologischer Arbeitsweisen erhärten, wäre es verfehlt, eine naturgemäße Anbauweise wegen materieller Wirtschaftlichkeit zu befürworten. In Wahrheit gibt es zu einer Landwirtschaft im Einklang mit natur- und menschenwürdiger Umwelt im weitesten Sinne so wenig eine Alternative wie zur Natur selbst.

Im biologisch bewirtschafteten Garten machen wir keinen Gebrauch von Mineraldüngern. Wir fördern den Pflanzenwuchs durch organische Düngung, das heißt, wir beleben den Boden, indem wir ihn mit Humus versorgen. Hat man diesen Kreislauf der Stoffe einmal durchdacht und in eigener Arbeit erprobt, so wird man kaum noch schwerwiegende Fehler begehen. Man lernt durch genaues Beobachten mit jedem Gartenjahr dazu und macht sich unabhängig sowohl von betriebsfremden Düngemitteln als auch von jeder Art chemischer ›Versorgung‹ des Gartens. Gebrauchsanweisungen chemischer Mittel für oder gegen etwas bleiben für unsere Sinne undurchschaubar und abstrakt. Wir handeln, indem wir Anleitungen folgen, nicht nach eigenem, sondern nach fremdem Ermessen. Wir tun etwas in blindem Glauben an einen Hersteller, wir tun es zwangsläufig automatenhaft. So finden wir in vielen Gartenbüchern den eintönigen, man möchte sagen armseligen Rat: »Halten Sie sich genau an die Gebrauchsanleitung auf den Packungen!« Wirkliche Befriedigung bringt nur die Arbeit, die man durchschauen und damit verantworten kann. Das gilt nicht nur für den Garten.

Obstbäume unterscheiden sich in ihren Nährstoffbedürfnissen nicht grundsätzlich von anderen Kulturpflanzen. Was im ersten Teil unseres Buches über Bodenpflege und Kompostwirtschaft gesagt wurde, gilt uneingeschränkt auch für den Anbau von Obstgehölzen. Auf welche Maßnahmen sich biologisch verstandener Anbau im Obstgarten auswirkt, wird im folgenden stichwortartig umrissen. Selbstverständlich decken sich viele Überlegungen und Arbeiten des biologischen mit anderen Arten des Obstanbaus.

1. Standort
   Süd- und Ostlagen sind am besten, Westlagen ausreichend, Nordlagen nur bedingt für den Obstanbau möglich. Meist kann man sich die Lage nicht aussuchen. Man wird bei ungünstigen Voraussetzungen durch Verbesserung des Kleinklimas und des Bodens versuchen, die Anbaubedingungen möglichst günstig zu gestalten.
2. Klima
   Die gebräuchlichsten Obstarten passen in unser Klima. In Mitteleuropa kann bei richtiger Sortenwahl nahezu überall Obst angebaut werden. Im Norden reifen Äpfel noch in Polarkreisnähe, im Gebirge noch bei tausend Meter über dem Meer – in geschützten Südlagen örtlich auch höher.
3. Kleinklima
   Man verbessert es durch Windschutzhecken, bei genügend großen Flächen auch durch Waldbäume. Hecken sollen einströmende Luft nicht stauen, sondern nur bremsen, weil sich in ihrem Lee sonst unerwünschte Wirbel bilden. Sie müssen also nicht dicht, sondern dürfen und sollen durchlässig sein.

   Für Obstanpflanzungen sucht man nach Möglichkeit geschützte Stellen, nur Kirschbäume mögen Wind (nach Caspari). Man vermeidet Geländemulden und Senken, weil dort Kaltluft einfließt und liegenbleibt.

4. Boden
   Auf lange Sicht eignet sich für den zum eigenen Gebrauch angelegten Obstgarten jeder Boden, auf dem überhaupt etwas wächst. In kleinem und mittlerem Umfang kann man auch schlechte Böden durch eine entsprechend ausgeweitete Kompostwirtschaft in wenigen Jahren entscheidend verbessern. Sogenannte Problemböden sind zu leicht (Sand), zu schwer (lettiger Lehm und Ton) oder zu sauer (anmoorig). In jedem Fall heißt die bodenheilende Kur: Aufbau einer belebten Humusschicht.
   Voraussetzung für geordnete Bodenverhältnisse sind eine gute Wasserversorgung und gegebenenfalls das gründliche Ableiten von Staunässe durch Dränage. Ständig nasse Böden leiden an Sauerstoffmangel und versauern. Auf sauren Böden (pH-Wert unter 6) kann sich das humusbildende Bodenleben zu wenig oder nicht entfalten, die Vererdung organischer Stoffe wird gehemmt.
5. Arten- und Sortenwahl
   Alle Mühen mit Obstgehölzen fruchten nicht, wenn man Arten und Sorten baut, die dem gegebenen Groß- und Kleinklima nicht entsprechen. Welche Obstarten und welche Sorten in eine Landschaft passen, erfährt der Anfänger in örtlichen Baumschulen, in Erwerbsbetrieben, von erfahrenen Nachbarn. Aufschluß erhält man auch, wenn man sich die Mühe macht, alte Obstgärten eingesessener Bauern auf die Obstsorten hin zu betrachten, die dort einst gepflanzt wurden. Gespräche mit Leuten, die etwas vom Obstbau verstehen, bereichern das eigene Wissen.
   Alte Bauerngärten enthalten natürlich nur Hochstämme und Sorten, die oft nicht mehr erhältlich sind. Solche Erkundungen werden den Gärtner aus Neigung nicht davon abhalten, auch von den beachtlichen Züchtungserfolgen unserer Zeit Gebrauch zu machen.
6. Nachbarschaften
   Obstbäume sind ihrer Natur nach Waldbäume. Unsere reich tragenden Kultursorten würden zwar im Waldesschatten nicht mehr gedeihen, aber Nachbarschaften zu anderen Gehölzen, seien es Hecken, Büsche oder Bäume, wirken sich günstig aus. Natürlich muß dafür ausreichender Platz vorhanden sein, damit kein Licht- und Nahrungswettbewerb aufkommt.
   Hecken und Bäume gewähren Windschutz und spenden Bienenfutter zu anderen Blühzeiten als die der Obstbäume, sie bieten den Vögeln Lebensraum, Nistplätze und Nahrung. Die Vögel ihrerseits halten die Kerbtiere der Obstbäume kurz, so daß sie sich nicht zu Schädlingen entwickeln. Man pflanzt vorteilhaft Gehölzarten, die nicht wie die meisten unserer Obstgehölze zu den Rosengewächsen zählen, um das Nahrungsangebot für Obstschädlinge nicht zu vergrößern.
   Auch für Nachbarschaften der Obstgehölze unter sich empfiehlt sich größtmögliche Vielfalt. Man hat dann für den eigenen Gebrauch mehr Abwechslung, ein längerwährendes Futterangebot für die Bienen und verringert die Wahrscheinlichkeit von Krankheits- und Schädlingsbefall. Wie schon erwähnt, sind unsere wichtigsten Obstarten auf Kreuzbestäubung angewiesen. Schon aus diesem Grund ist gezielte Vielfalt wünschenswert.
7. Bienen
   Wir brauchen sie zur Befruchtung der Obstgehölzblüten. Bei großen Anlagen kann es sich

Mit Salweiden hilft man den Bienen und damit dem Obst

Bruthöhlen sollten im Hausbereich katzensicher hängen

lohnen, selbst einige Bienenvölker zu halten. Bienen fliegen aber auch weite Strecken, um ergiebige Futterquellen (wie Obstbäume) zu nutzen. Man sollte sich darum bemühen, daß in der Nachbarschaft vor allem während der Blüte keine bienenschädlichen Pestizide ausgebracht werden.

8. Vögel

   Vogelschutz kann auch heißen: Schutz vor Vögeln, weil man die Kirschen- und Beerenernte nicht ganz den Staren überlassen will, die gebietsweise massenhaft einfliegen. Hier helfen am sichersten Netze.

   Um Vögel als natürliche Schädlingsabwehr zum Bleiben einzuladen, hängt man Nistkästen auf, sorgt nach Möglichkeit dafür, daß Hecken und Gehölze in der Umgebung geschont werden, schafft selbst eine vogelfreundliche Umgebung, wenn der Platz auf eigenem Grund reicht, läßt nicht zu, daß sich die Katzen ungehemmt vermehren, schützt Bäume mit Nestern und Bruthöhlen vor Katzen und Mardern durch stammumfassende Vorrichtungen wie aufgehängte Flaschen, Reisigbüschel, Blechmanschetten und ähnliches, vermeidet auf eigenem Grund jede Giftanwendung in den Kulturen und wirkt dahin, daß sich auch die Nachbarn zurückhalten.

   Freundlich aufklärende Gespräche bewirken meist mehr als der Versuch, mit rechthaberischer Härte vorzugehen, zumal es dafür keine juristische Handhabe gibt.

9. Bodenbearbeitung und Düngung

   gehören in der biologischen Anbauweise zusammen: die Bodenpflege. Nach der tiefgründigen Bodenvorbereitung zum Pflanzen wird die Erde in der Regel nicht mehr mechanisch gelockert. Die erwünschte Bodengare bewirkt das Bodenleben. Um es bis unter die Oberfläche zu bekommen und die Erde vor Austrocknung zu schützen, hält man den Boden bedeckt, man mulcht.

   Die Düngung – vor allem mit Komposterde – geschieht wie in der Natur von oben. Organische oder organisch-erdige Substanzen arbeitet man allenfalls oberflächlich ein, auch um die feinen Haarwurzeln der Obstgehölze möglichst wenig zu verletzen.

   Weil organische Düngung wie das Anlegen von Nährstoffvorräten wirkt, weil sie langfristig und nicht schnell von den Pflanzen aufgenommen wird, entfallen ›Termindüngungen‹ ebenso wie mengenmäßig genau bemessene Düngergaben. Beim Obstbau lernt man, in Zeiträumen von Jahren und Jahrzehnten zu denken.

10. Gehölzpflege und Schnitt

   Die Erziehung eines Obstbaumes zählt zu den dankbarsten und lehrreichsten Tätigkeiten an Kulturpflanzen. Da es für den richtigen Umgang mit Lebewesen keine starren Rezepte gibt, lernt man bei den verschiedenen Arten der Baumschnitte nie aus. Der Anfänger wird sich auf das Notwendige beschränken, am besten zunächst unter Anleitung eines erfahrenen Freundes oder Helfers. Wer tiefer in die Kunst der Baumerziehung eindringt, kann sich zum Beherrschen vielerlei Maßnahmen, wie Veredeln und Pfropfen, fortentwickeln. Solche Fähigkeiten bilden aber nicht die Voraussetzung, erfolgreichen Obstanbau als Steckenpferd zu betreiben.

Gut mannshoch um einen Stamm gebundene Flaschen schützen Nisthöhlen sicher vor Katze und Marder

11. Kaufen und Pflanzen
Anfangsentscheidungen im Obstbau bestimmen für viele Jahre, ja vielleicht für ein Menschenalter und mehr den Erfolg. Der Sortenwahl und dem Aussuchen des Pflanzgutes kommt deshalb eine Bedeutung zu wie nirgends sonst im Hausgarten. Die größte Mühe wendet man vergebens an unzureichendes oder qualitativ minderwertiges Pflanzgut. Auf fachkundige Beratung sollte der Anfänger gerade in diesem Punkt nicht verzichten.

12. Ernten und Lagern
Unsere ausgeprägten Jahreszeiten bringen es mit sich, daß in verhältnismäßig kurzer Zeit viel Erntegut zu bewältigen ist. Richtiges Ernten, Lagern und Verarbeiten bilden deshalb die Voraussetzung dafür, daß man in den vollen Genuß monate- und jahrelanger Mühen kommt. Auch im Zeitalter der Tiefkühltruhe lohnt es sich, auf altbewährte Formen des Lagerns und Haltbarmachens für Obst zurückzugreifen.

III Bodenpflege und Düngung

Ist es nicht merkwürdig, wie die Ansichten über die Wirkungsweise und Bedürfnisse des Stoffgefüges, auf dem wir alle stehen und von dem wir alle leben, im Zeitalter der exakten Naturwissenschaften so weit auseinanderstreben? Jeder kann jederzeit Erdboden in die Hand nehmen, im Labor untersuchen oder seine Rolle in der Natur beobachten. Und doch scheiden sich gerade an der Beurteilung der Boden-, Fruchtbarkeits- und Düngungsfragen die Geister.

Der Weg zu einer mit gelassener Selbstsicherheit betriebenen, naturnahen Anbauweise führt über ein wenigstens umrißhaftes Verständnis des lebendigen Bodens und seiner grundsätzlichen Vorgänge – soweit wir sie an ihren Wirkungen durchschauen. Pflanzen pflegen bedeutet, wie jeder weiß, der sich auch nur für einen Blumentopf am Fenster verantwortlich fühlt, der Erde geben, was wir der Pflanze zukommen lassen wollen. In Hydrokultur gehaltene Pflanzen bestätigen nur die Untrennbarkeit von Pflanze und Nahrung gebender Umwelt. Die Hydrokultur scheint ja zunächst den augenfälligen Beweis zu erbringen, daß die ganze Wichtigtuerei der ›Biologischen‹ mit ihren zu Hausheiligtümern erhöhten Komposthaufen nur weltanschaulich gefärbte Umwege bedeuten. Warum diese Überbewertung hausbackener, gewollter Natürlichkeit, wenn die Pflanze auch in einem Glas Wasser prächtig gedeiht, dem man nur eine Tablette mit dem Konzentrat aller von ihr benötigten Nährsalze und Spurenelemente beigibt? Die Pflanze kann offenbar das, was von vielen auch für den Menschen der Zukunft erträumt wird: von Tabletten leben. In Wirklichkeit und gründlicher besehen, zeigt gerade das Beispiel Hydrokultur, wo die Grenzen der Manipulierbarkeit von Lebewesen liegen. Entscheidend an diesem technisch-biologischen Vorstoß, das Pflanzenwachstum unter vollständige Kontrolle der stofflichen Bedingungen zu halten, ist die Tatsache, daß solche Pflanzen ihre Vererbungsqualitäten weder halten noch vollständig weitergeben. Leben kann aber niemals an seinem Ist-Zustand, es muß in seinen Werde-Zuständen begriffen werden. Die Fähigkeit der Fortpflanzung gehört zu den Wesensmerkmalen des Lebens. Wo sie gestört ist, haben wir nicht mehr das volle, sondern ein absterbendes Leben. Das schnelle Abbauen der Kultursorten wurde ja auch zur unbewältigten Bürde der Landwirtschaft auf Mineraldüngerbasis. Sie wiegt um so schwerer, als die Erbanlagen eines Lebewesens gleichsam sein Allerheiligstes darstellen, das wie die innersten Verteidigungsringe einer Burg erst angreifbar wird, wenn alle anderen Sicherungen durchbrochen wurden.

Obstbäume machen dem, der sie anbaut und pflegt, wie keine anderen Gartenpflanzen deutlich, daß ein ganzes Bündel von Umwelteinflüssen zu ihrem Gedeihen beiträgt. Bis etwa ein Apfelbaum seine volle Ertragskraft entfaltet, bedarf es vieler aufeinander abgestimmter ›Reize‹. Außer den Grundnährstoffen und Spurenelementen braucht er eine bestimmte Wasserzufuhr, Luftumgebung und Lichtbestrahlung, einen bestimmten Temperatur-, Tages- und Jahreszeitenrhythmus, um nur die offensichtlichsten Abhängigkeiten zu nennen. Kurz: Die Welt und ihr Sonnensystem mußten erschaffen werden für einen Apfelbaum!

Wieviel die gegebenen Naturverhältnisse für die Pflanze bewirken und wie wenig wir dazutun, um unsere Kulturpflanzen zu hegen, verdeutlicht eine Zahl: 95 Prozent der Trockensubstanz holt sich die Pflanze aus Luft, Kohlensäure und Wasser. Der scheinbare Widerspruch, daß Trockenmasse auch aus Wasser entsteht, löst sich durch den Vorgang der Photosynthese. In ihrem Ablauf wird Wasser in Wasserstoff und Sauerstoff gespalten. Nur etwa fünf Prozent ihrer Trockenmasse schöpfen die Pflanzen aus Mineralsalzen.

Da frische Pflanzen und ihre Früchte überdies zu drei Vierteln bis vier Fünfteln ihrer Gewichtsteile aus Wasser bestehen, liegt es nahe, daß wir dem Boden nur wenig von dem, was er uns an Ernte schenkt, zurückgeben müssen. Stofflich gesehen, läßt sich diese Rückgabepflicht weitgehend auf die sogenannten Kernnährstoffe Stickstoff, Phosphor und Kalium beschränken. Hinzu kommen das als Gerüstbildner für den Aufbau der Pflanzenzellen nötige Kalzium sowie die Reihe der Spurenelemente, die buchstäblich nicht ins Gewicht fallen.
In der auf Mineraldüngung ausgerichteten Anbauweise gibt man dem Boden die Kernnährstoffe in Form mehr oder weniger leicht wasserlöslicher Nährsalze (Kurzzeit- und Langzeitwirkung). Das daraufhin kräftig gesteigerte Wachsen beweist, daß man die Stoffkreisläufe dort in Gang brachte, wo ein natürlicher Rücklauf auf unseren Kulturböden nicht mehr oder nur ungenügend stattfindet. Stimmen Wasserzufuhr und Wetter, erntet man vorhersehbare Mengen und weiß recht genau, wieviel der Kernnährstoffe N, P, K und Ca für welche Kulturen wann zu ergänzen sind.
Mineraldünger werden durch bergmännischen Abbau gewonnen, wie Phosphor, Kalium und Kalzium, oder als Abfallstoffe industrieller Erzeugung. Wir finden sie später als Bausteine organischer Verbindungen im Erntegut, also in unseren Nahrungsmitteln wieder. Aus ihnen wandern sie früher oder später in den Mülleimer oder in die Kanalisation. Nur was über Kompost, Mist, Jauche und untergepflügte Ernterückstände wieder in den Boden kommt, bildet echte Kreisläufe wie im Naturgeschehen und verbraucht sich deshalb nicht. Große Umsatzmengen der Kunstdüngerwerke und der Müllbeseitigung bewegen sich nicht in Kreisläufen, sondern bedingen in ihren harmlosen Formen tote Stoffverschiebung.
Wenn man die Mineraldüngung auf Kosten organischer Zufuhr vornimmt, baut man zwangsläufig Humus ab. Humus ist kein sich selbst aus dem Untergrund ergänzender Bestandteil bestimmter Böden wie Kalk oder Ton, sondern ein durch jedes Pflanzenwachstum ergänzungsbedürftiges Stoffwechselprodukt. Auf der Habenseite dieses Stoffwechsels stehen die Zugänge an organischen Stoffen, auf der Sollseite steht die Ernährung der Pflanzen. Ohne Neuzufuhr organischer Verbindungen in Form von pflanzlichen und tierischen Abfällen kommt die Humusbildung an ein Ende.
Mineralische Bestandteile des Bodens ohne die Kolloidbindung in Ton-Humus-Komplexen bilden keine Schwammstrukturen aus. Das bedeutet, sie verschlämmen bei Regen, verdichten sich bei anschließendem Trocknen. Die Speicherfähigkeit eines Bodens für Wasser und Luft sinkt mit seinem Humusanteil. Tonböden springen bei Trockenheit auf, Sandböden werden vom Wind abgetragen, sie erliegen der Erosion. Mineraldünger, die man auf solche Böden bringt, reichern zwar den Boden kurzfristig mit Nährstoffen an, so daß Kulturpflanzen wachsen können, die Bodenstruktur aber erfährt durch diese Maßnahmen keine Verbesserung. Deshalb müssen mineralisch gedüngte Böden besonders oft und stark mechanisch bearbeitet werden.
Dem Apfelbaum genügt es nicht, wenn er sich nur mit seinen eigenen Herbstblättern düngt. Wir entziehen ihm seine Früchte mit ihren Mineralgehalten. Im Sinne geschlossener Kreisläufe könnten wir die Äpfel mit Blättern und angefallenem Baumschnitt kompostieren und sie dem Baum vererdet zurückgeben. Derart kurzgeschlossene Kreisläufe sind nicht im Sinne der Natur, vielmehr ernähren sich auf allen Stufen der Stoffumwandlung irgendwelche Nutznießer. Die Kreisläufe zweigen vielfach aus und ein. Als geschlossen können sie nur in der Gesamtheit der umgesetzten Stoffe gelten. Im übrigen bringt unser Apfelbaum nicht nur Blätter, Früchte und Zweige hervor, sondern auch Stammholz, Blüten, Knospen für das nächste Jahr und Wurzeln. Irgendwann gibt er unmittelbar oder mittelbar alles dem Boden zurück, aber zunächst ist er auf Zufuhr aus diesem Boden angewiesen.
Im Grundsatz unterscheidet sich die im ersten Teil des Buches beschriebene Kompostwirtschaft für den Gemüsegarten nicht von der des Obstgartens. Für die Versorgung vieljähriger Obstgehölze kommt es ganz besonders auf einen gesunden, dauerfruchtbaren Boden an. Ländliche, oft noch ausschließlich mit alten Hochstämmen bestandene Obstgärten werden in vielen Fällen überhaupt

Gekammerte Kompoststätte für den Hausgarten

Geräumige Langzeitmieten für einen Obstgarten

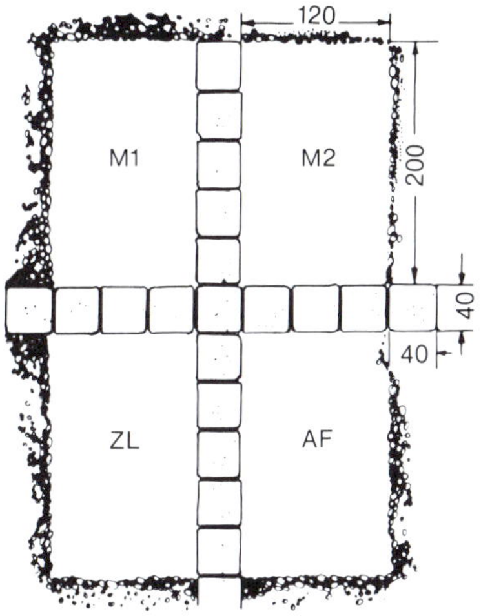

Maße in cm

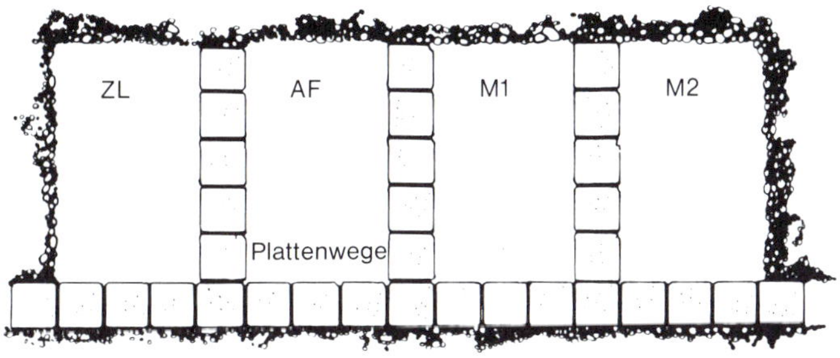

Verschiedene Anordnungen einer vierteiligen Kompoststätte mit unterschiedlichem Wegebedarf

M1 = Miete 1
M2 = Miete 2
ZL = Zwischenlager
AF = Arbeitsfläche

nicht gesondert gedüngt. Alle paar Jahre tragen die Bäume, man möchte fast sagen, aus Anstand und Gewohnheit, aber man tut nichts mehr für sie. Die Kennzeichnung ›biologisch angebaut‹ läßt sich aber nicht aus der Nullpflege von Boden und Nutzpflanzen ableiten. So wie für den Hausgarten sollte auch für den Obstgarten, die Obstwiese oder den Obstteil einer größeren Gartenanlage eine Kompoststätte angelegt werden. Handelt es sich nur um einen Apfelbaum und ein paar Johannisbeersträucher, die im Garten oder in seiner Umgebung wachsen, dann wird man mit einer gemeinsamen Kompoststätte auskommen. Doch was darüber hinausgeht, macht eine eigene Anlage wünschenswert. Die Platzfrage wird leicht zu beantworten sein, denn wo mehrere Obstgehölze angepflanzt wurden, ergibt sich auch der Raum für eine Kompostmiete. Im Halbschatten von Bäumen, Büschen oder Sträuchern ist sie sehr gut aufgehoben.

Die hauseigene Kompoststätte kann in der Regel den gesamten Bedarf an Düngermenge in Form von Komposterde erzeugen, auch wenn man aus Mangel an organischen Abfällen oder bei zu einseitigem Anfall von Kompostiergut organische Handelsdünger und mineralische Zuschläge etwa in Form von Kalk oder Steinmehl hinzukauft. Je mehr geerntet wird, desto unentbehrlicher wird diese Zufuhr – besonders dann, wenn man die Haushaltsabfälle nicht für den Obstgarten, sondern für den Gemüsegarten kompostiert. Im allgemeinen sollten auch die Handelsdünger und mineralischen Zuschläge den Weg durch den Kompost gehen, was Einzelanwendungen in bestimmten Fällen nicht ausschließen muß.

Die Überlegung, daß die Kompoststätte die ständig sich erneuernde Fruchtbarkeitszelle auch des Obstgartens sein soll, führt zu einer eher großzügigen Anlage. Auf ihr wird nicht nur auf- und umgesetzt, sondern auch zwischengelagert, geordnet, gemischt und gesiebt.

Die Faustregel, daß zehn Prozent der Nutzgartenfläche für die Kompoststätte bereitzustellen sind, muß man im Obstgarten nicht ganz erfüllen, weil er in der Regel weniger intensiv bewirtschaftet wird als der Gemüsegarten. Selbstverständlich braucht die Nutzung nicht geringer auszufallen, wenn man ertragsbetont arbeitet. Aber gerade dem Freizeitgärtner kommt es für seine Obstanlage oft auch auf andere Nutzungsarten an, etwa solche, die den Spiel- und Erholungsbedürfnissen der Familie entgegenkommen. Obstgehölze werden dann zum angenehmen Beiwerk, zur Gartengestaltung, die gleichwohl gute Ernten ermöglichen, wenn man sie düngt und pflegt.

Im Zweifelsfall würde ich den angeführten zehnten Teil einer Fläche für die Kompoststätte anstreben. Man teilt die Anlage dann so ein – unsere Zeichnungen führen es vor –, daß sie auch nach Abschluß einer Miete jederzeit aufnahmefähig bleibt. Eine nicht zu eng unterteilte Fläche kann besser beschickt und saubergehalten werden, was bei kleinen oder zu kleinen Kompostplätzen bisweilen schwierig ist. Gerade weil der ungepflegte Komposthaufen das alte Vorurteil vom wüsten Abfallhaufen im Garten nährt, wird man größten Wert auf die Kompoststättenpflege legen. Um sie pflegeleicht schon durch die Anlage zu bekommen, sollte man auf befestigte Einfassungen und Wege bedacht sein, auf ein großräumiges Zwischenlager für Abfälle und für Kompostiergut, das nicht gleich verarbeitet wird, auf begehbare Streifen zwischen den einzelnen Mietenplätzen beziehungsweise auf eine leichte allseitige Zugänglichkeit der Abteile bei einem Boxenplatz.

Selbstverständlich muß der Boden unter den eigentlichen Mieten offen bleiben, er darf keinesfalls mit Platten belegt oder zubetoniert werden. Man würde damit den erwünschten Zuzug von Mikroben und Regenwürmern aus der Umgebung behindern oder abschneiden.

Hat man für eine reichlich bemessene Aufnahmefähigkeit der Kompoststätte gesorgt, so wird man diese Möglichkeit früher oder später auch nutzen. Man ist dann in der Lage, Laub und Gras von Nachbarn zu übernehmen, die es sonst der Mülltonne zuführen würden, man kann Herbstlaub auch außerhalb des eigenen Grundstückes sammeln und Schnittgut aus der Obstbaum- und Heckenpflege stapeln, um es erst nach und nach in die Miete einzuarbeiten. Gerade bei sperrigem, zellstoffreichem Material tut man gut daran, es nur dann aufzusetzen – natürlich gut zerkleinert –, wenn man die passende Ergänzung, also feuchtere, weichere, dichtere oder stickstoffreichere Zuschläge hat wie Mist, junges Gras oder Lehm.

Wie oft fallen beim Aushub eines Grabens, eines Teiches, beim Bau von Gartenwegen und Stufen oder bei Veränderungen am Haus Humus oder mineralreicher Unterboden an, wie oft bleibt bei einer Arbeit Boden übrig! Meist fehlt dann der Platz, um diese Kostbarkeit aufzuheben. Hat man ihn an oder nahe der Kompostmiete, kann man für lange Zeit Nutzen aus solchem Füllmaterial ziehen. Sand wird man allerdings nur bei eher schweren Lehmböden und Tonböden zusetzen, um jene Durchlässigkeit des Bodens zu erreichen, die gerade das Wurzelwerk von Obstgehölzen braucht. Bei getrennten Gemüse- und Obstgärten kompostiert man ohnehin die Haushaltsabfälle im Hausgarten, vielleicht in Tonnen oder anderen Kompostbehältern. Gras, Laub und Baumschnitt des großflächigeren Obstgartens setzt man zu freien Mieten auf, die, je nach Materialanfall, beliebig zu verlängern sind.

Gibt es Unterschiede zwischen Hausgarten- und Obstgartenkomposten? Im Hausgarten verarbeitet man die eher weichen, feuchten, durchschnittlich stickstoffreicheren Haushaltsabfälle. Bei richtiger

Mischung und möglicherweise durch zugesetzte Rottehilfen (zum Beispiel Biorott und andere) tritt die Vererdung schneller ein, nämlich nach wenigen Monaten, beim Heißkompost in der Tonne schon nach Wochen. Die am Stickstoffanteil gemessen eher mageren, aber umfangreicheren Reihenmieten für größere Obstgärten mit Gras, Holzschnitt, Laub- oder Nadelstreu, gehäckselten Ernterückständen und so weiter, könnte man als Langzeitmieten bezeichnen. Ihr Rottevorgang mag bis zur Vererdung zwei oder drei Jahre erfordern. Die Mikroben zersetzen auch einen Stapel Brennholz zu Erde, wenn man nur lange genug wartet. Allerdings wird eine solche Erde verhältnismäßig nährstoff-, vor allem stickstoffarm sein. Sie könnte als Düngung nicht schaden, brächte aber auch nicht den erhofften Nutzen, da ihr vor allem Stickstoff und Phosphor, aber auch Kalk fehlen. Holz bringt Kalium und macht das Rottegut sauer. Es kommt für ein gezieltes Kompostieren durchaus darauf an, daß man die Zuschläge nach ihrem jeweiligen Gehalt wenigstens überschlägig beurteilen und so die Humusherstellung steuern kann. Bevor wir auf diese Frage eingehen, wollen wir kurz die Technik des Aufsetzens einer freien Miete beschreiben.

Zwingende Gründe für bestimmte Maße der Kompostmiete im Obstgarten gibt es nicht, doch wird man wenigstens die übliche Beetbreite von 120 Zentimeter oder mehr wählen. Man kommt sonst nicht auf die erwünschte Höhe von gut einem Meter. Die Grundfläche kann ebenerdig oder spatentief ausgehoben sein. Durch das Abheben der obersten Humusschicht gewinnt man einen schon mit Mikroben und Regenwürmern belebten Zuschlag, der besonders für das ›Anwerfen‹ der Rotte bei Erstbeschickung einer Miete wichtig ist. Bei einer wiederholten Benutzung der Mietenfläche steht meist kein Humus mehr zur Verfügung, man hat aber dann reife Komposterde. Von ihr braucht man nur jeweils eine Schaufel je Schicht. Frischkompost enthält in der Regel mehr Mikroben als ausgereifter.

Wie man eine Kompostmiete aufsetzt, wurde bereits ausführlich dargestellt. Wir beschränken uns hier auf Gesichtspunkte einer größeren Anlage für den Obstgarten.

Rindenkompost mit Erde, Mist und Kalk

Gleichalte Mieten brauchen keine Zwischenwege …

… aber einen Abfluß für Regenwasser und Staunässe

Freilaufende Hühner und Gärten vertragen sich schlecht. Auch große Mieten würden im Laufe eines Sommers selbst von Zwerghühnern (links oben) auf der Jagd nach Regenwürmern eingeebnet. Hier helfen vorübergehend Vogelschutznetze (links unten) oder Drahtgeflechte (rechts oben), die man an den Rändern eines Kompostwalmes mit Steinen oder Dachplatten beschwert. Ein dichter Strohmantel verhindert zunächst das Aufkommen von Wildwuchs. Siegt schließlich doch die Pflanzendecke, durchwächst sie den Maschendraht oder verfilzt sich unentwirrbar mit dem Kunststoffnetz. Eine dicht begrünte Kompostmiete widersteht den Hühnern, wenn sie anderweitig genug Auslauf haben

Unabhängig von ihrer Größe legt man die Kompoststätte so an, daß zwei Mietenflächen, eine Zwischenlagerfläche und eine Arbeitsfläche zur Verfügung stehen. Sie können je nach Gegebenheiten nebeneinander oder gegenüberliegend angeordnet werden. Die Flächen in einer Reihe haben den Nachteil, daß beim Aufsetzen der Miete zeitweise eine Grundfläche – leer oder gefüllt – im Weg liegt. Diesen Nachteil vermeidet man bei der in der ersten Schemazeichnung wiedergegebenen Anordnung. Es kommt aber nicht auf ein bestimmtes Schema, sondern darauf an, daß man sich bei der Arbeit rühren kann, daß Zugänge und Abgänge ohne Umwege mit der Schubkarre abzuwickeln sind, und daß die Kompoststätte aufnahmefähig bleibt, auch wenn man eine Miete fertig aufgesetzt hat.

Wichtig ist, daß die Luft möglichst allseitig Zutritt hat und daß Sickersäfte die Möglichkeit zum Ablaufen haben. Diese Flüssigkeit enthält wertvolle Nährsalze. Man fängt sie auf, wenn man die Miete gleichsam mit einem ›Kellergeschoß‹ versieht, einer Sammelgrube mit durchlässiger Decke in Form eines Stangenholzrostes.

Im Hausgarten lohnt sich der bauliche Aufwand dafür kaum.

Beim Zusammensetzen großer Mieten sollte man als Anfänger dem bereits erwähnten C/N-Verhältnis Aufmerksamkeit schenken. Zum Glück ist das Feld der richtigen Möglichkeiten nicht eng begrenzt. Wenig Stickstoff führt zu langsamer, mehr zu eher stürmischer Rotte unter Wärmeentwicklung, wenn die übrigen Bedingungen stimmen; zuviel Stickstoff in organischer Form bringt Fäulnisgefahr. Ein ausgewogenes Verhältnis Kohlenstoff zu Stickstoff wäre etwa 30:1.

Das Kompostiergut in den Zwischenlagern setzt man so auf, daß die schnell verderblichen Küchenabfälle jeweils vollständig in die anderen Zutaten wie Gras, Unkraut, Ernterückstände, Laub und Baumschnitt, eingebunden werden; gegebenenfalls nimmt man Zwischenschichten von Erde zu Hilfe.

Eine möglichst vielseitige Zusammensetzung und inniges Durchmischen des Kompostiergutes sind für Kompostbehälter wie für die freie Miete nötig. Bei ihr ergibt sich zwangsläufig eine nach oben sich verjüngende Form, wenn man das Abbröckeln zu steiler Seitenwände vermeiden will. Humus, Lehm oder Erde von Maulwurfshaufen verleiht der Mischung die erwünschte Dichte.

Material	C:N-Verhältnis
Harn	0,8:1
Blut	3,0:1
Grünmasse (frische Gartenabfälle)	7,0:1
Humus der Schwarzerde	10,0:1
Mistkompost	10,0:1
Rasenschnitt	12,0:1
Kot landwirtschaftlicher Nutztiere	15,0:1
Stapelmist nach dreimonatiger Lagerung	15,0:1
Küchenabfälle	23,0:1
Laub	50,0:1
Weizenstroh	125,0:1
Sägemehl	500,0:1

(aus »Der Intensivgarten« von K.-H. Mücke)

Zunächst sollten viele Regenwürmer die Miete bevölkern, sie müßte während des ersten Zersetzungsvorgangs von den roten kleinen Mistregenwürmern wimmeln. Mit zunehmender Erwärmung und anschließender Vererdung nimmt die Regenwurmdichte stark ab. Die Mikroben vollenden das Werk bis zur Humusreife. Schwarzer, krümeliger Humus in seinem besten Zustand erinnert in seinem angenehmen Geruch und seiner krümeligen Beschaffenheit an Walderde. Die weitere Mineralisierung verdichtet den gewonnenen Humus wieder, läßt ihn unter Nährstoffverlusten zusammensinken. Solche Erde, die den Humushöhepunkt schon überschritten hat, kann bei Verwendung im Garten etwas tiefer in den Boden eingearbeitet, beim Pflanzen von Obstbäumen in die Pflanzgrube geschüttet werden. Sie gibt dem Boden Vorräte an Mineralien und Spurenelementen, aber nur noch wenig Stickstoff und damit dem Bodenleben karge Nahrung.

Ausgereifte, noch nicht mineralisierte Komposterde hat lockere Krümelstruktur, man kann mit ihr jederzeit düngen. Sie wirkt nie triebig, sondern als Vorratsdüngung bodenverbessernd. Gibt man den Obstgehölzen in jedem Herbst reichlich Reifkom-

Herbstliche Jahresdüngung mit kompostiertem Kuhmist

post, dann hat man die Düngerfrage im Grundsatz befriedigend gelöst. Für viele Freizeitgärtner, die neben ihrem Gemüse auch Obst anbauen und die deshalb mit den Pflegestunden für ihren Garten haushalten müssen, reicht die Jahresdüngung mit Komposterde aus. Sie enthält alles, was man dem Boden als Ersatz für die Leistungen der Kulturpflanzen und damit für seine Dauerfruchtbarkeit durch Humusbildung zukommen lassen sollte. Bei dieser Wirtschaftsweise kann man kaum grundlegende Fehler machen, wenn man sich um gute Kompostqualität bemüht. Man sollte dann nur noch alle paar Jahre mit Hilfe von Bodenproben die Säurereaktion der Kulturerde prüfen oder prüfen lassen. Für den Anbau von Obst liegen die besten Werte zwischen 6,5 und 7. Abweichungen der Bedürfnisse und Grenzen werden bei den Arten und Sorten im nächsten Kapitel angeführt. Allgemein wollen Äpfel einen eher etwas kalkärmeren, also zur Säurereaktion neigenden Boden mit pH-Werten ab 5,5 und nicht über 7. Da sich in einem Bereich zwischen 6,5 und 7 die Ansprüche unserer Obstarten treffen, sollte der Freizeitgärtner seinen Obstgarten auf diesen Nenner bringen. Er entspricht auch den Bedürfnissen der meisten Gemüse- und Blumenarten. Beim Obst macht nur die Gartenheidelbeere eine Ausnahme: Sie verlangt saure Böden und darf deshalb keinen oder nur wenig Kalk bekommen, dagegen Torf und Laubkompost mit Holzanteilen.

Im Erwerbsanbau unterscheidet man verschiedene jahreszeitliche Düngungen: die Haupt- oder Herbstdüngung, die Frühjahrsdüngung zum Anregen des Austriebs, die Blütendüngung und die Blütenknospendüngung. Mit ihr unterstützt man im Früh- und Hochsommer die Blütenknospenbildung für die Blüten des kommenden Jahres. Auf eine gute Nährstoffversorgung der reifenden Ernte schließlich zielt die Fruchtdüngung.

Diesen Termindüngungen kommt Bedeutung vor allem bei teilweisem oder völligem Düngen mit den wasserlöslichen Düngesalzen der mineralischen Handelsdünger zu. Beim Kalk treffen sich beide Anbauweisen. Kalk gewinnt man vor allem aus erdgeschichtlichen Meeresablagerungen (Sedimen-

»Bauernäpfel« von gedüngtem und von ungedüngtem Baum

Zu hohe Stickstoffgaben schwemmen die Fruchtgewebe auf

ten). Er ist auch im Kalkgestein letzten Endes organischen Ursprungs. Im biologischen Anbau verwendet man neben Algen- und fein gemahlenen Muschelkalken auch andere handelsübliche Düngekalke wie kohlensauren Kalk, für schwere Böden auch Brannt- oder Ätzkalk. Dieser Kalk hat keimtötende Wirkung, er ist für leichte Böden nicht zu empfehlen. Er neigt überdies dazu, den Stickstoff auszutreiben, kann also im Kompost die wertvollen Zuschläge an Stickstoffträgern auslaugen.

Stickstoff ist der flüchtigste und im Boden beweglichste der Kernnährstoffe. Gibt man ihn mineralisch, so antwortet die Pflanze sehr schnell mit verstärktem Wuchs. Bei Überdüngung zeigt sie Triebigkeit, ihre Widerstandskraft wird beeinträchtigt. Obst verliert seine gute Lagerfähigkeit.

Es liegt auf der Hand, daß zusätzliche Termindüngungen nach der Hauptdüngung im Herbst sich vor allem dann als günstig oder nötig erweisen, wenn man bei der Herbstdüngung sparsam mit Komposterde umgehen mußte. Man kann dann die Obstgehölze während der Zeiträume verstärkten Nährstoffbedarfs gezielt unterstützen. Bei ausreichender bis reichlicher Kompostversorgung im Herbst gewinnt man dagegen mit weiteren Düngungen in der Regel keine entscheidenden Verbesserungen mehr. Humus kennzeichnet sich für die Pflanzenernährung ja gerade dadurch, daß er Nährstoffe in ausschwemmfester Form, also gleichsam lagerfähig, bereithält, aus dem sich die Pflanze nach ihrem jeweiligen Bedarf bedient. So gesehen könnte man die Humusschicht des Kulturbodens zu jeder Zeit des Jahres mit organischem Material ›füttern‹, zu jeder Jahreszeit Kompost ausbringen. Im Wald, dem sprechenden Beispiel für die Humusbildung in freier Natur, fällt der größte Nachschub an organischer Masse vor allem im Herbst mit dem Laub an, auf sich selbst überlassenen Wiesen und Matten mit dem Wintereinbruch durch die oberirdisch absterbende grüne Pflanzendecke. Daß ein ›Regen‹ organischer Zufuhr im Wald das ganze Jahr über anhält, beobachtet man gut im Winter, wenn eine verharschte Schneedecke sichtbar macht, was die Bäume abwerfen.

Für die Hauptdüngung im Herbst sprechen naheliegende Gründe: Die aufgetragene oder oberflächlich eingearbeitete Komposterde wird von der Sonne nicht mehr so stark ausgetrocknet wie im Sommer, die Flächen unter und zwischen den Obstgehölzen sind dann frei von Unterkulturen und können im Frühjahr neu bestellt werden.

Brennesselernte zur Bereitung von Pflanzenjauche

Für das Düngen im Frühjahr und Sommer empfiehlt sich die organische Flüssigdüngung. Dafür kommen in Frage: tierische Jauche, verjauchter Mist und Kräuterjauchen. Tierische Jauchen dürfen weder im Nutz- noch im Obstgarten frisch und unverdünnt gegeben werden. Man mischt die frische Gülle – dem Freizeitgärtner steht sie meist nur bei eigener Tierhaltung zur Verfügung – hälftig mit Wasser und läßt sie in Tonnen, Fässern oder anderen Behältern an der Sonne vergären. Der Gärvorgang kommt je nach Wärme in zwei, drei oder vier Wochen ans Ziel; man sieht es daran, daß keine Blasen mehr aufsteigen. Man fördert ihn durch wiederholtes Rühren, weil dadurch Luft in die Flüssigkeit gelangt. Die fertige Jauche wird vor ihrer Anwendung noch einmal auf das Drei- bis Zehnfache mit Wasser verdünnt. Man gießt damit den Wurzelbereich der Obstgehölze, jedoch nie unter praller Sonne, sondern bei bedecktem Himmel, morgens oder abends. Bei zu schneller Verdunstung des Wassers verflüchtigt sich der Stickstoff, man merkt das, wenn es nach dem Ausbringen der Jauche stark riecht. Gerade bei tierischer Jauche darf man des Guten nicht zuviel tun. Sie sollte nur eine zusätzliche Düngemaßnahme, nie die alleinige sein. Auch Mist kann man für diesen Zweck verjauchen, indem man ihn mit Wasser ansetzt, umrührt, gären läßt und anschließend verdünnt.

Als brauchbar erweist sich die schon erwähnte Faustregel, daß Jauchen, die man ausbringt, nicht schwarz oder dunkelbraun, sondern höchstens hellbraun sein sollen.

Wir wissen aus der Landwirtschaft, daß Mist und Gülle oder Jauche auch so, wie sie anfallen, aufs Land kommen. Bleibt danach der Regen aus, kommt es durchaus zu vorübergehenden Schäden auf dem Grünland. In begrenztem Umfang kann man frischen Mist auch im Obstgarten verwenden, doch sollte man hier die verrottete Form vorziehen, und allenfalls im Spätherbst frischen Mist auf die Baumscheiben bringen.

Jauchebereitung durch Vergären bedeutet einen der Kompostrotte ähnlichen Vorgang. Deshalb kann man wirksame Jauchen auch ohne Mist und Gülle herstellen. Man weicht auf Hornspäne, Guano und andere organische Handelsdünger als Zusätze für Kräuterjauchen aus. Steinmehl, etwas Kalk und Holzasche bringen weitere Anreicherung. Auch Ofenruß wird empfohlen, wenngleich die Pflanzen diesen reinen Kohlenstoff nicht aufzunehmen vermögen. Er enthält aber auch Stickstoff. Ruß aus Ölöfen scheidet aus. Ein sehr stickstoffreicher Dünger ist Hühnermist. Man sollte ihn wegen seiner ätzenden Wirkung nur zu Jauche vergoren oder im Kompost anwenden.

Das *Mulchen* oder Bodenbedecken leistet beim Anbau von Obstgehölzen mit verhältnismäßig wenig Arbeitsaufwand beste Dienste. Die Mulchprobleme mit heranwachsenden Kulturpflänzchen des Gemüsegartens, die geschützt, aber nicht verdeckt werden dürfen, entfallen beim Obstanbau. Eine Bodenbedeckung aus organischem Material hält den Boden weitgehend unkrautfrei, schützt ihn vor Austrocknung und ermöglicht es den Mikroben des Bodens, ihre Tätigkeit bis an die Erdoberfläche auszudehnen. Sie bewirken so die erwünschte Bodengare. Eine mechanische Bodenbearbeitung durch Hacken entfällt, das Bewässern kann eingeschränkt werden. Man mulcht mit Grasschnitt, Heu, strohreichem Mist, gehäckseltem Stroh, Torf, Laub, Sägemehl, Holzspänen und jedem, meist zellulosereichem Material, das nicht fault. Nur die Bodenstreu von Nadelhölzern ist wegen ihrer säuernden Wirkung für die meisten Kulturen nicht zu empfehlen. Auch Sägemehl, besonders das von Nadelhölzern, wirkt säuernd. Man kann es durch Kalkzugabe verbessern.

Unter und zwischen Obstgehölzen mulcht man im Frühjahr, bevor der Bodenbewuchs in Form von Kräutern und Gräsern aufkommt. Hatte man eine grobe oder dicke Winterbedeckung, so entfernt man sie, der Boden muß sich erwärmen können. Die Mulchschicht braucht nur so stark zu sein, daß sie den Boden gerade bedeckt hält, ohne ihn unnötig gegen Sonnenwärme und Regen abzuschirmen.

Mulchen ist eine Flächenkompostierung. Die Bodenbedeckung wird von den Zersetzern nach und nach angegriffen und verarbeitet. Langes Stroh und Holzabfälle widerstehen dem Vererdungsvorgang natürlich länger als frisches Grün. Will man die düngende Wirkung der Bodenbedeckung beschleunigen, etwa weil man im Herbst keine oder zu wenig Komposterde gab, so setzt man dem Mulchmaterial etwas Kalk oder Steinmehl sowie Hornspäne für Stickstoff zu. Auch verdünnte Jauche fördert die Rotte, denn die Mikroben und Regenwürmer brauchen neben geringen Mengen an Kalk auch Stickstoff als Nahrung.

Die Bodenbedeckung unter Obstbäumen darf nicht am Kronentraufrand enden. Die feinen Saugwurzeln der Bäume dringen weit über diesen Bereich hinaus, während die starken Stützwurzeln bei alten Bäumen keine Haarwurzeln mehr ausbilden und deshalb keine Nahrung aufnehmen. Je nach Baumgröße weitet man die Mulchdecke bis zu zwei Meter über den Kronentraufrand aus.

Auch eine natürliche Grasnarbe schützt den Boden um Obstgehölze vor Verdunstung, aber sie entzieht ihm im Wettbewerb mit den Baumwurzeln auch erhebliche Mengen an Nährstoffen und Bodenfeuchtigkeit. In Trockenzeiten bringt die Bodenbedeckung spürbare Vorteile gegenüber der Grasnarbe. Ebenso findet man unter der Mulchschicht eine bessere Bodengare vor als unter Grassoden, das heißt, der Baum wird besser ernährt.

Die grüne, blumenbestandene Obstbaumwiese, auf der man Heu erntet oder Schafe weidet, sieht allerdings schöner aus als jede aufgebrachte Bodenbedeckung. Gerade zwischen Hochstämmen wird man sich deshalb gern für Rasen oder Wiese entscheiden. Die damit verbundenen Nachteile für die Obstbäume gleicht man teilweise durch eine reichlich bemessene organische Düngung aus. Man lokkert die im Herbst gemähte Grasnarbe mit Rücksicht auf die Baumwurzeln ohne Tiefgang und ohne die Grassoden zu wenden; danach trägt man eine bis fingerdicke Schicht Komposterde auf. Sie setzt sich im Winter ab und begrünt sich im nächsten Frühjahr: Das Gras wächst wieder durch. Man kann auch die Grasnarbe dünn abschälen, beiseite legen und die Komposterdeschicht damit eindecken. Auf keinen Fall darf im Baumscheibenbereich tief gehackt oder gar umgegraben werden, weil man damit das Haarwurzelgeflecht der Obstgehölze beschädigt. Bei großflächigen Obstanlagen mulcht man die Baumscheiben und läßt im übrigen Gras wachsen.

Eine dritte Möglichkeit der Bodenbedeckung unter und zwischen Obstgehölzen verbindet die Bodenverbesserung des Mulchens mit dem schöneren Bild einer lebenden Pflanzendecke: die Unterkultur. Hierfür kommen vor allem Schmetterlingsblütler (Leguminosen) in Frage, weil sie durch ihre Symbiose mit Knöllchenbakterien organisch gebundenen Stickstoff im Boden zurücklassen. Da sie den Boden meist tief durchwurzeln, sorgen sie zudem für seine Lockerung. Nach ihrem Absterben düngen auch sie den Boden. Die grünen Teile der Pflanzen vergehen im Herbst. Man läßt sie als natürliche Bodenbedeckung liegen, sie ergeben eine wertvolle Gründüngung. Im Frühjahr arbeitet man die Reste oberflächlich ein.

Aushubböden, deren Schichten sich noch nicht geordnet haben, bepflanzt man vorteilhaft mit Gelbsenf. Er wächst auch auf humuslosem Lehm und übt eine harmonisierende Wirkung aus, er leitet die Bodenbelebung ein. In den Folgejahren gedeihen auf solchen Böden auch anspruchsvollere Pflanzen. Gelbsenf kann noch im Herbst ausgesät werden. Er wächst so schnell, daß keine anderen Kräuter neben ihm hochkommen. Zudem bilden seine zahlreichen Blüten in warmem Gelb einen reizvollen Schmuck. Gelbsenf sollte man vor allem für Neuanlagen im ersten Jahr und auf frischem Aushub einsetzen.

In biologisch bewirtschafteten Obstgärten pflanzt man auch gern die Kapuzinerkresse auf Baumscheiben. Sie gedeiht im Halbschatten der Obstgehölze besonders gut. Sie zieht Blattläuse an, so daß die Kronen darüber verschont bleiben. Das junge Laub kann man wie Kresse als Salat zubereiten, die noch saftigen grünen Samen als Ersatz für Kapern in Essig legen.

Aus dem über Düngen und Mulchen Gesagten geht hervor, daß die eigentliche Bodenbearbeitung im Obstgarten bei biologischer Bodenpflege weitgehend entfällt. Im Wurzelbereich der Bäume und Sträucher kann sie gleichsam ersatzlos gestrichen werden, wenn man sich um eine natürliche Bodengare bemüht.

Unsicherheit herrscht oft in der Frage, wann, wie und wo Frischkompost (und frischer Mist), wann Reifkompost verwendet werden soll. Reife Komposterde kann auf, aber auch in die Erde kommen, so etwa in die Pflanzgrube für Obstgehölze. Am tiefsten könnte man einen weitgehend mineralisierten Humus bringen, doch hat er in diesem Zustand seine Lebendigkeit und fruchtbar machenden Eigenschaften schon mehr oder weniger eingebüßt. Man sollte Komposterde oder Erdkomposte deshalb spätestens mit ihrer Reife verwenden und nicht länger liegenlassen. Sie fallen dann zusammen und verlieren ihre Porenstruktur, die sie befähigen, Luft und Wasser aufzunehmen.

Frischkompost brauchen und vertragen am besten die Starkzehrer unter den Obstgehölzen, also alle reich tragenden und besonders schnell wachsenden Arten und Sorten: Kern- und Steinobst. Unter Beerenobststräucher bringt man Frischkompost nur im Herbst und nicht zu reichlich. Hat man übrigen Frischkompost, dann ist es besser, ihn zusammen mit einer neuen Kompostmiete aufzusetzen. Er wirkt dort beschleunigend auf die Rotte. Auf keinen Fall gehören Mist und Frischkompost in Pflanzlöcher. Ihre oft zu scharfe Wirkung wird gemildert, wenn man sie nur oberflächlich, in geringen Mengen und im Herbst ausbringt.

IV Arten und Sorten

Der Begriff Obstgewächse umfaßt das *Kernobst* mit Äpfeln, Birnen und Quitten, das *Steinobst* mit Pflaumen, Zwetschen, Aprikosen, Pfirsichen, Nektarinen, Mandeln und Kirschen, das *Beerenobst* mit Brombeeren, Himbeeren, Loganbeeren, Johannisbeeren, Stachelbeeren und Hagebutten, das *Schalenobst* mit Hasel- und Walnüssen, die *Beerenstauden* Erdbeeren, Heidelbeeren und Preiselbeeren sowie Gehölze, die bei uns nur unter besonderen Bedingungen gedeihen, wie Edelkastanie, Maulbeere, Feige und Kiwifrucht.

Die weitaus meisten Obstarten, nämlich Kernobst, Steinobst, Himbeeren, Brombeeren und Erdbeeren, gehören zur Familie der Rosengewächse *(Rosaceae)*.

Die Früchte, derentwegen wir Obst anbauen, kommen aus pflanzenkundlicher Sicht unterschiedlich zustande. Bei den Steinfrüchten, Himbeeren und Nüssen bildet sich die Frucht aus der Fruchtknotenwand. An der Nuß schätzen wir den Samen, den wir bei der Kirsche als Stein ausspucken. Bei ihr entwickelt sich die äußere Schicht der Fruchtknotenwand fleischig, die innere verholzt zur schützenden Samenhülle. Dieses Pflanzengewebe wird von sogenannten Steinzellen aufgebaut, eines der härtesten Gewebe im Pflanzenreich.

Dagegen bleibt die Hülle der Apfelsamen so weich, daß wir sie ohne weiteres zerbeißen können. Die Apfelkerne stecken in einem Kernhaus aus zähen Spelzen. Das Fruchtfleisch der Äpfel und Birnen entsteht nicht aus der Fruchtknotenwand, sondern aus dem die Samenanlage überwachsenden Blütenboden. Man spricht hier deshalb von Scheinfrüchten. Bei der Erdbeere trägt dieser fleischig ausgebildete Blütenboden die Samen nach außen, so daß sie frei auf der Haut dieser Scheinfrucht sitzen. Bei den Himbeeren und Brombeeren schließen sich mehrere Steinfrüchtchen zu Haufenfrüchten zusammen, die im ganzen die Form einer Beere einneh-

Kernobstblüte: Birne

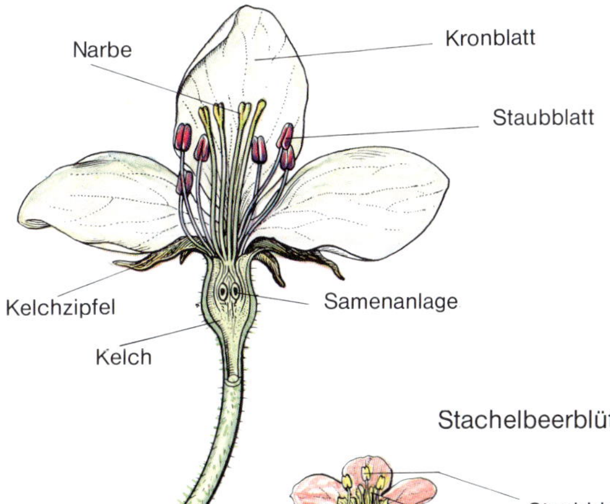

Stachelbeerblüte

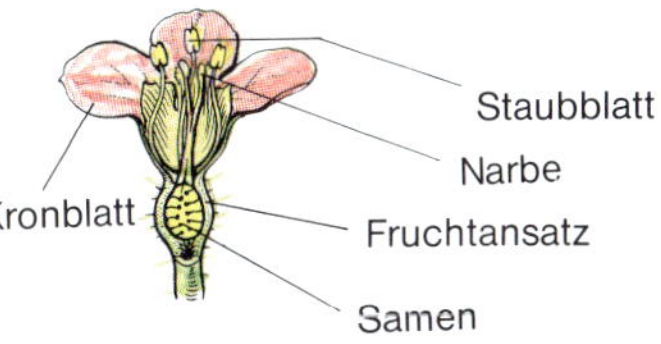

Steinobstblüte: Pflaume

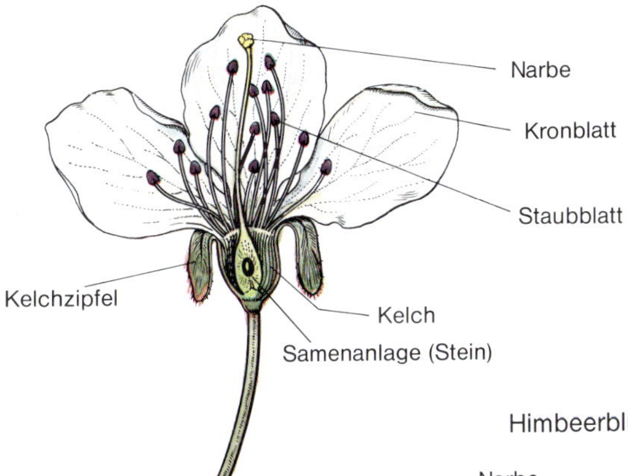

Himbeerblüte

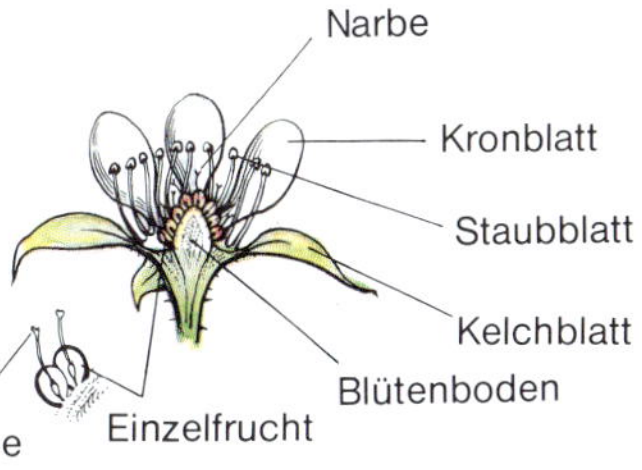

Frucht-Längsschnitte

Kernobst: Birne, Apfel
Steinobst: 1 Reneklode, 2 Zwetsche, 3 Mirabelle, 4 Kirsche, 5 Aprikose, 6 Pfirsich

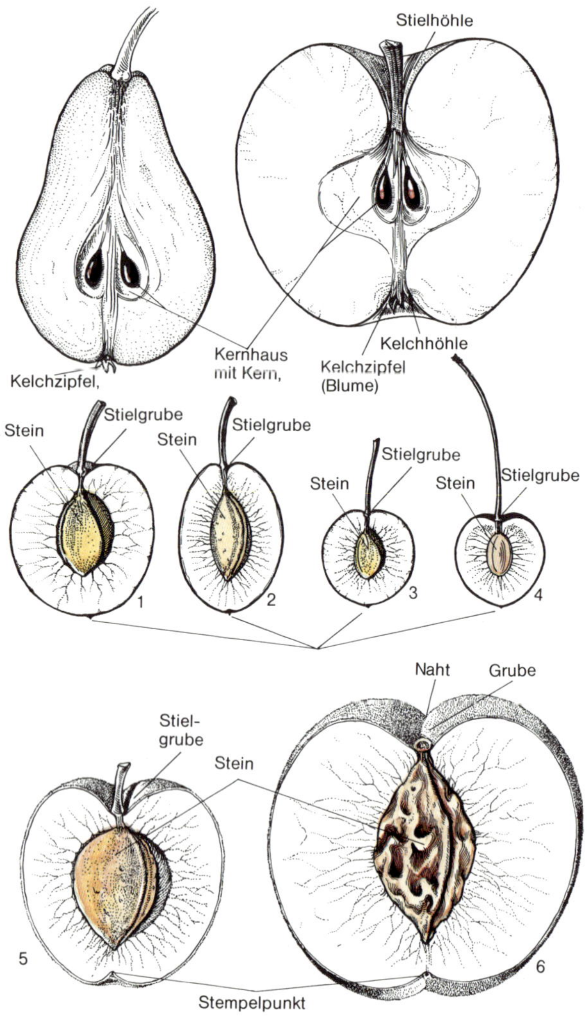

Zeichnung nach »Obst aus eigenem Garten« BLV (neue Darstellung)

men. Die Natur, so scheint es, begnügt sich nicht mit einheitlichen Lösungen. Sie bildet eine Vielfalt unterschiedlicher Gestaltungen für ähnliche Zwecke aus.

Frucht-Längsschnitte

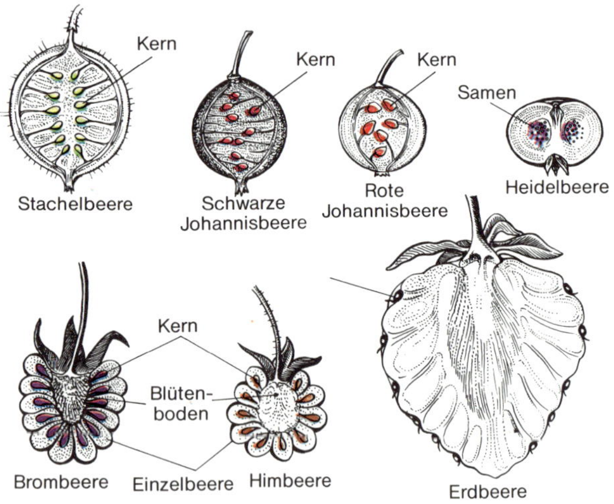

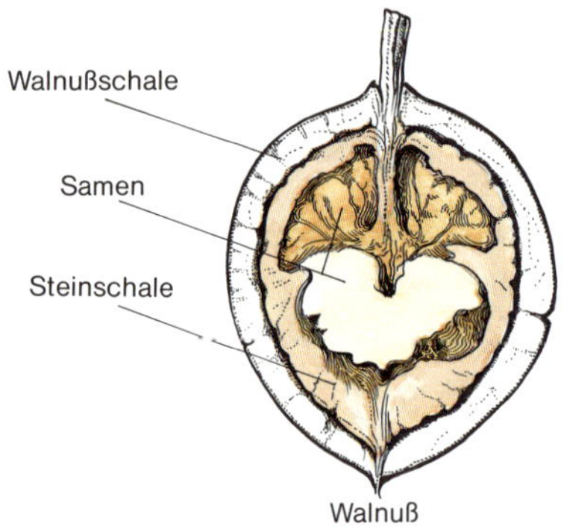

1. Kernobst

Der Apfel (Malus silvestris)

Zur Unterfamilie der Kernobstgewächse zählen neben Äpfeln, Birnen und Quitten unter anderem auch die Wildpflanzen Mispel, Weißdorn, Eberesche und Feuerdorn. Holzäpfel wies man für die Haushalte jungsteinzeitlicher Pfahlbauten nach, doch verliert sich die Herkunft des Apfels als Kulturpflanze im Dunkel der Vorgeschichte. Vielleicht stammt er aus dem Gebiet des Schwarzen Meeres, vielleicht aus Südosteuropa. Von den Griechen kam der kultivierte Apfel auf die Römer, die brachten ihn nach Germanien; Karl der Große ließ ihn auf seinen Gütern anbauen. Heute ist der Apfel unser weitaus wichtigstes Obst. Äpfel machen etwa vier Fünftel der gesamten Obsternte aus. Alte und neue Züchtungen von Apfelsorten zählen nach Tausenden.

Der Apfel gedeiht in allen Erdteilen; er verträgt Winterkälte gut, aber sommerliche Hitze schlecht. Er paßt genau in unser Klima mit seinem jahreszeitlichen Wechsel von Entfaltungs- und Ruhezeiten. Der Wildapfelbaum, auch Holzapfel, einer der Vorfahren unseres Apfelbaumes, wächst unter anderem in mitteleuropäischen Wäldern. Bei solchen Bäumen, die oft reich tragen, aber nur kleine, saure Früchte hervorbringen, kann es sich auch um verwilderte Abkömmlinge von Kultursorten handeln.

Apfelbäume bilden knapp zwei Meter hohe Stämme und entfalten im Freistand unter guten Bedingungen breit ausladende Kronen. Apfelbäume erreichen durchschnittlich nicht den Stammumfang und die Höhe von Birnbäumen.

Der Apfelbaum – seine kleineren Kulturformen Busch, Spindel und Halbstamm sind hier immer eingeschlossen – blüht im April und Mai. Seine rosaüberhauchten Blüten stehen in vollen Büscheln und tauchen den Baum in ein dichtes, leuchtendes Kleid. Frei stehende Apfelbäume bilden dann einen großartigen Gartenschmuck. Bienen erfüllen die Krone an Sonnentagen mit dem sanften Orgelton ihres Summens.

Nur wenige Apfelsorten befruchten sich durch Selbstbestäubung, so daß man in der Regel wenigstens zwei Sorten anbaut: eine Hauptsorte und als Zwischenpflanzung eine pollenspendende Sorte. Es gibt auch Sorten, die sich nicht in beiden Richtungen bestäuben, so daß drei und mehr Sorten nötig sind, damit auch die Pollenspender bestäubt werden. Bei Neuanpflanzungen ist es nötig, sich nach den Verträglichkeits- und Bestäubungsverhältnissen der gewählten Sorten zu erkundigen.

Während im Winter auch strenge Fröste dem Apfelbaum nichts anhaben, können Spätfröste zur Blütezeit erheblichen Schaden anrichten. Zum Glück öffnen sich nicht alle Blütenknospen zur selben Zeit. Ein einziger Nachtfrost muß noch nicht die Ernte gefährden, weil Blütenknospen der Kälte besser als offene Blüten widerstehen. Vergleicht man den blühenden mit dem tragenden Apfelbaum, so wird deutlich, daß der weitaus größte Teil der Blüten nicht zum Fruchtansatz kommen kann. Neun von zehn Blüten (und mehr) fallen aus. Die Entwicklung von der Knospe bis zur reifen Frucht nimmt jeweils zwei Vegetationszeiten in Anspruch. Im Sommer bilden sich die Knospenansätze für die Früchte des darauffolgenden Jahres.

Apfelblüte

Was wir bei der reifen Frucht der Äpfel und Birnen als Blüte bezeichnen, sind die lederartigen Zipfel der fünfblättrigen Kelche. Die vergänglichen Kronblätter fallen nach der Befruchtung ab. Über Süße und Aroma mittelspäter und später Apfelsorten entscheidet das Herbstwetter. Ein sonniger, warmer Herbst vergoldet die Ernte.

Bekanntlich ißt man sich an Äpfeln nicht leid. Sie schmecken nicht nur gut, sondern sind auch gesund. Außer Invertzucker und Apfelsäure enthalten Äpfel geringe Mengen an Eiweiß und Fett, Vitamin A (Karotin) und C, verschiedene B-Vitamine, Fermente, Gerbstoffe, Pektine und Spurenelemente wie Kalzium, Kalium, Eisen und Phosphor.

Apfelkerne sind keimfähig. Man kann aus ihnen neue Bäume ziehen, doch wird man an diesen ›Wildlingen‹ keine Freude haben. Auch Stecklinge führen nicht zu einer sortenechten Vermehrung. Jungbäume, die man zum Einpflanzen kauft, sind bereits veredelt. Dazu wurde ein Edelreis mit einer standardisierten Unterlage verbunden. Veredeln

Mutsu

Jonathan

Melrose

Jonagold

Glockenapfel

Gloster

Golden Delicious

Boskoop

kann man auch selbst, es wird in einem eigenen Kapitel besprochen.
Die Ansprüche der Apfelbäume an den Boden sind im allgemeinen leicht und fast überall zu erfüllen. Der flachwurzelnde Baum kommt mit einer vierzig Zentimeter starken Humusschicht aus. Die Erde soll eher sauer als alkalisch sein, der pH-Wert höchstens 7, besser 6,5 bis hinunter auf 5,5 betragen. Das heißt: Vorsicht mit Kalkgaben! Will man die Säurereaktion des Bodens nicht verändern, so genügt der bei üblicher Kompostbereitung sparsam eingearbeitete Kalk.
Lehmboden, auch bindiger bis schwerer, behagt dem Apfel, zu leichter Sandboden ebensowenig wie ausgesprochen schwerer, lettiger Lehmboden und Ton. Zu leichte und zu schwere Böden müssen also jeweils nach ihrer Gegenseite hin verbessert werden. Hohen Grundwasserspiegel verträgt der Apfel gut, stauende Nässe nicht. Anhaltende Trockenheit macht Bewässerung nötig, weil beim Apfelbaum keine tiefen Wurzeln in dauerfeuchte Erdschichten hinabreichen.
Da Äpfel vielseitig zu verwerten sind, sollten bei der Planung des Obstgartens mehrere Apfelbäume oder -büsche auf einen Birnbaum kommen. Von den zahlreichen Sorten nennen wir im folgenden nur einige wichtige. Es gibt grüne, gelbe, orangefarbene und rote Äpfel mit allen Übergängen der Tönung, mehr süße und mehr saure, dickschalige und stoßempfindliche, weich- und festfleischige, sehr saftige, leicht verderbliche und robuste, lagerfähige Apfelsorten. Anders als der Erwerbsbetrieb kann sich der private Obstgärtner auch seltene, wenig gefragte Sorten leisten.
Daß man heute die meisten Sorten auch in Buschform anbaut, ermöglicht Vielfalt selbst bei nur mittelgroßen Grundstücken. Früher pfropfte man einem Hochstamm gern zwei Apfelsorten auf. So reizvoll es sein mag, von einem Baum mehrere Sorten zu ernten, empfiehlt es sich doch, mehrere Büsche oder Halbstämme verschiedener Sorten anzubauen, denn solche Mischungen auf einem Stamm gehen auf Kosten der biologischen Einheit des Baumes.

Sommeräpfel

Mantet: Die gut fünfzig Jahre alte Sorte aus Kanada neigt zur sogenannten Alternanz, das heißt, es kann Jahre geben, in denen die Bäume wenig oder nicht tragen. Als Gegenmaßnahme dünnt man die Fruchtansätze kurz nach der Blüte aus, so daß die restlichen mehr Nahrung erhalten. Wenn sich die Sorte trotz Anfälligkeit für Mehltau, Krebs und Schorf durchsetzen konnte, so liegt das an ihrer sehr frühen Reife, die in günstigen Lagen schon Ende Juli das Abernten der ersten Früchte erlaubt. Die mittelgroßen bis großen Äpfel von grüngelber Grundfarbe zeigen gemasertes Rot, das Fleisch ist weich, saftig und aromatisch. Wie alle frühen Sorten eignet sich auch Mantet nicht zur Lagerung, sondern sollte wenige Tage nach der Ernte verbraucht werden. Die druckempfindlichen Früchte ißt man am besten roh.
Neuerdings gibt es auch eine rote Spielart aus Holland, der Rote Mantet. Als Pollenspender haben sich James Grieve und Lobo bewährt.

Stark Earliest kann unter guten Bedingungen schon ab Juli geerntet werden. Die Früchte reifen rotbakkig, die Blüten sind schlechte Pollenspender. Man muß diesen Apfel mit anderen Sorten zusammenpflanzen, zum Beispiel mit dem Weißen Klarapfel.

Tydemans Early: Auch bei dieser frühreifen Sorte muß man Nachteile in Kauf nehmen: Anfälligkeit gegen Krebs, keine großen Ernteerträge je Baum und schnelle Verderblichkeit der wohlschmeckenden, eher säuerlichen Früchte. Das satte Rot macht die Äpfel zu einem frühen Schmuck im Obstgarten. Als Pollenspender zur Kreuzbestäubung eignen sich James Grieve, Lobo, Roter Jonathan und Golden Delicious.

Weißer Klarapfel: Der bei uns bekannteste Frühapfel gedeiht auch in weniger guten Lagen. Er reift dann erst im August und September, während er unter günstigen Klimabedingungen schon ab Juli geerntet werden kann. Das weiche, weiße Fleisch schmeckt säuerlich, die Schale ist grünlich und wird mit der Reife gelb ohne Rot. Vorteilhaft für den Klarapfel ist eine stark wachsende Unterlage.

Herbst- und Winteräpfel

Benoni kann in günstigen Lagen schon ab August geerntet werden. Diese starkwüchsige und fruchtbare Sorte wird vorteilhaft mit schwach wachsenden Unterlagen verbunden. Selbstbestäubung ist möglich. Die mittelgroßen Früchte reifen grüngelb mit rötlicher Backe.

Cox Orangen-Renette: Man sollte diese anspruchsvolle und anfällige Sorte nur unter Bestbedingungen auf eher schweren Böden anbauen. Stippigkeit und Kragenfäule können auftreten, Pflege und Schnitt dieses besonders aromatischen Apfels erfordern Sachkenntnis und Erfahrung. Die goldgelben Früchte mit rötlichen Backen und gelbem, süßaromatischen Fruchtfleisch werden ab September geerntet.
Als Pollenspender eignen sich unter anderem Golden Delicious, Goldparmäne, James Grieve und Jonathan.

Gloster ist eine noch junge Sorte, deren Zucht in den fünfziger Jahren in Deutschland gelang. Eine Reihe guter Eigenschaften zeichnen sie aus: mittelfrühe, langdauernde Blüte, Starkwüchsigkeit, vor allem in den ersten Jahren, früh einsetzende, hohe Erträge, geringe Anfälligkeit gegen Krankheiten, Ernte im Spätherbst, sehr gute Lagerfähigkeit.
Der junge Baum braucht nur wenig Schnitt, doch sollte man steile Triebe, zu denen die Sorte neigt, herunterbinden. Die Früchte sind hoch gebaut und färben sich mit der Reife gleichmäßig rot; das saftige, gelbliche Fruchtfleisch schmeckt säuerlich und aromatisch, es wird durch die feste Schale gut geschützt. Sein volles Aroma entfaltet dieser Apfel bei richtiger Lagerung ab Januar. Gloster ging aus der Kreuzung einer amerikanischen Sorte mit dem bei uns heimischen Glockenapfel hervor.

Glockenapfel: Diese anspruchslose Sorte zeichnet sich nicht durch aromatisches Fruchtfleisch aus, aber durch eine besonders gute Haltbarkeit (Winterglockenapfel). Die Tragwilligkeit ist beim Glockenapfel nicht sehr groß; nicht jedes Jahr bringt befriedigende Ernten (Alternation).

Golden Delicious: Der gelbgrüne, in der Vollreife goldgelbe Apfel gehört zu den wichtigsten Sorten des Obsthandels. Ausgereifte Früchte haben nur noch wenig Säure und angenehm mürbes, aber doch festes süß-aromatisches Fruchtfleisch. Die verhältnismäßig trockenen Äpfel eignen sich nicht zum Entsaften, aber gut zum Lagern.
Golden Delicious wurde in Westvirginia gezüchtet. Er braucht viel Sonne und nährstoffreiche Böden; er ist schorfanfällig, aber widerstandsfähig gegen Mehltau. Im Erwerbsanbau verwendet man für die mittelstark wachsende Sorte schwachwüchsige Unterlagen. Sie ermöglichen auch im eigenen Garten frühes Tragen der Bäume. Bewährt haben sich auch die ›Spur-Typen‹, sie erfordern wenig Schnitt. Golden Delicious trägt reich und muß für große, ausgereifte Früchte kurz nach der Blüte kräftig ausgedünnt werden. Die Blüten spenden viel fruchtbaren Pollen, sind aber selbst auf Kreuzbestäubung angewiesen, zum Beispiel mit James Grieve, Goldparmäne, Jonathan oder Cox Orange. Zum Lagern bestimmte Äpfel pflückt man, bevor sie sich goldgelb ausfärben. Geerntet wird ab Oktober.

Goldparmäne: In alten Bauerngärten behauptete diese späte Sorte ihren festen Platz. Sie reift noch in Gebirgslagen, wo die Früchte allerdings kleiner bleiben. Auch unter günstigen Bedingungen werden sie nur mittelgroß. Goldparmänen färben sich zur Reife sonnseitig mit warmem Rot auf goldgelbem Grund. Sie bilden einen reizvollen Baumschmuck. Das feste, gelbliche, wenig saftige Fleisch entfaltet sein fruchtiges, säuerliches Aroma erst während der Lagerung im Winter.
Vielleicht konnte sich die Goldparmäne im gewerblichen Obstanbau nicht so gut durchsetzen, weil die Sorte auch bei guter Düngung zu unregelmäßigem Tragen neigt. Man sollte deshalb mehr als einen Baum von ihr pflanzen. Der gute Pollenspender ist nicht mit sich selbst fruchtbar; kräftiger Schnitt empfiehlt sich. Man erntet die etwas derbschaligen Goldparmänen ab Mitte Oktober bis in den Dezember hinein.

Gravensteiner: Diese Sorte kommt wegen ihrer Starkwüchsigkeit kaum für kleine und mittlere

Hausgärten in Frage. Der Baum bildet ausladende Kronen. Er ist ein schlechter Pollenspender und muß mit anderen Sorten zusammen gepflanzt werden.
Die großen, saftigen Früchte können ab September geerntet werden. Sie zeichnen sich nicht nur durch feines Aroma, sondern auch durch besonders würzigen Duft aus. Gravensteiner neigen zu unregelmäßigem Tragen; das heißt, auch bei guter Pflege muß man mit Ausfalljahren rechnen.

Ingrid Marie: Wer nicht gleich mit anspruchsvollen Sorten beginnen möchte, ist mit Ingrid Marie für den Hausgarten gut beraten. Zwar erreichen die Früchte nicht das feine Aroma der ähnlichen Sorte Cox Orange, färben sich aber gleichmäßig dunkelrot aus, so daß sie sich gut als Weihnachtsäpfel eignen. Ingrid Marie stammt aus Dänemark, wo sie Anfang dieses Jahrhunderts gezüchtet wurde. Ihr Hauptvorteil liegt in der geringen Anfälligkeit gegen Krankheiten. Allerdings kann Obstbaumkrebs auftreten. Selbst mittelstark wachsend, kann sie je nach gewählter Unterlage als Busch oder Hochstamm gezogen werden. Sie neigt zu dichtem Kronenwuchs.
Die Blüten bringen keimkräftigen Pollen hervor. Zur dennoch nötigen Kreuzbestäubung eignen sich unter anderem Golden Delicious, Cox Orange und Jonathan. Auf schwachwüchsiger Unterlage trägt die Sorte früh, ein Vorteil für Erstpflanzungen. Bei guter Pflege und Düngung gibt es in der Regel keine Ausfalljahre. Geerntet wird ab September. Die Äpfel können gut gelagert werden, verlieren aber im Frühjahr bald von ihrem Aroma.

Jamba gehört zu den jüngsten Apfelsorten. Man züchtete sie im Alten Land an der Elbe unter Verwendung von James Grieve und brachte sie vor gut zwanzig Jahren in den Handel. Die großen Früchte zeigen sonnseitig Rot auf gelbgrünem Grund. Das erst knackige Fruchtfleisch wird später eher weich. Der reichlich vorhandene Saft bedingt eine nur begrenzte Lagerfähigkeit, doch ist Jamba nicht so druckempfindlich wie der ähnlich schmeckende James Grieve.
Zur Kreuzbestäubung bewährten sich Golden Delicious und Cox Orange, Jamba ist ein guter Pollenspender für andere Sorten. Man erntet die gleichmäßig geformten Früchte ab September. Die Sorte bleibt auf schwachwüchsiger Unterlage klein, sie braucht wenig Schnitt, gedeiht aber nicht in Höhenlagen mit starken Temperaturschwankungen.

James Grieve stammt aus Schottland. Der vorwiegend rote Sommerapfel mit saftigem Fruchtfleisch kann in recht unterschiedlichen Baumformen gezogen werden. Auf schwachwüchsiger Unterlage (wie M 9 der standardisierten Unterlagentypen) eignet er sich für den kleinen Garten, sogar für Terrasse und Dachgarten, wenn man ihn in Kübeln pflanzt. Auf starkwüchsiger Unterlage hingegen entwickelt er sich im Lauf der Jahre zum stattlichen Baum.
James Grieve fruchtet auch bei Einzelpflanzung durch Selbstbestäubung. Der gute Pollenspender dient anderen Apfelbäumen als Vatersorte, Kreuzbestäubung ist auch für James Grieve von Vorteil (Goldparmäne, Cox Orange, Golden Delicious, Jonathan). Bei guter Pflege bringt er regelmäßige Erträge und zeigt wenig Anfälligkeit für Schorf. Auf warmen Böden in sonnigen Lagen kann man schon ab Ende August, sonst im September und Oktober ernten. Der zartwürzige Tafelapfel wird meist roh verzehrt, man kann ihn nur für begrenzte Zeit lagern.

Roter Jonathan: Der Rote Jonathan, eine Mutante des Jonathan, stammt aus Amerika. Er bringt kleine bis mittelgroße Früchte hervor, die mehr durch ihre leuchtend roten Backen als durch ihr Aroma bestechen. Der ziemlich süße Apfel ist saftig, sein etwas durchdringender Geschmack fast derb. Trotz seines saftreichen Fruchtfleisches – grünlichgelb – kann der Apfel bei früher Ernte lange gelagert werden. Dazu trägt die dicke, glänzend glatte Schale bei. Erntet man zu spät, bekommt sie leicht Flecken. Man pflückt die ausgereiften Äpfel zum Essen im Oktober, Lageräpfel vor ihrer Eßreife schon im September. Der mehltauanfällige Rote Jonathan muß stark zurückgeschnitten werden, er neigt zu ausladenden, biegsamen Zweigen, die den reichen Fruchtbehang nicht tragen können. Golden Delicious, James Grieve und Cox Orange bevorzugt man für die Kreuzbestäubung, Jonathan bringt auch selbst keimfähigen Pollen hervor. Der Rote Jonathan braucht viel Feuchtigkeit.

Rote Sternrenette: Auch bei dieser Sorte treffen auffallende Rotfärbung und ›einfaches‹ Aroma zusammen. Der Hauptvorteil der Sternrenette liegt in ihrer Anspruchslosigkeit an das Klima und in ihrer Unempfindlichkeit gegen Krankheiten. Man pflanzt sie noch in rauhen Lagen erfolgreich an, auch als Pollenspender. Das Fruchtfleisch ist weiß, die Schale dunkelrot. Der kleine bis mittelgroße Apfel schmückt viele Weihnachtsbäume.

Schöner aus Boskoop kommt in mehreren Mutanten vor. Die Früchte des Roten Boskoop zeigen nicht ganz so gute Lagereigenschaften wie die des Schöner aus Boskoop.
Wegen seiner ausgeprägten Starkwüchsigkeit braucht der Boskoop in den ersten Jahren wenig Schnitt. Die Blüten spenden keinen gut keimfähigen Pollen und sind deshalb auf Kreuzbestäubung angewiesen. Dafür eignen sich vor allem früh blühende Sorten (Klarapfel, Goldparmäne, Cox Orange, Jonathan).
Ausfalljahre sind beim Boskoop oft nicht zu vermeiden. Die Tragfähigkeit setzt verhältnismäßig spät ein. Ausdünnen der Fruchtansätze führt zu hohen Erträgen. Die unregelmäßig geformten Früchte können sehr groß werden.
Schöner aus Boskoop, auch Goldrenette genannt, entwickelt nur sonnseitig einen Hauch von Röte. Das anfangs sehr feste Fruchtfleisch wird während der Lagerung mürbe und entfaltet erst im Winter sein volles Aroma. Er eignet sich gleichermaßen zum Rohverzehr – hoher Vitamin-C-Gehalt – wie zum Backen und Kochen, aber nicht zum Entsaften. Die derben, rauhen Schalen seiner Früchte sollten nicht darüber hinwegtäuschen, daß Boskoop zum Gedeihen viel Sonne auf feuchten Böden braucht; späte Nachtfröste werden schlecht vertragen.

Schöner aus Nordhausen: Dieser spät reifende Winterapfel wächst mittelstark und kann gut als Spindel und Busch gezogen werden. Wegen seiner Frosthärte eignet er sich auch für rauhere Lagen. Die Erträge an jungen Bäumen setzen früh ein. Nach der Blüte sollten die Fruchtbehänge ausgedünnt werden.
Die mittelgroßen Früchte entwickeln zur Reife eine undeutliche Rottönung auf weißlichgelbem Grund. Das weiße, säuerliche Fruchtfleisch enthält viel Saft. Trotzdem kann Schöner aus Nordhausen gut gelagert werden. Seine Anfälligkeit gegen Schädlinge und Krankheiten ist gering; an Klima, Boden und Pflege stellt diese dankbare Sorte keine hohen Ansprüche.

Die Birne (Pirus communis)

Auch wenn man – nach einer Redensart – Äpfel nicht mit Birnen vergleichen soll, haben sie viele Gemeinsamkeiten. Als Kulturpflanze nahm die Birne wahrscheinlich einen ähnlichen Weg wie der Apfel. Von Mittel- oder Westasien ausgehend, wo noch heute viele Wildarten der Birne wachsen, gelangte sie über die Griechen und Römer nach Mitteleuropa. Ansprüche, Pflege, Schnitt und Vermehrung der Birne weichen nur wenig von den Gegebenheiten der Äpfel ab.
Die Birne wurzelt nicht flach, sondern schickt eine Pfahlwurzel in tiefere Erdschichten. Diesem ›Unterbau‹ entsprechend streckt sich ihre Baumgestalt höher hinauf. Die Krone ist weniger kugelig, weniger ausladend als die der Äpfel. Im Umkreis von Bauernhöfen – in Süddeutschland oft auf Viehweiden – kann man noch heute hochgewachsene, mächtige Birnbäume sehen.
Dank seiner Pfahlwurzel erträgt der Birnbaum Trockenzeiten besser als der Apfelbaum. Birnen sind allgemein wärmebedürftiger und wollen ein ausgeglicheneres, milderes Klima als es Äpfel brauchen. Seeklima und die Bedingungen von Weinbaugebieten lassen Birnen besonders gut gedeihen. Allerdings wachsen auch noch im Bergland und am Alpenrand stattliche Birnbäume bis um tausend Meter Höhe über dem Meer. Oft handelt es sich dabei um kleine, zum Essen ungeeignete Mostbirnen, die entsaftet und zu Birnenschnaps gebrannt werden; aber es gibt auch einige alte Sorten mit

Wittfelder, eine alte, sehr süße Landsorte mit kleinen, fast kugelrunden Früchten

kleinen, festen, überaus süßen Früchten, die roh genießbar sind und sich gut zu ›Hutzelbirnen‹ trocknen lassen. Man bäckt damit würziges Birnenbrot.

Die Birne bevorzugt eher schwere Lehmböden mit einem für ihre Pfahlwurzel noch erreichbaren Grundwasserspiegel. Birnen blühen in der Regel vor den Äpfeln. Späte Nachtfröste können den Fruchtansatz einer Ernte teilweise oder ganz vernichten. Den rein weißen Blüten fehlt das Rosa der Apfelblüten, dafür schmücken sie sich mit kräftig roten Staubbeuteln, die später gelb werden.

Wie bei den Äpfeln, brauchen die meisten Kultursorten der Birne Kreuzbestäubung. Wo Früchte ohne Fremdbestäubung entstehen, fehlen ihnen die Samen. Dem milderen Geschmack der Birne entspricht ein geringerer Säureanteil des Fruchtfleisches. Der Gehalt an Nährstoffen, Spurenelementen und Vitaminen ist geringer, der Wasseranteil größer als bei Äpfeln. Die Birnenfrucht hat ein zartes Kernhaus, die Kerne sind dünner und länger als die der Äpfel. Birnen reifen erst nach einer gewissen Lagerzeit aus, dabei sollen sie kühl und können dunkel liegen. Die Lagerfähigkeit von Birnen reicht längst nicht an die der Äpfel heran, ihre volle Genußreife währt nur wenige Tage, Kenner sagen: nur einen Tag lang.

Auch die Kultursorten der Birne kann man weder durch Samen noch durch Stecklinge sortenecht vermehren. Man verwendet für das Edelreis Sämlingsunterlagen. So hat man es in der Hand, Birnen als Spindeln, Büsche, Schnurbäume, Viertel-, Halb- oder Hochstämme zu ziehen. Besonders gut bewährt hat sich das Okulieren auf Quittenunterlagen. Doch vertragen sich einige Birnensorten nicht mit der Quitte, so daß man dann zweimal veredeln muß (Zwischenveredelung).

Den Tausenden von Apfelsorten stehen weit weniger Birnensorten gegenüber. Im deutschen Erwerbsanbau beschränkt man sich auf etwa zehn Sorten.

Alexander Lucas stammt aus Frankreich und wurde nach ihrem Entdecker benannt. Sie blüht schon ab April und braucht deshalb geschützte Lagen, wo sie zur Blütezeit keine Fröste mehr bekommt. Ihr Blütenstaub eignet sich nicht zur Befruchtung, sie muß mit Pollenspendern, zum Beispiel mit Gute Luise, Conference, Williams oder Gellerts Butterbirne, zusammen gepflanzt werden.

Die Früchte reifen spät, oft erst in der zweiten Oktoberhälfte. Die grüne Schale wird dann gelb, das Fleisch sehr saftig. Will man die großen Früchte bis in den Winter hinein erhalten, muß man sie kühl lagern; das macht frühes Pflücken vor der Eßreife erforderlich. Alexander Lucas ist anfällig gegen Schorf und Blütenwelke.

Clapps Liebling stammt aus Nordamerika. Ihre Starkwüchsigkeit kann zu mangelnder Standfestigkeit führen. Sie wird deshalb vorteilhaft als Spalierbaum an eine Stützwand gepflanzt. Als Vatersorte für Kreuzbestäubung eignen sich zum Beispiel Conference und Williams Christbirne. Die Blüten von Clapps Liebling liefern ihrerseits keimfähigen Pollen für andere Sorten.

Die Erträge setzen am Jungbaum nicht sehr früh ein, sind dann aber hoch und werden in der Regel durch keine Ausfalljahre unterbrochen. Die großen, saftigen Früchte reifen unter guten Bedingungen schon gegen Ende August aus. Sonnseitig überziehen sich die gelbgrünen Birnen dann mit bräunlicher Röte. Bei schlechten Wachstumsbedingun-

gen kann das Fruchtfleisch harte Körnchen enthalten. Es handelt sich um Steinzellen, die in vielen Birnen während der Fruchtausbildung entstehen, sich aber bei gesunder Entwicklung mit der Reife wieder auflösen.
Clapps Liebling braucht bei Quittenunterlage eine Zwischenveredelung.

Conference gehört zu den dankbarsten Sorten – auch für den Hausgebrauch. Sie stellt wenig Ansprüche an Boden und Klima, braucht aber starken Schnitt. Sie blüht eher früh, ist sehr fruchtbar – auch mit sich selbst (Parthenokarpie), doch bilden sich dann die Früchte nicht regelmäßig aus. Damit sich die Birnen gut und groß entwickeln, sollte nach der Blüte ausgedünnt werden. Besser als Selbstbestäubung bewährt sich der Anbau anderer Pollenspender, wie Clapps Liebling oder Gellerts Butterbirne. Die Blüten bringen keimfähigen Blütenstaub für andere Sorten hervor.
Die eher unscheinbaren Farben der schlanken, langhalsigen Birnen spielen von Grüngelb zu Braungrün. Das Fruchtfleisch kommt ab September zur Reife. Früchte, die man gleich verbrauchen will, bleiben bis zur Vollreife am Baum, Lagerbirnen erntet man, solange sie noch fest sind.
Conference wächst kräftig, man veredelt sie ohne Zwischenveredelung auf Quitte A. Sie eignet sich für Spindelbüsche und kann dann auch auf kleinen Grundstücken erfolgreich gezogen werden. Die Erträge setzen früh ein, die Sorte neigt nicht zum Alternieren; auf alkalischen Böden besteht Chlorosegefahr; widerstandsfähig gegen Schorf.

Gellerts Butterbirne kommt aus Frankreich. Sie ist eine der älteren Birnensorten. Sie blüht mittelfrüh und bringt keimfähigen Blütenstaub hervor. Trotz ihrer Fähigkeit, auch ohne Bestäubung Früchte anzusetzen, sollte man für Kreuzbestäubung sorgen, zum Beispiel durch die vorgenannten Sorten, die alle guten Pollen spenden. Gellerts Butterbirnen zeichnen sich durch gelbliches, zartschmelzendes Fruchtfleisch unter rauher, braungrüner Schale aus. Aroma und Süße der sehr saftigen Frucht machen sie zu beliebtem Tafelobst, das auch zu feinen Desserts verarbeitet werden kann. Man erntet sie im September. Während der Lagerung verliert Gellerts Butterbirne schnell ihr geschätztes Aroma.
Die Sorte wächst stark. Man sollte die rasch und steil aufstrebenden Zweige der Krone deshalb herunterbinden oder drehen, um sie zur Fruchtbildung anzuregen. Als Unterlagen haben sich Quitte Adams und Quitte C gut bewährt.

Gute Luise erfreut sich seit etwa zweihundert Jahren großer Wertschätzung. Sie stammt, wie viele andere gute Birnensorten, aus Frankreich. Besonders zwei Eigenschaften zeichnen sie aus: das sehr feine Fruchtaroma bei säuerlichem Geschmack und die leuchtend roten Backen der mittelgroßen Früchte auf sattgelbem Grund. Die Schale ist glatt und glänzend. Man erntet Gute Luise im September – wenn man erntet. Denn diese Sorte neigt zu Ausfalljahren und beansprucht für ihr Gedeihen und Fruchten Bestbedingungen des Bodens, des Klimas und der Pflege. Sie verträgt weder nasse Kälte noch anhaltende Trockenheit und will einen offenen Standort. Zudem wird sie leicht von Schorf und Blattroller befallen.
Gute Luise blüht mittelfrüh und bildet auch ohne Bestäubung Früchte. Trotzdem sollte man ihr Kreuzbestäubung ermöglichen. Sie selbst spendet fruchtbaren Pollen für andere Sorten, blüht aber nur kurze Zeit. Ihre Krone entwickelt sich regelmäßig und bedarf starken Rückschnitts. Man zieht sie vorteilhaft auf Quitte A, mit der sie sich ohne Zwischenveredelung verträgt.

Gute Luise reift noch in ungünstigen Lagen

Anspruchslose »Bauernbirnen«

Blutbirnen geben reiche Ernten auch in rauher Höhenlage

Köstliche von Charneu steht in ihrer Empfindlichkeit kaum hinter Gute Luise zurück. Das gilt auch für ihr saftiges, schmelzendes Fruchtfleisch und ihre Hinfälligkeit beim Lagern. Man erntet sie meist erst im Oktober. Ihre mittelgroßen Früchte reifen zu leuchtendem Gelbgrün heran und entwikkeln kein Rot.

Die Krone wächst schnell und steil mit kräftigem Leitast, der einen starken Schnitt braucht. Man kann Köstliche von Charneu unmittelbar auf Quitte A ziehen, doch lohnt sich die Zwischenveredelung für ungestörte Entwicklung des Baumes. Der Pollen aus den mittelfrühen Blüten ist keimfähig, dennoch braucht die Sorte Kreuzbestäubung, auch wenn sie bisweilen Früchte ohne Bestäubung ansetzt.

In Deutschland kennt man diese anspruchsvolle Sorte auch als Bürgermeisterbirne.

Williams Christbirne kann nur in sonnigen und geschützten Lagen erfolgreich angebaut werden. Wegen ihrer Wärmebedürftigkeit gedeiht sie vor allem in Südeuropa gut, stammt aber aus England, wo sie schon vor mehr als zwei Jahrhunderten gezüchtet wurde.

Geschmacksunterschiede entwickeln sich bei den einzelnen Birnensorten längst nicht so ausgeprägt wie bei den Apfelsorten. Die Williams Christbirne weist einen nur ihr eigenen muskatähnlichen Geschmack auf. Vor allem aber ihre gute Verarbeitbarkeit, auch nach dem Kochen, macht diese Sorte zur wichtigsten Birne der Konservenindustrie. Das Fruchtfleisch der Williams Christbirne behält auch nach dem Erhitzen Festigkeit und Aroma, es verfärbt sich nicht.

Die spät einsetzende, aber langanhaltende Blüte der Williams Christbirne liefert keimfähigen Pollen, doch empfiehlt sich auch bei dieser Birne Fremdbestäubung durch Vatersorten. Die weiche und saftige Frucht reift goldgelb aus und kann unter günstigen Bedingungen schon Ende August geerntet werden. Es gibt Mutanten mit roten Backen. Bei Eßreife ist die Williams Christbirne besonders empfindlich, man muß sie für eine nur kurzzeitig mögliche Lagerung in festem Zustand pflücken.

Je nach Unterlage kann man die Williams Christbirne als stattlichen Baum (auf Sämling) oder auch in kleinen Formen ziehen. Die empfehlenswerte Quittenunterlage bedarf einer Zwischenveredelung.

Die Reihe köstlicher Birnen könnte man fortsetzen, doch ergeben sich von Sorte zu Sorte sowohl in der Fruchtbeschaffenheit als auch in den Ansprüchen an Boden, Klima und Pflege keine tiefgreifenden Unterschiede, soweit es sich um edle Tafelbirnen handelt. Zwischen diesen und den erwähnten anspruchslosen kleinfrüchtigen Birnen, die teilweise nur zum Entsaften verwendet werden, liegen die nicht ganz so kleinen Kochbirnen oder Bergamotten. Ihr körniges, festes Fleisch eignet sich nicht für den Rohgenuß, aber für die Zubereitung von Kompotten und Marmeladen. Beim Kochen nehmen sie eine rötliche Tönung an. Die Farben ihrer lederartig derben, oft rauhen Schalen spielen zwischen Graugrün und Rotbraun. Ertrag und Fruchtqualität auch der kleinen und kleinsten Kultursorten, die den Wild- oder Holzbirnen noch näher stehen, lassen sich durch gute Pflege und sachgemäßen Schnitt erheblich steigern.

Die Quitte (Cydonia oblonga)

Als noch in den meisten Haushalten zur Herbstzeit Obst und Gemüse eingemacht wurde, kam den Früchten der Quitte eine größere Bedeutung zu als heute. Ihr hoher Pektingehalt – er übertrifft den des anderen Kernobstes – läßt Quittensaft gut gelieren. Obstkuchen aus Quitten, Quittengelee und ›Quittenbrot‹ stellen Kostbarkeiten dar, die jetzt weithin in Vergessenheit zu geraten drohen.
Zum Rohgenuß eignen sich die hartfleischigen Früchte nicht. Dafür bieten die leuchtend gelben, meist recht großen, bis zu drei Pfund schweren Quitten im dunkelgrünen Laub des Baumes einen Schmuck, der dem Liebhabergarten gut ansteht. Wer nicht allzu sparsam mit Platz umgehen muß, sollte sich diese Zierde leisten, zumal Quittengehölze sehr wenig Pflege erfordern und nicht anfällig gegen Schädlinge und Krankheiten sind.
Der aus Asien stammende Quittenbaum braucht allerdings einen sonnigen Stand in milder Lage. Er wächst und fruchtet zwar auch unter rauheren Klimabedingungen, doch entwickeln die Früchte dann nicht das kennzeichnende Aroma und ihren starken zitronenähnlichen Duft. Schon wenige Quittenfrüchte in einem Raum verleihen der Luft würzig-fruchtige Frische. Bei der guten Lagerfähigkeit von Quitten läßt sich diese Eigenschaft leicht nutzen. Die Haltbarkeit der Quitten erklärt sich aus ihrem sehr festen, trockenen Fleisch unter dichter Schale.
Wildformen der Quitte wachsen im Kaukasus, in Turkestan, im Iran und im Südosten der Arabischen Halbinsel. Ihre Geschichte als Kulturpflanze dürfte kaum kürzer sein als die des anderen Kernobstes. Sie galt und gilt noch immer als Heilmittel in verschiedener Zubereitung und Anwendung. Auch symbolische Kräfte schrieben die Alten der Quitte zu. In Pompeji verzehrten Bräute eine Quitte, bevor sie ins Hochzeitsgemach eintraten; Symbol für einen harten Brocken?
Die heute bedeutendste Rolle der Gattung Quitte ist allgemein nur Obstbauern bekannt: Die meisten Birnen, die in den Handel kommen, wachsen auf Quittenwurzeln. Die niedrigen Kulturformen der Birnen werden in der Regel auf Quittenunterlagen veredelt. Sie bilden den widerstandsfähigen und ausreichend standfesten Unterbau edler, in Büschen und Niederstämmen gezogenen Birnengehölze. Am häufigsten verwendet man die Unterlagen Quitte A, Quitte Adams und Quitte C. Diese Unterlagen eignen sich nicht für die Fruchterzeugung.
Die echte Quitte kann man aus Samen, besser aus Abrissen und abgeschnittenen Einjahrestrieben vermehren. Die Einjahrestriebe sollten um dreißig, die Abrisse um vierzig Zentimeter lang sein und ziemlich tief in den Boden kommen. Die Kultursorten der Quitte werden auf Unterlagen veredelt. Für kleine Formen nimmt man Quitte A, für Hochstämme unter anderem den verwandten Rotdorn. Quittenbäume können die stattliche Höhe von acht Metern erreichen.
Nach der Form ihrer Früchte unterscheidet man Apfelquitten und Birnenquitten. Das duftende, sehr aromatische, aber herbe Fruchtfleisch ist beiden Formen gemeinsam. Es enthält neben Weinstein Apfel- und Gerbsäure, aber auch einen beachtlichen Anteil an Fruchtzucker und etwas mehr Vitamin C als der Apfel. Die Schleimstoffe der Kerne spielen in der Volksheilkunde eine Rolle.
Quitten gedeihen sowohl auf leichten als auch auf lehmigen Böden. Der pH-Wert sollte 7 nicht überschreiten, also etwa neutral sein. Bei zu hohem Kalkgehalt besteht Chlorosegefahr. Die bis zu fünf Zentimeter messenden weißen oder zartrosa Blüten der Quitten öffnen sich im Mai und Juni, sie bilden einen reizvollen Gartenschmuck. Die Früchte sollte man so lange wie möglich, also bis zu den ersten

Frösten, reifen lassen. Ihre weißflaumige Behaarung verlieren sie am Ende der Reifezeit.
Außer einem jährlichen Erhaltungsschnitt und üblicher Düngung braucht der Quittenbaum keine besondere Pflege. Obwohl die Quitte in wärmeren Gegenden zu Hause ist und dort auch am besten gedeiht, schaden ihr Winterfröste nicht. Sie blüht spät, so stören ihre Fruchtentwicklung auch keine Spätfröste.
Kultursorten: **Bereczki, Champion, Portugiesische Birnquitte, Riesenquitte von Lescovac** und **Vranja**. Die letztgenannte Art bestäubt sich selbst und ist auch wegen ihrer Tragfreudigkeit für den Hausgarten besonders zu empfehlen.
Es gibt keinen ›zwingenden‹ Grund, Quitten im Hausgarten anzubauen, aber doch einige Gesichtspunkte, die für diese alte Kulturpflanze sprechen. Man erfreut sich im Frühjahr an ihren Blüten, im Sommer und Herbst an ihren unübersehbaren Früchten und schließlich noch an den kräftigen Herbstfarben ihres Laubes.

Die Mispel (Mespilus germanica)

Die Mispel bauten nicht nur unsere Vorfahren, sondern auch die alten Römer und Griechen, wahrscheinlich schon die Kulturvölker Kleinasiens und Persiens an. Wilde oder verwilderte Mispeln wachsen in vielen europäischen Wäldern. Anders als die Wildform trägt die Kulturform der Mispel keine Dornen. Ihre gerbsäurehaltigen Früchte sind hart und zunächst ungenießbar. Erst wenn sie schon in Fäulnis übergehen, werden sie so mürbe, daß man sie essen kann – falls man den Geschmack schätzt. Ihre Würze dient bei der Herstellung alkoholischer Getränke als Aromaspender.
Mispeln sind unempfindlich und anspruchslos. Sie leiten zu den wildwachsenden Gattungen der Unterfamilie Kernobstgewächse über. Zu ihnen gehören auch die Felsenbirne, die Eberesche (Speierling) und der Weißdorn.

2. Steinobst

Die Steinobstgewächse, eine Unterfamilie der Familie Rosengewächse, unterscheiden sich botanisch von den bisher beschriebenen Kernobstgewächsen durch die Fruchtbildung. Die Fruchtknotenwand der Steinobstgewächse gliedert im Lauf der Fruchtreife drei Hüllen oder Schichten aus: die dünne Außenhaut (Exokarp) umschließt eine fleischige Mittelschicht (Mesokarp) – das eigentliche Fruchtfleisch – und dieses eine ›steinharte‹, eigentlich holzige Innenschicht als Schutzgehäuse des Samens. Im Gegensatz zu den Scheinfrüchten des Kernobstes haben wir es hier mit echten Früchten zu tun. Zu ihnen zählen Kirschen, Pflaumen mit Zwetschen, Renekloden, Aprikosen, Pfirsiche mit Nektarinen und Mandeln, die auch bei uns heimischen Wildarten Schwarzdorn (Schlehe) und Traubenkirsche (Ahlkirsche) sowie eine Reihe von Ziergehölzen mit den formenreichen Japanischen Zierkirschen. Wir beschränken uns im folgenden auf wichtige Sorten der bei uns ihrer Früchte wegen angebauten Steinobstarten. In Japan spielen die zahlreichen Varietäten der Blütenkirschen eine wichtige Rolle in der Kultur und in der Kulturgeschichte des Landes.
Wie beim Kernobst ist man auch beim Steinobst auf Veredelung angewiesen, wenn man selbst vermehren will. Kreuzbestäubung führt bei den meisten Steinobstarten zu den besten Ernteergebnissen oder muß für die Fruchtbildung überhaupt erst vorausgesetzt werden.

Kirschen
(Gattung *Prunus*)

Man unterscheidet Süßkirschen oder Vogelkirschen *(Prunus avium)* und Sauer- oder Weichselkirschen *(Prunus cerasus)*. Ihre Wildformen wachsen in Mittel- und Südosteuropa, in West- und Mittelasien.
Schon die Menschen der Jungsteinzeit spuckten Kirschkerne aus, man fand solche Reste bei Ausgrabungen an Wohnstätten. Kultursorten der Kirsche lernten die Römer wahrscheinlich im ersten

Jahrhundert vor Christi Geburt von den Griechen kennen und sorgten später für ihre Verbreitung in den neuen nördlichen Provinzen Galliens und Germaniens.

Die Süßkirsche ist nicht etwa eine Weiterzüchtung der Sauerkirsche, vielmehr gibt es neben bitteren auch süße Wildformen, nur sind deren Früchte wesentlich kleiner als die der Kultursorten, die Bäume meist größer. Nach der Chromosomenzahl ging die Sauerkirsche mit 32 Chromosomen aus der Süßkirsche mit 16 Chromosomen hervor. Süßkirschen und Sauerkirschen sind echte Arten mit unterschiedlichen Merkmalen; in der Natur kreuzen sie sich nicht untereinander. Unter den Kultursorten aber ist die Rote Maikirsche eine Kreuzung (Hybride). Man zählt sie allgemein zu den Süßkirschen.

Die gestielten, drüsigen Blätter der Süßkirsche hängen, während die drüsenlosen, härteren Blätter der Sauerkirschen abgespreizt wachsen und sich härter anfühlen. Alle Kirschen blühen weiß, die Blüten stehen in Büscheln, nur die Sauerkirsche entwickelt kleine, grüne Blättchen am Grund der Blütenstände. Alle Süßkirschen brauchen Fremdbestäubung (selbststeril), die meisten Sauerkirschen genügen sich selbst (selbstfruchtbar). Man kann in einem Hausgarten also durchaus nur einen Sauerkirschbaum anpflanzen, während man bei Süßkirschen in der Nachbarschaft Süßkirschengehölze braucht.

Alle Kirschen haben glatte, rundliche Steine, allgemein haftet das Fruchtfleisch der Süßkirschen am Stein, das der Sauerkirschen nicht. Die Fruchtfarben der Kirschen reichen von ›Weiß‹, das in Wirklichkeit einem rötlichen Gelb entspricht, über Rotgelb, Hellrot, Feuerrot, Dunkelrot, Rotbraun und Rotviolett bis zum rötlichen Schwarz. Man veredelt auf Wildlingsunterlagen.

Süßkirschen (Prunus avium)

Süßkirschen wollen vollsonnigen Stand, warmen, eher leichten, aber tiefgründigen Boden. Kiesführender oder steiniger Untergrund wird bei starker Humusschicht vertragen, Staunässe nicht. Bei schwerem Lehm oder Ton besteht Gummiflußgefahr. Diese Krankheit kann auch andere Ursachen

Vogelkirsche mit kleinen, aber süßen Früchten

haben, zum Beispiel Stickstoffüberdüngung oder Mangel an Kali, Phosphor oder Kalk. Kirschen vertragen etwas mehr Kalk als Äpfel. Der pH-Wert des Bodens sollte nicht tiefer als 5,5 liegen und darf 7,5 bis 8 erreichen. Bei kalkhaltigen, also alkalischen Böden ist Vorsicht mit Kalkdüngung oder kalkreichem Kompost geboten. Spätfröste können, besonders bei den Süßkirschen, den Blüten schaden und die Fruchtansätze vereiteln.

Süßkirschen lassen sich als Büsche und Hecken, als Nieder- und Hochstämme ziehen. Im Haus- und Obstgarten wird man niedrigen Kulturformen den Vorzug geben. Sie bringen früher Erträge, lassen sich leichter pflegen, schneiden und abernten, nötigenfalls durch Netze gegen Vogelfraß schützen, was bei Hochstämmen recht schwierig oder unmöglich ist.

Die bei den Süßkirschen notwendige Kreuzbestäubung setzt voraus, daß man solche Sorten zusammenstellt, die in etwa zur gleichen Zeit blühen. Beim Kauf der Jungpflanzen in einer Baumschule sollte man sich vergewissern, daß die gewählten Sorten in ihrer Blühzeit zusammenpassen. Zur genaueren Einstufung der Kirschensorten teilt man sie auch nach ihren Reifezeiten in ›Kirschenwochen‹ ein. Ganz allgemein entspricht einer Ernte im Juni die Blüte im April oder einer Blüte im Mai die Ernte im Juli, der späten Juniblüte eine Ernte bis in den August hinein. Ernte in der ersten Kirschenwoche bedeutet reife Früchte in der Junimitte.

Kassins Frühe bringt große, weiche, schwarzrote Früchte mit rotbraunem, saftigem Fleisch hervor; Reife in der ersten und zweiten Kirschenwoche, besonders zum Frischverbrauch, weniger zum Verarbeiten geeignet. Mittelstarker Wuchs und reiche, regelmäßige Ernten machen Kassins Frühe für den Hausgarten beliebt, doch ist die Sorte empfindlich gegen Dauerregen.
Günstige Befruchtungssorten für die Kreuzbestäubung sind: Badeborner, Büttners Rote Knorpel, Fromms Herzkirsche, Dönissens Gelbe Knorpelkirsche, Große Germersdorfer, Große Prinzessinkirsche, Große Schwarze Knorpelkirsche, Hedelfinger Riesenkirsche, Rivers Frühe, Schneiders Späte Knorpelkirsche.

Rivers Frühe reift gleichfalls in der ersten und zweiten Kirschenwoche, sie ist regenfester als die vorige Art. Ihre Früchte sind etwas kleiner als Kassins Frühe. Sie kann mit dieser Sorte zur Kreuzbestäubung zusammen angebaut werden, aber auch mit den oben genannten Sorten.

Fromms Herzkirsche reift in der dritten Kirschenwoche mit mittelgroßen weichen, violett überhauchten Früchten. Kreuzbestäubung ist mit den oben aufgeführten Sorten möglich.

Rote Maikirsche reift ab der dritten Kirschenwoche in einem für Süßkirschen recht hellen, leuchtenden Rot. Der erwähnte Einschlag der Sauerkirsche zeigt sich bei dieser Sorte auch in etwas geringerer Wuchsstärke als bei anderen Süßkirschen.
Die Rote Maikirsche tritt in verschiedenen Zuchtformen mit unterschiedlichem Aussehen und verschiedenen Eigenschaften auf. Zur Kreuzbestäubung eignen sich andere mittelfrühe Sorten, aber auch Schneiders Späte Knorpelkirsche.

Hedelfinger Riesenkirsche reift in der vierten und fünften Kirschenwoche. Ihre tiefroten, herzförmigen Früchte zeichnen sich durch festes Fleisch, Aroma und Größe aus. Ihr Stein löst sich gut.
Sorten mit knackigem Fleisch nennt man auch Knorpelkirschen. Zur Bestäubung bewährten sich unter anderen Schneiders Späte Knorpelkirsche und Große Prinzessinkirsche.
Wegen ihrer widerstandsfähigen Fruchthaut ist die Hedelfinger Riesenkirsche nicht sehr regenempfindlich. Ihre späte Blüte entgeht in der Regel den Nachtfrösten, die Frosthärte des Baumes im Winter ist gut.

Große Prinzessinkirsche heißt wegen ihrer gelblichen, sonnseitig zart geröteten Früchte auch Weiße Herzkirsche. Sie reift in der vierten Kirschenwoche. Diese mittelspäte Sorte zeichnet sich durch knackiges Fruchtfleisch und Starkwüchsigkeit aus. Ähnliche Fruchtfarbe hat

Dönissens Gelbe Knorpelkirsche: Sie reift in der fünften und sechsten Kirschenwoche. Für die Kreuzbestäubung kommen Fromms Herzkirsche, Große Prinzessinkirsche, Hedelfinger Riesenkirsche, Schneiders Späte Knorpelkirsche und andere in Frage.

Große Schwarze Knorpelkirsche reift in der fünften und sechsten Kirschenwoche. Ihr Fleisch ist etwas säuerlicher als das anderer Süßkirschen, dunkelrot, saftig, aber nicht weich, sondern knackig. Diese beliebte Sorte mit herzförmiger Fruchtform braucht nährstoffreiche, aber eher leichte Böden.
Bewährte Bestäubersorten sind Dönissens Gelbe Knorpelkirsche, Fromms Herzkirsche, Hedelfinger Riesenkirsche und Schneiders Späte Knorpelkirsche.

Unsere Beispiele zeigen, daß jeweils viele Süßkirschensorten zur gegenseitigen Bestäubung möglich sind. Die Baumschulen, von denen man Pflanzgut bezieht, geben darüber gern Auskunft. Für den Gartenfreund bringt es Vorteile, wenn er solche Sorten wählt, die ungleichmäßig reifen, so daß er länger ernten kann. Die Rote Maikirsche und Schneiders Späte Knorpelkirsche weisen diese Eigenheiten auf, die im Erwerbsanbau von Nachteil sind.

Sauerkirschen (Prunus cerasus)

Sauerkirschen haben für den Hausgarten drei Vorzüge:

1. Sie stellen allgemein geringere Ansprüche an Standort, Boden und Klima. Einige Sorten reifen auch bei teilweiser Beschattung.
2. Man kann bei Sauerkirschen selbstfruchtbare Sorten wählen und ist dann nicht auf Kreuzbestäubung angewiesen, das heißt auf das Anpflanzen mehrerer Büsche oder Stämmchen verschiedener Sorten.
3. Sauerkirschen sind von Natur aus schwachwüchsiger als Süßkirschen. Man kann sie gut als recht kleine Gehölze ziehen und braucht nicht aus Platzmangel auf diese reich tragende Steinobstart zu verzichten. Ein Nachteil der Sauerkirschen ist ihre Anfälligkeit für die Pilzkrankheit Monilia, die allerdings auch bei Süßkirschen auftreten kann.

Schattenmorelle ist eine der wichtigsten und dankbarsten Sauerkirschsorten. Ihre vollsaftigen, wohlschmeckend-säuerlichen Früchte reifen in der sechsten Kirschenwoche, je nach Lage auch erst im August. Dabei entwickeln sich ihre Farben von Grün über Gelb zu Hellrot und schließlich zu tiefem Dunkelrot. Wegen ihres weichen Fleisches müssen ausgereifte Schattenmorellen gleich verbraucht werden.

Bei uns gedeiht auch diese Sorte nicht wirklich im Schatten, aber doch im Halbschatten, also etwa an Ost- und Westseiten eines Hauses, wo sie nicht ganztägig Sonne bekommt. Schattenmorellen werden wegen ihrer Schwachwüchsigkeit vorteilhaft als Büsche und Spaliere gezogen, auch mittelhohe Hochstämme sind möglich. Als kaum mannshoher Kleinstbaum eignet sie sich für Pflanzkübel und Tröge, sie bringt in dieser Form ein wenig Obstgartenatmosphäre auf die Terrasse oder sogar auf den Balkon.

Ein solches Zier- und Ertragsbäumchen sollte regelmäßig gleich nach der Ernte bis auf das zweijährige Holz zurückgeschnitten werden, damit es seine Kronenform wahrt. Da die Schattenmorelle hauptsächlich auf einjährigen Trieben fruchtet und älteres Holz zum Verkahlen neigt, empfiehlt sich dieser Rückschnitt auch für die anderen Gehölzformen dieser Sorte, aber nicht für alle Sauerkirschen.

Bei Schattenmorellen, die mehrere Jahre nicht in dieser Weise gepflegt wurden, schneidet man nach der Ernte alle mehrjährigen Langtriebe bis auf kräftige Blattknospen zurück, aus denen dann neues Fruchtholz treibt. Damit sich das Gehölz trotz jährlichem Rückschnitt weiter entwickeln kann, wechselt man vorteilhaft von Jahr zu Jahr zwischen starkem und schwachem Einkürzen der Triebe. Regelmäßige Verjüngung durch Schnitt beugt auch der Bleiglanzkrankheit und dem Moniliabefall vor. Wie die meisten heute handelsüblichen Sauerkirschensorten ist die Schattenmorelle selbstfruchtbar, also nicht auf Fremdbestäubung angewiesen.

Die Sorten **Ludwigs Frühe** und **Diemitzer Amarellen** brauchen für ihre zahlreichen, aber kürzeren Fruchttriebe weniger starken Rückschnitt. Die Sorten **Heimanns Rubinweichsel** und **Rexelle** neigen weniger zum Verkahlen und müssen deshalb nur bei zu dichtem Stand der Triebe ausgelichtet werden. Der Eigenart vieler Sauerkirschgehölze, zahlreiche steile Triebe auszubilden, wirkt man durch Auseinanderspreizen von Ästen entgegen und durch das Entfernen nach innen wachsender oder schwacher Triebe. Man fördert dabei fruchtbare Seitentriebe durch Zurückschneiden auf Außenknospen, die vorhandenen Triebe verlängern sich sonst über die Endknospen und können verkahlen, wenn sie zu lang werden.

Morellenfeuer ist eine junge Sorte aus Dänemark von mäßig starkem Wuchs. Sie blüht im Mai und kann im Juli geerntet werden. Man pflückt die dunkelroten Früchte ohne Stiele, was bei anderen Kirschen oft nicht möglich ist.

Morellenfeuer eignet sich gut für den Hausgarten. Auch diese Sorte braucht keine Fremdbestäuber, und sie erwies sich als widerstandsfähig gegen Krankheiten und Schädlinge, ohne besondere Ansprüche an Boden und Klima zu stellen. Ein jährlicher Verjüngungsschnitt fördert die Tragwilligkeit. Allgemein bilden sich bei den Sauerkirschen Früchte nur am einjährigen Holz.

Wer nur wenig Platz für Obstgehölze im Garten hat, wird zunächst den Anbau von Kern- und Beerenobst vorziehen. Nach dieser ›Grundausstattung‹, die nur aus niedrigen Gehölzen zu bestehen braucht, sollte man sich durchaus auch für Kirschen entscheiden, zumal sie durch Blüten und Früchte einen reizvollen Gartenschmuck bilden. Man beginnt vorteilhaft mit einer Sauerkirsche und setzt den Anbau – soweit Platz vorhanden – mit mehreren Süßkirschengehölzen fort. Süßkirschen eignen sich besser zum Rohgenuß, Sauerkirschen bestens für die Weiterverarbeitung zu Säften, Gelees, Marmeladen, für Obsttorten, zum Einmachen und zum Einlegen etwa im Rumtopf.

Pflaumen mit Zwetschen (Gattung Prunus)

In Mitteleuropa wachsen keine Wildformen der Pflaumen, wie das bei den Kirschen und beim Kernobst der Fall ist. Die Pflaume stammt wahrscheinlich aus Vorderasien, vielleicht aus dem uralten Kulturland um die Flüsse Euphrat und Tigris. Dort blühte einst die persische Hauptstadt Susa. Ihr Name soll in der italienischen Bezeichnung ›susina‹ stecken, er könnte sich in dem Wort Zwetsche erhalten haben. Doch ist diese Ableitung ebenso unsicher wie die Vermutung, daß unser Wort Kirsche auf die Stadt Kerasond am Schwarzen Meer zurückgeht.
Es scheint erwiesen zu sein, daß wichtige Kulturformen unseres Obstes aus dem westlichen Asien, aus den Gebieten des heutigen Iran stammen, wo sich die alte persische Kultur entwickelt hatte.
Den Römern waren Kultursorten der Pflaume nach Schriftzeugnissen schon um Christi Geburt, wahrscheinlich sogar früher bekannt. Unsere Schlehe (Schwarzdorn) hat Ähnlichkeit mit der Pflaume, doch ist ihr Kern nicht spitz und flach wie bei den Pflaumen, sondern rund und glatt. Die Wildarten Schlehe und Kirschpflaume dürften bei der Entstehung der Hauspflaume mitgespielt haben. Auch mit heutigen Erkenntnissen der Genetik und den technischen Möglichkeiten zeitgenössischer Pflanzenzucht ist es nicht möglich, etwa aus einer Schlehe eine pflaumenartige Kulturpflanze hervorgehen zu lassen. Um so rätselhafter muß es uns erscheinen, daß solche Nutzpflanzen an bestimmten Orten und zu bestimmten Zeiten auftraten und für die Fortentwicklung der Menschheit schon bald eine wichtige Rolle spielten. Die in jungsteinzeitlichen Pfahlbauten gefundenen Steinobstkerne stammen von der Vogelkirsche und der Schlehe, also noch nicht von Kulturformen. Der Anbau von Kulturpflanzen setzte eine von den europäischen Steinzeitmenschen noch nicht errungene Kulturstufe, nämlich die des Ackerbaus, voraus.
Pflaumen, Zwetschen, Mirabellen und Renekloden sind Formen beziehungsweise Unterarten der Hauspflaume *(Prunus domestica)*. Die Hauspflaume wird mitunter als Zwetsche bezeichnet, meist gelten als Zwetschen aber nur bestimmte Formen der Pflaume. Die Abgrenzung schwimmt und ist nicht botanisch im Sinne einer Unterart begründet. Wir verwenden hier den Oberbegriff Pflaume und behalten die Bezeichnung Zwetsche (in Süddeutschland Zwetschge) den unter diesem Namen bekannten Pflaumensorten vor. Zwetschen unterscheiden sich von den Pflaumen durch die längliche Form ihrer Früchte, durch festeres Fruchtfleisch, durch flachen Kern und dünne Fruchtstiele. Zwetschen sind meist blau, seltener blaurot gefärbt, jedenfalls in der Reife niemals grün oder gelb. Das Fruchtfleisch der Pflaumen zerfällt beim Kochen leichter. Man bevorzugt sie für den Rohgenuß.
Pflaumen (und Zwetschen) wachsen von Natur aus als mittelgroße Bäume, sie sind mittel- bis starkwüchsig. Durch geeignete Unterlagen und durch Schnitt können sie auch als niedrige Gehölzformen gezogen werden. Einige Sorten brauchen Fremdbestäubung, andere nicht. Auch die Vermehrung durch Veredelung auf Sämlingsunterlagen braucht man nicht bei allen Sorten durchzuführen, weil sie teilweise durch Wurzelschößlinge sortenecht vermehrbar sind.
Wie die Kirschen und das Kernobst brauchen Pflaumen vollsonnige Standorte in milden Lagen, um zur Fruchtreife zu kommen. Die Bäume sind widerstandsfähig genug, auch in ungünstigen Lagen zu wachsen, doch lassen Größe, Süße und Aroma der Früchte dann zu wünschen übrig. Pflau-

men sind frostempfindlich sowohl während der Blüte als auch gegen starke Winterfröste. Der Boden sollte tiefgründig humos, er darf sandig leicht sein, wenn man ihn ausreichend mit Nährstoffen versorgt und in Trockenzeiten wässert. Lehmböden, sogar tonige Böden eignen sich, wenn man Staunässe ableitet und regelmäßig Nährhumus zuführt. Naßkalte und magere Böden bilden keine Grundlage für den Anbau von Steinobst.

Kalkmangel vertragen Pflaumen schlecht. Ein pH-Wert des Bodens von 5,5 oder 6, den die Kirschen noch hinnehmen, liegt für sie schon zu tief; sie wollen möglichst 6,5 bis 7. Doch muß man auch bei ihnen mit Kalkgaben vorsichtig sein, Überkalkung kann zu Chlorose führen.

Die Tragwilligkeit der Pflaumen übersteigt bisweilen die Tragfähigkeit ihres Holzes. Die Äste solcher Bäume müssen dann abgestützt oder vorsichtig hochgebunden werden. Pflaumen neigen zu Ausfalljahren oder doch zu jahreweise schlechteren Erträgen. Vor allem an jungen Gehölzen muß man Erziehungsschnitte vornehmen. Pflaumen tragen an zwei- und dreijährigem Holz, ein regelmäßig starkes Zurückschneiden wie bei den Kirschen wäre deshalb falsch.

Pflaumen blühen im April noch vor dem Austrieb der Blätter. Es besteht also stets Gefahr, daß Spätfröste die Fruchtbildung verhindern. Die weißen Blüten sitzen an kurzen Stielen, sie bilden meist paarweise einen Blütenstand. Frühe Sorten reifen im August, mittlere und späte im September und Oktober. Die Spätzwetschen haben einen deutlich höheren Fruchtzuckeranteil. Sie eignen sich deshalb am besten für das beliebte Pflaumenmus oder zum Einmachen und Trocknen.

Während der Reife überziehen sich die Früchte vieler Pflaumensorten mit einer feinen Wachsschicht, die wie Reif aussieht und Duft genannt wird.

The Czar, eine der bekanntesten Sorten, stammt aus England. Sie blüht im April und reift im August dunkelblau. Ihr gelbes Fleisch ist saftig und löst sich leicht vom Stein. The Czar braucht keine Fremdbestäubung, kann also allein angepflanzt werden. Auch ihre guten und gleichmäßigen Erträge machen sie für den Hausgarten geeignet. Ihr keimfähiger Blütenstaub kann andere Sorten befruchten, zum Beispiel die

Lützelsachser Frühzwetsche. Sie reift schon ab Juli, ihre Früchte schmecken angenehm säuerlich. Die für sie nötige Fremdbestäubung liefern auch die Bühler Frühzwetsche und die Viktoriapflaume (Königin Viktoria). Aus Amerika kommt die

Ontariopflaume mit schönen gelben und besonders großen, fast kugelrunden Früchten. Die selbstfruchtbare Sorte reift schon Anfang August. Die Süße dieser Pflaume lockt viele Wespen an, doch bleibt ihr Aroma hinter dem anderer Sorten zurück. Daß die Ontariopflaume bei uns kaum im Obsthandel geführt wird, liegt an der Druckempfindlichkeit ihres weichen Fruchtfleisches. Um so lohnender ist ihr Anbau im Hausgarten, sofern man das Wärmebedürfnis der Sorte befriedigen kann. Da ihr zudem Winterfröste schaden können, empfiehlt sie sich nicht für rauhere Lagen.

Die Bühler Frühzwetsche zeichnet sich durch das gute Aroma ihres saftigen Fleisches aus und durch ihre Widerstandsfähigkeit gegen Krankheiten. Allerdings braucht auch sie warme Standorte. Ihre mittelgroßen, dunkelblauen Früchte können dann schon ab Mitte August geerntet werden. Ein Nachteil ist das brüchige Holz dieser Sorte, ein Vorteil ihre Selbstfruchtbarkeit.

Die Viktoriapflaume kommt aus England. Sie reift nicht zu blauen, sondern über gelbe zu roten Früchten heran und kann je nach Lage im August oder September geerntet werden. Der übergroßen Fruchtbarkeit dieser Sorte muß man durch Ausdünnen nach der Blüte begegnen. Beläßt man ihr einen zu starken Behang, bleiben die Früchte klein und entwickeln zuwenig Süße. Obwohl ihr Geschmack wegen geringer Säurebildung nicht so fruchtig-frisch ist wie der anderer Sorten, kann man sie doch für den Hausgarten empfehlen.

Für den Eigenanbau sprechen: Sie braucht keine Fremdbestäubung, ihre Früchte reifen nicht auf einmal, so daß man durch einige Zeit hindurch ernten kann, sowohl die Blüten als auch das Holz zei-

gen wenig Empfindlichkeit gegen Frost, die Erträge setzen an den Jungbäumen früh ein.
Die häufigsten Pflaumen-›Leiden‹, Fruchtmonilia und Bleiglanzkrankheit, können allerdings auch bei dieser verhältnismäßig robusten Sorte auftreten, Dauerregen läßt die Früchte platzen. Der schwache bis mittelkräftige Wuchs mit hängenden Zweigen macht die Sorte auch für kleine Gärten anbaufähig.
Unter den Zwetschensorten ist die

Deutsche Hauszwetsche bestimmt Nummer Eins: Zwar muß man mit der Ernte dieser späten Sorte bis Mitte Oktober warten, aber dafür eignen sich die überaus saftigen und süßen, dabei säuerlichen und aromatischen Früchte ebenso gut für den Frischverzehr wie für alle denkbaren Verarbeitungen von Pflaumenmus bis Zwetschenwasser wie keine anderen. Die Steine lösen sich leicht, für den Handel ist die geringe Druckempfindlichkeit der langen, großen Früchte von Bedeutung.
Der Anbau dieser weitverbreiteten und tragfähigen Sorte macht keine Schwierigkeiten, allerdings lassen sich Ausfalljahre nicht immer vermeiden. Blüten und Holz können Frostschäden davontragen, deshalb sollte man beim Pflanzen auf geschützte Standorte achten. Der mittelstarke Wuchs kann zu kräftigen Bäumen führen, im Kleingarten wäre dieses Gewächs fehl am Platz. Fremdbestäubung ist nicht nötig.

Mirabellen

Mirabellen bringen nur auf warmen Böden und in mildem Klima befriedigende Erträge und ausgereifte Früchte. Mäßiger Wuchs führt je nach Schnitterziehung zu kleinen bis mittelgroßen Bäumen, so daß die Mirabelle auch im Hausgarten angebaut werden kann. Sie ist selbstfruchtbar. Anders als Kirschen und die meisten Pflaumensorten bilden Mirabellen nur kurzes Fruchtholz aus, das fein und dicht heranwächst. Auslichtungs- und Verjüngungsschnitte sind für regelmäßige Erträge unumgänglich. Auch ein Ausdünnen zu dichter Fruchtbehänge dankt der Baum mit besserer Ernte.
Die kugelig runden Früchte erreichen nicht die Länge von Pflaumen. Sie reifen von Grün zu Grüngelb bis Goldgelb. Vollreife Mirabellen zeigen auf der dünnen, prall gespannten Fruchthaut unregelmäßige, feine, rostartige Punkte, das Fleisch ist dann sehr weich, honigsüß mit wenig Säure und stark aromatisch. Das kennzeichnende Mirabellenaroma bleibt auch bei der Weiterverarbeitung zu Marmeladen, beim Einwecken der ganzen Früchte, vor allem aber bei der Destillation zu Mirabellenschnaps erhalten.
Die bekannteste und wohl auch dankbarste Sorte mit verhältnismäßig großen Früchten ist die **Nancy-Mirabelle**.
Die **Mirabelle von Metz** bringt bei ähnlichen Ansprüchen an einen warmen Standort etwas kleinere Früchte hervor, so daß sich die erstgenannte Sorte für den Hausgarten empfiehlt.

Renekloden

Renekloden ähneln Mirabellen, doch reifen die meisten Sorten grün bis goldgrün, **Althanns-Renekloden** dagegen violett. Diese Sorte gedeiht noch in Lagen, in denen Mirabellen den Anbau nicht mehr lohnen.
Die meisten Reneklodensorten sind auf Fremdbestäubung angewiesen, doch eignen sich als Pollenspender nicht nur andere Reneklodensorten, sondern auch Mirabellen und Zwetschen, zum Beispiel die Hauszwetsche und The Czar.
Renekloden blühen im April und reifen ab August, oft erst im September. Die bekannteste Sorte, die **Große Grüne Reneklode,** wird in verschiedenen Formen angeboten. Will man nur ein Reneklodenbäumchen im Hausgarten ziehen, sollte man eine selbstfruchtbare Sorte nehmen, zum Beispiel **Oullins Reneklode.** Diese Sorte wächst stark und braucht regelmäßigen Rückschnitt, für kleine Gärten eine schwachwüchsige Unterlage. Renekloden entwickeln bei grüner Fruchtfarbe Süße, Saft und Aroma, ihre Schalen sind etwas derber als die der Mirabellen. Wo Mirabellen wegen des Klimas nicht mehr gedeihen, kann man es noch mit den genügsameren Sorten der Reneklode versuchen.

Der Pfirsich (Prunus persica)

Der Pfirsich galt schon unseren Vorfahren als eine besonders köstliche Frucht. Die Römer brachten ihn mit ihren Legionen im dritten oder vierten nachchristlichen Jahrhundert in unsere Heimat, sie hatten ihn von den Griechen übernommen, die Griechen von den Persern. Wahrscheinlich ermöglichte Alexander der Große durch seine Kriegszüge gegen Osten im vierten Jahrhundert vor Christi die Einreise des Pfirsichs von Asien nach Europa.
Noch viele Jahrhunderte später hieß die begehrte Frucht Persischer Apfel, und diese Herkunftsbezeichnung hielt sich bis heute im wissenschaftlichen Namen des Pfirsichbaumes. In Wirklichkeit hatte der Pfirsich schon in Persien eine weite Wanderung hinter sich, denn er stammt aus dem Fernen Osten und soll schon zwei Jahrtausende vor Christi in China kultiviert worden sein.
Fernöstlich anmutenden Farbenzauber bringt uns der Pfirsichbaum, wenn er schon etwa zwei Wochen vor der Apfelblüte das milde Feuer seiner von Weiß über Rosa bis ins warme Rot spielenden Blüten entfacht. Die Einzelblüten sitzen ungestielt und dicht an dicht auf der dunklen Rinde des Holzes. Aber in unserem Klima macht auch der blühende Pfirsichbaum noch keinen Frühling, und ein einziger Nachtfrost, wie er im April noch wahrscheinlich ist, setzt allen Ernteaussichten ein jähes Ende.
Außer in den klimatisch bevorzugten Lagen am Bodensee, am Kaiserstuhl, in Franken, in der Pfalz, an der Bergstraße und in der Rheinebene kann man den Pfirsich in unseren Breiten nicht mit Aussicht auf Erfolg anbauen. Allgemein gedeiht der Pfirsich nur dort, wo auch Weinreben reifen.
Wer auf dieses obstbauliche Kleinod auch außerhalb der Weinbaugebiete für seinen Hausgarten nicht verzichten will, kann, wie viele Hobbygärtner beweisen, möglicherweise das Kleinklima für ein Pfirsichspaliergehölz an einer geschützten Südwand schaffen. Nicht nur in Südtirol, auch in Nordtirol, beispielsweise im Inntal zwischen Innsbruck und dem Unterengadin, gedeihen Pfirsichspaliere an Bauernhäusern, und dort sind die Winter kalt und schneereich. Nur wenige Kilometer entfernt kann man sich im Ötztal von der Gletscherbahn zu ganzjährig befahrenen Sommerskigebieten hinauftragen lassen.
Winterfrost schadet dem Pfirsichbaum nicht, aber er braucht viel Sonne; er beantwortet naßkalte Sommerabschnitte leicht mit Krankheitsbefall. Auch seine Ansprüche an Boden und Schnittpflege übersteigen die der bisher besprochenen Obstarten. Pfirsiche verlangen einen warmen, eher leichten, aber humosen Boden. Bei guter Wasserführung muß er unbedingt durchlässig sein und darf keinen hohen Grundwasserstand aufweisen. Die geforderte gute Durchlüftung erreicht man auf die Dauer am sichersten durch natürliche Bodengare, also belebten Humus. Entsprechend dem schnellen Heranreifen großer Früchte und dem starken Rückschnitt, den jedes in Kultur stehende Pfirsichgehölz verkraften und durch neue Pflanzenmasse ersetzen muß, ergibt sich ein hoher Nährstoff-, Kalk- und Wasserbedarf. Aus diesem Grund sollten Pfirsichbäume am Haus oder im Freistand auch nicht inmitten einer Rasendecke, sie sollten unter einer Mulchschicht stehen. Diese darf aber nicht so dick sein, daß sie im Frühjahr die Bodenerwärmung verzögert.
Erwerbsmäßiger Pfirsichanbau wird heute vor allem in südeuropäischen Ländern betrieben. Die Nachfrage führte auch zum Anbau von Pfirsichen in Holland, doch zieht man sie dort gezwungenermaßen unter Glas. Man liefert Treibhauspfirsiche schon ab Mai, wenn auch die ersten italienischen Freilandpfirsiche bei uns zu haben sind. Bedeutende Pfirsichanbaugebiete entstanden in den wärmeren Breiten Nordamerikas, zum Beispiel in Kalifornien.
Die weltweit überaus zahlreichen Pfirsichsorten setzen sich aus zwei Hauptgruppen zusammen: weiß- und gelbfleischige Früchte. Wahrscheinlich hätten die gehaltvolleren und aromatischeren gelben Sorten die weißen längst verdrängt, wären sie nicht allgemein die früheren Sorten. Auch bei den Äpfeln haben die frühesten Sorten überwiegend weißliches, lockeres, wenig haltbares Fleisch. Sie müssen für ihren Reifevorgang mit nur einem Teil der Sommersonne auskommen. Bei einigen weißen Pfirsichsorten lösen sich die Steine nicht.
Pfirsichbüsche und Pfirsichbäume bleiben ziemlich

klein und werden nicht alt. In einem Klima, das ihrem Wärmebedürfnis entspricht, kann der Pfirsichbaum allerdings fünf bis sieben Meter hoch werden. Bei uns haben sich vor allem drei Kulturformen bewährt: Busch, Niederstamm bis 120 cm Stammhöhe und Fächerspalier. Die weitaus meisten Pfirsichsorten vermehrt man wie andere Obstarten durch Veredelung – oft auf Pflaumenunterlagen, zum Beispiel St. Julien A. Im Rheinischen Vorgebirge züchtete man eine kernechte Sorte, die sich sortenecht aus dem Samen vermehren läßt: **Roter Ellerstädter** oder **Kernechter vom Vorgebirge.**
Diese wüchsige Sorte erwies sich auch als besser an unser Klima angepaßt, sie ist gegen Kälte und Krankheiten verhältnismäßig unempfindlich. Die weißfleischigen Früchte kommen im September zur Reife. Ihr saftiges Fruchtfleisch löst sich gut vom Stein.

Amsden ist eine der frühesten Sorten und stammt aus Amerika. Sie verlangt einen sehr warmen Freilandstand oder muß im Treibhaus gezogen werden. Man erntet die saftigen und überwiegend tiefroten Früchte schon ab Mitte Juli. Ihr Stein ist fest mit dem Fruchtfleisch verbunden. Diese Sorte hat ziemlich große Früchte, was im allgemeinen den spät reifenden, gelbfleischigen Pfirsichsorten vorbehalten ist.
Weitere Vorzüge: Amsden braucht keine Fremdbestäubung und gilt als wenig anfällig gegen die Kräuselkrankheit und Monilia. Neben Frost während der Blüte stellen diese beiden Krankheiten die stärkste Bedrohung des Pfirsichanbaus dar. Krankheitsanfälligkeit muß man bei Pflanzen allgemein hinnehmen, die man in einem ihnen nicht entsprechenden Klima zieht.

Madame Rogniat reift ab Mitte August. Die weißfleischige Sorte hat besonders gute Fruchteigenschaften: groß und feuerrot, saftiges, aromatisches, sich leicht vom Stein lösendes Fleisch. Auch diese Sorte wächst gut, bringt Widerstandskraft gegen Krankheiten mit und ist selbstfruchtbar.

Rekord von Alfter reift im August und September. Ihre großen, goldgelben und roten Früchte sind gelbfleischig, saftig, aromatisch, lösen sich leicht vom Stein; Wuchs- und Tragfähigkeit sind gut. Eine Sorte mit ähnlichen Reifezeiten und Eigenschaften ist **South Haven.**
Zu den Spätpfirsichen mit Reifezeiten im September – alle gelbfleischig und sich leicht vom Stein lösend – zählen **J. H. Hale** und **Wasserberger.**

Nektarinen

Nektarinen stellen eine Unterart des Pfirsichs dar. Ihnen fehlt der samtige Härchenfilz, der die Fruchthaut der Pfirsiche kennzeichnet. Zur Reife von Ende Juli bis Ende August färben sich die Früchte der Nektarine feuerrot auf gelbem Grund. In Saftigkeit, Geschmack und Aroma stehen sie den Pfirsichen nicht nach, ihr Stein löst sich leicht aus dem Fruchtfleisch, das etwas fester, pflaumenähnlicher als beim Pfirsich ist.
Nektarinen sind bei uns noch recht teuer – ein Anreiz für den Anbau im eigenen Garten. Hinzu kommt, daß Nektarinen wie auch Pfirsiche, die in den Obsthandel kommen, etwas früher als zur Vollreife gepflückt werden müssen, da sie sonst weder lager- noch transportfähig wären. Voll in der Sonne ausgereifte Früchte wird man nur dort erhalten, wo sie wachsen, also zum Beispiel im eigenen Garten. Alle bei uns nicht leicht oder gar nicht zu erfüllenden Vorbedingungen, die oben für den Anbau von Pfirsichen genannt wurden, gelten ohne Einschränkung auch für die Nektarinen. Mit anderen Worten: kein Obstgehölz für Anfänger und keines für den Obstgarten, der möglichst pflegeleicht sein soll. Winterfrost schadet dem Holz der Nektarinen nicht. Wie beim Pfirsich gibt es auch bei der Nektarine viele selbstfruchtbare Sorten.

Die Aprikose oder Marille (Prunus armeniaca)

Die Aprikose hat als Kulturform eine ähnlich lange Geschichte wie der Pfirsich. Sie stammt aus Mittelasien und wurde nach heutigem Wissen zuerst in China kultiviert. In der Mandschurei wächst eine

Wildform der Aprikose. Ihr Weg nach Europa führte über Armenien, was sich im wissenschaftlichen Namen niederschlug, zu den Griechen und Römern. Eine zweite Einwanderung in den Westen erfuhr die Aprikose durch die maurische Eroberung der Iberischen Halbinsel. Von Spanien gelangte sie nach Südfrankreich und Mitteleuropa.
Entsprechend ihrer Herkunft stellt die Aprikose an Standort und Klima ähnliche Ansprüche wie der Pfirsich. Sie ist deshalb nicht ohne weiteres für den Anbau im Garten unserer Breiten geeignet. In Innerasien herrscht Kontinentalklima. Heißen Sommern stehen kalte Winter gegenüber. Das Aprikosenholz ist weitgehend frosthart. Aber da der Aprikosenbaum schon ab März blüht, wird sein Fruchtansatz bei uns noch stärker gefährdet als beim Pfirsich. Die vor den Blättern austreibenden, fast ohne Stiel sich entfaltenden Aprikosenblüten bilden einen reizvollen Schmuck: Leuchtend rote Kelche werden von fünf weißen oder zartrosa Kronblättern umrahmt.
Allgemein wird man die Aprikose dort erfolgreich anbauen, wo auch Pfirsiche reifen, also in Weinbaugebieten, aber auch dort nur an geschützten Standorten. Die Südwand eines Hauses kommt dem Wärmebedürfnis der Aprikose am nächsten, wenn man vom Glashaus absieht. Die Aprikose läßt sich als Busch, Spalier oder kleiner Baum ziehen. Je nach gewünschter Gehölzgröße veredelt man auf schwach oder stark wachsende Unterlagen. Das können Aprikosensämlinge, Zwetschen oder Renekloden sein, sie alle gehören ja der Steinobstgattung *Prunus* an. Die meisten Sorten der Aprikose sind selbstfruchtbar, brauchen also keine Pollenspender und können allein angebaut werden.
Eine der Sorten, die sich auch in Mitteleuropa bewährt hat, ist die **Nancy-Aprikose:** nicht sehr empfindlich gegen Frühjahrskälte, starkwüchsig, frühreif, mit rötlich überhauchten Früchten und tragwillig.

Ungarische Beste blüht spät, wächst stark und bringt ihre großen Früchte schon ab Ende Juli zur Reife. Ihr Fruchtfleisch ist saftig, die Sorte gilt als widerstandsfähig und verhältnismäßig unempfindlich. Auch **Ambrosia** stellt keine allzu großen Ansprüche. Ihre großen, flachen Früchte reifen im August.
In Sortenbeschreibungen wird man oft die Auszeichnung ›widerstandsfähig‹ oder ›unempfindlich‹ lesen. Man darf solche Angaben nicht absolut nehmen, sondern muß sie im Verhältnis zu der allgemeinen Wärmebedürftigkeit der Aprikosen und der Frostempfindlichkeit ihrer Blüten sehen. Für ein Aprikosengehölz im Hausgarten kann man sich entschließen, wenn Beispiele in der Umgebung erweisen, daß man keinen unerfüllbaren Wunsch verfolgt.

Die Mandel (Prunus amygdalus, P. communis)

Die Mandel gehört zu den Steinobstgewächsen. Das Mesokarp, das sich bei den anderen Früchten dieser Unterfamilie zum Fruchtfleisch entwickelt, tritt bei der Mandelfrucht nur als dünne Schicht zwischen pelzig behaarter Fruchthaut und der harten, löchrigen Steinschale des Samenkerns in Erscheinung. Die nahe Verwandtschaft zwischen Pfirsich und Mandel zeigt sich, wenn die Gehölze in Blüte stehen, sie können dann miteinander verwechselt werden. Die Mandel blüht noch früher als der Pfirsich, nämlich schon ab März in Weiß oder Rosa und vor dem Austrieb ihrer Blätter. Dabei ist die einmal geöffnete Mandelblüte sehr frostempfindlich. Schon bei −1 °C wird ihre Fruchtbarkeit zerstört.
Der Mandelbaum stammt wahrscheinlich aus Mittelasien. Persien, Syrien und Palästina gelten als die frühesten Anbaugebiete der Kulturformen. In warmen Ländern verwildern die Mandelbäume leicht. Auch ihr Holz kann nur mäßigen Winterfrost ertragen, Empfindlichkeit und Wärmebedürfnis dieses Baumes übersteigen noch die des Pfirsichs. Ertragsanbau im großen kann man dort betreiben, wo auch Oliven gedeihen, also in den Mittelmeerländern und im Nahen Osten. Als gerade noch möglich gilt der Anbau von Mandelbäumen in Deutschland nur in Weinbaugebieten, und auch dort mit der Gefahr von Rückschlägen vor allem durch Frühjahrsfröste während der Mandelblüte.
In vielen Gärten zieht man die anmutigen Mandel-

gehölze vor allem wegen ihres frühen Blütenschmuckes. Die Zwergmandel (*P. tenella*), ein bis 150 Zentimeter hoher, dicht verzweigter Strauch mit reichen, rosaroten Blüten, fand als beliebtes Ziergehölz weite Verbreitung. Etwas größer wird das Chinesische Mandelbäumchen *(P. triloba)*. Man zieht es als fülligen Busch oder kleinen Baum, es bringt ab März gefüllte Blüten hervor. Daß die Mandel schon in früheren Zeiten als Kulturpflanze bei uns heimisch war, bezeugt das Märchen vom Machandelbaum.

Man unterscheidet bei den Ertragssorten drei Hauptgruppen:

1. die Süßmandel mit hartem, nicht duftendem Kern von süßem Geschmack,
2. die Bittermandel mit duftendem, bitteren Kern. Sie eignet sich nicht für den Rohverzehr, denn sie enthält das giftige Glykosid Amygdalin.
3. die Krach- oder Knackmandel mit brüchiger Schale, aus der sich der eßbare Kern leicht lösen läßt.

Außerdem gibt es Kreuzungen zwischen Süß- und Bittermandel und Hybriden aus Mandel- und Pfirsichbäumen. Die Früchte dieser Bastarde bringen pfirsichähnliches Fruchtfleisch und mandelähnliche Steine hervor.

Die erwähnten Klimaansprüche der Mandel kann man so zusammenfassen: Der sonnigste und am ehesten vor starken Winterfrösten geschützte Standort ist im besten Fall gerade gut genug. Der Boden sollte vor allem durchlässig, eher leicht und überwiegend trocken sein. Heiße Trockenzeiten erträgt der Mandelbaum seiner südländischen Natur entsprechend gut, nasse Kälte schlecht, Staunässe gar nicht. Sein Humusbedarf bleibt unter dem des Pfirsichbaumes, da weniger Fruchtmasse erzeugt wird. Dagegen stellt sich sein Kalkbedarf höher als der von Pfirsichen.

In der Schnittpflege braucht der Mandelbaum eine ähnliche Behandlung wie der Pfirsich – also scharfen jährlichen Rückschnitt. Man vermehrt Mandelbäume durch Veredeln auf Sämlinge der Bittermandel oder Unterlagen von Pflaumen und Renekloden. Man wird für den Hausgarten vorteilhaft fertig veredeltes Pflanzgut von der Baumschule beziehen. Für unser Klima kommen nur einige Sorten in Frage, unter anderem **Dürkheimer Riesen, Ungst II und III, Osten-Bad Dürkheim** und **Wachenheimer Baseler.**

3. Beerenobst

Zur großen Familie der Rosengewächse – zu ihr zählen alle bisher besprochenen Obstarten – gehört auch Beerenobst: Erdbeeren, Himbeeren, Brombeeren und Hagebutten. Das wirtschaftlich nicht weniger bedeutungsvolle Beerenobst aus der Steinbrechfamilie umfaßt die roten, weißen und schwarzen Johannisbeeren sowie die Stachelbeeren.

Beerensträucher sind die Obstbäume des Kleingartens. Auf großen Grundstücken kann man Beerenhecken pflanzen, die nicht nur Früchte bringen, sondern auch Sicht und Windschutz bieten oder Gartenteile gegeneinander abgrenzen. Ob man einen Garten neu in Kultur nimmt oder selbst die ersten Gartenschritte gehen will, Beerenobst lohnt die Zuwendung schnell und reich. Man trägt an den Folgen von Fehlern, die man als Anfänger vielleicht begeht, nicht so lange wie beim Anbau von Obstbäumen, und man wird am Beerenobst mit vielen Pflegearbeiten vertraut, die einem später bei der Beschäftigung mit Obstbäumen zugute kommen. Am schönsten ist es, wenn Platz und Zeit für beide Obstgruppen reichen, denn sie ergänzen sich bestens – auch in ihren Verarbeitungsmöglichkeiten.

An Klima und Standort stellt das Beerenobst allgemein weniger Ansprüche als Baumobst. Erdbeeren, Himbeeren und Brombeeren wachsen, wie jeder weiß, auch wild am Waldrand oder auf Lichtungen, wo sie oft auf halbschattigen Plätzen ihre Früchte ausreifen. Zwar erwarten wir von den Kultursorten auch des Beerenobstes größere Ernten als von Wildpflanzen, aber wir geben ihnen auch mehr Nährstoffe und mehr Pflege. So stellt das Beerenobst in seiner Größe sowie in seinen Ansprüchen an Standort, Boden und Pflege einen Übergang von den Wildpflanzen unseres Klimas zur gleichsam gehobenen Klasse des Baumobstes dar. So gesehen, wäre ihre Plazierung auch am Anfang unseres Kapitels richtig gewesen.

Bei der Alternative, nur Beeren- oder nur Baumobst pflanzen zu können, würde ich, ohne zu zögern, Beerensträuchern den Vorzug geben. Denn:

1. setzen nennenswerte Erträge an Jungpflanzen schneller ein, gewöhnlich schon im zweiten Jahr;
2. ist das Risiko des Nicht-Gedeihens einer Sorte beim Beerenobst so gut wie nicht vorhanden;
3. reift Beerenobst auch in naßkalten Sommern aus;
4. kann man Baumobst preiswerter als Beerenobst kaufen;
5. bleibt die Gartengestaltung mit Beerenobst beweglicher;
6. macht Beerenobst wegen seiner Unempfindlichkeit in der Regel weniger Arbeit als Baumobst;
7. gibt es beim Beerenobst unter sachgemäßer Pflege keine Ausfalljahre.

Schwerer wird die Entscheidung zwischen den einzelnen Beerenobstarten. Hier sollten Erdbeeren und Johannisbeeren (möglichst rote und schwarze) in die Endwahl kommen und erst nach ihnen auch die übrigen Arten angebaut werden. Erdbeeren in jeder Form sind bei Kindern sehr beliebt, Johannisbeeren vitaminreich und ertragsstark, dabei wenig arbeitsaufwendig. Über die genannten Beerenarten hinaus kann man heute auch Gartenformen der Heidelbeeren mit Erfolg anbauen. Sie stammt aber nicht von unserer heimischen Blaubeere ab, sondern kommt aus der Neuen Welt.

Erdbeeren (Fragaria)

Die Annahme, daß unsere großfrüchtigen Gartenerdbeeren *(Fragaria elatior grandiflora, F. ananassia)* aus unserer wildwachsenden Walderdbeere *(F. vesca)* herangezüchtet wurden, liegt bei der Ähnlichkeit beider Pflanzengruppen nahe, trifft aber nicht zu. Die Erdbeere als Kulturpflanze ist erst einige Jahrhunderte alt. Die eigentliche Gartenerdbeere entstand nach 1712 in Frankreich. Sie geht aus der schon früher nach Europa eingeführten nordamerikanischen Scharlacherdbeere *(F. virginiana)* und der in dem erwähnten Jahr aus Chile geholten Chile-Erdbeere *(F. chiloensis)* hervor.
Zur Zucht der zahlreichen heute angebotenen Kultursorten wurde auch die heimische Walderdbeere mit eingekreuzt. Nur die mehrmals tragenden Sorten oder Monatserdbeeren *(Fr. vesca var. semperflorens)* züchtete man unmittelbar aus der Walderdbeere. Neuerdings gelang es, die sommerlange Blüh- und Tragwilligkeit der Monatserdbeeren mit der Großfruchtigkeit der einmaltragenden Gartenerdbeeren in neuen Sorten zu verbinden.

Zweijährige Kultur mit Gartenerdbeeren

Natürlich sind der Leistungsfähigkeit auch von Kulturpflanzen biologische Grenzen gesetzt. Oft geht die Fähigkeit zu überreichen Ernteerträgen auf Kosten von Geschmack und Aroma der Früchte, und die Widerstandskraft gegen Krankheiten, Schädlinge und rauhes Klima läßt nach. Man sollte den oft angepriesenen Wundersorten neuester Züchtung nicht leichtgläubig vertrauen, sondern sie erst einmal auf kleiner Fläche erproben.
Ein Vorteil der Erdbeeren liegt in der Möglichkeit, sie noch im kleinsten Garten anzubauen – sogar in Pflanztrögen auf Terrasse und Dachgarten. Hierfür eignen sich rankende Sorten wie **Macherauchs Dauerernte** als fleißig blühende Spalierpflanze an Zäunen, Wänden, Beeteinfassungen, an Stäben oder Drähten gezogen – sie erfreuen durch ständiges Blühen und Fruchten.

Erdbeeren sind, wie an anderer Stelle beschrieben, Scheinfrüchte, denn ihr Fruchtfleisch wird nicht aus dem Mesokarp der Fruchtanlage gebildet wie beim Steinobst, sondern aus dem anschwellenden Blütenboden. Er hebt die zahlreichen Früchtchen einer Blüte nach außen, so daß sie in kleine Vertiefungen der ›Beere‹ zu liegen kommen. Die Samenkörnchen einer einzigen solchen Sammelfrucht würden genügen, ein ganzes Erdbeerbeet mit Pflanzen auszustatten. Man zieht aber allenfalls Monatserdbeeren selbst aus Samen, Gartenerdbeeren holt man als Jungpflanzen aus der Gärtnerei.
Erdbeeren gedeihen in jedem Gartenboden, in dem auch andere Nutzpflanzen wachsen. Selbst leichte und schwere Böden eignen sich, wenn sie einen spürbaren Humusanteil haben oder durch Kompostwirtschaft erst bekommen. Der günstigste pH-Wert liegt bei 7 oder wenig darunter, möglichst nicht darüber, also nicht im alkalischen Bereich. Wo im Wald Nadeln in der Bodenstreu verrotten, haben wir auch mehr oder weniger saure Böden. Der Waldpflanzennatur von Erdbeeren kommen wir mit einer Düngung durch Laubkomposte entgegen und einer Mulchschicht, die Tannen- oder Fichtennadeln enthält. Eine oberste Bodenbedekkung aus Nadelstreu läßt keine Schnecken an die reifenden Erdbeeren heran.
Eigentlich sind auch unsere Walderdbeeren keine reinen Waldpflanzen, sondern Waldrand-, Lichtungs- und Böschungspflanzen. Auf die Standortansprüche der Erdbeeren in unserem Garten übertragen heißt das: Sie mögen nicht unmittelbar im Schatten von Bäumen, aber im Schutz anderer Pflanzen stehen. Walderdbeeren findet man oft an ganz oder teilweise der Sonne zugewandten steilen Wegrändern und an waldnahen Hängen, wo die Sonnenstrahlung durch Nachbarpflanzen gemildert wird. Sie teilen sich ihre Standorte zum Beispiel mit Fingerkraut, Johanniskraut, Wolfsmilch und Gräsern, um nur wenige von vielen Möglichkeiten zu nennen. Erdbeeren überziehen lehmige Erdabrisse nach der Erstbesiedelung durch Huflattich, das heißt, sie lieben verhältnismäßig frische Böden. Im Garten sind sie dankbar für abgelagerten, aber noch nicht vererdeten Stallmist und für mäßig reifen Kompost.
So bietet es sich bei den Erdbeeren an, ihre Bedürfnisse aus den natürlichen Standortzusammenhängen abzuleiten. Ihre gute Verträglichkeit mit anderen Pflanzen kommt dem Anbau in Mischkulturen entgegen. Es hat sich bewährt, Erdbeerreihen zwischen Gemüsereihen auf ein Beet zu pflanzen und bodenbedeckende Zwischenkulturen etwa von Feldsalat und Spinat anzulegen. Man beugt damit auch vorzeitiger Bodenerschöpfung in der zwei- bis dreijährigen Erdbeerkultur vor.
Wo Erdbeeren allein angebaut werden, sollte man durch Mulchen für Bodengare und für gleichmäßige Bodenfeuchtigkeit sorgen. Denn die schätzt die Erdbeere zur Ausbildung ihrer saftreichen Früchte ganz besonders. Während der letzten Reifezeit verzichtet man aufs Gießen, was bei mulchfeuchter Erde gut möglich ist.

Gartenerdbeeren

Gartenerdbeeren pflanzt man in Abständen von etwa dreißig Zentimeter ab Mitte Juli bis Mitte August. Das Herz der Jungpflanzen muß gerade noch über dem Boden stehen. Gutes Andrücken der Erde und mehrmaliges Wässern in den ersten Tagen fördern das Anwachsen. Für die Reihen hält man Abstände von neunzig bis hundert Zentimeter ein, damit man bei der Ernte von beiden Seiten an die Pflanzen herankommt. Als Vorfrucht für das Erdbeerbeet eignen sich Frühkartoffeln, frühe Erbsen, Steckzwiebeln, Kohlrabi, Spinat, frühe Möhren, Sommerrettiche und die meisten Salatarten. Durch eine gleich nach dem Pflanzen aufgebrachte Bodenbedeckung erspart man sich zeitaufwendiges Hacken, das zudem die feinen Haarwurzeln nahe der Erdoberfläche verletzt.
Schon bald nach der Blüte im Mai und Juni des nächsten Jahres schicken die Erdbeerwurzeln Ausläufer in ihre Umgebung und bilden an ihnen Tochterpflanzen aus. Man schneidet sie ab, damit alle Wuchskräfte der Fruchtbildung zugute kommen. Solche Jungpflänzchen können aber auch, sobald sie sich bewurzelt haben, zur Vermehrung benutzt werden, wenn man ein neues Erdbeerbeet begründen will. Im Sinne der Bestenauslese verwendet man nur die Pflänzchen gut tragender Mutterpflanzen. Die Blüte allein gilt dabei allerdings noch nicht

als Beweis, denn es gibt Erdbeersorten, bei denen auch rein männliche Pflanzen vorkommen; sie blühen, aber fruchten nicht.

Die Ernte setzt ab Juni ein und zieht sich durch das Nachreifen späterer Fruchtansätze einige Zeit hin. Eine vor der Fruchtreife ausgebrachte Mulchschicht aus nicht zu kurz geschnittenem Stroh schützt das Erntegut vor Verschmutzung und Fäulnis. Auch Schnecken wird der Zugang erschwert. Wirksam abhalten kann man Schnecken außer durch Nadelstreu durch untergelegte Holzwolle, die vorhandene feinere Mulchschicht muß dafür nicht entfernt werden. Solche Arbeiten machen für die kleineren Kulturflächen im Hausgarten keine Schwierigkeiten. Die in der Reife empfindlich gewordenen Beeren trocknen auf dieser Unterlage nach Regengüssen schnell ab. Da Holzwolle auf dem Erdboden zu langsam verrottet, sammelt man sie nach der Ernte wieder vom Beet und führt sie der Kompostmiete zu, wenn sie nicht noch weitere Male Verwendung findet.

Nach der Ernte entfernt man auch alle noch stehengebliebenen oder neugebildeten Ausläufer. Dabei darf man die Säuberung nicht auch auf Laubblätter der Erdbeerpflanzen ausdehnen. Sie bleiben stehen, bis sie im Winter und Frühjahr von selbst vergehen. Sie schützen auch in verdorrtem und welkem Zustand die jungen Triebe des nächsten Jahres vor Winden und Austrocknung. Nach dem Abharken der gröbsten Mulchschicht gibt man der Erdbeerkultur Ersatz für die Frucht und Vorratsdüngung für das nächste Jahr in Form einer mehrere Zentimeter starken Komposterdeschicht. Hat man mageren Laubkompost, sollte man ihn mit verrottetem Mist anreichern; ähnliche Dienste leisten Hornspäne, Blutmehl und andere organische Dünger mit Stickstoffgehalt. Keinesfalls darf Stickstoff – auch nicht in organischer Form – im nächsten Frühjahr gegeben werden. Man würde damit die Blattentwicklung zu Lasten der Blüten- und Fruchtbildung fördern.

Die Komposterde kann man bei guter Bodengare ohne weiteres Einarbeiten auf das Erdreich bringen, allenfalls lockert man die Erde mit einem Kultivator oberflächlich auf, vermeidet aber tiefergehende mechanische Bodenbearbeitung.

Die Kompostschicht wird im Winter vorteilhaft noch mit Reisig oder Stroh abgedeckt, oder man breitet die vorher abgeharkte grobe Mulchdecke, zum Beispiel aus Sägespänen oder Nadelstreu, wieder auf das Beet. Mit dieser Vorsorge rettet man nicht das grüne Laub über den Winter, fördert aber einen frühen Neuaustrieb, weil das Bodenleben und damit die natürliche Bodengare bis an die Erdoberfläche erhalten bleiben. Zeitig im Frühjahr entfernt man zunächst die grobe Schutzdecke und später gegebenenfalls – nämlich, wenn sie ziemlich dick ist – die darunterliegende Mulchschicht, um die Bodenerwärmung nicht zu behindern. Nach dem Austreiben wird man schon bald den Boden wieder bedecken und so die Erdbeerkultur leichter unkrautfrei halten.

Erdbeerpflanzen sind ausdauernde, winterharte Stauden. Die Beete mit Gartenerdbeeren tragen zwei Jahre, bei der hier empfohlenen Düngung und Pflege auch drei und vier Jahre gut, doch lassen die Erträge dann nach. Man wird also im dritten oder vierten Ertragssommer Ableger an einen neuen Standort pflanzen, sofern man mit der bisherigen Sorte zufrieden war. Andernfalls besorgt man sich neue Jungpflanzen in der Gärtnerei und pflanzt sie im Hochsommer. Erledigt man diese Arbeit erst im September, dann leidet der Ertrag des nächsten Jahres darunter, weil sich die Jungpflanzen nicht mehr so gut verwurzeln – eine Voraussetzung für kräftige und tragfähige Stauden im nächsten Jahr.

Fast unabsehbar viele Sorten der Gartenerdbeere stehen zur Verfügung. Es wäre nicht sinnvoll, auch nur eine Auswahl zu beschreiben, da man sich überdies mit einer getroffenen Wahl nicht lange bindet. Hohe Erträge liefern zum Beispiel **Aphrodite,** eine früh reifende Sorte, **Hummi Ferma** mit festen Früchten, die reich tragende **Gorella, Red Gauntlet** mit hellroten Beeren, die wuchskräftige und großfrüchtige **Vigerla,** eine mittelfrühe Sorte, die sich gut einfrieren läßt, und schließlich die verschiedenen Varietäten der **Senga-Sorten** des Züchters von Sengbusch, vor allem **Senga-Sengana,** eine gegen Krankheiten und Schädlinge recht unempfindliche Sorte mit Höchsterträgen.

Man kann sich im allgemeinen darauf verlassen, daß Fachbetriebe am Ort einwandfreies Pflanzgut

Gartenerdbeeren in Höhenlage (1982); oben: 2. Mai, Mitte: 30. Juni, unten: 12. Juli

Oben: Monatserdbeeren im Hochsommer
Unten: Tochterpflanzen der Gartenerdbeere an Ausläufern

in umsichtig ausgewählten Sorten anbieten, die den Wünschen und Möglichkeiten des Gartenfreundes gerecht werden. Zudem kommen immer wieder neue Sorten auf den Markt, alte, auf die manch einer schwört, sind vielleicht nicht mehr zu haben.

Monatserdbeeren

Monatserdbeeren stehen unseren Walderdbeeren nahe. Ihre im Vergleich zu den Gartenerdbeeren kleinen Früchte entwickeln ein besonders feines, ihren wilden Schwestern ähnliches Aroma. Monatserdbeeren werden etwa dreimal so groß wie Walderdbeeren. Die dankbaren und eher anspruchslosen Stauden blühen von Anfang Mai unermüdlich bis Oktober und beschenken uns mit einer bescheidenen, aber anhaltenden Ernte, der erst die Spätherbstfröste ein Ende setzen. Monatserdbeeren zieren den Garten mit Blüten und Fruchtschmuck auch an halbschattigen Stellen. Man kann sie gut an reinen Ost- und Westlagen pflanzen. Nach Gewicht gemessen, bleiben die Ernteerträge eher bescheiden.

Man sät Monatserdbeeren ab April in Kästen, vereinzelt später die Jungpflanzen und bringt sie ins Freiland. Wer nicht vorziehen will, kauft Pflanzgut beim Gärtner. Monatserdbeeren schätzen besonders einen Zusatz von Laubkompost zur Gartenerde. Aber so, wie sie schon mit mäßig besonnten Standorten vorliebnehmen, geben sie sich auch mit fast jedem Boden zufrieden, wenn er nur Humus enthält. Frühzeitig ausgesät, kann die Monatserdbeere noch im selben Sommer blühen und Früchte bringen. Bei überreichen Fruchtansätzen empfiehlt es sich auszudünnen, damit die verbleibenden Beeren um so größer und schöner heranreifen.

Man kann auch im Hochsommer ins Saatbeet säen, im Herbst die zuvor vereinzelten Pflänzchen in etwa dreißig Zentimeter Abständen an ihren endgültigen Platz bringen, so daß sie sich noch vor Wintereintritt gut verwurzeln. Man wird dann im nächsten Jahr mit früher Ernte belohnt. Wie den Gartenerdbeeren gibt man auch den Monatserdbeeren einen leichten Winterschutz. Überhaupt weichen Anbau und Pflege nicht wesentlich von der etwas anspruchsvolleren Gartenerdbeere ab. Regelmäßiges Mulchen verringert auch hier die Arbeit und erhöht die Erträge. Andauernde Trockenheit vertragen alle Erdbeeren schlecht, sie müssen dann regelmäßig gegossen werden, nur nicht mehr während der letzten Reifezeit.

Bewährte und bekannte Sorten sind **Rügen** mit ziemlich großen Früchten, **Baron von Solemacher, Hummi Gento** und **Ostara** aus Holland.

Himbeeren (Rubus idaeus)

Auch bei der Himbeere bildet sich der Blütenboden mit ihrer Fruchtreife um, aber hier wächst er zu einem festen weißen Kegel aus. Auf ihm sitzen die Samen in Form von Steinfrüchtchen mit saftig-weichem Fruchtfleisch. Sie vereinigen sich zu einer Sammelfrucht, man zieht sie im reifen Zustand als Ganzes vom Kelchzapfen ab. Er trägt noch die fünf derben Kelchblättchen und ist fest mit dem Stiel verbunden. Die zur selben Gattung *Rubus* zählenden Brombeeren zeigen eine grundsätzlich ähnliche Bauart ihrer blauschwarzen Früchte.

Himbeeren duften. Sie haben ein fast parfümiert wirkendes, starkes Aroma. Gartenhimbeeren übertreffen die Waldhimbeeren an Größe und Ertragskraft, erreichen aber nicht deren feinen Geschmack. Himbeeren enthalten wenig Säure, jedoch mehr Vitamin C als die meisten Apfelsorten und etwa doppelt so viel Eisen.

Wildhimbeeren wachsen bekanntlich gern auf Kahlschlägen im Wald und auf Lichtungen. Wenn man daraus nur ableitet, daß sie viel Sonne wollen, wird man ihrem eigentümlichen Standortbedürfnis nicht gerecht. Viel Sonne brauchen zum Beispiel auch die Königskerzen, aber wo sie wachsen, reifen keine Himbeeren. Die Himbeere ist an Waldnähe gebunden. Sie siedelt jedoch nicht im Schatten der Bäume, sondern weicht ihm gleichsam aus. Was sie vom Wald in Anspruch nimmt, ist der tiefgründige, feuchte, humose, also nährstoffreiche Boden. Sie sucht den Vorteil des Waldes, ohne seinen Nachteil, die Beschattung, in Kauf zu nehmen. Deshalb findet man sie auch nicht so beständig wie Brombeerbüsche, die jahrzehntelang am selben Platz undurchdringliche Dickichte bilden; vielmehr tritt sie hier und da auf, vor allem, wo frischer Waldboden seine Beschattung durch Bäume verliert.

Kahlschläge kann die Himbeere nur so lange bewohnen, bis ihr nach einigen Jahren Büsche und Bäume den Platz, besser gesagt, das Licht nehmen. Dabei ist die Himbeere auch an solchen von Bäumen geräumten Plätzen auf die Gesellschaft anderer Pflanzen angewiesen, weil feuchter, durchlüfteter Boden nur unter einer geschlossenen Pflanzendecke zu haben ist. Kräuter und Stauden überziehen Lichtungen und Holzeinschläge, sie machen der schnell wachsenden Himbeere zunächst das Sonnenlicht noch nicht streitig. Damit haben wir die wichtigsten Bedürfnisse der Himbeere zusammen:

Sie braucht tiefgründigen, lockeren, humushaltigen Boden von möglichst gleichbleibender, jedenfalls nie aussetzender Feuchtigkeit. Bei Staunässe kann sie absterben. Vielleicht rührt daher und von ihrem Bedürfnis nach sonnigem Stand ihre Vorliebe für Hänge. In der Ebene wächst die Himbeere auch auf nicht zu leichten Sandböden.

Die Fruchtbarkeit der meisten Waldböden wird durch ihren nur mäßigen Stickstoff- und Kalkgehalt begrenzt. Das heißt, Walderde ist mehr oder weniger sauer, besonders, wenn auch Nadelbäume in ihr wachsen. Guter Himbeerboden darf etwas sauer sein, nämlich einen pH-Wert von 5 aufweisen und sollte die Neutralitätsgrenze von 7 nicht überschreiten.

Kräftige Stickstoffgaben lassen die Himbeere zu schnell wachsen bei gleichzeitig gehemmter Blüten- und Fruchtbildung. Außerdem wird sie dann anfällig gegen Krankheiten, vor allem gegen die gefürchtete Rutenkrankheit. Im übrigen langt die Himbeerpflanze kräftig in den Nährstoffvorrat des Bodens; man spricht davon, daß sie ihn ausräubert. Bei einer Vorratsdüngung durch Komposthumus besteht jedoch für den Boden keine Gefahr.

Daß die Himbeeren viel Pflanzennahrung aufnehmen, zumal die reich tragenden Kultursorten, kann nicht allein aus ihrem Ernteergebnis abgeleitet werden. Es ist mit einem halben Kilogramm Früchten je Quadratmeter nicht übermäßig hoch. Die Himbeerpflanze erneuert aber auch jährlich ihre zweijährigen oberirdischen Teile. Im ersten Jahr treibt sie grüne, stark beblätterte Ruten, die den Winter ohne Blätter überdauern und im zweiten Sommer blühen und fruchten. Im Herbst verdorren diese leicht holzigen Ruten, sterben ab oder bringen im dritten Jahr nur noch kümmerliche Fruchtansätze. An ihre Stelle tritt der dann zweijährige Nachwuchs. Während diese Ruten tragen, bilden sich schon wieder die Blütenträger für das nächste Jahr. Es gibt auch Kultursorten, bei denen schon die einjährigen Ruten im Hochsommer blühen und im Herbst tragen.

Die zahlreichen Wurzelausläufer sorgen für die vegetative Ausbreitung eines Himbeerschlages auf frischen Boden. Im Garten wird man dieses Fortwuchern nicht dulden, sondern alle unerwünschten Ausläufer regelmäßig entfernen. Das erhöht auch die Fruchtbildungskraft der Pflanze. Man erfüllt den Bedarf der Himbeerpflanze an frischem Humus durch reichlich bemessene Kompostgaben, wenn möglich mit Laub- oder Nadelanteilen, bei Kalkböden nicht gekalkt, und nähert sich damit den Waldbodenverhältnissen. Den erwünschten hohen Kalianteil erreicht man durch zerkleinerte Holzabfälle, durch Sägemehl oder Holzasche, die man dem Kompostiergut zusetzt.

Wenn wir ›Waldbedingungen‹ für die Himbeeren in unserem Garten schaffen wollen, so gelingt das in erster Linie über die hier angedeutete Bodenpflege, zu der auch eine ständige Bodenbedeckung gehört. Wir erreichen sie durch Mulchen, unter anderem mit angerotteten Laub- und Nadelabfällen, aber auch durch Mischkultur, besser gesagt, durch Unterkultur mit Gemüsepflanzen. Hierfür werden Buschbohnen und niedrige Erbsen empfohlen, weil sie den Boden mit pflanzenverfügbarem Stickstoff anreichern. Selbstverständlich brauchen auch Himbeeren wie alle anderen Pflanzen Stickstoff. In der organisch gebundenen Form, wie ihn die Leguminosen mit Hilfe von Knöllchenbakterien im Boden zurücklassen, wirkt der Stickstoff nicht treibend, und es besteht keine Gefahr einer Stickstoffüberversorgung.

Man kann Himbeeren im Herbst bis Oktober oder im Frühjahr pflanzen. Je nach Sorte hält man Pflanzabstände von etwa fünfzig Zentimeter und Reihenabstände von 120 bis 200 Zentimeter ein. Himbeeren sind mit sich selbst fruchtbar, doch wirkt sich ein Nebeneinander verschiedener Sorten

günstig auf ihre Fruchtbarkeit aus. Beim Pflanzen schneidet man die Wurzeln leicht, die Ruten kräftig zurück und regt dadurch den Neuaustrieb an.
Himbeeren blühen ab Mai, die ersten reifen Früchte können ab Juli geerntet werden, die letzten im September. Herbsthimbeeren kann man bis in den November hinein pflücken, ihre Ernte setzt ab September ein. Sie blühen entsprechend später als die anderen Sorten.
Was im Erwerbsanbau lästig ist, bedeutet im Hausgarten einen Vorteil: Himbeersträucher können und sollen immer wieder durchgepflückt werden, denn nur die wirklich reifen Früchte lassen sich mühelos vom Kelchkegel lösen. Und nur die strauchreifen Früchte entwickeln den Duft und das Aroma, um derentwillen wir sie schätzen. Daß Himbeeren im Obstladen teurer sind als manche exotische Früchte, liegt nicht an ihrer Seltenheit oder an der Schwierigkeit ihres Anbaus, sondern an der aufwendigen Handarbeit ihrer Ernte sowie an der Unmöglichkeit, die Früchte zu lagern und in größeren Mengen zu transportieren. Mit der Himbeere im Garten schaffen wir uns einen leicht erreichbaren Luxus!
Eine Mühe bleibt bei der Anlage eines Himbeerbeetes nicht erspart: Die Ruten stehen bei den meisten Sorten nicht oder doch nur schlecht aus eigener Kraft, sie brauchen einen Halt. Man gibt ihn durch Spanndrähte. (Ohne Stütze kommt die Schweizer Sorte Zewa aus.) Zwischen zwei starken Holzpfosten – für Daueranlagen kann man natürlich auch Profileisen in Zementsockeln verwenden – spannt man je nach Sorte ein bis drei Doppeldrähte von etwa 60 bis 150 Zentimeter Höhe. Die Ruten steckt man einfach zwischen die Doppeldrähte, ein weiteres Anbinden erübrigt sich. Man kann auch die Viereckform mit Querverbindungen wählen. Will man die Himbeerkultur sehr gut und genau anlegen, spannt man vier Einzeldrähte in gleichen Abständen und bindet die Ruten fächerförmig daran auf. Auf diese Weise bekommt man keine Himbeerwildnis, sondern eine sehr gepflegt aussehende und leicht abzuerntende Kultur in Spalierform.
Nach der Ernte schneidet man die abgetragenen Ruten so knapp wie möglich über dem Boden ab und schichtet sie, wenn man sie nicht verbrennen will, zerkleinert in das Innere einer Kompostmiete. Auf diese Weise beugt man der Rutenkrankheit

Himbeerzaun

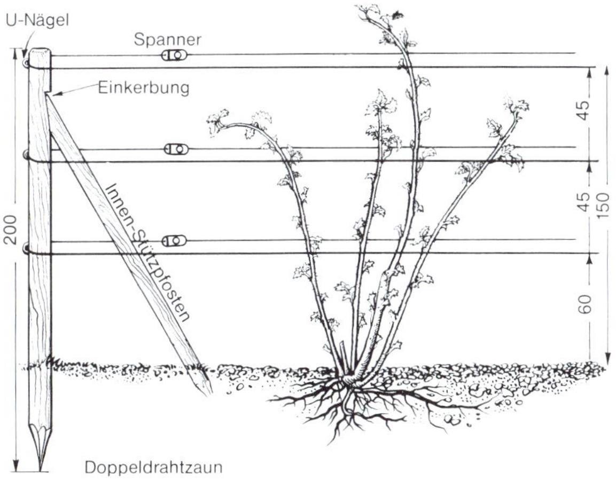

Zweijährige Gartenhimbeere

vor. Sie kann sich aber auch an den stehengebliebenen Rutenstummeln einnisten, man überdeckt sie deshalb mit einer Schicht Komposterde und häufelt leicht an. Damit gibt man der Himbeere ihre Jahresdüngung. Auch der einjährige Rutennachwuchs wird ausgedünnt. Je nach Art der Anbindung läßt man sechs bis neun gut ausgebildete Ruten stehen und entfernt die überzähligen. Im ersten Jahr werden es nur etwa halb so viele sein. Sehr lange Ruten befestigt man und biegt ihre Enden abwärts, man kann sie im Frühjahr etwas einkürzen. Ausläufer nimmt man weg; sie lassen sich natürlich auch zur Vermehrung verwenden. Eine solcherart gezähmte Himbeerkultur kann sich sehen, vor allem bequem abernten lassen.

Bei guter Bodenpflege mit Kompost, dem von Zeit zu Zeit auch etwas Kalk zugesetzt werden muß, kann eine Himbeerhecke ein Jahrzehnt lang gute Erträge bringen. Lassen sie trotz regelmäßiger Pflege nach, dann erneuert man die Pflanzen vollständig. Je nach Sorte kann eine Neuanpflanzung auch schon früher nötig werden.

Auch bei den Gartenhimbeeren wechselt das Sortenangebot. So wurde die bei uns über lange Zeit wichtigste und sehr hoch wachsende Sorte **Preußen** von anderen abgelöst. Die aus ihr hervorgegangene Sorte **Deutschland** reift etwas später. Die schon erwähnte Sorte **Zewa** wächst buschartig. Man kann sie auch einzeln in Pflanzgefäßen anbauen. Die Beeren dieser Sorte erreichen eine erstaunliche Größe, ohne daß ihr Geschmack darunter leidet. **Schönemann** aus Deutschland ist starkwüchsig und reift spät. Einige gute Sorten züchtete man im Malling-Forschungsinstitut in Kent (England) heran: **Malling Exploit,** Nachfolgesorte von **Malling Promise,** reift früh, **Malling Jewel** bringt regelmäßige Ernten mittelgroßer, fester Früchte, die im Juli und August reifen, **Malling Enterprise** eignet sich für schwere Böden, ihre großen Früchte reifen erst im August und September.

Spät reifende Sorten werden auch Herbsthimbeeren genannt. Wegen ihrer langen Erntezeit vom Sommer bis in den Herbst, oft schon an einjährigen Ruten, nennt man sie auch ›zweimaltragende‹ oder ›immertragende‹. Die niedrig wachsende **Romy** und die reich tragende Sorte **Korbfüller** haben sich

Junge Himbeerpflanzen brauchen wenig Schnitt

gut bewährt. Wo die Gefahr von Rutenkrankheit besteht, kann man bei Sorten, die schon einjährig tragen, nach der Ernte alle Ruten abschneiden, so daß keine oberirdischen Pflanzenteile überwintern. Im allgemeinen treten Krankheiten und Himbeerschädlinge in Kulturen des biologisch gepflegten Hausgartens nicht auf.

Brombeeren (*Rubus fruticosus* und andere)

Viele Gartenfreunde ziehen die Brombeere als Kulturpflanze kaum in Betracht. Anders als in Nordamerika, wo wild wachsende Brombeeren schon lange kultiviert wurden, hat sich bei uns die Gartenbrombeere nicht ähnlich durchgesetzt wie etwa die Gartenhimbeere. Heute stehen uns viele Sorten der auch als Wildpflanze überaus formenreichen Brombeere für den Garten zur Verfügung: bestachelte und stachellose, rankende und aufrecht wachsende. Alle haben schwarze Früchte und gedeihen auf jedem Pflanzboden. Gerade im biologisch gepflegten Garten sollte die Brombeere ihren Platz bekommen; denn sie ist in unserem Klima zu Haus und leidet weniger als ältere Kulturpflanzen aus warmen Ländern unter Krankheits- und Schädlingsbefall. Sie bringt auch in rauhen Lagen und schlechten Sommern reiche Ernte. Nur bei einem kühlen, verregneten Herbst werden die letzten Früchte nicht mehr reif.

Der Ähnlichkeit von Brombeeren und Himbeeren entspricht ihre Zugehörigkeit zur gemeinsamen Gattung *Rubus*. Brombeeren reifen von Grün über

Rot zu Schwarz. Sie haben festeres Fruchtfleisch als die Himbeeren, mehr Säure, und man spürt beim Essen, daß es sich um kleine Steinfrüchte handelt, denn die in jeder ›Einzelbeere‹ enthaltenen (ölhaltigen) Samen treten körnig in Erscheinung. Im ganzen zeigt die Gartenbrombeere noch stark die Nähe zu ihren Verwandten in freier Natur. Übrigens lassen sich Brombeeren im Kühlschrank verhältnismäßig lange frisch halten, sie neigen nicht wie die Himbeeren dazu, ihre Form zu verlieren, weil die Sammelfrüchte nicht hohl, sondern voll sind.

Die Wildbrombeere ist eine seit altersher geschätzte Heilpflanze. Man bereitet aus ihren Blättern einen wohlschmeckenden, magenfreundlichen Haustee. Fermentierte Brombeerblätter dienten in Notzeiten nicht nur als Schwarztee-Ersatz, sondern wurden auch geraucht. Als heilkräftig für Magen und Darm gilt frischer Brombeersaft schon in kleinen Mengen. Ein Absud aus der getrockneten Brombeerwurzel wird gegen Verstopfung empfohlen.

Im Garten kann die Brombeere noch einen ganz anderen Nutzen bringen: Rankende Sorten wie die starkwüchsige **Theodor Reimers** bilden hohe und – wenn man sie nicht jährlich stark zurückschneidet – undurchdringliche Hecken als Wind- und Sichtschutz, als Trennwände für verschiedene Gartenteile und als lebender Zaun.

Wie die Himbeere kennt man die Wildbrombeere in erster Linie als Waldrandpflanze. Doch finden wir sie auch an anderen Plätzen, so an Zäunen von Viehweiden, an Berghängen, wo sie Felsbrocken, Stubben oder Gehölzgruppen mit ihrem Gestrüpp umrankt, und an den Rändern von Landwegen und Kiesgruben. Sie ist also viel anspruchsloser als die stärker an Waldboden gebundene Himbeere. Sie braucht mehr Kalk, das heißt, sie wächst auch auf alkalischen Böden, und sie übersteht Trockenzeiten besser als die Himbeere.

Brombeeren wurzeln gleichzeitig tief und breit. Sie erschließen als Pionierpflanzen des zweiten Gliedes Böden, die vielen anderen Gewächsen nicht genügen. Kurz: sie stellen sehr wenig Ansprüche. Gartenbrombeeren leisten mehr als die Wildarten. Trotzdem genügt ihnen jede Gartenerde, wenn sie nur durchlässig ist und Humusanteile enthält.

»Theodor Reimers«, von unserer Ziege vorzeitig geerntet

Brombeeren mögen Lehm, aber keine Staunässe. Für gute Ernten brauchen sie regelmäßige Düngung mit Komposterde oder anderen Humusbildnern, wie verrottetem Mist, und ab und zu Erhaltungsgaben von Kalk, am besten über die übliche Kompostbereitung. Ihr Standort sollte sonnig sein. Ständige oder längere Beschattung mögen Brombeeren noch weniger als Himbeeren. In Gebirgslage oder in Gärten, die an Teilen des Tages im Schatten liegen, richtet man die Brombeerhecke vorteilhaft in Ost-West-Richtung aus, so daß die Früchte wenigstens auf der Sonnenseite bis in den Herbst hinein zur Vollreife kommen. In günstigen Lagen wählt man besser die Nord-Süd-Richtung und kann dann auf beiden Seiten der Hecke ernten. Besonders die aus Amerika stammenden Sorten, unter ihnen alle stachellosen, könnten gut einen etwas längeren Sommer gebrauchen als er bei uns gegeben ist. Ein schöner Herbst steigert ihren Ernteertrag.

Bei aller Genügsamkeit ist die Gartenbrombeere doch empfindlich gegen tiefe Winterfröste. Wildbrombeeren behalten ihre grün bis braunviolett gefärbten Blätter im geschützten Wald oft durch die kalte Jahreszeit hindurch und bilden so wertvolle Wildäsung. In Frostlöcher sollte man Gartenbrombeeren so wenig pflanzen wie jedes andere Obst. Es empfiehlt sich, die Brombeeren im Garten vor Win-

Stachellose Brombeeren müssen voll ausreifen

Ihr Laub erwies sich als recht unempfindlich gegen Frost

tereintritt mit Stroh oder Tannenreisern leicht abzudecken. Einfachen Schutz gewähren auch die abgetragenen Ruten. Man schneidet sie zwar im Herbst ab, kann sie den Sträuchern aber durchaus als Schneeabwehr und Schirm für die einjährigen Triebe lassen. Man zieht sie dann erst im Frühjahr ab. Frieren bei Kahlfrösten die oberirdischen Teile der Brombeersträucher einmal ab, so treiben die Pflanzen doch aus den lebendig gebliebenen Wurzeln wieder neu aus. Man kann dadurch aber eine Jahresernte einbüßen, weil Brombeeren erst am zweijährigen Holz tragen.

Wie bei den Himbeeren gibt es auch für die Brombeeren verschiedene Kulturmöglichkeiten. Rankende Sorten brauchen eine Stütze. Man treibt an den Enden des Beetes oder der Reihe, die einmal Hecke werden soll, 2 bis 2,5 Meter lange Pfähle ins Erdreich, stützt sie innen mit Holzstreben gegen Zug ab (über außen zu Boden geführte Haltedrähte stolpert man) und spannt zwei bis vier rostfreie oder mit Plastik ummantelte Drähte. Sie bieten den heranwachsenden Ruten genügend Halt, zusätzliches Anbinden erübrigt sich, doch hilft man den Ranken auf die Drähte, wenn sie genügend lang geworden sind. Sie bilden dann Bögen, die durch ihr eigenes Gewicht halten. Man schützt sich für diese Arbeit mit derben Handschuhen vor den Stacheln oder benützt einen Stock, besser eine Gabel.

Wie bei den Himbeeren kann man im Herbst oder Frühjahr pflanzen, im Herbst jedoch nur so zeitig, daß sich die Jungpflanzen noch vor dem Winter im Erdreich verwurzeln, also bis Mitte Oktober. Die Pflanzabstände betragen etwa 1,20 bei stachellosen, 2 bis 3 m und mehr bei bestachelten Sorten. Man kann rankende Brombeeren auch, wie bei den Himbeeren beschrieben, fein säuberlich in ein Fächerspalier binden. Das macht wiederholt etwas Arbeit, weil die heranwachsenden Ruten mehrmals an den Drähten befestigt werden müssen. Die so formierte Brombeerpflanze wird zur Gartenzierde schon während der Blüte ab Juni, später läßt sie sich mühelos abernten. Auch ein gleichmäßiger Lichtzutritt für die Reife ist auf diese Weise bestens gesichert.

Die Stilisten unter den Beerenstrauchanbauern fanden noch andere, durchaus zweckmäßige ›Frisuren‹

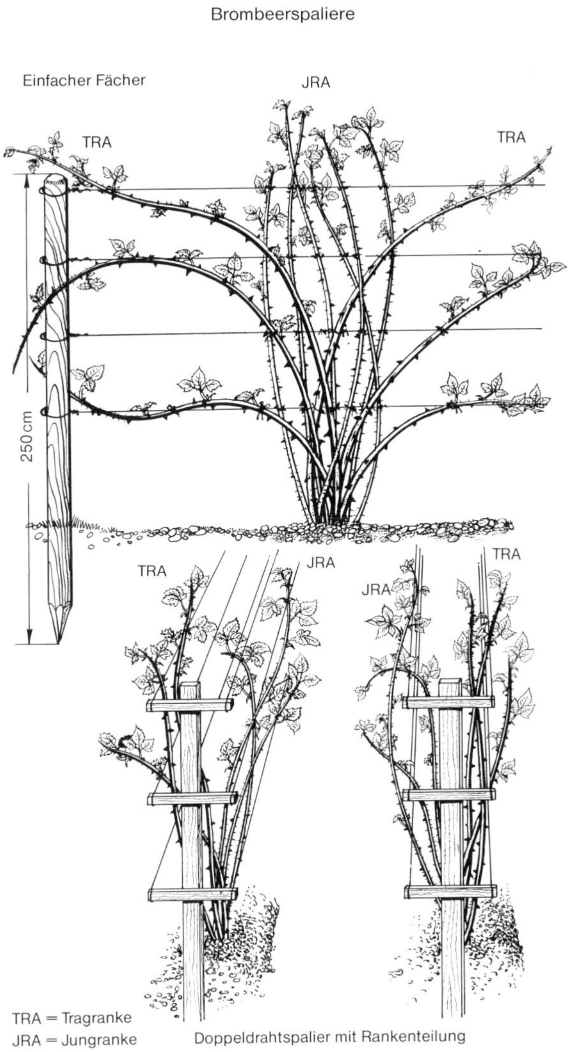

für Brombeer- und Himbeersträucher. So kann man die zweijährigen, fruchttragenden Ruten auf eine Seite, die einjährigen, nur grünenden und noch nicht blühenden Triebe auf die andere Seite ziehen und wie beim Fächer an die Drähte binden. In der Reihe sollten sich dann jeweils gleichaltrige Ruten gegenüberstehen. Im ersten Jahr trägt ein Strauch nach dieser Anordnung beispielsweise auf seiner linken, im zweiten Jahr auf seiner rechten Seite, bei den beiden benachbarten Sträuchern ist es umgekehrt. Nach dem Herbstschnitt der abgetragenen Ruten stehen die jungen Triebe schon auf der richtigen Seite, man läßt sie also dort und hat durch den Schnitt Platz für die neuen Triebe geschaffen. Man kann auch symmetrisch vorgehen: Die fruchttragenden Triebe werden nach beiden Seiten breit ausgefächert, der Neuzuwachs, der ja zunächst noch kürzer ist, wird in die Mitte nach oben geleitet. Im Herbst nimmt man die abgetragenen Triebe ab und biegt an ihrer Stelle die Jungtriebe herunter, der Mittelplatz wird damit frei für den neuen Nachwuchs.

Auch wer die mehr naturnahe Brombeerhecke vorzieht, muß im Herbst kräftig schneiden, sonst hat er bald ein wild fortwucherndes Gestrüpp, dem mit der Gartenschere nur noch schwer beizukommen ist.

Brombeeren blühen von Juni bis September, die ersten Früchte reifen im August, die letzten mit der späten Herbstsonne. Man pflückt nur jeweils die ausgereiften Beeren – zwangsläufig, denn unreife Früchte kann man nur gewaltsam abreißen, sie sind ungenießbar. Beerenobst reift auch nicht nach wie Baumobst.

Brombeeren blühen und fruchten wie die meisten Himbeersorten nur an den im Vorjahr gewachsenen Ruten, man erntet also erst im zweiten Sommer nach dem Pflanzen. Genaugenommen sitzen auch bei der Brombeere Blüten und Früchte an einjährigen Trieben, aber diese wachsen seitlich aus den vorjährigen Ruten, das heißt, die Ruten verzweigen sich. So werden bei den rankenden Sorten die Ruten recht lang – bis zu fünf und sechs Meter –, die Seitentriebe bleiben verhältnismäßig kurz. Bei nichtrankenden aufrecht wachsenden Sorten schneidet man nach der Ernte wie bei den Himbeeren die abgetragenen Ruten am Boden ab. Die Jungtriebe läßt man zunächst stehen, sie werden aber im Frühjahr so ausgelichtet, daß etwa sechs kräftige Ruten bleiben. Seitentriebe an den Ruten werden auch erst im Frühjahr, gegebenenfalls noch einmal im Frühsommer eingekürzt.

Rankende Sorten schneidet man nach der Ernte ähnlich: Man durchtrennt die abgetragenen Ruten knapp über dem Boden, entfernt sie oder läßt sie als Winterschutz bis zum Frühjahr am Strauch. Die einjährigen Neutriebe dünnt man im Frühjahr auf sechs kräftige aus, deren Triebspitzen man etwas einkürzt, besonders, wenn sie unter Frost gelitten

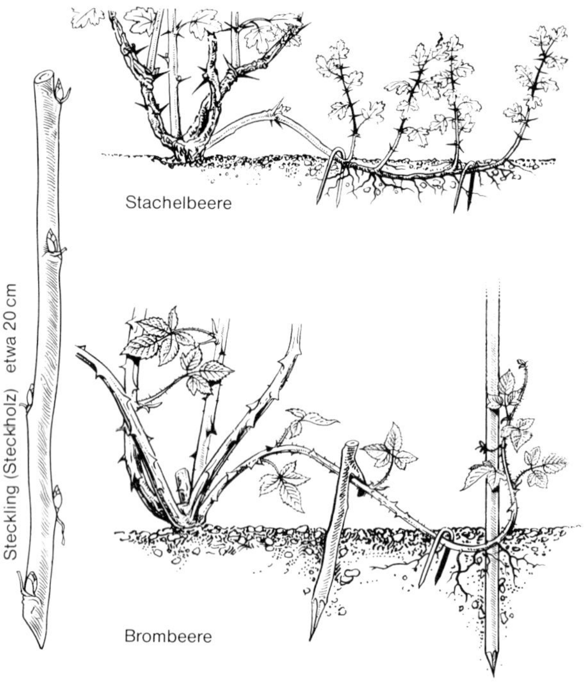

Vegetative Vermehrung durch Absenker

haben. Starkwüchsige Sorten wird man mehr, schwachwüchsige weniger beschneiden. Das fruchttragende Holz zweigt als Seitentrieb aus den Vorjahrsranken aus. Auch diese Seitentriebe werden nach Bedarf zurückgeschnitten.

Brombeeren entwickeln große Fruchtbarkeit. Sie genügen sich selbst, brauchen also keine Fremdbestäubung durch andere Sorten. Man vermehrt vegetativ durch Wurzelschnittlinge, durch Stecklinge – am besten von Seitentrieben, weil sie leichter anwachsen –, am einfachsten aber durch Spitzenableger. Dazu biegt man im Sommer eine Triebspitze zu Boden und beschwert sie mit einem Drahthaken. Bis zum Herbst hat sich dieser Ableger bewurzelt, er kann abgetrennt und noch im Herbst oder – besser – im Frühjahr an seinen Bestimmungsort gepflanzt werden. Einige stachellose Brombeersorten sollte man nicht durch Wurzelschößlinge vermehren, weil sich aus ihnen bestachelte Pflanzen entwickeln. Durch Kopfstecklinge und Spitzenableger vermehrt man dagegen sortenecht.

Die am meisten verbreitete deutsche Sorte heißt **Theodor Reimers**; sie wächst und rankt sehr stark. Als sogenannte Sandbrombeere gedeiht sie auch auf leichten Böden. Für dichte Hecken dürfte diese in vielen Weltteilen bewährte Sorte kaum zu übertreffen sein, zumal sie jahrzehntelang reiche Ernten liefert. Gegen Frost unter −10 Grad sollte sie durch Winterabdeckung geschützt werden. Ihre großen, glänzend schwarzen Früchte pflückt man ab August. Theodor Reimers bildet an Ranken und Blattstielen kräftige Stacheln aus.

Wilsons Frühe, eine nicht rankende, aufrecht wachsende Sorte, stammt aus Amerika. Sie hat sich bei uns gut bewährt, sie ist sogar etwas weniger frostempfindlich als die vorgenannte Sorte. Zur Ausbildung ihrer großen, länglichen Früchte braucht sie eine gute Humusversorgung. Auch wenn Brombeeren überall wachsen, wird man ihre Ernteerträge durch regelmäßige Kompostgaben im Herbst oder Frühjahr – einfach als Mulchdecke ausgebracht – wesentlich erhöhen.

Die stachellosen Sorten aus Amerika haben geschlitzte Blätter: **Thornless Evergreen** mit großen Früchten, unempfindlich und ziemlich winterhart, **Thornfree** mit großen, spät reifenden Früchten, **Merton Thornless** und andere.

Neuerdings kommen auch zahlreiche Hybriden auf den Markt, Kreuzungen mit Himbeeren. Unter ihnen ist die *Loganbeere* am bekanntesten. Sie wird sich in unserem Klima wegen ihrer größeren Wärmebedürftigkeit wahrscheinlich nicht überall durchsetzen können. Auch hier gilt: Versuche mit wenigen Pflanzen bringen die nötigen Erfahrungen, die man sammeln sollte, bevor man Neuheiten mehr Platz im Garten einräumt.

Schließlich haben in den letzten Jahren auch Ziersträucher der Brombeere in unsere Gärten Einzug gehalten. Man baut sie meist wegen ihrer großen, reizvollen Blüten an.

Ein der Brombeere nahe verwandter Zierstrauch mit kleinen roten, säuerlichen, aber eßbaren Früchten ist die *Japanische Weinbeere (Rubus phoenicolasius)*. Sie gedeiht in unserem Klima ohne Schwierigkeiten.

Der Formenkreis der Brombeere und ihrer nächsten Verwandten umfaßt viele Arten, Sorten und Varietäten vom Steingartenzwerg *Rubus arcticus* mit nur zwanzig Zentimeter Höhe über duftend blühende, stachellose Sorten wie *Rubus odoratus* aus Nordamerika bis zu den heimischen Heckenbildnern. Die meisten von ihnen brauchen den jährlichen starken Schnitt. Nur wer besonders wenig Zeit für seine Pflanzen hat, sollte sich keine Brombeeren in den Garten holen, weil sie ohne Pflege zum Verwildern neigen.

Johannisbeeren (Gattung *Ribes*)

Alle bisher behandelten Obstsorten gehörten zu den Rosengewächsen. Mit den Johannisbeeren verlassen wir diese formenreiche Pflanzenfamilie mit weltweit etwa zweitausend Arten und wenden uns der Familie der Steinbrechgewächse zu. Zu ihr zählen die bekannten Steinbrecharten, die das Gartenalpinum zieren und in der Natur die Gebirge bis zur oberen Vegetationsgrenze der Blütenpflanzen besiedeln; von den als Gartenblumen kultivierten Vertretern der Familie sind vor allem die reich blühenden Hortensien bekannt und schließlich die Johannisbeeren und Stachelbeeren, die zusammen die Gattung *Ribes* bilden.

Kernobst und Steinobst kamen über Süd- und Südosteuropa aus Asien zu uns. Johannis- und Stachelbeeren dagegen waren den Griechen und Römern als Kulturpflanzen unbekannt. Im Gegensatz zu dem schon vor Jahrtausenden kultivierten Baumobst hat dieses Beerenobst eine nur nach Jahrhunderten zählende Geschichte in unseren Gärten. Wie, wann und wo es entstand, wissen wir nicht.

Man vermutet, daß die Kreuzung jeweils mehrerer wilder Johannisbeerarten zu den heutigen Gartenformen führte. Die Wildarten sind in Mittel- und Südeuropa, hier vor allem in den Gebirgen zu Hause. Die Alpenjohannisbeere (*Ribes alpinum*) wird in ihrer Gartenform als Ziergehölz und Heckenpflanze angebaut. Überhaupt sind von den rund hundertdreißig Arten der Gattung *Ribes* die meisten als Ziersträucher im Gebrauch, nur wenige Arten als fruchttragende Nutzpflanzen: die rote, weiße und schwarze Johannisbeere, wobei die weiße wahrscheinlich aus der roten hervorging.

Viel Säure, derbe Fruchthäute und harte Kernchen, die verhältnismäßig viel größer sind als etwa bei den Erdbeeren, machen die Früchte dieser Beerensträucher zu einem für den Rohverzehr ›rauhen‹ Obst. Sein gesundheitlicher Wert ist jedoch schon wegen des hohen Vitamin-C-Gehaltes unbestritten. Schwarze Johannisbeeren enthalten gegenüber den anderen Obstarten ein Vielfaches an Vitamin C. Nur die Hagebutte übertrifft in dieser Hinsicht noch die schwarze Johannisbeere wiederum um ein Vielfaches. Süßmost aus Johannisbeeren, besonders aus schwarzen, gehört zu den wertvollsten Säften mit hohem Gehalt an Kalzium und Eisen.

Aus den meist kargen Standorten der wild wachsenden, johannisbeerähnlichen Arten geht schon hervor, daß diese Gewächse wenig Ansprüche an Klima, Lage und Boden stellen. Die bei uns heimischen Pflanzen sind völlig winterhart, das gilt auch für die Gartenformen der Johannisbeere. Allenfalls frühblühende Sorten können von Spätfrösten überrascht werden und vorübergehend Schaden nehmen.

Johannisbeeren machen auch dem Gartenanfänger die Entscheidung leicht, sie anzubauen. Allerdings danken sie Bodenpflege, Düngung und Schnitt mit höherem Ertrag.

Ein entscheidender Vorteil der Johannisbeersträucher ist ihre Fähigkeit, auch im Halbschatten zu fruchten und die Beeren auszureifen. Man setzt sie deshalb vorteilhaft als Lückenbepflanzung in Obstgärten, wo sie teilweise von Bäumen beschattet werden. Man hält zu den Baumscheiben einen Abstand von wenigstens einem Meter ein. Kern- und Steinobst verträgt sich gut mit Beerenobst, man spricht sogar von gegenseitiger Förderung, zumal diese obsttragende Mischkultur den Massenauftritt von Schädlingen nicht begünstigt. Selbstverständlich müssen beide Obstgruppen ausreichend gedüngt werden, damit kein Nahrungswettbewerb ausbricht. Bei zu starker Beschattung leidet allerdings die Ertragskraft auch der Johannisbeere, die Früchte reifen nicht so schön aus wie unter der Sonne. Reine Nordhänge kommen für die Bepflanzung mit Beerenobst nur ausnahmsweise in Frage.

Sieht man für die Johannisbeerkultur einen vollsonnigen Platz vor, so empfiehlt es sich, die Sträucher in heckenartigen Reihen in Nord-Süd-Richtung anzuordnen, weil sie sich dann gegenseitig etwas beschatten und auf beiden Seiten genug Sonne für vollreife Beeren erhalten. Nicht zu empfehlen sind Einzelbüsche in unbeschirmter Südhanglage. Auch vor starkem oder ständigem Wind sollte man Johannisbeeren schützen. Die Büsche eignen sich nicht für windabhaltende Außenhecken. Der Boden für Johannisbeeren darf leicht, lehmig oder steinig sein, doch muß er Humus enthalten, aus dem die Pflanzen ihre Nährsalze zum Treiben, Blühen und Fruchten beziehen können. Sehr magere Böden verbessert man nach und nach durch die im biologischen Anbau selbstverständliche Kompostwirtschaft. Man gibt dann Humusbildner über die reine Erhaltungsdüngung hinaus.

Zwei Ansprüche der Johannisbeeren sollte man beachten:

1. Als Flachwurzler von kaum mehr als zwanzig Zentimeter Tiefe sind sie auf ausreichende und stetige Feuchtigkeitszufuhr angewiesen. Staunässe vertragen sie nicht.
2. Johannisbeersträucher mögen keinen sauren, das heißt sehr kalkarmen Boden. Der pH-Wert sollte etwa bei 7 liegen. Besonders die schwarzen Johannisbeeren entnehmen dem Boden Kalk – entsprechend dem Kalziumgehalt der Früchte –, der ergänzt werden muß. Das geschieht am einfachsten über den Kompost. Bei seiner richtigen Zubereitung setzt man regelmäßig geringe Mengen von Kalk oder kalkhaltigem Steinmehl zu.

Die den Johannisbeeren erwünschte gleichmäßige Bodenfeuchtigkeit braucht man nur in Trockenzeiten durch Bewässern zu ergänzen, wenn man dafür sorgt, daß der Boden nicht offenbleibt. Man pflanzt Unterkulturen oder mulcht. Der mutige, aber zweifellos sachgemäße Vorschlag der Abtei Fulda in ihrer empfehlenswerten Schrift »Beerenobst im naturgemäßen Anbau«, Brennesseln zwischen die Johannisbeersträucher zu säen beziehungsweise den Samen mit einer nach dem Blühen der Brennesseln gewonnenen Kräuterjauche auszubringen, wird manchen ordentlichen Hausgärtner in Schrecken versetzen. Rudolf Steiner, der Begründer der biologisch-dynamischen Anbauweise, wies schon in den zwanziger Jahren auf die außerordentlich heilsame Wirkung von Brennesseln auf Kulturböden hin, die auch dann gegeben ist, wenn die Brennesseln nicht im Garten, sondern an dessen Rändern oder nur in der Nähe wachsen. Die Heilkräfte der Brennessel haben sich inzwischen vielfach bestätigt. Man macht sie heute allgemein für den biologischen Garten nutzbar – vor allem in Form der Brennesseljauchen.

Als Unterpflanzung lassen sich Brennesseln am einfachsten und nutzbringendsten dadurch in Schach halten, daß man die jungen Pflanzen regelmäßig schneidet. Sie ergeben einen schmackhaften und gesunden Spinat, der im Gegensatz zum Gartenspinat keine Oxalsäure enthält.

Beerenobst im allgemeinen, Johannisbeeren im besonderen vertragen kein Chlor. Chlorhaltiges Leitungswasser sollte man beim Wässern möglichst durch Regenwasser ersetzen, chlorhaltige Düngemittel werden im biologischen Anbau ohnehin nicht verwendet – mit Ausnahmen, zum Beispiel für Stangensellerie.

Johannisbeerpflanzen bezieht man zwei- oder dreijährig aus Gärtnereien und Baumschulen. Man kann sie im Herbst oder Frühjahr pflanzen. Im allgemeinen brauchen Johannisbeerpflanzen keine Stütze, es sei denn, man will sie spalierartig an einer Wand oder in Form von Bäumchen ziehen. Sehr hübsch machen sich solche hochstammartigen Bäumchen im kleinen Hausgarten, wo man mehr wert auf Einzelgestaltung legen muß. Man erhält sie pflanzfertig auf Unterlagen der aus Amerika stammenden Goldjohannisbeere veredelt im Gartenbaubetrieb. Vor dem Einsetzen gibt man ihr einen Haltestab aus Holz, Tonkin oder Bambus.

Die Bäumchenform auf Stammbildnern hat sich vor allem bei Stachelbeeren bewährt, die in Buschform mit ihren niedrig über dem Boden ansetzenden Blättern und Blüten leicht von Mehltau befallen werden. Die in dieser Hinsicht robusteren Johannisbeersträucher entfalten mehr Lebenskraft und eine längere Lebensdauer als in der Form von Minibäumchen. Für ertragsorientierte Anbauzwecke wird man die Strauchform vorziehen, zumal sie keine Vermehrungsprobleme aufwirft. Beerenobst muß nicht veredelt werden.

Man pflanzt die Sträucher in 120 bis 150 Zentimeter Abstand, wenn man heckenartige Reihen will. Die Reihenabstände betragen zwei Meter, für Zwischenkulturen auch mehr. Einzelbüschen, die für die Ernte allseitig begehbar bleiben sollen, gibt man je nach Sorte Abstände von zwei bis drei Metern. Weiße Johannisbeeren entfalten sich nicht ganz so wuchskräftig wie rote. Bei mehreren Reihen pflanzt man die Sträucher auf Lücke. Überhaupt sollte man nicht zu viele Pflanzen ungegliedert auf eine Fläche bringen. Solche Beete werden leicht zur Johannisbeerwildnis, die nicht mehr gut zu pflegen, zu düngen und zu schneiden ist. Da viele Büsche solcher geschlossenen Kulturen zu wenig Sonnenlicht bekommen, lassen Ernte und Reife zu wünschen übrig, der Befall durch Schädlinge und Krankheiten wird wahrscheinlicher.

Johannisbeeren sind selbstfruchtbar, man kann bei einer Sorte bleiben, doch wird auch berichtet, daß sich ein Nebeneinander mehrerer Sorten günstig auf die Ertragskraft auswirkt. Mischkulturen aus Johannisbeeren und Stachelbeeren lassen sich ohne Nachteile anlegen. Man muß dann darauf achten, daß die kleineren Stachelbeerbüsche südseitig und nicht nordseitig der laubreichen, viel Schatten werfenden Johannisbeeren stehen.

Johannisbeeren blühen ab April, die ersten reifen Beeren kann man ab Juni pflücken. Im Hausgarten sollte man die Beeren voll ausreifen lassen und zuerst nur die dunkelroten Trauben ernten. Sie weisen wesentlich mehr Zucker und Geschmack auf als die gerade hellrot gewordenen Beeren.

Der *Schnitt* ist bei den meisten Obstgehölzen die halbe Pflege. Johannis- und Stachelbeersträucher bekommen ihren ersten Schnitt nach dem Pflanzen. Schon vor dem Pflanzen kürzt man die längsten Wurzeln etwas ein, vor allem abgeknickte oder beschädigte. Setzt man die Sträucher oder Hochstämmchen im Herbst, wartet man mit dem Pflanzschnitt bis zum zeitigen Frühjahr, man vermindert so die Gefahr von Frostschäden. Je nach ihrer Länge kürzt man die Triebe um ein Auge oder mehrere Augen und regt sie dadurch zur Bildung von Seitentrieben an. Vier bis sechs Gerüstzweige ergeben einen kräftig ausgebildeten Strauch. Bei weniger nutzt er seinen Platz ungenügend, bei mehr wird er zu dicht; dem Fruchtbehang fehlt dann Sonne zum Reifen.

Gut gegliederte und lichtdurchlässige Strauchkronen sind auch das Leitbild für den Jahresschnitt im

Pflanzschnitt Johannisbeere

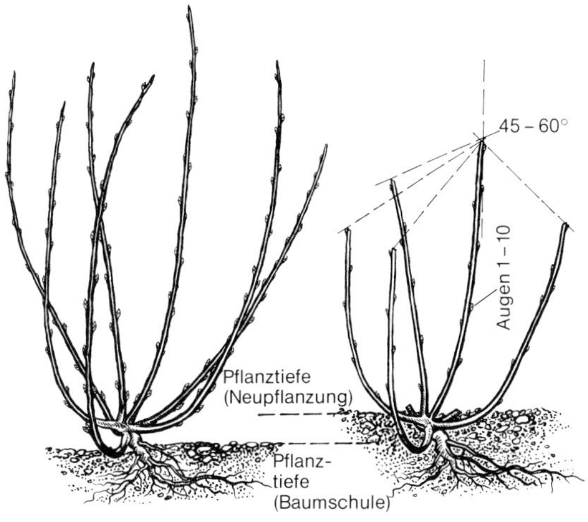

Aufbauschnitt

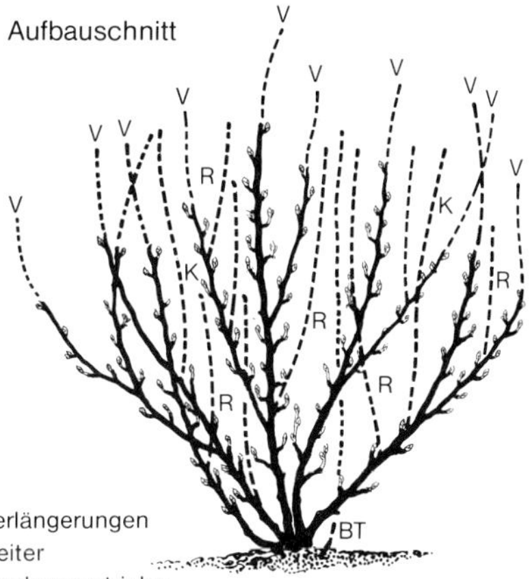

V = Verlängerungen
R = Reiter
K = Konkurrenztriebe
BT = Bodentriebe werden weggeschnitten

Herbst. Er kann gleich nach der Ernte, aber besser erst nach dem Laubfall vorgenommen werden. Denn die nährstoffaufbauende Tätigkeit der Blätter kräftigt die Wurzeln und läßt sie Vorräte für den Austrieb im Frühjahr speichern. Ebensogut kann man den Verjüngungsschnitt im Spätwinter oder zeitigen Frühjahr durchführen, jedenfalls vor dem Steigen der Säfte. Die jeweils ältesten Gerüstzweige schneidet man knapp über dem Boden ab. Bei gutem Neuaustrieb, der bei Johannisbeeren üblicherweise gegeben ist, wird man kein älteres als drei-, höchstens vierjähriges Holz am Strauch haben.

Schwarze Johannisbeere: Blüte und Frucht

Überalterte Strauchäste sind dunkel und setzen weniger Knospen an als die jüngeren. Von den einjährigen Neutrieben entfernt man so viele der schwächsten, daß im ganzen bis zu acht Gerüstzweige einschließlich der nachwachsenden stehenbleiben, meist genügen schon sechs. Starke Seitentriebe verkürzt man so weit, daß auch das Strauchinnere luftig und licht bleibt. Blütenknospen sitzen vorzugsweise nahe der Auszweigungsstellen, sie werden durch den Rückschnitt nicht beeinträchtigt, sondern gefördert.

Bei zu starkem Wachstum und ›Verdunklungsgefahr‹ des reifenden Behanges kann man im Frühsommer ein zweites Mal Triebspitzen ohne Fruchtansätze beschneiden.

Hochstämmchen behandelt man ähnlich. Für eine allseitige und gleichmäßige Ausbildung der kleinen Kronen beläßt man nur soviel Gerüstzweige, nämlich die stärksten, daß alle Seitentriebe genügend Licht bekommen. Man kürzt auch sie um wenige Augen ein; die Krone sollte gegliedert und übersichtlich bleiben.

Will man eine dichte, nicht zu breite Hecke aus Johannisbeersträuchern ziehen, so verfährt man ähnlich wie bei den Himbeeren: Zwischen zwei Pfosten spannt man zwei oder drei Doppeldrähte, den obersten knapp mannshoch, um die Zweige und Triebe einfügen zu können. Auch aus einer solchen Hecke muß das überalterte Holz entfernt und nachwachsendes in die gewünschte Richtung geleitet werden. Gegen bodennahe Verkahlung der Zweige hilft Zurückschneiden der Seitentriebe, es regt zu tief angesetzten Verzweigungen an. Altholz verkahlt von unten nach oben.

Die Vermehrung ist bei Johannisbeeren einfach. Hat man erst einmal mehrjährige Sträucher, so kann man sie auch beliebig für Neuanpflanzungen vermehren. Man muß die dafür nötigen Maßnahmen allerdings frühzeitig einleiten, weil das Heranwachsen von Ablegern und Stecklingen bis zu fruchttragenden Sträuchern länger braucht als mit vorgezogenen Pflanzen aus der Gärtnerei. Wer es eilig hat, wird also auch bei eigenem Johannisbeerbestand auf fertiges Pflanzgut zurückgreifen. Besonders wenn man Hochstämmchen kauft, hat man von Anfang an ansehnliche Gehölze am vorgesehenen Standort, die bei Frühjahrspflanzung schon im Sommer die ersten, wenn auch zunächst spärlichen Behänge aufweisen können.

Bei Sträuchern ist es möglich, die Wartezeit auch ohne zugekaufte Jungpflanzen zu umgehen, wenn man im Frühjahr noch vor dem Austrieb vorhandene, gut entwickelte Wurzelstöcke vorsichtig ausgräbt, sie mit Spaten oder Messer teilt und die Teilstücke an die alten und neuen Standplätze setzt. Dabei empfiehlt es sich, Wurzelspitzen und Zweige etwas einzukürzen. Allerdings geschieht solche Vermehrung nicht ohne Schwächung der Ausgangspflanzen, man erkauft den Zeitgewinn für die Neuanpflanzung mit vorübergehendem Ertragsrückgang der alten Stöcke.

Ohne Aderlaß vollzieht sich die Vermehrung durch Steckhölzer. Man gewinnt sie aus dem Jahresschnitt an kräftig entwickelten einjährigen Trieben. Die gut zwanzig Zentimeter langen Stecklinge erhalten einen schrägen Anschnitt unter einem Auge und werden an geschützter Stelle in die Erde gesteckt, am besten neben einem eingerammten Pflock, man tritt sie sonst leicht um. Die Triebspitze schaut etwa acht Zentimeter aus dem Boden heraus. Stecklingsvermehrung ist im Herbst oder Frühjahr möglich. Ein Jahr später nimmt man die versetzungsfähigen Jungpflanzen aus der Erde. Man kann mit dem Umsetzen auch noch ein Jahr warten und hat dann schon verzweigtes Pflanzgut.

Schließlich kann man Ableger durch Herunterbiegen einjähriger Triebe im Frühjahr gewinnen. Man befestigt sie am Boden, bedeckt sie mit guter Erde und läßt die Triebspitze frei. Im Sommer wässert man regelmäßig und hat ein Jahr später ein bewurzeltes Zweigstück, das sich vom Mutterstrauch abtrennen und mehrmals teilen läßt. Jedes Teilstück braucht ein Wurzelbündel und kann im Saatbeet weiter gezogen werden.

Die Wahl der Sorten dürfte bei Johannisbeeren kaum Kopfzerbrechen machen, da in unserem Klima alle gedeihen. Unterschiede treten innerhalb der roten, weißen und schwarzen Johannisbeeren weit weniger in Erscheinung als beim Kern- und Steinobst. Baut man mehrere Sorten, dann sollte man darauf achten, daß für langes Ernten frühe und späte vertreten sind. Früh reifen: **Jonkheer van Tets** und **Heros.** Heros wächst stark und eignet sich gut für Hecken. Später, nämlich erst im August, reifen **Heinemanns Rote Spätlese** und **Rotet. Rote Holländische** und **Rote Vierländer** bringen reiche Ernten.

Unter den weißen Sorten haben sich **Weiße Versailler,** unter den schwarzen **Silvergieters Schwarze** und **Rosenthals Langtraubige Schwarze** gut bewährt. Doch sollen die wenigen hier genannten Sorten keine Auszeichnung vor nicht genannten bedeuten. Man kann sich darauf verlassen, daß der örtliche Fachbetrieb ausgewählte Sorten anbietet.

Rote, Schwarze und Weiße Johannisbeeren

Die Kulturbedingungen der roten und schwarzen Johannisbeeren ähneln einander, so daß sie in Gartenbüchern oft in einem Text behandelt werden. Doch sollte man einige von der roten Johannisbeere abweichenden Ansprüche der schwarzen berücksichtigen. Nur auf diese Verschiedenheit wollen wir im folgenden noch eingehen.

Die schwarze Johannisbeere

Die schwarze Johannisbeere gedeiht und reift in allen rauhen Lagen wie die rote Art und ist in dieser Hinsicht eher noch unempfindlicher. Jedenfalls

kommt sie mit weniger Sonne aus. Man kann die schwarze Johannisbeere sogar in reinen Nordlagen pflanzen, wenn man geringere Erträge in Kauf nimmt. Die Ausbildung des gesundheitlich hochgeschätzten Vitamins C ist demnach nicht an eine unmittelbare Sonnenbestrahlung gebunden.
Vollsonnigen Stand schätzen die schwarzen Johannisbeeren wenig, obwohl es gerade im gewerbsmäßigen Anbau genügend Beispiele gibt, wo sie auf freien Flächen bestens wachsen und fruchten. Der füllige Strauch beschattet seine Behänge selbst durch Blattfülle. Er entwickelt in den Blättern große Verdunstungsflächen, Laub und Triebe sind zudem weicher als bei der roten Art, empfindlicher gegen Austrocknung; sie verströmen einen leicht unangenehmen Geruch. Er führte zur alten Bezeichnung ›Wanzenbeere‹. Mehr als die rote Johannisbeere ist die schwarze auf gleichmäßiges und immer durchfeuchtetes Erdreich angewiesen. Wo man diesen Sträuchern unbeschattete Plätze zumutet, muß man besonders darauf achten, daß sie es nicht auch noch trocken haben. Den besten Austrocknungsschutz bietet eine genügend starke, ganzjährig auf dem Boden belassene Mulchschicht. Nimmt man für diese Bedeckung vererdeten Mist oder ausgereifte Komposterde, so hat man schon für eine ausreichende Düngung gesorgt. Auch bodenbedeckende Anpflanzungen unter und zwischen den Büschen sorgen für die erwünschte Beschattung, doch stört man mit einer Bodenbearbeitung die flach streichenden Wurzeln der Sträucher.
Der jährliche Schnitt im Herbst oder Frühjahr zielt bei der schwarzen Johannisbeere ganz besonders auf die Verjüngung des Strauches, weil schon das dreijährige Holz merklich weniger trägt. Dagegen verzichtet man auf den Rückschnitt der einjährigen Triebe, lichtet sie aber wie bei der roten Art auf insgesamt etwa sechs Gerüstzweige aus.
Beim Setzen von Johannisbeersträuchern geht man etwas tiefer als bei anderen Obstgehölzen und regt dadurch neue Wurzelaustriebe an. Wegen der Unterschiede in Schattenverträglichkeit und Feuchtigkeitsbedürfnis wird man rote und schwarze Johannisbeeren nicht in eine Mischkultur nehmen. Dabei sei betont, daß stauende Nässe auch für die schwarze Johannisbeere ein Gift bedeutet, das sie nicht verträgt. Desgleichen sollte man diese ausladenden Sträucher mit ihren weichen Blättern und Zweigen nicht frei der Hauptwindrichtung – bei uns in der Regel Westen – aussetzen.
Die Abtei Fulda weist in ihrer oben erwähnten Schrift darauf hin, daß »die schwarze Johannisbeere für die Nachbarschaft der Sauerkirsche besondere Sympathie« zeigt.

Stachelbeeren (*Ribes grossularia, Ribes uva crispa*)

Der engen Verwandtschaft zwischen Stachel- und Johannisbeeren entsprechen ähnliche Klima-, Boden- und Pflegeansprüche. Was darüber bei der Johannisbeere gesagt wurde, gilt auch für die Stachelbeere.
Stachelbeerbüsche erreichen allgemein nicht die Größe von Johannisbeerbüschen, ihre Blätter sind kleiner, die eher sparrigen Zweige mit Stacheln bewehrt. Stachelbeersträucher begnügen sich im

Grünfrüchtige Stachelbeere

Hausgarten mit jedem Platz und mit fast jedem Boden. Ganztägig im Schatten, bleiben die Früchte kleiner und härter, sie entwickeln dann weniger Süße und Geschmack. Voller Sonnenstand schadet dem Strauch nicht, aber man sollte solche begehrten Gartenplätze Kulturpflanzen überlassen, die auf viel Sonne angewiesen sind; die Stachelbeere fühlt sich im Viertel- und Halbschatten am wohlsten. Sie wurzelt tiefer als die Johannisbeere, erträgt also auch regenarme Zeiten besser. Die ganzjährige Bodenbedeckung enthebt uns der Sorge um ausreichende Bodenfeuchtigkeit weitgehend. Die früher gleichsam obligatorische Empfehlung, den Boden zwischen Stachelbeerbüschen – auch zwischen anderen Beerenobststräuchern – durch wiederholtes Hacken locker und unkrautfrei zu halten, erscheint uns heute nicht mehr sinnvoll. Auch Stachelbeerwurzeln durchziehen den Boden bis nahe der Oberfläche und wollen nicht durch mechanische Bodenbearbeitung gestört, sondern in natürlicher Bodengare ernährt werden.

Stachelbeersträucher brauchen kalkhaltigen Boden. Bei sauren Reaktionen sollte man den pH-Wert durch Kalkgaben in die Nähe von 7 bringen. Anmooriger Boden liegt von Natur aus im sauren Bereich, er paßt der Stachelbeere ebenso wenig wie humusarme Sandböden. Die erträgt sie aber noch besser als Staunässe. Bodendurchlässigkeit bildet eine Voraussetzung für den Anbau aller Beerenobstarten.

Stachelbeeren brauchen Kali, denn ihre Früchte sind kaliumhaltig. Kaliummangel äußert sich durch graubraun verdorrte Blattränder. Bei einer Kompostbereitung mit Holzabfällen oder Holzasche wird mit der Düngung genügend Kalium zugeführt. Abhilfe muß nicht in kalihaltigen Mineraldüngergaben, sie kann auch durch Mulchen mit Farnkraut gebracht werden. Farn soll, wo es zur Verfügung steht, dem Kompost – auch für andere Nutzpflanzen – zugeschlagen werden. Die Forstleute vernichten den in großen Blattfächern sich entfaltenden Farn in Anpflanzungen oft noch mit chemischen Mitteln. Man richtet also keinen Schaden an, wenn man Farnblätter für den Garten sammelt oder mäht – natürlich nach Rücksprache mit den Eigentümern und *vor* solchen Vergiftungsaktionen. (Der sehr seltene Straußfarn – er tritt niemals in Massen auf wie der Wurm- und der Königsfarn – ist eine geschützte Farnart des Waldes!) Chlor mögen Stachelbeeren so wenig wie die übrigen Beerenobstarten, und Stickstoffüberdüngung fördert den Befall durch den Amerikanischen Mehltau. Man gibt deshalb nur verrotteten Mist. Ist er noch frisch, kann man allenfalls im Herbst kleinere Mengen ausbringen, doch wäre es besser, ihn über die Kompoststufe dem Boden zuzuführen.

Die Stachelbeerplage Mehltau wurde erst um die Jahrhundertwende von Amerika nach Europa eingeschleppt. Man begegnet ihr heute erfolgreich mit mehltauresistenten Sorten. Doch helfen bei anfälligen Sorten auch biologische Maßnahmen wie Herbstschnitt der Triebspitzen und eine nur organische Düngung für gesunden Boden. Da die Pilzerreger des Mehltaus zu ihrer Entfaltung eine stickigfeuchte Atmosphäre brauchen, sind die Kulturformen Fuß-, Halb- und Hochstämmchen der Stachelbeere weniger gefährdet als Büsche, die sich schon dicht über dem Boden verzweigen und bei mangelnder Schnittpflege verfilzen.

Pflanzen, Schneiden und Vermehren unterscheiden sich bei der Stachelbeere nicht wesentlich von der roten Johannisbeere. Beim jährlichen Rückschnitt achtet man auf regelmäßige Verjüngung der Gerüstäste; vier bis sechs genügen. Einjährige Triebe fruchten bei der Stachelbeere am reichsten. Das mehrjährige dunkle Holz verkahlt leicht und muß durch regelmäßigen Schnitt schon vor seiner Überalterung dem Nachwuchs weichen. Ein Strauchdikkicht wirkt sich bei der Stachelbeere auch deshalb ungünstig aus, weil es die Ernte sehr erschwert. Die Mehltauerreger überwintern an den Triebspitzen. Man kürzt alle einjährigen Triebe ein, entfernt das Schnittgut sorgfältig aus dem Strauch und verbrennt es. Man kann es nur dann ohne Schaden der Kompostmiete zuführen, wenn man es in deren Mitte einbaut, wo die Pilzsporen durch Gärhitze vernichtet werden.

Man zieht Stachelbeeren in Büschen, Spalieren, Niedrig- oder Fußstämmchen und Hochstämmchen. Wie bei der Johannisbeere sehen gepflegte Hochstämmchen schöner aus, sind weniger mehltaugefährdet, entwickeln aber nicht die Lebenskraft und die Lebensdauer der Sträucher. Beim Strauch versorgen sich die Triebe unmittelbar aus der Wurzel, beim Hochstämmchen muß ein gemeinsames Leitbündel benützt werden, die Zufuhr der Wurzelsäfte ist deshalb anfälliger gegen Störungen. Trotzdem sollte man im kleinen und mittleren Hausgarten durchaus Stachelbeerhochstämmchen ziehen, sie bilden ein schmückendes Gestaltungselement und bringen bei biologischer Bodenpflege sowie jährlichem Kronenschnitt keine Probleme. Fuß-, Halb- und Hochstämmchen ergeben Stammhöhen von vierzig bis hundert Zentimeter. Sie alle brauchen eine kräftige Stütze durch einen Pfahl, der über die Krone hinausreicht und vor dem Pflanzen geschlagen wird.

Bei der Sortenwahl muß man zwei Entscheidungen treffen: Zum ersten muß man überlegen, ob man weiße, grüne, gelbe oder rote Früchte will. Grün reifende Stachelbeeren sind nicht etwa saurer als die roten, sie werden sogar allgemein als im Geschmack besser beurteilt. Die zweite Entscheidung betrifft die Wahl einer frühen, mittelfrühen oder späten Sorte. Stachelbeeren sind selbstfruchtbar, sie brauchen also keine Bestäubungshilfe durch zweite und dritte Sorten. Trotzdem sollte man verschiedene Sorten mischen, wenn man Platz für mehrere Stachelbeergehölze hat. Den unscheinbaren Blüten im April folgen reife Beeren ab Juni, bei späten Sorten erntet man erst im August. Die Stachelbeersaison kann somit beim Anbau mehrerer Sorten auf fast ein Vierteljahr ausgedehnt werden.

Zu den ganz frühen Sorten zählen **Hörnings Früheste** mit gelben Früchten und süßem, angenehmem Geschmack. Mittelfrüh reifen **Lauffener Gelbe** und **Lady Delamere,** eine besonders genügsame Sorte mit grünen Beeren. **Weiße Triumphbeere** bringt regelmäßige Ernten, **Rote Triumphbeere** aus Schottland wächst stark, ihre Früchte reifen dunkelrot aus, doch ist diese Sorte anfällig gegen Mehltau. Auch **Maiherzog** und die neue Sorte **Remarka** bringen rote Beeren, **Reverta** gelbgrüne.

Die meisten Sorten eignen sich auch für die Anlage kleiner, verhältnismäßig dichter Hecken. Sie ertragen Windbelastung weit besser als Johannisbeeren, doch werden sie nicht so hoch und werfen deshalb weniger Schatten.

Holunder (*Sambucus*)

Der Schwarze Holunder (*Sambucus nigra*) liefert ein Beerenobst, das auf Bäumen wächst. Er gehört nicht eigentlich zu den Kulturpflanzen, denn die allgemein am Haus und im Garten wachsende Art (Sorten ausgenommen) unterscheidet sich nicht von den an Waldrändern, auf Lichtungen und in Hecken wachsenden Holunderbüschen. Als Kulturfolger mit einer ausgesprochenen Vorliebe für Haus- und Scheunenecken steht dieses Gewächs zwischen Wild- und Nutzpflanze. Der Holunder wurde in den letzten Jahrzehnten, in denen uns Obst aus allen Erdteilen und zu jeder Jahreszeit im Überfluß zur Verfügung stand, nicht mehr so hoch geschätzt, wie er es verdient.

Der Holderbusch genoß einst die besondere Verehrung der Germanen. Er wurde von der ländlichen Bevölkerung unserer Heimat bis in die Neuzeit hinein an Haus und Hof nicht nur geduldet, es blieb auch etwas von der Hochachtung lebendig, die über die Verwertung seiner Beeren hinausreicht. Man sah im Holunder, der nach Form und Größe zwischen Busch und Baum steht, die Wohnstatt guter Hausgeister, sein Gedeihen verhieß Schutz für Haus und Stall. Um den Holunderbusch entstanden volkstümliche Sagen. Seine bekannteste Märchengestalt wurde Frau Holle. Ihr Name leitet sich aus der in Süddeutschland üblichen Bezeichnung Holder oder Holler für Holunder ab.

In Norddeutschland nennt man den Holunder auch Fliederbeerbaum oder einfach Flieder. Fliederbeersuppe und Holdermus waren einst weitverbreitete bäuerliche Gerichte. Der starke Duft der weißen Blüten gibt den Holderküchlein ihr Aroma: Man taucht die frisch vom Baum gebrochenen Trugdolden in Teig und bäckt sie anschließend in heißem Öl goldgelb und knusprig. Aus den Beeren gewinnt man Saft und Hollerwein. Daneben wurden nahezu alle Teile des Holderbaumes in der Heilkunde verwendet: Wurzeln, Rinde, Blätter, Blüten und Früchte. Man sagte, daß der Holunderbaum die lebendige Apotheke des Hauses ist.

Der Holunder zählt zur kleinen Familie der Geißblattgewächse, die auch die Gattungen Schneeball und Geißblatt enthält. Der Holunderbaum bildet am Haus und im Garten einen erfreulichen Anblick. Er hat die Eigenart, sich niedrig über dem Boden zu verzweigen und eine buschig-kugelige Gestalt anzunehmen, die durch das dichte Blattwerk nach außen geschlossen wird. Die Schnellwüchsigkeit des Holunderbaums ist fast unheimlich. Wird er abgesägt, so hat sich schon im nächsten Jahr ein neuer Busch aus den Wurzeln gebildet, der sich schnell vergrößert und im zweiten Jahr wieder blüht. Der flach wurzelnde Großstrauch oder Baum kann über sieben Meter hoch werden, Äste und Zweige neigen sich bogenförmig und ergeben die abgerundete Baumform.

Die zahlreichen Blütenstände überziehen den Baum im Mai und Juni, er sieht dann weiß betupft aus. Das brüchige Holz ist hart und vom Stamm bis in die Zweige hinein von einer Markhöhle durchzogen. Die Beeren reifen im August und September glänzend schwarz. Der tiefrote Saft wurde früher nach Angaben von Lonicerus auch zum Färben von Geweben verwendet.

Der Holderbaum beansprucht für seine guten Gaben keine Gegenleistung von uns. Am liebsten ist ihm ein frischer, humoser und eher feuchter Boden.

Nicht nur die Früchte (oben), auch die Blütenstände (unten) des Schwarzen Holunder lassen sich für die Küche verwerten

Er blüht und fruchtet auch im Schatten, so daß man ihn vorteilhaft an die Nordseite des Hauses, am besten an seine Nordwestecke pflanzt.

Man vermehrt den Holunder durch Aussaat der kleinen, in den Beeren enthaltenen Samen und durch Steckholz. Der Holunderbaum formt sich ohne Schnitt zu seiner bauchig aufgewölbten Gestalt, ein Schnitt würde diese Entwicklung nur stören.

In neuester Zeit entdeckte man am Holunder Eigenschaften, die selbst den naturverbundenen Germanen noch nicht bekannt sein konnten: die Luftverschmutzung der Städte und Industriegebiete kann ihm offenbar wenig anhaben. Er wird deshalb als Luftverbesserer noch dort gepflanzt, wo andere Bäume keine Lebensgrundlage mehr finden. Das gilt auch für den viel kleineren Traubenholunder oder Roten Holunder (*Sambucus racemosa*), der feuerrote, ungenießbare Beeren hervorbringt. Er meidet Kalk und kommt noch auf den ärmsten Böden hoch.

Roter und Schwarzer Holunder sind dankbare Heckenpflanzen, die durch ihre Beeren Vögeln viel Nahrung bieten. Dabei eignet sich der Schwarze Holunder nicht als eigentlicher Heckenbildner, sondern als wohltuende Bereicherung einer gemischten Hecke in der Landschaft oder in großen Parks, die er mit seinen grünen Kuppeln anmutig überwölbt.

So begleitet der äußerst anspruchslose Holunderbusch die Menschen durch die Zeitalter. Schon in der Steinzeit dienten seine Beeren, wie Funde belegen, den Menschen als Nahrung. Heute führt seine Widerstandskraft gegen Umweltgifte vielleicht zu seiner Neuentdeckung.

Holunderjauche, die man aus den grünen Blättern wie Brennesseljauche ansetzt und vergären läßt, soll Wühlmäuse vertreiben; man gießt die stark riechende Flüssigkeit in ihre Gänge. Holunderblättertee verwendet man gegen verschiedene Schadinsekten, so gegen Blattläuse auf Rosen.

Vielleicht bin ich für diesen Baum voreingenommen, weil mein erster Wagen – ein Kinderwagen – oft im Schatten eines Holderbusches stand. Ein Holunderbusch macht sich in vielen auch nur mittelgroßen Gärten gut, und sei es nur als Beschattung der Kompostmiete.

Gartenheidelbeeren (*Vaccinium corymbosum*)

Auf ausgesprochen saurem, ›kalkfreien‹ Boden wachsen nur ganz wenige Kulturpflanzen. Die Gartenheidelbeere aus der Familie der Erikagewächse gehört zu diesen Ausnahmen. Als anbauwürdiges Beerenobst nimmt man sie hierzulande noch nicht so recht ernst. In ihrer Heimat Nordamerika, wo die meisten Zuchtsorten herkommen – sie entstanden aus den dortigen heimischen Wildformen –, baut man die Gartenheidelbeere feldmäßig an.

Ein Vorteil der Gartenheidelbeere, der in den meisten unserer Hausgärten kaum ins Gewicht fällt, ist ihre Fähigkeit, auch in kühlem Klima und rauhen Lagen, im Norden bis in arktische Gebiete zu wachsen und zu fruchten. Dabei braucht sie zur Reife ihrer blauen Beeren durchaus Sonne bis höchstens Halbschatten. Man hat herausgefunden, daß sie zur Winterruhe über längere Zeit hin Temperaturen unter vier Grad nötig hat, um sich während der warmen Jahreszeit artgemäß entfalten zu können. Wir wissen auch von unseren Baumobstarten, daß diese Winterruhe bei tiefen Außentemperaturen Voraussetzung ihres Blühens und Fruchtens ist. Bekanntlich braucht der Samen einer Reihe heimischer Pflanzen wenigstens einmal Frost, um im nächsten Frühjahr keimen zu können, man spricht von Frostkeimern.

Die Gartenheidelbeere blüht im Mai, einige Kältegrade schaden der Blüte nicht. Die reifen Beeren kann man ab Juli und August ernten. Sie erreichen bei einigen Sorten die Größe von Kirschen.

Die Gartenheidelbeere bevorzugt Bodenverhältnisse, die den meisten unserer Kulturpflanzen den Tod bringen würden: einen pH-Wert von 4,3 bis 5,5 und einen Grundwasserspiegel, der dem Begriff ›stauende Nässe‹ entspricht. Man schafft diese Bedingungen im Hausgarten üblicher Lage und Bodenqualität in unmittelbarer Nähe eines regulierbaren Wasserzuflusses, wo man wenigstens zeitweise, aber regelmäßig, für satte Bewässerung sorgen kann. Noch besser wäre die Nachbarschaft eines Sumpfbeetes, wie man es im Anschluß an Gartenteiche anlegt. Den sauren Boden erhält man durch umfangreiche Zusätze von Torf und Moorerde sowie eine Düngung mit Laubkompost, Nadelkompost und Sägemehl oder verrotteten Holzabfällen. Man wird eine solche örtliche Umstellung nicht gerade auf Kalkböden vornehmen, die von Natur aus alkalisch sind, sondern eher in kalkarmen Gärten, wie man sie vor allem in Norddeutschland oft antrifft. Wo Rhododendronbüsche gut gedeihen, wächst auch die Gartenheidelbeere. Man muß für sie nicht Bestbedingungen schaffen. Man kann sie auf Böden und unter Verhältnissen anbauen, die nur annähernd ihren geschilderten Bedürfnissen entsprechen. Trockenzeiten darf man ihr vom Frühjahr bis zur Fruchtreife allerdings nicht zumuten. Ihre Wurzeln können geringe Bodenfeuchtigkeit, die anderen Pflanzen noch durchaus genügt, nicht mehr aufnehmen.

Es versteht sich von selbst, daß die Gartenheidelbeere mit ihren zahlreichen und großen Früchten gut ernährt werden muß. Sie braucht humosen Boden. Die zu ihrer Düngung vorgesehene Komposterde wird ohne Kalkzugaben hergestellt. Der Kalk, den auch Gartenheidelbeeren zum Aufbau ihrer Pflanzenmasse brauchen – ihre Früchte enthalten etwas Kalzium –, bekommt sie aus den verrotteten Pflanzenteilen, die jede Komposterde enthält. Eine dicke Mulchschicht verhindert, daß der Boden austrocknet. Die Gartenheidelbeere wird vorteilhaft mit Sägemehl, Laub oder Nadelstreu gemulcht; man bleibt damit im sauren Bereich des Bodens.

Die jährliche Schnittpflege gleicht der, wie sie für die Johannisbeere beschrieben wurde: auslichten und systematisches Verjüngen der Sträucher.

Die Vermehrung kann auf vegetativem Wege durch Wurzelschößlinge, Steckhölzer und Ableger geschehen. Doch sollte man für kürzere Wartezeiten besser mehrjähriges Pflanzgut beim Gärtner kaufen. Die Ernteerträge laufen bei der Gartenheidelbeere ohnehin erst nach einigen Jahren voll an. Bei guter Pflege und Düngung bleiben sie dann viele Jahre lang hoch.

Wer bei Gartenheidelbeeren an unsere kleinen Sträucher der heimischen Heidelbeere denkt, wird über die Größe der Pflanzen erstaunt sein. In Amerika gibt es Wildarten, die zwei Meter und mehr Höhe erreichen. Die großen Sorten der Gartenheidelbeere bilden Sträucher bis zu einer Höhe von 150 Zentimeter aus. Noch eine Eigenart unterscheidet die Gartenheidelbeere von unserer europäischen Wildart: Der Saft ihrer blauen Früchte färbt nicht.

4. Schalenobst

Haselnüsse (Corylus)

Der heimische Haselstrauch *(Corylus avellana)* aus der Familie der Birkengewächse gedeiht fast überall in Europa mit Ausnahme des hohen Nordens wild. Birke, Erle und Hainbuche stehen ihm verwandtschaftlich nahe. Im Spätwinter und Vorfrühling gehört der Haselstrauch zu den allerersten Blühern. Der einhäusige Strauch mit männlichen Kätzchenblüten und wegen ihrer Kleinheit fast unsichtbaren weiblichen ›Pinselblütchen‹ in kräftigem Rot ist ein Windbestäuber, doch laben sich auch die Bienen an den reichlich vorhandenen Pollen, wenn ihnen andere Pflanzen noch nichts bieten können.

Die fruchttragenden Kultursorten bringen wesentlich größere Nüsse hervor als die Wildart. Man unterscheidet die unempfindlichen **Zellernüsse,** Abkömmlinge unserer Wildart, und die im Geschmack feineren, anspruchsvolleren, aber nicht frostharten **Lambertnüsse** *(Corylus maxima).* Ihr Name weist auf die Lombardei hin, sie stammen aus Südeuropa. Diese Art trägt besonders große Früchte.

Die Haselnuß gedeiht in jedem ausreichend feucht gehaltenen Kulturboden ohne besondere Standortansprüche. Bodenpflege durch jährliche Humusgaben dankt sie mit reicheren Ernten. Haselnußsträucher vertragen Wind, sie brauchen ihn zur Bestäubung. Da sie mit sich selbst unfruchtbar sind, muß man jeweils mehrere Sorten zusammenpflanzen. Die kräftig sich entwickelnden Büsche beanspruchen drei bis fünf Meter Abstand, kommen also für den Hausgarten kaum in Frage, wohl aber als Bepflanzung von Grundstücksrändern, zum Beispiel gegen Straßenseiten. Haselsträucher gelten als ziemlich industriefest. Sie gedeihen auch auf sauren Böden.

Der jährliche Verjüngungsschnitt im Herbst erhöht Ernteertrag und Lebensdauer. Haselsträucher füllen ihren Platz für Jahrzehnte. Aus ihrem elastischen, hellen Holz schnitt man früher Wünschelruten und brannte Zeichenkohle.

Neben den Fruchtsorten haben sich einige Arten und Sorten als Ziersträucher und Parkbäume bewährt, zum Beispiel **Korkzieherhasel, Goldhasel, Bluthasel** und **Baumhasel.** Die Vermehrung erfolgt durch Ableger, Absenker und durch Veredeln.

Walnuß (Juglans regia)

Die Walnuß hat ihren Namen vom Welschland, denn der Baum kam über Italien zu uns. Wilde Walnußbäume wachsen in Europa nur im Südosten auf dem Balkan. Ihre Heimat liegt in warmen Landstrichen West- und Mittelasiens. Anders als

Reifende Walnüsse am Haus

beim Haselstrauch sind dem Anbau der Walnuß oder Baumnuß bei uns Frostgrenzen gesetzt. Ihr Holz nimmt in kalten Wintern Schaden, die Blüten leiden unter Spätfrösten. In Grenzlagen des Walnußanbaus sollte man deshalb nach spät austreibenden Sorten fragen, zum Beispiel Nr. 26.
Nur bei freiem Stand und in mildem Klima entwikkelt der Walnußbaum seine ausladende Krone und eine Höhe von zwanzig Meter und mehr. Im Süden wird er bis zu dreißig Meter hoch. Ungewöhnlich weitläufig dringt das Wurzelgeflecht des Walnußbaumes über den Traufrand der Krone hinaus flach ins ihm umgebende Erdreich vor. Der Walnußbaum liebt keine engen Nachbarschaften, man sollte ihm je nach der zu erwartenden Baumgröße um fünfzehn Meter Abstand bis zum nächsten Baum einräumen. Es versteht sich von selbst, daß solch ein Gewächs keinen Platz im üblichen Hausgarten findet. Der Pflanzboden sollte locker und besonders tiefgründig, gut durchlüftet, warm und humos sein, kurz, der Walnußbaum stellt Ansprüche. Er gedeiht auch nicht in irgendeinem vergessenen Winkel wie der Holderbaum.
Die unscheinbaren, windbestäubenden Blüten – männliche und weibliche getrennt auf einem Baum – entfalten sich im Mai und sind selbstfruchtbar, so daß auch ein Einzelbaum zum Fruchtansatz kommt. Die verschiedenen Sorten bringen unterschiedlich große Nüsse hervor. **Esterhazy II** trägt von den bei uns angebauten Sorten die größten.
Die fleischig grüne, schalenartige Haut, in der die eigentlichen Nüsse stecken, diente früher zum Färben von Stoffen, sie gibt aber keine grüne, sondern braune Farbe ab und die Hände, die mit ihr umgehen, bekommen schwarze Flecken. Die reifen Nüsse lösen sich leicht aus den grünen Schalen. Sie werden nicht gepflückt, sondern vom Boden aufgelesen. Durch anschließendes Trocknen verlieren sie rund die Hälfte ihres Gewichtes.
Der Walnußbaum wächst langsam. In ungünstigen Lagen entfaltet er sich, auch wenn er viele Jahre trägt, nicht zu seiner vollen Größe. Das polierfähige, harte Holz hat besonderen Wert für die Möbelherstellung. Erst nach drei bis fünf Jahren kann man mit ersten Erträgen rechnen, volle Ernten nach dem ersten Jahrzehnt erwarten.
Es läge nahe, Walnußbäume als Büsche oder Niederstämme zu ziehen, um die Wartezeit abzukürzen. Doch haben sich diese Formen wegen ihrer größeren Frostempfindlichkeit nicht bewährt. Man pflanzt im Herbst oder Frühjahr. Ein Pflanzschnitt entfällt, für den behutsam durchzuführenden Erziehungsschnitt wird das Frühjahr empfohlen.
Die meisten Sorten unterscheidet man nicht nach Namen, sondern nach Nummern. Wer sich auf das Heranziehen eines Walnußbaumes einlassen will, sollte erst einmal Umschau halten, ob und wie Walnüsse in der näheren Umgebung gedeihen, und sich dann für die Sortenfrage von einem örtlichen Fachbetrieb beraten lassen. Es ist leicht, eine Sorte mit großen, dünnschaligen Nüssen zu wählen, doch schwerer, auch die richtige für das gegebene Gartenklima zu finden. Die Jungbäume der Baumschule sind bereits veredelt. Eigenzucht aus Samen führt zu keinem befriedigenden Ergebnis.

Angebaute Süße Eberesche, ein Jahr nach der Pflanzung

Obwohl wir in unserer Obstartenschau auch Außenseiter wie Aprikose, Holunder, Mispel und Walnuß berücksichtigten, können wir in unserem Rahmen nicht alle Obstgehölze würdigen, deren Anbau in unserem Klima überall oder nur in besonders günstigen Lagen möglich wäre. Für Weinbergklima wäre die Edelkastanie *(Castanea sativa)*, die mächtigen Bäume der Schwarzen Maulbeere *(Morus nigra)* mit ihren schmackhaften schwarzen Früchten und nicht zuletzt die Weinrebe *(Vitis vinifera)* mit ihren zahlreichen Kultursorten zu nennen. Voll unserem Klima angepaßt und auch dort noch tragend, wo andere Obstgehölze versagen, sind die Süße Eberesche *(Sorbus aucuparia moravica)* und die Hagebutte *(Rosa rugosa* und *Rosa canina)*, sowie der Speierling *(Sorbus domestica)*, dessen Früchte nicht gegessen, sondern als Würze zum Einkochen und Vermosten von Äpfeln verwendet werden.

Oben: Blüte und Früchte der Kartoffelrose (Rosa rugosa)
Unten: die Jungbäume der Walnuß leiden unter Frühfrösten

V Pflanzen und Pflegen

Dem Gärtner aus Neigung, Laie im besten Sinne des Wortes, ist es oft nicht möglich, sich von einem Könner zeigen zu lassen, was er lernen möchte; das wäre zweifellos der unmittelbarste und angenehmste Weg. So ergibt sich hier die Aufgabe, grundsätzliche Arbeitsschritte im Obstgarten so darzustellen, daß sie jeder für sich selbst anwenden kann – auch auf die Gefahr hin, daß sich einige Gartenfreunde langweilen, weil sie nichts Neues erfahren.

Kann man einen Garten oder ein Grundstück mit schon vorhandenen Obstgehölzen übernehmen, darf man sich glücklich schätzen. Planen wir dagegen eine neue Anlage, dann steht das Pflanzen von Obstbäumen und Ziersträuchern am Anfang. Ihm gehen Bodenvorbereitung sowie Auswahl der Arten und Sorten voraus.

Die Ansprüche der einzelnen Obstgehölze an ihre Standorte sprachen wir bereits an. Bei Neupflanzungen sind aber auch die Bedingungen zu bedenken, die heranwachsende Gehölze ihrerseits schaffen. Vor allem ihr Schattenwurf engt den Spielraum ein, den man für die Gartenbenutzung nach einer Obstbepflanzung noch hat. Auch die Einschränkung, daß im Bereich der Gehölzwurzeln jahrzehntelang keine tiefgreifende Bodenbearbeitung mehr möglich ist, nicht mehr mit schneidenden Bodenwerkzeugen gearbeitet werden kann, wenn man die Ernährungskreise der Bäume und Sträucher nicht stören will, bedarf rechtzeitiger Berücksichtigung.

Für den Anbau von Obstgehölzen sollte der Boden nicht weniger gut kultiviert, das heißt durch organische Düngung belebt und gepflegt sein als für den Nutzgarten. Doch braucht man gerade dafür mehrere Jahre, falls man eine Baustelle zum Garten machen will. Erhebliche Wartezeiten können sich aber auch vom Pflanzen der Obstgehölze bis zu ihrer vollen Ertragskraft ergeben. Beide Fristen muß man nicht aneinanderreihen, man kann sie ineinanderschieben oder zusammenlegen, wenn man gleich mit der Inbesitznahme oder mit dem Pflegebeginn eines Grundstückes Obstbäume setzt. Oft wird man sich erst im Lauf der Jahre über die endgültige Gartengestaltung klar. In diesem Fall sollte man wenigstens die Bäume und Sträucher pflanzen, deren Standort festliegt.

Grundsätzlich pflanzt man bei Beginn oder am Ende der Ruhezeiten unserer Gehölze, also im Herbst, wenn die Blätter abgefallen sind, oder im Frühjahr vor dem neuen Austrieb. Die Erde sollte noch oder schon warm sein, nahe dem Gefrierpunkt darf nicht gepflanzt werden. Zu knapp vor Wintereinbruch gesetzte Gehölze können sich erst im Frühling verwurzeln, falls sie nicht vorher absterben.

Enthält ein neu in Kultur zu nehmender Boden noch wenig Humus, dann sollte man für eine Bodenverbesserung wenigstens im unmittelbaren Wurzelbereich des Baumes oder Strauches sorgen, indem man die Pflanzgrube geräumig aushebt und sie beim Pflanzen mit Humus oder humusbildenden organischen Stoffen anreichert. Bei der Pflanzgrube kommt es weniger auf die Tiefe als auf den Durchmesser an. Da man selten Gelegenheit hat, die Wurzeln eines Baumes in ihrer natürlichen Lage im Boden so zu übersehen wie etwa seine Krone, ist die irrige Vorstellung verbreitet, Wurzeln hätten vor allem das Bestreben, tief in die Erde hineinzuwachsen. Das trifft nur bei den wenigen Baumarten zu, die Pfahlwurzeln ausbilden, sonst streben die meisten Wurzeln in die Breite des Umkreises wie Äste und Zweige der Krone. Letztere wollen Licht, erstere Wasser und Nährsalze aufnehmen. Die finden die Wurzeln nicht im Unterboden, sondern in der Humusschicht, nur wenige Zentimeter unter der Erdoberfläche.

Die meisten Obstgehölze sind Flachwurzler. Die Birnen suchen mit tief sich hinabsenkenden Wur-

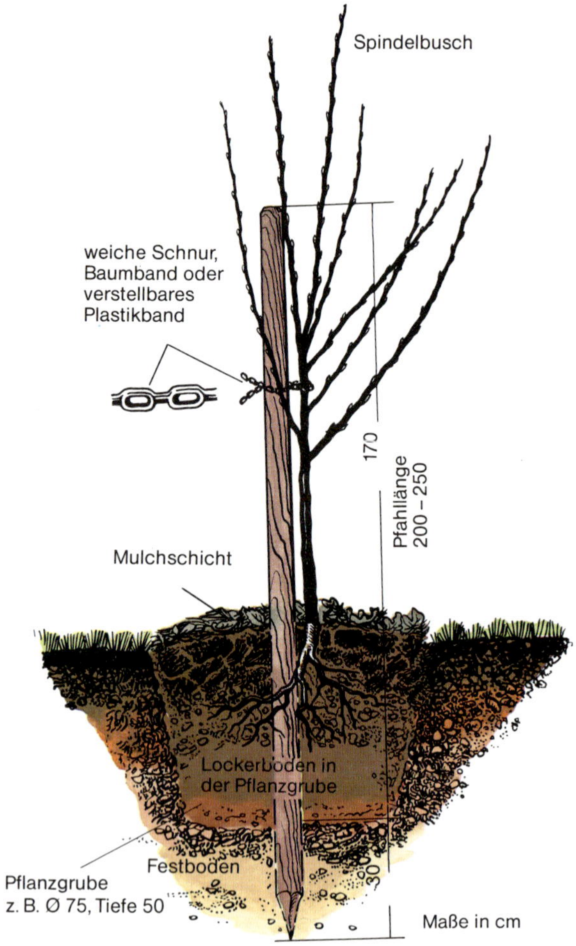

Ein Baum wird gepflanzt

zeln Anschluß an das Grundwasser, weshalb sie Trockenzeiten besser überstehen als Apfelbäume.
Je schlechter der Boden ist, in dem gepflanzt wird, desto größer sollte man den Raum halten, in dem man Bodenvorbereitung durch tiefgründiges Lokkern und Humusversorgung betreibt. Die beste Vorsorge wäre ein Pflanzbeet wie im Nutzgarten. Man lüftet eine solche Fläche durch regelmäßig und eng hintereinander gesetzte Einstiche der Grabgabel oder des Spatens mit anschließendem Vor- und Zurückschwingen des Gerätestiels und lockert je nach Bodenbeschaffenheit mit Hacke oder Kultivator. In die oberste Bodenschicht arbeitet man eine etwa fingerdicke Humusschicht ein, am besten in Form reifer Komposterde.

Ein Pflanzbeet empfiehlt sich vor allem bei Reihenpflanzungen. Für Obstgehölze im Garten wirken fluchtende Gehölzreihen allerdings meist zu steif, hier zieht man lockere Gruppierungen vor. Bäume in Reih und Glied erinnern leicht an gewerbliche Anlagen, wenn sie nicht als Mittel symmetrischer Gestaltung großer Gärten eingesetzt werden. Gerade ausgerichtete Gehölzreihen lassen sich leichter pflegen; das gilt vor allem für den Einsatz von Maschinen.
Die Pflanzgrube hebt man nur flach aus. Auf gewachsenem Boden braucht sie meist nicht tiefer hinabzureichen als die Humusschicht. Gerät man zu tief, füllt man die Höhlung mit der gleichen, nur gelockerten Erde auf, die man heraushob, nicht mit

Komposterde oder Mist. Aus Luftmangel trügen sie in dieser Tiefe nicht zur Bodenfruchtbarkeit bei. Setzt man größere Gehölze mit umfangreicherem Wurzelwerk, so ergibt sich die benötigte Tiefe, wenn man den Baum probeweise in die Höhlung hebt. Die tiefsten Wurzeln sollten dann, ohne stark abgebogen zu werden, auf dem Grund aufliegen. Es ist besser, einzelne, besonders lange Wurzeln mit glattem Schnitt zu kürzen, als sie nach innen oder oben abzubiegen. Bei dieser ›Platzprobe‹ stellt man auch gleich den Baumpfahl so neben den Stamm, wie er später stehen soll, und treibt ihn mit einem Schlegel in den Boden. Ohne diese Stütze sollte kein Baum gepflanzt werden. Bei sehr kleinen Setzlingen dient der Pfahl auch als Markierung. Das Bäumchen kommt dann nicht in Gefahr, mit dem schnell heranwachsenden Gras der Obstgartenwiese versehentlich abgemäht zu werden. Mit den unscheinbaren Ablegern von Johannisbeersträuchern kann das leicht geschehen.

Eine wichtige Maßnahme, die dem Anfänger oft nicht einleuchten will, besteht im Einkürzen der Wurzeln. Man stellt sich vor, daß die Wurzeln als Nahrungsbeschaffungsorgane des Baumes nicht noch verkleinert werden dürfen, wenn der Baum anwachsen soll. Die Länge der Wurzeln sollte aber nicht als Maßstab für ihre Leistungsfähigkeit angesehen werden. Pflanzenwurzeln saugen im Erdreich nicht etwa die gelösten oder lösbaren Mineralsalze aus ihrem Umkreis an, sondern suchen sie durch ständigen Vortrieb ihrer haarfeinen Spitzen unmittelbar auf. Nur die sich ständig erneuernden Wurzelspitzen können Nährsalze ›ergreifen‹. In magerem Boden müssen die Wurzeln deshalb größere Wuchswege zurücklegen als in nährstoffreichem. Mit dem Altern des Baumes am selben Standort nehmen die Bodennährstoffe – sofern sie nicht von oben ergänzt werden – in Stammnähe ab, die Wurzeln suchen Neuland im Außenkreis des Kronentraufrandes. Ein neu gesetzter Baum findet aber bei guter Humusversorgung noch überall, auch in Stammnähe, Nahrung vor. Er braucht deshalb zunächst keine langen Wurzeln für seine Nahrungsaufnahme. Es kommt vielmehr darauf an, daß möglichst viele Haarwurzeln ins neue Erdreich hineinwachsen. Deshalb kürzt man die Wurzeln allseitig ein, nicht eigentlich wegen des Kürzens, sondern um einen frischen Anschnitt zu bekommen als Reiz für neues Wachsen. Man darf nur kürzen, nicht etwa ausdünnen, wie bei oberirdischen Trieben. Die Wurzelgewebe enthalten auch Nährstoffvorräte, man kürzt deshalb nicht beliebig.

Wurzelrückschnitt unmittelbar vor dem Pflanzen

Nun überpudert man den Pflanzgrubenboden mit den natürlichen Mineraldüngern Steinmehl, gegebenenfalls mit Kalk oder Holzasche, auch Thomasmehl eignet sich. Holzasche enthält viel Kalium; man düngt auf diese Weise ein Gehölz mit dem Mineralgehalt von Holz. Zum Pflanzen hebt man den Setzling mit der Linken senkrecht in die Pflanzgrube und überschichtet seine Wurzeln mit der zerkrümelten Erde des Aushubs, durchmischt mit reifer Komposterde. Hat man nur wenig davon, bringt man sie vor allem in den Bereich der Wurzelspitzen. Man drückt die lockere Erde fest und verstärkt nach oben hin den Zuschlag an Humus oder Komposterde – das heißt, man hält die Schichtung ein, die auch der gewachsene Boden hat. Frischkompost oder Mist darf allenfalls als dünne Deckschicht aufgebracht werden.

Bevor man soweit ist, muß man noch einmal die Stellung des Setzlings überprüfen:

1. Stimmt die Pflanztiefe des Bäumchens?
2. Steht es senkrecht?

Die Pflanztiefe fällt bei Anfängern meist zu groß aus. Man meint, die Wurzeln gehören nicht nur in den Boden, sondern auch gut zugedeckt. In Wirklichkeit zweigen, wie wir bei natürlich aufgewachsenen Bäumen beobachten können, die obersten

Pflanzt man Obstgehölze in Rasen- oder Wiesenboden ...

... dann sollte man dem Pflanzloch Komposterde zusetzen

Wurzeln an oder über der Erdoberfläche aus dem Stamm, so daß sie als oft eindrucksvolle ›Baumfüße‹ zu sehen sind, auffällig besonders an Stubben. Für das Pflanzen von Obstbäumen ist daraus abzuleiten, daß die obersten Wurzeln nicht dick mit Erde zugedeckt, sondern nahe oder an der Oberfläche gehalten werden. Die durch eine leichte Stammverdickung zu erkennende Veredelungsstelle über dem Wurzelhals muß frei über der Erde zu stehen kommen, sonst wurde der Baum zu tief eingegraben. Das behindert seine gesunde Entwicklung, kann sogar zu Wurzelaustrieben über der Veredelungsstelle führen.

Ob ein Stämmchen senkrecht steht, sieht man bei ungleichmäßig gewachsenen Setzlingen nicht allein an einer Seite. Man muß um das an seiner Wurzel mit frischer Erde beschwerte Stämmchen herumgehen, seine Stellung möglicherweise korrigieren. Man drückt weitere Erde fest – besser als mit einem Gerät arbeitet man nur mit den Händen –, bindet das Stämmchen locker an den Baumpfahl, ergänzt fehlende Erde und tritt sie rundum so vorsichtig fest, daß sich die Lage des Setzlings dadurch nicht mehr verändert.

Bei Neuumbruch hat man die abgestochene Grasnarbe als letzte Schicht liegen. Will man sie erhalten, was im Bereich der Baumscheibe nicht als beste Lösung zu empfehlen ist, so schließt man mit diesen Grassoden ab; andernfalls klopft und schüttelt man den Humus aus den Graswurzeln und bringt sie zum Kompostieren. Die freie Fläche wird gemulcht oder wie empfohlen mit Gelbsenf, Leguminosen oder Kapuzinerkresse eingesät.

Man kann auch die Grassoden mit dem Grün nach unten als abschließende Decke verwenden, wenn man darüber eine Mulchschicht aus Frischkompost, Mist, Stroh oder Sägemehl mit Hornspänen oder Grasschnitt mit Steinmehl gibt. Die umgedrehte Grasnarbe verrottet dann, eine neue kann sich wegen der Bodenbedeckung nicht bilden. Auch beim Mulchen achtet man darauf, daß der Wurzelhals des Obstbäumchens frei bleibt.

Beerensträucher pflanzt man allgemein etwas tiefer als Stammgehölze. Die Wurzelhälse der Sträucher dürfen mit Erde bedeckt sein, das fördert den Austrieb neuer Wurzeln an diesen Stellen. Auf ähnliche Weise bringt man beim Beerenobst abgesenkte Zweige dazu, sich zu bewurzeln.

Johannisbeersträucher brauchen keine Stützstäbe, wenn man sie nicht auf Spalier zieht. Wird eine Obstwiese von Haustieren beweidet oder nachts von Wild besucht, muß man das neu gesetzte

Die natürliche Bodenschichtung sollte erhalten bleiben

Umfangreicher Winterschutz gegen Wildverbiß

Pflanzgut umfassender schützen, als dies durch einzelne Baumpfähle geschieht. Man schlägt dazu je drei Pfosten in die Eckpunkte eines gleichseitigen Dreiecks um den Baum und verbindet die Pfosten ein bis zwei Handbreit über dem Boden und an deren oberem Ende mit Dachlatten oder ähnlichem Holz. Zwischen die Latten spannt man Maschendraht. Der Setzling bekommt dann trotz des massiven Schutzes genügend Sonnenlicht für seine Blätter. Bei Bäumen, deren Kronenansätze über die Pfosten hinausragen, genügen je drei bis vier Querlatten ohne Maschendraht. Solche Dreiecksbefestigung macht den Baumpfahl nur überflüssig, wenn man Baumband oder einen nicht zu engen Schnurring um das Stämmchen legt und mit den drei Pfosten so verbindet, daß der Stamm bei Winddruck ohne Scheuerstelle gehalten wird.

In windiger Lage bietet eine Dreipfostenstütze die beste Sicherung für Jungbäume. Sie empfiehlt sich auch überall dort, wo Schneelast und Wildverbiß zu erwarten sind.

Als Holzschutzmittel für Baumpfähle eignet sich Karbolineum wegen seiner Giftigkeit nicht. Ich machte die Erfahrung, daß eine Karbolineumbehandlung von Pfählen noch in dreißig Zentimeter Abstand die frisch ausgetriebenen Blätter kurz zuvor gesetzter Apfelbäume verdorren und kümmern ließ. Es gibt auch Holzschutzmittel, die für Pflanzen ungiftig sind. Baumpfähle für Hochstämme müssen nur wenige Jahre halten, bis der Baum aus eigener Kraft steht, man braucht ihr Holz also nicht vor Fäulnis zu bewahren.

Für das Setzen von Obstgehölzen am Hang legt man die Pflanzgrube selbstverständlich genauso senkrecht an wie auf ebener Fläche. Um das zu ermöglichen, treibt man jeweils eine kleine Terrasse in den Hang; sie hält auch das Gießwasser länger am Setzling, als wenn man versucht, unmittelbar in die Schräge zu pflanzen.

Das Angießen geschieht mit der Gießkanne ohne Brause oder mit einem Eimer, am besten mit abgestandenem Wasser. Es ist wichtig, daß viel Wasser eingegossen wird. Es soll die feineren Erdteilchen um die Wurzeln schwemmen und Hohlräume schließen helfen, die beim Pflanzen entstehen. Das regelmäßige Gießen setzt man je nach Witterung

Oben links: Nach diesem Schälschaden ist der junge Obstbaum verloren

Oben Mitte und rechts: Der Verbißschutz gegen Reh- und Rotwild muß in schneereichen Gegenden bis zu den Zweigspitzen der Jungbäume reichen

Links: Eine 2 Meter hohe Altschneedecke ermöglichte es Hasen, die Äste (links unten) eines Apfelhochstammes völlig abzuschälen. Ein Holzteeranstrich hätte das verhindert einige Wochen lang fort. Es erübrigt sich, wenn der Boden unter der Mulchschicht spürbare Feuchtigkeit aufweist.

Nun ist das Bäumchen gesetzt und bedarf noch des Pflanzschnittes. Man führt ihn in der Regel unmittelbar nach dem Setzen aus, nicht erst nach dem Anwachsen. Der Sinn des Pflanzschnittes liegt ja gerade darin, das Fußfassen des Setzlings zu erleichtern. Es mag dem Anfänger zunächst nicht einleuchten, daß man die wenigen Triebe, die ein junges Gehölz entwickelt hat, noch beschneiden soll. Man glaubt, es würde dadurch geschwächt. Zum besseren Verständnis dieser Maßnahme muß man sich vorstellen, daß jede Pflanze ein Gleichgewicht zwischen ihren unterirdischen und ihren oberirdischen Organen herstellt. Die grünen Blätter sind für ihr Assimilieren im Licht auf die Zubringertätigkeit der Wurzeln angewiesen (gelöste Nährsalze und Wasser), die Wurzeln auf die Versorgung mit organischen Verbindungen, wie Kohlehydrate und Eiweiß, auf die Liefertätigkeit der oberirdischen grünen Teile.

Mit Ausnahme der im Container erhaltenen Wurzelballen geht beim Umpflanzen von Gehölzen ein beträchtlicher Teil ihres feinen Saugwurzelgeflechtes verloren. Den Knospen, die zum Austrieb kommen sollen, stehen nun nicht genug Wurzeln zu ihrer Versorgung gegenüber, sie leiden Mangel und kommen zu schwach in Saft. Das Anwachsen verzögert sich oder wird ganz verhindert. Schneidet man dagegen die oberirdischen Teile so zurück, wie es den Wurzelverlusten einschließlich ihres Anschnittes kurz vor dem Pflanzen entspricht, so stellt sich ein neues Gleichgewicht auf kleinerer Ebene zwischen unten und oben leichter wieder her. Das Gehölz wächst an und treibt kräftig aus.

Besonders wenn der zu pflanzende Baum schon grüne Blätter entfaltet hat – sie bedeuten Verdunstungsflächen, die bei zu geringer Wasserversorgung durch die Wurzeln abwelken –, muß der Pflanzschnitt kräftig ausfallen. Es kommt dabei auf die Verringerung der zu versorgenden Teile an. Man benutzt diese Gelegenheit, den jungen Obstbaum im Sinne der erstrebten lichten, allseitig ausgebildeten Krone durch Schnitt zu erziehen. Wer sich darauf mangels Kenntnis und Erfahrung beim

Ein Schutzanstrich mit Karbolineum hemmt monatelang das Wachstum des Jungbaumes, auch wenn nur das Stirnholz der Stützpfosten behandelt wurde

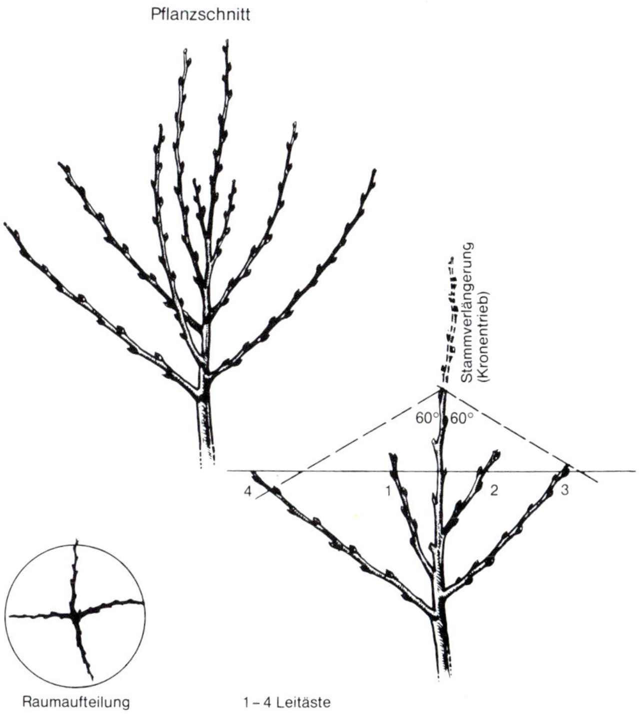

Setzen eines Obstbaumes noch nicht einlassen will oder kann, kürzt einfach die bestehenden Triebe um gut ein Drittel ihrer Länge ein. Dies ist ein sehr grobes Daumenmaß, denn der Umfang des Rückschnitts hat sich nach dem Umfang der verbliebenen Wurzeln zu richten.

Mit dem Pflanzschnitt entfernt man einzelne und zu tief am Stamm, also unterhalb der späteren Krone ansetzende, außerdem sich kreuzende oder nach innen wachsende Triebe. Man schneidet sie mit einer scharfen Baumschere hart am Stamm ab, ohne die Stammrinde zu verletzen. Gequetschte oder geknickte Zweige, die man für den Kronenaufbau nicht entbehren will, schneidet man aufs gesunde Holz zurück. Man schneidet auf gut ausgebildete, nach außen gerichtete Knospen zurück, wie im nächsten Kapitel erläutert wird. Dabei achtet man darauf, daß eine allseitig gleichmäßige Kronenwölbung entsteht; das heißt, die Triebe sollten nicht unterschiedlich lang hervorstehen, sondern auf der Umfanglinie einer Kuppel oder eines Dachs enden, auch wenn es sich nur um wenige Triebe der späteren Krone handelt.

Gehölze, die mit vollständigen Wurzelballen im Container angeliefert werden, erlitten keine Wurzelverluste. Man hebt sie mit dem Netz- oder Folienbeutel, der den Wurzelballen mit Erde umschließt, aus ihrer Pflanzstelle und kann sie nach dem Lösen der Umhüllung genauso an ihren neuen Standort setzen. Solches Pflanzgut kostet wesentlich mehr, bietet aber auch Gewähr dafür, daß es angeht. Außerdem muß man nicht den durch Pflanzschnitt an Wurzeln und Zweigen unvermeidlichen Wachstumsrückschlag in Kauf nehmen. Containerpflanzen kann man während des ganzen Jahres verpflanzen. Für die Pflanzgrube gilt das oben Gesagte. In der Regel versorgt der Herkunftsbetrieb die Erde im Container mit einer Vorratsdüngung. Für ein gutes Fortkommen brauchen auch solche Pflanzen Humus, wenn man ihren Vorsprung erhalten will.

Im biologisch ausgerichteten Anbau wird man von der durch die Container-Methode eingeräumten Möglichkeit, etwa im Hochsommer Bäume zu pflanzen, nur in besonderen Fällen Gebrauch machen. Im Herbst und Frühjahr kann man Bäume setzen, ohne die umgebende Pflanzendecke unnötig zu beeinträchtigen. Während der Vegetationszeit vermeidet man solche Eingriffe lieber.

Die Versuchung ist groß, beim Pflanzen von Obstgehölzen sozusagen ›für alle Fälle‹ den Boden in der Pflanzgrube mit mineralischem Volldünger zu versorgen. Er enthält die Kernnährstoffe NPK in einer am Pflanzenbedarf ausgerichteten Mischung. Auch wer beabsichtigt, biologisch zu wirtschaften, aber seinen Pflanzen das Beste geben will und vielleicht noch keine eigene Komposterde hat, mag sich sagen: Schaden kann das nicht, aber vielleicht nutzen. In der Tat gibt man mit dieser Mineraldüngung dem jungen Baum eine Starthilfe für seine Nährstoffaufnahme, weil die wasserlöslichen Salze des Mineraldüngers schnell in die Wurzeln gelangen. Nötig ist dieser Schub bei lebendigem Boden nicht. Man sollte sich die Wirkung solcher Düngung klarmachen. Sie bringt Nachteile, wenn man sie nicht regelmäßig wiederholt, wie im herkömmlichen Anbau vorgeschrieben. Die Wurzeln des jungen Gehölzes finden in ganzer Tiefe der Pflanzgrube ein gleichsam mundgerechtes Angebot an Nährsalzen vor. Auch wenn man den Volldünger nur in die Oberschicht des Bodens bringt, bewirken Gieß- und Regenwasser, daß seine Salze bis auf den Boden der Pflanzgrube und tiefer gelangen, unabhängig von der Humusschichttiefe der Umgebung. Da Nährsalzaufnahme und Wurzelwachstum zusammengehören, bildet die Pflanze auch dort Saugwurzeln aus, wo die Humusschicht nicht mehr hinabreicht. Die Nährstoffe werden verbraucht, die Wurzeln wollen weiterversorgt werden, aber im Lehm, Sand oder Ton des Unterbodens können sie sich nicht ohne neue mineralische Zufuhr ernähren. Findet die Pflanze ihre Nährsalze vor allem im Humus, wie das auch bei den Wildpflanzen auf Naturböden der Fall ist, dann bildet sie ihre Saugwurzelgeflechte hauptsächlich in der Humusschicht nahe der Erdoberfläche aus. Für ihre fernere Versorgung muß die Humusbildung von oben gefördert werden, eine Tiefendüngung mit wasserlöslichen Nährsalzen in Form von ›Kunstdünger‹ erübrigt sich.

Auch die Düngelanze, zur Tiefenversorgung des Bodens in die Grasnarbe der Baumscheibe eingebracht, ersetzt nicht eine von oben nach unten sich stets erneuernde Bodengare, wie sie durch jährliche Kompostversorgung erfolgt und auch Obstgehölze auf natürliche Weise ernährt.

Haustiere im Obstgarten

Das schöne Bild von den unter großen Birnbäumen grasenden Kühen, wie es vor allem im Umkreis süddeutscher Grünlandhöfe noch heute bisweilen Wirklichkeit ist, legt die Frage nahe, ob man auch eine kleinere Obstwiese nicht einfach durch Weidetiere kurzhalten kann, um sich das Mähen zu ersparen. Meist geht diese Verbindung zu Lasten der Obstgehölze. Beerenobst muß man von vornherein aus solcher Überlegung ausklammern. Kühe und Schafe sind zwar nicht versessen auf Johannisbeerblätter, doch wenn das Gras knapp wird, fressen sie sie mitsamt den einjährigen Trieben. Man kann Beerensträucher aber nicht durch Pfosten und Latten ähnlich schützen wie Bäume, weil man sonst nicht mehr zum Pflücken an sie herankommt.

Weidende Rinder, Pferde und Ponys schaden auf einer Obstwiese auch alten Hochstämmen, deren Äste außerhalb ihrer Reichweite ansetzen, durch Scheuern am Stamm. Zur Abwehr wickelt man oft Stacheldraht um die Stämme, verhindert damit aber nicht, daß die Tiere durch ihr Gewicht den Boden der Baumscheiben und ihrer Umgebung verdichten. Die Tätigkeit des Bodenlebens und der Haarwurzeln wird dadurch beeinträchtigt. Weidetiere ernten kleinere Obstgehölze im Herbst regelrecht ab, wenn sie erst einmal auf den Geschmack der Früchte gekommen sind. Findige Tiere schütteln sogar Äste an Hochstämmen.

Von Schafen kann man Obstwiesen abweiden lassen, wenn man sie nur zeitweise und nicht in Massen einläßt. Doch empfiehlt es sich, den Baum-

Pferde fressen – auch über Zäune hinweg – das Laub von Obstbäumen und knicken dabei die Triebe

scheibenbereich über die Kronentraufe hinaus abzuzäunen. Unterkulturen und Mulchdecken bleiben dann verschont. Ziegen fressen besonders gern das Laub von Bäumen und Büschen ab. Sie ziehen sogar stachelbewehrte Brombeerblätter einer saftigen Löwenzahnrosette vor. Im Erschließen solcher Nahrungsquellen entwickeln sie weit mehr Witz und Geschicklichkeit als Schafe.
So bleibt noch das Federvieh. Hühner, Enten, Gänse und Puten bilden die beste Nutzverbindung mit einem Obstgarten. Wenn ihr Besatz im Verhältnis zur Grünfläche nicht zu groß ist, können sie während der ganzen warmen Jahreszeit tierische und pflanzliche Nahrung auf der Obstwiese finden. Ihr stickstoffreicher Kot düngt den Boden, die Grasnarbe bleibt erhalten, die Baumscheiben nehmen keinen Schaden, man muß Obstgehölze nicht abzäunen. Hühner picken allerdings mit Vorliebe reife Johannisbeeren von den Sträuchern und schädigen Unterkulturen durch Scharren.

Oben: Schutz vor Hühnern; unten: Schafe im Obstgarten

Baumflechten

Stämme, Äste und Zweige alter, ungepflegter Obstbäume stecken häufig in einem grauen Kleid. Flechten hüllen die Bäume ein, ohne im eigentlichen Sinne auf ihnen zu schmarotzen. Sie benutzen den Baum als Unterlage, die ihnen von keinen höheren Pflanzen streitig gemacht wird.

Flechten sind keine einheitlichen Pflanzen, vielmehr setzen sie sich aus Algen und Pilzen zusammen. Jeweils bestimmte Arten beider Gruppen bilden innig verbundene Lebensgemeinschaften, die imstande sind, mit Luft, Luftfeuchtigkeit oder Regen und mit organischem Anflug in Form von Staub auszukommen. Sie brauchen keine Erde und entnehmen ihrer Baumunterlage keine gelösten Nährsalze und Wasser wie etwa der Halbschmarotzer Mistel, auch keine Pflanzensäfte wie Vollschmarotzer, die Saftleitungen ihrer Wirtspflanzen anzapfen. Flechten schaden dem Baum aber insofern, als sie durch ihr Gewebe, den Thallus, Feuchtigkeit an den Stamm binden. Nach Regen trocknet der Baum schlecht und bleibt in einer feucht-stickigen Atmosphäre. Schon bei Nebel schwellen die Flechtenkörper an und wirken auf den Baum wie feuchte Umschläge. Sie begünstigen die Ansiedlung von Moosen und Pilzen, sie begünstigen Faulstellen.

Zur Baumpflege gehören deshalb das Abkratzen und Abbürsten der Flechten. Es gibt dafür Kratzer und Drahtbürsten. Beide Geräte sind mit Vorsicht zu gebrauchen. Mit den Flechten darf nicht die Oberschicht der Rinde entfernt werden. Einen alten Obstbaum aus seiner Flechtenhülle zu schälen, bedeutet zeitraubende Geduldsarbeit. Zusammen mit organischer Düngung und in mehrjährigen Stufen durchgeführten Verjüngungsschnitten kann man auch alte Bäume zu neuem Leben und zu besseren Erträgen wiedererwecken. Zu den wichtigsten Pflegearbeiten an Obstgehölzen gehört das regelmäßige Schneiden. Damit befassen wir uns im nächsten Kapitel.

Oben: Flechten an einem alten Apfelbaum. Flechten sind empfindlich gegen Industrieabgase, so daß sie heute schon fast als gutes Zeichen gelten dürfen

Unten: Solche Krebswucherungen, hier an einer Goldparmäne, zeigen einen durch unterirdische Wasserläufe strahlenbelasteten Standort an. Hier wird der Baum immer kümmern

VI Der Schnitt

Hinweise für die Schnittpflege des Beerenobstes gaben wir bei den Obstgartenbeschreibungen des vierten Kapitels, so daß wir uns hier auf das Schneiden des Baumobstes beschränken können. Was über den Obstbaumschnitt zu sagen ist, füllt Bände. Es wäre vermessen, seine Handhabe hier so darstellen zu wollen, daß auch der Anfänger den Schnitt ›beherrscht‹. Dieses weite Feld muß dem Unerfahrenen noch weitläufiger durch die Tatsache erscheinen, daß es für den Schnitt keine festen Regeln gibt, die für alle Arten und Sorten des Baumobstes gleichermaßen Geltung hätten. Selbstverständlich spielen für eine sachgemäße Schnittpflege auch die jeweiligen Unterlagen eine Rolle – schwachwüchsig oder starkwüchsig –, Standort, Klima, Düngung und Erziehungsziel des Obstbauern.

Die beste Grundlage für den angemessenen Schnitt ist ein Verständnis der biologischen Zusammenhänge: Warum wird geschnitten, und was bewirkt man damit? Mit diesem Grundwissen kann auch der Anfänger schon weit kommen. Darüber hinaus sollte man sich nicht scheuen, einmal oder mehrere Male einen Fachmann zu Rate zu ziehen. Man lernt beim aufmerksamen Zuschauen – Fragen eingeschlossen – soviel, daß man schon damit in den Stand gesetzt wird, die eigenen Obstgehölze nach und nach selbst zu pflegen.

Kein Baum gleicht in seiner Gestalt ganz einem anderen Baum. Deshalb beginnt jede Schnittarbeit mit einem gründlichen Anschauen des zu pflegenden Obstbaumes. Man braucht dafür einen Abstand, der es erlaubt, den Baum zu überblicken. Man versucht dann, aus der Eigenart des Baumes heraus sich über die Eingriffe klarzuwerden, die man vornehmen will. Eine solche in aller Ruhe vorgenommene Baumbeschau des Bestandes, möglichst schon einige Tage vor dem eigentlichen Schneiden, bringt auch den Vorteil, daß man sich den Aufbau der Kronen einprägt. Man kann das Erinnerungsbild ein Jahr später mit dem Ergebnis vergleichen. Geduld ist für den sachgemäßen Baumschnitt allerdings nötig, denn die Wirkung des Schnitts zeigt sich erst viele Monate nach getaner Arbeit.

Den Jahresschnitt eines Baumes leitet man stets mit dem Auslichten ein. Man wird dabei kaum schwerwiegende Fehler machen, weil es sich nicht um Formentscheidungen, sondern um Schnitte handelt, die in jedem Fall nötig und ohne weiteres ersichtlich sind.

Warum müssen Obstgehölze überhaupt beschnitten werden? Wild wachsende Bäume entwickeln sich im Freistand zu bestimmten, ihrer Art eigenen Gestalten, an ihnen erkennen wir sie schon von weitem: die schlanken Kegel der Fichten und Tannen, geschlossene, ebenmäßige Kuppeln der Linden; Pappeln wachsen anders als Birken, Eichen anders als Buchen. Auch bei Obstbaumhochstämmen können wir im allgemeinen Apfel- und Birnbäume an ihren Kronen unterscheiden: die ersteren mehr kugelig ausladend, die letzteren hochgestreckter – eine Entsprechung zur Ausbildungsrichtung ihrer Wurzeln, aber auch zur Form ihrer Früchte. Aber Obstbäume sind bildsamer als Waldbäume. Sie lassen sich unter folgerichtiger Schnittpflege zu unterschiedlichsten Baumgestalten bringen, man nennt das ›erziehen‹.

Durch die Veredelung, nämlich das Zusammenführen zweier Pflanzen beziehungsweise Pflanzenteile zu einem Baum, gewinnt das neu entstehende Obstgehölz an Leistungsfähigkeit und verliert an Einheitlichkeit. Mit dem Schnitt nehmen wir Einfluß nicht nur auf Gestalt und Größe des Obstbaumes, sondern auch auf Blühen und Fruchten seiner Kronenorgane. Dazu muß man sich vergegenwärtigen, daß zwei Leitungssysteme den Säftekreislauf des Baumes zusammensetzen. Sie bewirken den

Rotbuche
Eiche

Fichte
Linde

Schnittgepflegte Birne
Schnittgeschädigter Holunder

Verdichteter Apfelhochstamm
Überalterter Apfelhochstamm

Säfteumsatz zwischen Blattoberflächen und Wurzeln und tauschen sich in den lebendigen Zellen der Pflanze aus, aber nicht mehr in den verholzten. Diese versorgungsbedürftigen Zellen stehen untereinander durch Membranen in Verbindung, die von Flüssigkeiten teilweise, nämlich in bestimmten Salzkonzentrationen, überwunden werden.
So wie unser Blutkreislauf aus tiefliegenden Arterien und näher der Körperoberfläche gelegenen Venen gebildet wird, führt der Baum einen von den Wurzeln zu den Blättern steigenden Strom aus Wasser und Salzen im Holzinneren und ein gegenläufiges Leitungsnetz unmittelbar unter der Rinde. Die Wasser-Salz-Leitungen versorgen alle wachsenden Organe der Pflanze mit mineralischen Grundbausteinen des Bodens in gelöster Form. Ein starker ›Salzstrom‹ fördert das vegetative Wachstum des Baumes, das heißt die Entwicklung von Trieben, Blättern und Holz. Die Wasserversorgung des Baumes bedient sich der Leitungsbahnen von den Wurzeln zu den Blättern. Die Wasserverdunstung aus den Spaltöffnungen *(Stomata)* der Blattunterseiten wirkt wie ein Antrieb, der erhebliche Flüssigkeitsmengen vom Boden bis in die Kronen der Bäume schafft. Allein mit Wurzeldruck, der nachweislich auch bei hohen Bäumen nicht sehr groß ist, kann diese mechanische Leistung nicht erklärt werden, sie kommt hauptsächlich durch Verdunstungssog zustande.
Diesem von unten nach oben und außen gerichteten Strom steht ein von außen nach innen gerichteter Nährstoffstrom gegenüber, der ebenfalls alle Zellen, also auch die Wurzeln, mit organischen Aufbau- und Betriebsstoffen beliefert: Kohlehydrate, vor allem Zucker, Eiweiß, Fermente und andere hochmolekulare Verbindungen, die durch Photosynthese in den Blättern gebildet wurden. Die Leitungsbahnen dieses Assimilationsstromes finden wir im Kambium, der eigentlichen Lebensschicht zwischen Rinde und Holz, nahe der Oberfläche von Ästen und Stamm.
Ein Übergewicht des wäßrigen ›Salzstromes‹ gegenüber dem Säftestrom aus den Blättern führt zu Wüchsigkeit auf Kosten der Blüten- und Fruchtbildung. Ein reiches Stickstoff- und Kaliumangebot des Bodens in wasserlöslicher Form steigert das vegetative Wachstum des Baumes bis zu ungesunder Triebigkeit.
Von Obstbäumen wollen wir vor allem Früchte, also zunächst Blütenansätze, und keinen in die Größe gesteigerten Wuchs. Deshalb veredelt man ertragreiche Sorten auf schwachwüchsige Unterlagen und bekommt so die niedrige Gehölzform Busch, Spalier, Fächer, Spindel, Schnurbaum *(Cordon)* und Niedrigstamm. Man kann einen starkwüchsigen Baum auch dadurch hemmen, daß man seine Wurzeln beschneidet, ein ebenso umständliches wie verlustreiches Verfahren.
Eine Förderung der Wüchsigkeit ergibt sich durch scharfen Rückschnitt der Zweige und Triebe eines Baumes. Das erklärt die scheinbar widersprüchliche Regel, daß man für starken Holzwuchs stark zurückschneiden muß. Will man die Blüten- und Fruchtbildung fördern, so muß man den Assimilationsstrom stauen, damit er im Kronenbereich oder in bestimmten Ästen bleibt. Da die Zuckersäfte des Baumes im Kambium verlaufen, kann man sie stauen, indem man Rindeneinschnitte an Stamm oder Ästen bis aufs Holz anbringt (Ringeln) oder einen Drahtring um den Baum legt, der den Abfluß der Assimilate zur Wurzel hin drosselt. Tatsächlich gelingt es, einen unfruchtbaren Obstbaum auf diese Weise zum Blühen und Fruchten zu bringen. Im Obstbau zieht man solchen ›chirurgischen‹ Eingriffen eine behutsamere Pflege durch mäßigen Schnitt, Niederbinden von Zweigen und ausgewogenes Düngen vor, um den Baum für reiches Blühen und Fruchten ins Gleichgewicht seiner Säfte zu bringen.
Die allseitig ausladende, gut mit Fruchtholz bekleidete, dabei aber in allen ihren Teilen lichtdurchlässige Krone ist deshalb nicht nur ein formales Ziel des Obstbaumschnittes, sondern auch die Voraussetzung für gute Erträge. Bei einem harmonisch aufgebauten, nicht mit Ästen überfrachteten Kronengerüst sowie einer im wesentlichen organischen Düngung (die vor allem keinen mineralischen Stickstoff enthalten darf) stellt sich das physiologische Gleichgewicht des Baumes ohne Kunstgriffe ein: Er blüht und fruchtet entsprechend den Erbanlagen der jeweiligen Sorte.
Eine Baumkrone setzt sich aus dem Stamm mit der

Regenerationsfähiger Schneebruch an einer Salweide

Rodungsreifer Schneebruch an einem Apfelbaum

nach oben zur Spitze geführten Stammverlängerung und den Leitästen mit den ihnen untergeordneten Organen zusammen. Die Leitäste entspringen dem Stamm in lockeren Quirlen oder, was der Naturform des Baumes besser gerecht wird, in unregelmäßig spiraliger Folge. Bei diesem Aufbau kann man nicht deutlich gegeneinander abgesetzte ›Etagen‹ unterscheiden; er bedeutet aber eine bessere Lichtnutzung und höhere Bruchfestigkeit des Stammes als gegen die Natur des Baumes erzogene regelmäßige Leitastquirle an einem Stamm, den man von einzeln hervorwachsenden Ästen freistellte.

Man unterscheidet im wesentlichen den *Pflanzschnitt* am Setzling, den *Erziehungs-* oder *Aufbauschnitt* am jungen Baum zur Ausbildung einer leistungsfähigen Krone, den *Erhaltungsschnitt* im vollen Ertragsalter des Baumes und den *Verjüngungsschnitt* bei alternden oder lange nicht mehr gepflegten Bäumen. Daneben gibt es den *Formschnitt* bei allen Formobstgehölzen; hier kommt es auf die Erziehung zu einer bestimmten Form an, der wir in unserem Rahmen keine besondere Aufmerksamkeit schenken müssen. Alle Schnitte haben dasselbe Ziel: gute Ertragskraft des Baumes für möglichst lange Zeit. Ihre Ausführung folgt den gleichen Regeln, so daß man nicht alle Schnittarten gesondert lernen muß. Hat man die Grundsätze erfahren und erprobt, kann man jeden Baum in jedem Alter sachgemäß schneiden.

Dem Obstbauschnitt liegen einige wenige, allgemein gültige Wuchsgesetze zugrunde:

1. Die stärkste Wuchskraft entwickelt der Baum an den höchstgelegenen Teilen der Triebe: an ihren Spitzen und am Scheitelpunkt von abwärts gebogenen Zweigen. Austrieb und Zuwachs sind an diesen Stellen besonders gefördert. Dabei steht die Oberseitenförderung im Rang noch vor der

Spitzenförderung. Bei einem zunächst steil oder schräg nach oben wachsenden Trieb verlagert sich die Förderung mit seinem Absinken durch Eigengewicht, durch Gewicht eines auf ihm entspringenden Neutriebes oder durch Fruchtbehang von der Spitze auf die Bogenoberseite mit Schwerpunkt am Scheitel. Bei weiterer Absenkung verlagert sich die Förderung bis an die Basis des Triebes, wenn die zur höchsten Stelle wird.

2. Starker Rückschnitt regt starken Holzwuchs an. Bei scharfem Schnitt bleiben weniger Austriebstellen übrig. Die deshalb zahlenmäßig geringen Neutriebe wachsen stärker, sie stehen gleichsam unter dem Druck des ›Salzstromes‹. Bei schwachem Rückschnitt bleiben viele Austriebstellen erhalten; der zahlenmäßig starke Neuwuchs zeigt nur geringe Triebkraft.
3. Triebförderung ergibt sich nicht durch die Schnittstelle, sondern aus dem Übergewicht des Lösungsstromes aus den Wurzeln nach Wegfall von Holz und Knospen (oder Blättern) durch den Schnitt. An schwach zurückgeschnittenen Zweigen zeigt sich deshalb ein starker Neutrieb – entgegengesetzt zur vorigen Regel –, wenn der Baum gleichzeitig an anderen Stellen scharf zurückgeschnitten wurde. Dort beobachtet man dann einen schwachen oder gehemmten Austrieb.
4. Triebe mit Blütenknospen nennt man Fruchtholz. Es kann lang (Fruchtruten) oder kurz (Fruchtspieße) sein. Allgemein bilden sich solche Triebe zu Fruchtholz um, die stark geneigt oder waagrecht wachsen, beziehungsweise in diese Lage gebracht werden. Steil oder senkrecht nach oben wachsende Triebe neigen weniger zur Blüten- und Fruchtbildung.

Jede Schnittpflege zielt auf die Ausbildung, Erhalten oder Wiederherstellung einer allseitig ausgebreiteten, durchlässigen Krone mit möglichst viel waagrecht verlaufendem Holz. Einer gewünschten Breitenentwicklung der Krone werden durch die begrenzte Tragfähigkeit ausladender Äste Grenzen gesetzt. Für die Höhenentwicklung der Krone erzieht man die Stammverlängerung möglichst senkrecht über dem Mittelstamm. Aus ihm wachsen die Leitäste als Träger für Zweige und Fruchtholz. Es kommt nicht auf die Regelmäßigkeit oder ein symmetrisches Ausfächern der Leitäste an, sondern darauf, daß alle Äste vom Sonnenlicht erreicht werden. Kronenverdichtungen sind überall, besonders aber im oberen Teil des Baumes schädlich.

Unabhängig von Schnittart und Baumform müssen bei jeder Schnittpflege zunächst auf Astring entfernt, das heißt dicht am Ast oder Stamm abgenommen werden:

- dürre oder weitgehend dürre Äste;
- nach innen zur Kronenmitte hin wachsende Äste und Triebe;
- sich kreuzende oder reibende Äste, die sich als Konkurrenztrieb gegenseitig behindern.

Angebrochene Zweige oder Äste werden bis aufs unverletzte Holz zurückgeschnitten.

Konkurrenztriebe können auch an der Spitze eines Astes als Gabel auftreten. Man nimmt den schwächeren von beiden ab und leitet damit die Triebkraft in den verbleibenden. Man kann auch den schwächeren stehenlassen, wenn seine Richtung günstiger für unbehindertes Weiterwachsen ist. Schließlich schneidet man noch die auf den geförderten Oberseiten der Äste und Zweige stehenden, senkrecht nach oben wachsenden sogenannten Wasserschosse. Man leitet damit die Triebkraft auf die nach außen gerichteten Triebenden und auf waagrechte Seitentriebe ab. Wie noch zu besprechen sein wird, kann man einzelne solcher ›Reiter‹

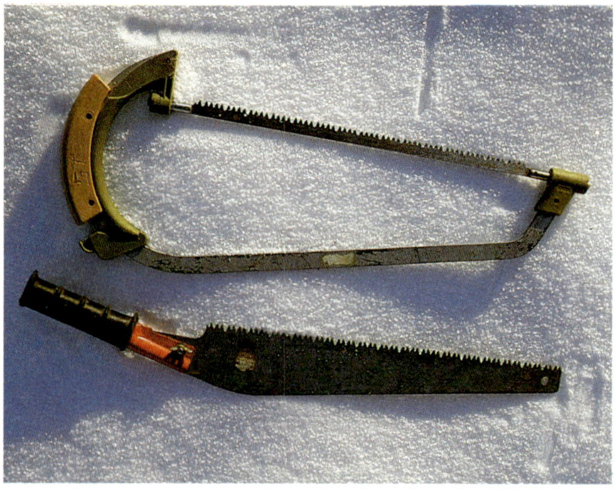

Bügelsäge und Schwertsäge für den Baumschnitt

durch Abbinden zur Kronenverjüngung heranziehen.
Nach dieser Wegschneidearbeit, die auch für den Anfänger leicht durchzuführen ist, hat sich die Krone oft schon wesentlich geklärt und gelichtet, so daß man danach leichter über weitere Maßnahmen entscheidet. Das Wegschneiden auf Astring geschieht bei den Trieben und dünneren Zweigen mit der einhändig zu bedienenden Garten- oder Baumschere oder einem scharfen, vorn aufgebogenen Messer, der Hippe. Keinesfalls darf man mit einer zweihändig zu bedienenden Heckenschere an die Obstbäume gehen. Mit ihr schneidet man ungenau und quetschend. Die gute Gartenschere hat auf beiden Seiten geschärfte Schneiden, die durch ein starkes Gelenk ohne Spiel verbunden sind. Beim Durchtrennen eines Triebes dürfen die Schneiden nicht seitlich ausweichen.
Für stärkeres Holz gibt es langhebelige Astscheren. Bei nur kleinem Obstbaumbestand kann man auf ein solches Gerät verzichten. Man braucht es nur für Pflegearbeiten an jahrelang vernachlässigten Bäumen, doch kommt man dafür auch mit einer Baumsäge (Bügelsäge) zurecht. Die Obstbaumsäge hat ein auf verschiedene Schnittwinkel verstellbares Sägeblatt. Man kann mit ihr selbst in engen Astgabeln Sägeschnitte jeder gewünschten Richtung anbringen. Für ganz unzugängliche Stellen – sie dürften bei einem ständig gepflegten Obstgehölz gar nicht erst entstehen – benutzt man eine kleine Schwertsäge mit schmalem, oft leicht gebogenem Blatt. Ein Veredelungsmesser tut nicht nur beim Veredeln gute Dienste. Viele Baumgärtner arbeiten lieber mit dem Messer als mit der Schere. Die Schere hat aber besonders für den Anfänger den Vorteil, daß die Verletzungsgefahr benachbarter Zweige geringer ist als beim freien, ungeübten Messerschnitt.
Das Wegschneiden auf Astring hinterläßt bei richtiger Ausführung keine Stummel, führt aber auch nicht so nahe an den tragenden Ast oder Stamm heran, daß die Schnittfläche vergrößert und Stamm oder Ast in Mitleidenschaft gezogen wird.
Mehr Überlegung als das Wegschneiden erfordert das Zurückschneiden oder Einkürzen. Man muß sich dabei für ein bestimmtes Auge oder eine

Oben: zu tief; Mitte: richtig ausgeführter Schnitt
Unten: kernfaules Apfelholz, reif zum Roden

Knospe entscheiden, ›auf‹ die man schneidet. Aus ihr entwickelt sich der Neutrieb. In der Regel schneidet man auf eine Außenknospe zurück und leitet den Trieb damit in die Waagerechte.

Wie unterscheidet man Blattknospen von Blütenknospen? Natürlich haben die Knospen bei jeder Obstart verschiedene Formen, doch sind alle Blattknospen schlank und spitz, sie sitzen vor allem an den Triebspitzen. Aus den Blattknospen entwikkeln sich Neutriebe, man nennt sie deshalb auch Holzknospen. Blütenknospen sind dick und rundlich. Sie enthalten neben der vorgebildeten Blütenanlage Nährstoffvorräte. Daneben gibt es gemischte Knospen und ruhende Knospenaugen; sie kommen nur zur Ausbildung, wenn durch Schnitt andere Knospen entfallen.

Sinn und Ausführung des *Pflanzschnittes* wurden bereits besprochen. Er kann bei Pflanzgut, das mit Wurzelballen angeliefert wurde (Containerpflanzen), entfallen oder ein Jahr nach dem Anwachsen als erster Erziehungsschnitt durchgeführt werden.

Der Erziehungs- oder Aufbauschnitt dient der richtig geführten Kronen- und Fruchtholzentwicklung. Wird er jährlich vorgenommen, so steht das Kronengerüst für die Hauptertragszeit, weitere Schnittarbeiten beschränken sich im wesentlichen auf das Auslichten und Verjüngen. Mit Ausnahme des Grünschnittes legt man die Schnittpflege in die ve-

Knospen

B = Blütenknospen, BT = Blattknospen

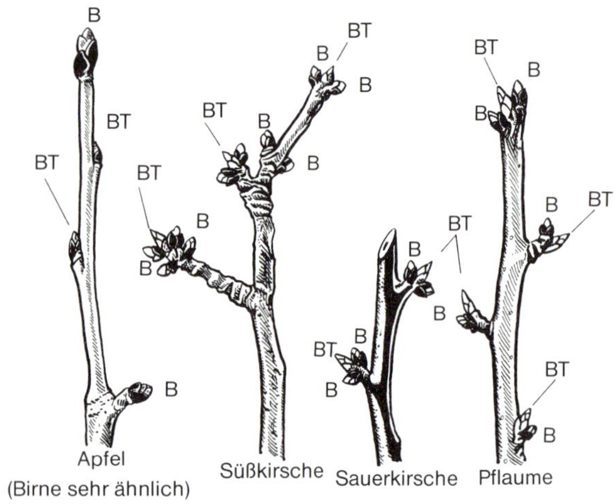

Mit Wasserschossen übersetzter Apfelbaum

getationslose Zeit. Am besten haben sich Februar und März, in rauhen Lagen noch Anfang April bewährt. Man spricht von Winterschnitt, führt ihn aber nicht bei Temperaturen unter 5° C aus.

Was der Erziehungsschnitt bewirken soll, wird am besten beim Vergleich eines nie geschnittenen Obstbaumes mit einem regelmäßig durch Schnitt gepflegten deutlich. Naturgemäße Obstbaumpflege bedeutet nicht, daß man den Bäumen eine Naturkrone zugesteht, nämlich die, welche sich ohne Schnitt ergäbe. Solche Bäume werden – besonders auf Wildlingsunterlage – groß und stark, aber ihre Kronen verdichten sich von Jahr zu Jahr zu einer Äste-Wildnis. Lichtmangel bewirkt teilweise Verkahlung, die mit Wasserschossen übersetzte Krone hemmt die Blütenbildung. Bei hohen Birnbäumen können sich mehrere konkurrierende Leitäste stammartig ausbilden und am alten Baum durch ihr wachsendes Gewicht ausbrechen. Die Vergreisung ungeschnittener Obstbäume setzt zu einer Zeit ein, zu der ein gepflegter Baum noch in voller Ertragskraft steht.

Man muß sich beim Erziehungsschnitt um ein klares, kräftiges Kronengerüst aus sechs bis zehn Leitästen bemühen und überzählige Triebe entfernen. Man unterscheidet am Baumgerüst Organe verschiedener Rang- oder Ordnungsstufen: Mittelstamm mit Stammverlängerung, Haupt- oder Leitäste mit Seiten- oder Nebenästen (Zweigen), Seitenzweigen, Fruchtästen und Fruchtholz. Bei den freien, naturnahen Baumformen Halb- und Hochstamm kommen alle Glieder der Rangordnung zur

Geltung, bei den kleineren Baumformen (Formobstbäume) sucht man die Rangfolge abzukürzen, indem man das Fruchtholz möglichst nahe an den Stamm bringt oder auch zugunsten der Leitäste auf den Stamm verzichtet. Man muß solche Gehölze – meist Zwergformen – durch Pfosten oder Gerüste stützen. Abgekürzte Wuchsformen brauchen Winter- und Sommerschnitte sowie zusätzliches Entspitzen ihrer Neutriebe vor der Blüte.

Im biologischen Anbau gibt man einem naturnäheren Kronenaufbau den Vorzug, achtet aber nicht weniger auf ein offenes, übersichtliches Kronengerüst. Die Kuppelform ist zweifellos die dem Obstbaum am besten entsprechende Kronenform. Bei ihr überragt meist ein Mittelstamm die Leitäste. Nimmt man die Stammverlängerung heraus, so kann man auch eine Trichter- oder Hohlform erziehen, die Licht in den Baum läßt.

Baumaufbau schematisch

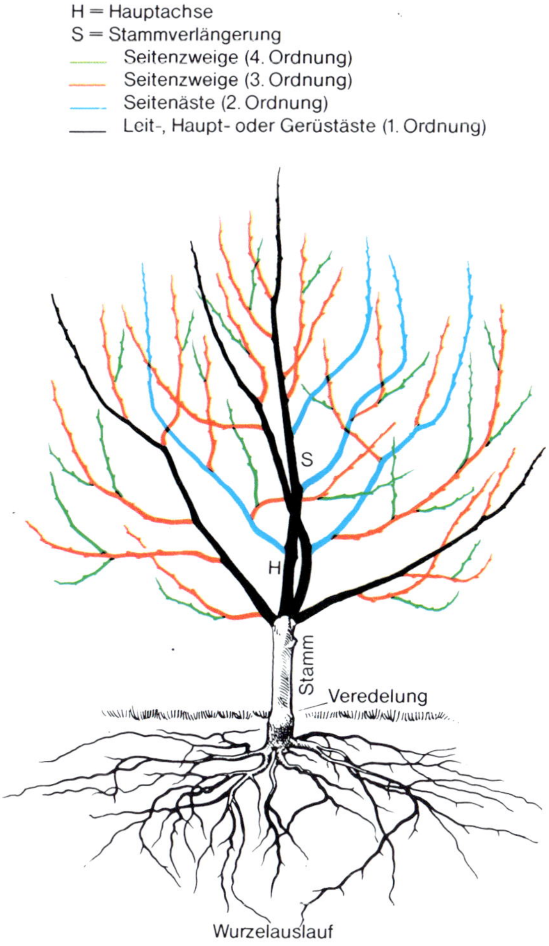

Spindelbüsche erzieht man zur Pyramidenform: Von der breiten Basis der untersten Leitäste verjüngt sich die Baumgestalt bis zur Spitze der Stammverlängerung.

Der Mittelstamm eines Obstbaumes wächst nicht unverzweigt und gerade in die Höhe wie bei Nadelbäumen. Durch Schnitt fördert man jeweils die der Senkrechten am nächsten kommende Triebspitze der Stammverlängerung und erzieht die stärksten Seitentriebe zu Leitästen. Dabei sollte man nicht aus falschem Symmetriedenken für die Leitastansätze tannenbaumähnliche Astquirle heranbilden, sondern besser unregelmäßige Spiralen.

Mit dem Erziehungs- oder Aufbauschnitt wird das Kronengerüst eines Baumes vorbereitet und aufgebaut. An den in der Regel acht bis zehn Leitästen soll sich viel Fruchtholz bilden, aber nicht mehr, als vom Sonnenlicht gut erreicht werden kann.

Der Erhaltungs- oder Ertragsschnitt löst den Erziehungs- oder Aufbauschnitt der ersten Standjahre ab. Man muß sich jetzt nicht mehr für die Wegnahme oder Förderung von Leitästen entscheiden, sondern wird bestrebt sein, die Krone bei anhaltender Verjüngung in Ertragsform zu halten. Man beginnt den Winterschnitt auch hier mit dem oben beschriebenen Auslichten. Ein scharfer Rückschnitt erübrigt sich beim gepflegten Baum im Ertragsalter, er wäre sogar schädlich, weil er vermehrte Holzbildung auf Kosten der Blütenansätze bewirken würde. Man sorgt durch mäßiges Einkürzen dafür, daß die Krone gedrungen und übersichtlich bleibt, daß an keiner Stelle Verdichtungen mit Verkahlungsgefahr auftreten. Der Ertragsschnitt wird in gleicher Weise und zu gleicher Zeit wie der Aufbauschnitt vorgenommen.

Der *Verjüngungsschnitt* führt nur dort zu größeren Eingriffen, wo Obstgehölze jahrelang vernachlässigt wurden. Es wäre allerdings falsch, das Versäumte mit einem einzigen Schnitt nachholen zu wollen. Man sollte vielmehr versuchen, in zwei oder drei Winterschnitten diesem Ziel nahezukommen. Größere Äste sägt man zunächst eine Handbreit von der endgültigen Schnittstelle entfernt unten an und sägt dann, etwas nach außen versetzt,

Verjüngungsschnitt (Älterer Apfelbusch)

vor dem Schnitt

nach dem Schnitt

von oben dagegen. So verhindert man ein Splittern des Holzes, wenn der Ast durch sein Eigengewicht fällt. Danach wird der Aststummel mit einem glatten Schnitt möglichst nahe am Stamm beseitigt. Mit einem scharfen Messer glättet man die Schnittränder und verschließt die Wundfläche mit einem Baumharz oder mit einem Brei aus Wasser und Lehm. Neuerdings gibt es auch flüssige Wundmittel, die die Wunde noch dauerhafter verschließen. Solche Arbeiten sollte man wegen der Winterfröste immer im Frühjahr, nicht im Herbst erledigen. Schnittwunden, die durch die Baumschere verursacht wurden, brauchen im allgemeinen wegen ihrer geringen Fläche nicht verschlossen zu werden.
Nicht jede Obstbaumruine kann gerettet oder in einen ertragbringenden Baum verwandelt werden. Für die Entscheidung, ob man ein Gehölz zu verjüngen versucht oder rodet, spielt vor allem der Zustand, weniger das Alter des Baumes eine Rolle.
Auch bei regelmäßig und sachgemäß durchgeführten Erziehungsschnitten kann man die erstrebte Harmonie des Kronenaufbaus nicht ein für allemal herstellen, man muß sich auch in fortgeschrittenen Standjahren eines Obstbaumes um sie bemühen. Bei einem gerade gewachsenen Baum sollten die Leitäste in etwa auf gleicher Länge gehalten werden. Um möglichst viel Fruchtholz zu bekommen, richtet man die Seitenäste waagerecht aus, indem man sie auf solche Knospen zurückschneidet, deren Triebe eine günstige Leitastverlängerung ergeben. In der Regel wird das eine Außenknospe sein.
Steil nach oben wachsende Triebe bringen durch ihre starke Wüchsigkeit (Oberseitenförderung) keine oder nur wenige Blütenansätze. In der Regel entfernt man solche ›Reiter‹ oder Wasserschosse. Einzelne von ihnen kann man auch zur Verjüngung abgetragener Äste verwenden. Man staut ihren Saftstrom durch Niederbinden und regt damit die

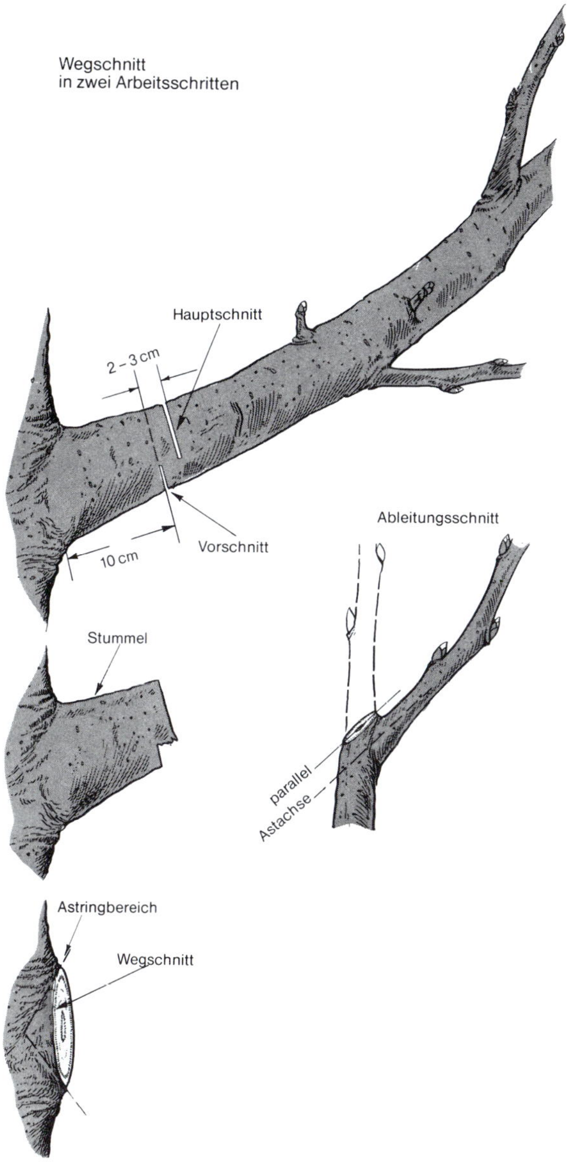

Oben: Große Wundflächen versorgt man unmittelbar nach dem Schnitt

Unten: Alter Birnenhochstamm Gute Luise vor und nach einem seit vielen Jahren überfälligen Verjüngungsschnitt. Die Früchte vergrößerten sich nach diesem starken Eingriff deutlich, die Erntemenge vervielfachte sich. Bei alten Obstbäumen sollte man starke Rückschnitte besser über zwei oder drei Jahre verteilen

Blütenbildung an. Die Schnur führt man zu einem Zweig, Ast oder Stamm. Sie wird überflüssig, sobald ein solcher Trieb durch Fruchtbehang Gewicht gewinnt. Am Scheitelpunkt kann sich im nächsten Jahr durch die dort verstärkte Wuchsförderung ein neuer Trieb entwickeln. Bindet man auch ihn nieder, so ergeben sich sogenannte Fruchtbögen. Die Erziehung zu Fruchtbögen bedeutet die Nachhilfe zu einem Vorgang, der bei einigen Obstarten und Sorten auch auf natürliche Weise zustande kommt, wenn sich das Eigengewicht eines Triebes so vergrößert, daß er sich senkt.

Bei der Schnittpflege von Obstgehölzen wird man kaum je auslernen. Doch kann sich auch der Anfänger an diese dankbare und befriedigende Tätigkeit heranwagen, wenn er sich um ein biologisches Verständnis dieser Maßnahmen bemüht. Hier konnte nur ein Überblick, keine umfassende Anleitung gegeben werden.

Pfropfen

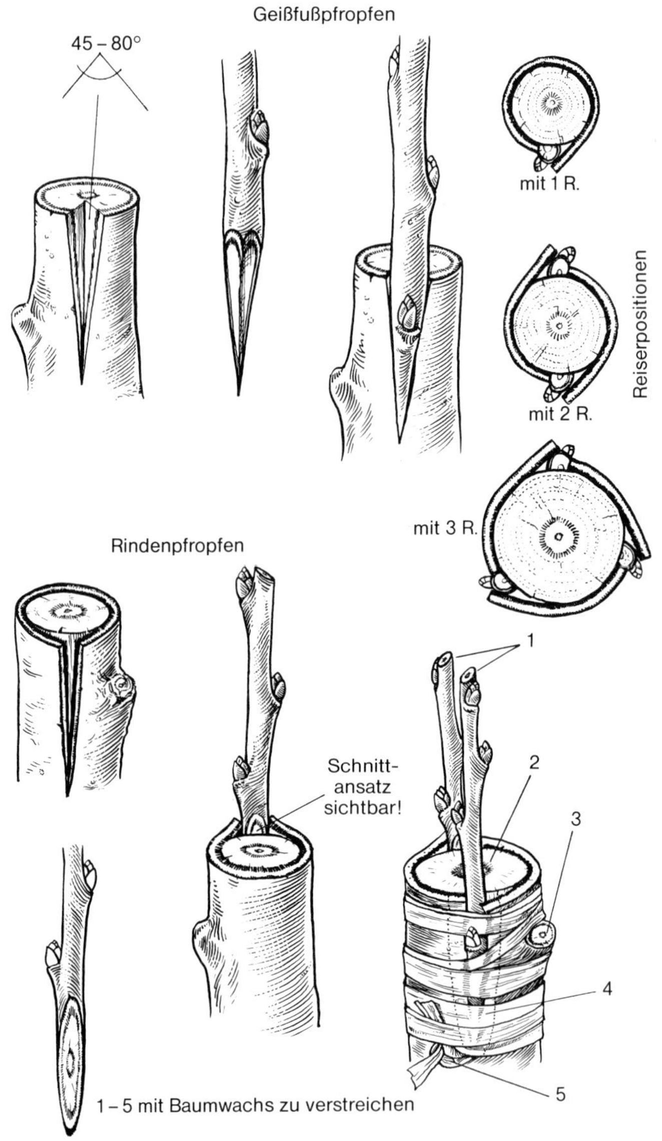

1 = Endknospenschnitt, 2 = Kopfwunde, 3 = Nachbarwunde,
4 = Längsschnitt, 5 = Bastknoten

VII Das Veredeln

Daran gemessen, wie wenige Hobbygärtner Obstbäume veredeln, dürften wir auf dieses Thema ganz verzichten. Hier sollen deshalb nur die gebräuchlichsten Begriffe kurz angesprochen werden. Obstbäume kann man wie die meisten Blütenpflanzen durch die Samen ihrer Früchte vermehren. Allerdings keimen die hartschaligen Samen mancher Obstarten schlecht und nur nach längerer Keimruhe in feuchtem Sand. Läßt man solche Sämlinge heranwachsen, dann bekommt man in den meisten Fällen einen Obstbaum mit anderen, unbefriedigenden Ertragseigenschaften als die der Muttersorte. Die Mehrzahl unserer Obstgehölze vererbt ihre Merkmale nicht samen- oder sortenecht. Zudem weiß man im Hausgarten oft nicht, welche Vatersorte den Pollen zur Befruchtung spendete.

Durch eine ungeschlechtliche Vermehrung, etwa durch Wurzelteilung, bekommt man ebenfalls keine Vervielfältigung der Ausgangspflanze, denn die war ja bereits das Ergebnis der Zusammenführung einer Unterlage (Wurzel) mit einem Edelreis bestimmter Sorte. Das Vereinigen von Unterlage und Sorte heißt je nach gewählter Technik Pfropfen, Kopulieren oder Okulieren mit jeweils verschiedenen Ausführungen. Unsere Zeichnungen verdeutlichen die Vorgänge.

Stammbildner

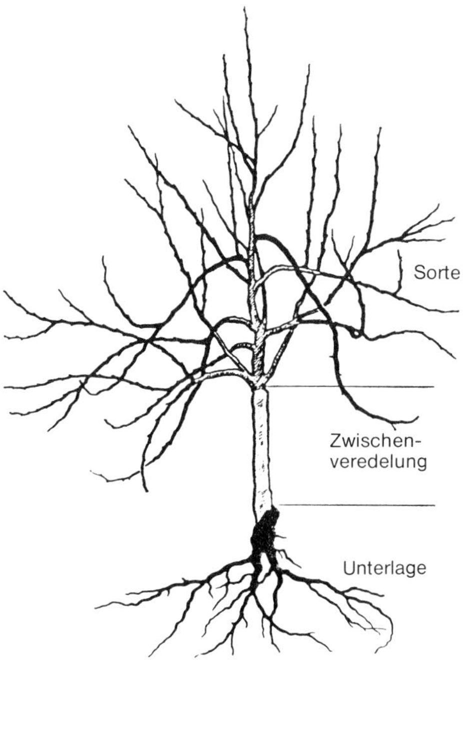

Gerüstbildner

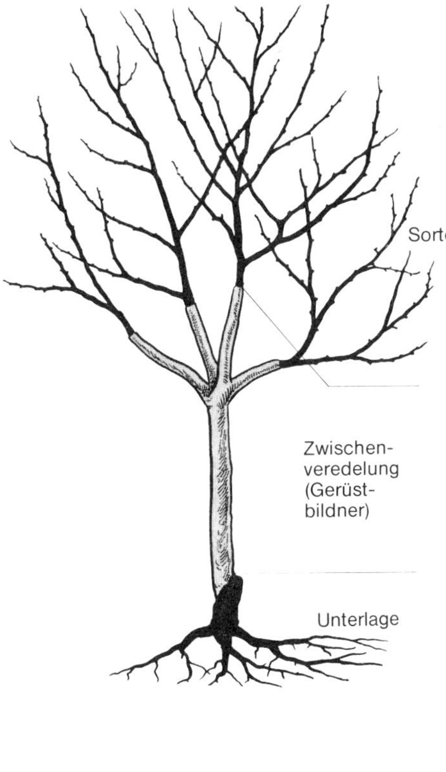

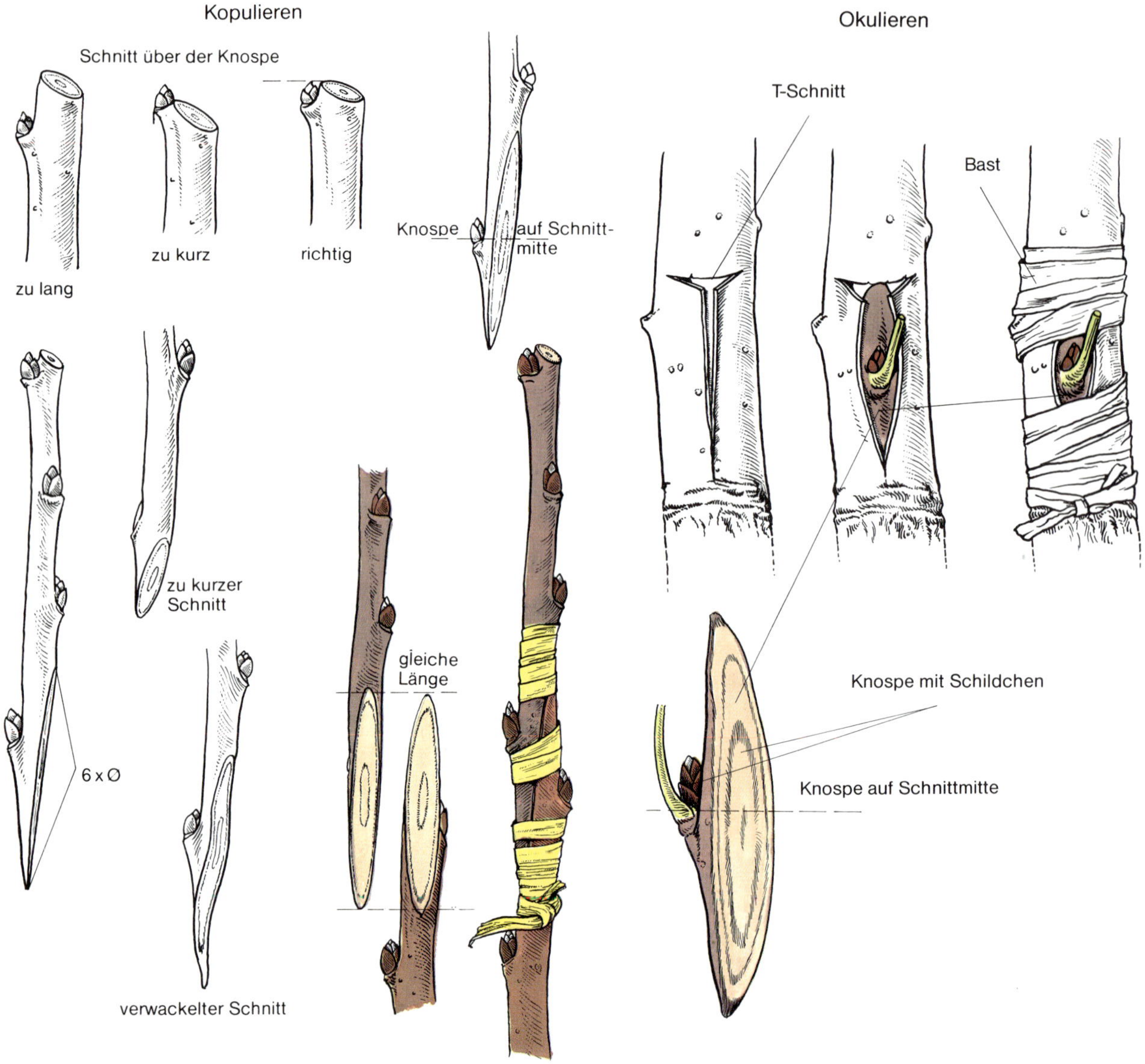

Welches Verfahren man anwendet, hängt auch davon ab, in welchem Größenverhältnis die Partner zueinander stehen. Beim Kopulieren sollten Unterlage und Edelreis etwa gleich starke Triebe haben. Beim Rinden-, Geißfuß- und Spaltpfropfen ist das Edelreis bedeutend schwächer. Man wählt das Pfropfen deshalb zum Umveredeln eines mehrjährigen Baumes. Im Spätherbst ›wirft‹ man den oberen Teil seiner Krone ab und pfropft im Frühjahr auf die Leitaststümpfe die neue Sorte. Man kann auch mehrere Sorten einer Obstart auf einen Baum pfropfen und hat bei richtiger Wahl gleich die passenden Bestäuber auf einem Stamm. Man muß dann vier bis fünf Jahre warten bis zum Einsetzen des Vollertrages. Die Veredelungsstellen bleiben bruchempfindlich. Ein solches Verfahren lohnt den Aufwand nur, wenn man einen gesunden Baum erhalten will, der die für ein gegebenes Klima unpassende Sorte trägt.

Beim Okulieren schiebt man ein schildförmiges

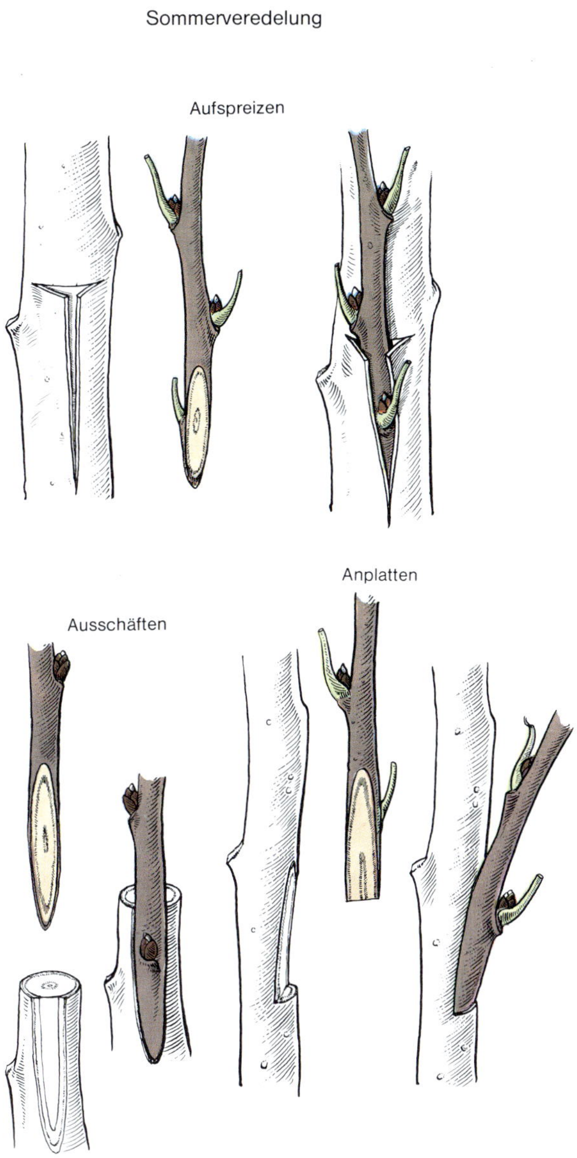

Das noch notwendige Verbinden mit Bast und das lückenlose Verstreichen mit Baumwachs wurde aus Übersichtsgründen nicht dargestellt

Rindenstück mit einem schlafenden Auge der Sorte unter die T-förmig aufgeschnittene Rinde der Unterlage.

Alle Methoden zielen darauf ab, die Lebensschichten beider Partner an einer Stelle innig zu verbinden. Nur das Kambium zwischen Rinde und Holzkern ist zur Zellteilung fähig.

Handveredelungen bedürfen des geschickten Umgangs mit der Hippe und dem Okuliermesser; denn die aneinanderzusetzenden Hölzer oder Rindenteile müssen möglichst fugenlos zusammenpassen. Man schützt die Verbindung durch Bastumschnürung, besser mit einem elastischen Wundverband, mit künstlicher Rinde (Lacbalsam), die flüssig aufgetragen wird, oder mit Baumwachs.

Das Rindenpfropfen gelingt nur im Frühjahr, wenn sich die Rinde lösen läßt, das Holz also schon Saft führt. Die anderen Verfahren wendet man in der vegetationslosen Zeit an, das Okulieren im Hochsommer. Ohne Erfahrung wird man sich nur unter Anleitung eines Fachmanns an diese Arbeiten heranwagen.

Die Hohe Schule des Veredelns ist selbstverständlich auch dem Laien zugänglich, wenn er sich mit Hilfe eines fachkundigen Freundes in dieses Gebiet einarbeitet. Man ist dann in der Lage, aus einem mitgebrachten Edelreis eine Obstsorte, die man haben möchte, seinen Baum auf Sämlings- oder Typenunterlage selbst heranzuziehen – ein reizvolles Unterfangen, das Fehlschläge einschließt, aber auf das man sich durchaus einlassen kann.

VIII Pflanzenschutz

Unter diesem Begriff versteht man einerseits so harmlose Maßnahmen wie das Versprühen von Heilkräuterbrühen im Garten, andererseits die Anwendung der ›chemischen Keule‹ zur Vernichtung von Gliederfüßern, Pilzen und Viren. Chemische Pflanzenschutzmittel errangen den zweifelhaften Ruhm, auch für Warmblüter und Menschen hochwirksame Gifte darzustellen (zum Beispiel E 605), und wurden als schwer abbaubare Umweltschadstoffe global verbreitet. DDT, dessen Gebrauch heute bei uns verboten ist, durchdrang lückenlos die Biosphäre unserer Erde; es wurde in den Wildtieren der Arktis ebenso nachgewiesen wie in der Antarktis, Tausende Kilometer vom nächsten Ort seiner Anwendung entfernt.

Der amtlich verordnete Totenkopf über einem Knochenkreuz als Kennzeichen für Pflanzenbehandlungsmittel der Giftabteilungen I (giftigste Stoffe) und II (giftige Stoffe) spricht es symbolhaft aus: Man schützt Leben mit tödlich wirkenden Stoffen. Die Versicherung, daß alles, was heute in der Landwirtschaft im Garten- und Obstbau geschieht, vielfach geprüft wurde und strenger staatlicher Kontrolle unterliegt, beruhigt schon längst keinen weiterdenkenden Menschen mehr. Die biologischen Folgen der vorsätzlichen und unbeabsichtigten Vergiftungen unserer nahrunggebenden Erde vermag heute niemand abzusehen. Man darf nicht erwarten, gerade von dort über die mittelbaren und unmittelbaren Auswirkungen der industriell betriebenen Vergiftung Aufschluß zu erhalten, wo man an dieser Entwicklung gut verdient. Die Agrarchemie ernährt wachsende Wirtschaftszweige.

Kulturpflanzen bedürfen der Pflege und des Schutzes. Sich selbst überlassen, erliegen sie den widerstandsfähigeren und lebenskräftigeren Wildpflanzen. Weil Kern- und Steinobstgehölze bei uns oft mit einem Klima auskommen müssen, das ihrem Wärmebedürfnis nicht ganz entspricht, und da wir ihnen große Ertragsleistungen abverlangen, müssen wir möglichst gute Lebensbedingungen für sie schaffen. Gesunde Pflanzen bilden eine der drei Hauptvoraussetzungen für die Selbstbehauptung gegen Schädlinge.

Die Gesundheit und Widerstandskraft einer Pflanze hängen unmittelbar von der Beschaffenheit des Bodens ab, auf dem sie wächst. Wie in Kapitel III gezeigt wurde, kann man die erwünschte Dauerfruchtbarkeit eines Bodens nicht mit dem ausreichenden Vorhandensein aller Pflanzennährstoffe in mineralischer Form gleichsetzen. Sie ist vielmehr an ein arten- und zahlreiches Bodenleben gebunden, dieses an den Humus und seine ständige Erneuerung durch die Zufuhr organischer Stoffe. Zusammengefaßt: Gesunde Pflanzen lassen sich auf die Dauer nur auf gesundem, humosem Boden ziehen.

Die zweite Voraussetzung für eine verhältnismäßige Freiheit von Schädlingen liegt in der richtigen, einer Lage und einem gegebenen Klima entsprechenden Sortenwahl. In milden Anbaugebieten gedeihen bei sachgemäßer Pflege praktisch alle hierzulande üblichen Obstarten und Sorten; je rauher die Lage, desto geringer wird die Auswahl. Örtliche Gärtnereien, Baumschulen und amtliche Berater geben darüber Auskunft.

Die dritte der Hauptvoraussetzungen für ein Gleichgewicht eines Obstgehölzes mit seinen möglichen Schädlingen unter der Schadensschwelle – nur das wollen wir im biologischen Obstbau erreichen – bezieht sich auf die Anbauweise. Wie im Nutzgarten bedeutet der massenhafte Anbau einer einzigen Pflanzenart (Monokultur) erhöhte Gefahr für Schädlingsbefall. Die meisten der als Obstschädlinge bezeichneten Gliederfüßer, vor allem Kerbtiere in ihren verschiedenen Entwicklungszuständen, zählen zur natürlichen, ja erwünschten

Tierwelt an unseren Obstgehölzen. Ein wirklicher Schädling, der bei uns keine bestandsregelnden natürlichen Feinde hat, ist die aus der Neuen Welt nach Europa eingeschleppte San-José-Schildlaus. Sie tritt vor allem in klimatisch begünstigten Obstanbaugebieten auf – etwa dort, wo auch Wein gedeiht.)

Wir machen uns gewöhnlich unzureichende Vorstellungen von der Lebewesenfülle unserer Umwelt. Selbst der Gartenfreund kennt meist nur einige wenige Kerbtierarten und weiß wenig über deren Lebenskreise. Von den etwa eine Million zählenden Insektenarten der Welt sind viele so klein, daß wir sie üblicherweise nicht wahrnehmen. Doch spielen auch sie im Sinn der Nahrungsketten, mit denen die Bestandsgleichgewichte untereinander aufrechterhalten werden, eine wichtige Rolle. Schaltet man eine Gruppe aus, so kann man das ganze Artengefüge treffen. Daß es sich bei solchen Feststellungen nicht um allgemeine Redensarten der ›Biologischen‹, sondern um Tatsachen handelt, die nur unserem Gesichtskreis nicht ohne weiteres zugänglich sind, mag ein kurzer Text von Dr. Hans Steiner vom Stuttgarter Landesamt für Pflanzenschutz verdeutlichen, zitiert nach Ewald Könemann:

»In der Krone eines Apfelbaumes leben über 1000 Arten von Gliedertieren im Laufe des Jahres (Insekten, Milben, Spinnen). Nur 300 von diesen leben irgendwie vom Baum direkt, 300 weitere leben in diesen als Parasiten, 200 von diesen als Räuber und 200 schließlich vom Honigtau, Moosen u.ä., was sich auf dem Baum befindet. Sie stellen miteinander eine große Lebensgemeinschaft dar, die ihre Gleichgewichte selbst bewahren kann. Die Bekämpfung mit Giften zerstört allmählich diese Gemeinschaft, weil Parasiten und Räuber mitvernichtet werden. Diese Kleinlebewelt gehört jedoch so zu dem Baum dazu, daß ihre Zurückdämmung wie ein Vakuum auf Gliedertierchen zu wirken scheint. Erst durch die chemische Bekämpfung werden z.B. die Spinnmilben zu ungeheuerer Vermehrung veranlaßt und damit zu neuen Schädlingen. Sie haben eine solche Sucht, den Baum zu besiedeln, daß sie gegen alle Mittel resistent wurden und schließlich 40 Spritzungen im Jahr nicht mehr genügten, um ihrer Herr zu werden. Aktiviert man nun durch Düngungsmaßnahmen die Aktivität des Bodens, dann kann man bald die Insektenbekämpfung in der Baumkrone einschränken, und die Milben hören von selbst auf, ein Schädlingsproblem zu sein.«

Verschiebt sich durch Eingriffe oder auch nur durch Umwelteinflüsse, die wir nicht in der Hand haben – etwa das Fehlen verschiedener insektenvertilgender Vogelarten –, das Beziehungsgefüge dieser Lebewelt, was ja auch in freier Natur täglich vorkommt, dann setzen Ausgleichsbewegungen in der Artenzusammensetzung ein, die früher oder später zum alten oder zu einem neuen Gleichgewicht führen. Für solche Ausgleichsbewegungen sorgt die belebte Umwelt einer kleinen oder großen Lebensgemeinschaft. Allen Lebewesen wohnt nämlich der Drang inne, sich auszubreiten. Ausdünnungen füllen sich durch gesteigerte Vermehrungstätigkeit der am Ort vorkommenden Individuen oder durch Zuzug von außen schnell auf. Bei den vermehrungsfreudigen Gliederfüßern mit ihren schnell kreisenden Lebenszyklen vollziehen sich die Generationsfolgen in viel kürzeren Zeiträumen als bei größeren Tierarten.

Gleichgewichte in der Artenzusammensetzung eines Lebensraumes sind nicht statisch wie Gleichgewichte von Massen in der Physik, sondern dynamisch. Sie beruhen auf kreislaufartigen Vorgängen, die sich weitgehend selbst steuern.

Hat man es nicht mit einem einzigen Apfelbaum oder mit wenigen Apfelbäumen zu tun, sondern mit Hunderten und Tausenden am gleichen Standort, wie das in einer Obstplantage gegeben ist, dann können sich Bestandszunahmen als Folge eines vervielfältigten Nahrungsangebotes an Trieben, Knospen, Blüten, Blättern oder reifenden Früchten zu Massenbewegungen aufschaukeln, zu Freß- und Vermehrungsorgien, die Merkmale einer örtlichen Katastrophe annehmen. Wir haben dann den futterbedingten Massenauftritt von Insekten, die aus dem Rahmen ihrer Lebensgemeinschaft fallen und damit zu Schädlingen werden. Die Natur beantwortet solche Zeigerausschläge gleichsam mit Vergeltungsschlägen gegen die überhandnehmende Art: durch eine lawinenartig anlaufende Vermehrung der Freßfeinde, bis diese das neue Futterange-

Links: Starker Mehltaubefall an Stachelbeeren führt zu völligem Ernteausfall. Standort überprüfen! Mitte und rechts: Dichter Blattlausbefall an einem Pflaumenbaum über stauender Nässe verschwand ohne Eingriff (rechtes Bild im selben Jahr am selben Baum). Doch brachte frühzeitiger Fruchtfall eine Minderung der Ernte

bot erschöpft haben. Durch Krankheiten, Parasiten oder einfach durch den Verbrauch der auslösenden Futterquelle geht dann die überzählige Bevölkerung einer Tierart zugrunde. Die Selbstregelung ohne Freßfeinde kann in der Forstwirtschaft einem Nadelwald das Leben kosten.

Bekämpft man einen Schädling, der die Schadenschwelle überstiegen hat, mit einem Insektizid, das nicht selektiv auf seine Art, sondern breit wirkt, das heißt auch andere Kerbtiere schädigt oder tötet, was bei den unsystemischen Mitteln der Fall ist, dann schaltet man unmittelbar oder mittelbar über Nahrungsketten auch seine natürlichen Freßfeinde aus. Ein ›Vergeltungsschlag‹ der Natur setzt nicht ein. Darin und in den letztlich unkontrollierbaren Nebenwirkungen und Folgen der ›chemischen Keule‹ liegt die Gefahr ihrer Anwendung. Ihre Wirkungen lassen sich nicht sauber eingrenzen. Wie sehr gerade die Kerbtiere mit dem Gedeihen, ja mit der Arterhaltung der Obstgehölze verbunden sind, beweisen unsere Honigbienen als unersetzliche Befruchter.

Aus diesen mehr allgemeinen Bemerkungen zum Pflanzenschutz sollte klarwerden, daß die Maßnahmen einer biologisch verstandenen Schädlingsabwehr im Obstbau nicht unmittelbar mit dem Ausbringen chemischer Gifte verglichen werden können. Biologisch aufgefaßter Pflanzenschutz wird vor allem als Vorbeuge durchgeführt: passende Sorten, auf gesundem, organisch gepflegtem Boden angebaut, bieten die beste Gewähr für widerstandskräftige Pflanzen ohne nennenswerten Schädlingsbefall, wenn auch die dritte der genannten Vorbedingungen erfüllt wird: reichhaltige Mischkulturen in überschaubar gegliederten Beständen.

Der scharfe Rationalisierungszwang drängt den gewerblichen Obstanbau in die entgegengesetzte Richtung:

1. Die Mineraldüngung erfordert bei Schnellerfolgen weniger Handarbeit als eine folgerichtig durchgeführte Kompost- und Humusbewirtschaftung.
2. Die bessere Verkäuflichkeit von hochgezüchteten, empfindlichen Sorten sowie die Vereinfachung der Angebote auf wenige gängige Sorten bedingen, daß der Marktwert einer Obstsorte höher eingeschätzt wird als die Möglichkeit, eine der Lage gut angepaßte Sorte mit weniger Spritzungen anzubauen. Der aus Renditegründen angestrebte Maschineneinsatz für möglichst viele Pflegearbeiten fordert große, gleichförmige An-

bauflächen für gleichartige und gleichaltrige Obstgehölze. So entstehen Sachzwänge, die nicht in der Natur, sondern in der Handhabe des Obstanbaus liegen.

Ansätze zum sogenannten integrierten Pflanzenschutz brachten für große gewerbliche Anlagen Erfolge. Man vermeidet bei dieser Methode den Einsatz chemischer Gifte unterhalb einer genau zu ermittelnden Schadenschwelle, man verbindet chemische und biologische Maßnahmen zu möglichst gezielter Abwehr. Einsichten zeichnen sich ab, daß der bisher eingeschlagene Weg zu Grenzen der Machbarkeit und der Giftbelastung führt.

Im privaten Obstgarten oder im Hausgarten mit Obstgehölzen kommt man ohne Gift aus. Die Schädlingsfrage taucht bei biologisch gepflegtem Boden mit Gründüngung, Mulchkultur und Düngergewinnung aus eigenem Kompost in der Regel noch nicht auf. Das Maß des Eigenbedarfs an Obst führt zu gesunden Bestandsmischungen. Man braucht keine fünfzig Büsche Cox Orange in Reih und Glied, man baut möglichst viele Obstarten und -sorten in kleinsten Mengen an und tut damit das, was den Massenauftritt von Schädlingen erschwert oder verhindert.

Die im dritten Kapitel gegebenen Empfehlungen zur Bodenpflege und Bodenbearbeitung bedeuten wirksame Vorbeuge gegen Schädlinge und Krankheiten. Für den Gartenfreund, der seinen eigenen Bedarf an Baum- und Strauchobst auf der Grundlage von Kompostwirtschaft anbaut, könnte das Kapitel Pflanzenschutz hier beendet werden. Er leistet ihn ausreichend durch seine Bodenpflege und kann mehr für sich und seine Umwelt tun, wenn er Lebensmöglichkeiten für Vögel durch Heckenpflanzungen und durch Aufhängen von Bruthöhlen schafft. Wenn er darüber hinaus bei der Wahl seiner Blumen und Gehölze Futterpflanzen für Bienen bevorzugt und durch sein gutes, erfolgreiches Beispiel über die eigenen Grundstücksgrenzen hinauswirkt, kann er viel erreichen.

Auch im biologisch bewirtschafteten Obstgarten gibt es zahlreiche und gestaffelte Möglichkeiten der unmittelbaren Schädlingsbekämpfung. Die folgende Übersicht enthält Maßnahmen zur Stärkung der Pflanzen, zur Schädlingsvorbeuge, zur Abwehr und Bekämpfung im biologischen Obstanbau. Die organischen Pflanzengifte Quassia, Derris und Pyrethrum werden aus Pflanzen gewonnen. Wegen ihrer breiten Wirkung gegen Gliedertiere gefährden sie auch Bienen und andere Nutzinsekten. Man bringt sie deshalb nur zur unmittelbaren Schädlingsbekämpfung dort aus, wo die zuvor aufgeführten Maßnahmen nicht mehr ausreichen. Auf keinen Fall führt man mit diesen Giften vorbeugende ›Blindspritzungen‹ durch. Alle Spritzungen mit Giften und beißenden Brühen – unvollständig vergorene Kräuterjauchen in höherer Konzentration – werden bei bedecktem Himmel ausgebracht, sie unterbleiben bei sonnigem Wetter.

Für den kleinen Obstgarten am Haus genügen einfache Handspritzen. Sie eignen sich bestens auch zum Versprühen der verdünnten Kräuteressenzen. Solche Spritzungen können während der ganzen warmen Jahreszeit in regelmäßigen oder unregelmäßigen Abständen zur allgemeinen Stärkung der Pflanzen – auch im Nutzgarten – und zur Vorbeuge gegen Schädlingsbefall angewandt werden (nicht während der Blüte!). Sie haben keinerlei schädliche Nebenwirkungen.

Wo sich für nur wenige Obstgehölze die Anschaffung einer Spritze nicht lohnt, hilft man sich mit einer Malerbürste oder einem Handfeger zum Benetzen der Pflanzen.

Die Herstellung von Kräuterjauchen ist denkbar einfach und nicht an eng aufzufassende Mengenangaben gebunden. Wichtig sind das tägliche Rühren für die Sauerstoffzufuhr während der Gärung und die Verdünnung bis zu einer hellbraunen Farbe der Flüssigkeit. Die Rückstände verwendet man zur Bodenbedeckung oder im Kompost. Flüssigkeiten, die durch eine Düse verspritzt werden, muß man zuvor durchsieben.

Die wichtigsten Heilkräuter für Spritzbrühen, wie Zinnkraut (die grünen Teile des Ackerschachtelhalms), Brennessel, Farnkräuter, Rainfarn und Kamille, findet man an vielen Stellen – auch in städtischer Umgebung. Man kann sie getrocknet oder als Auszüge von Apotheken, Drogerien und im Fachhandel für biologischen Gartenbau beziehen.

Weitere vorbeugende oder abwehrende Maßnahmen: Leimgürtel und Obstmadenfanggürtel – im

Fachhandel erhältlich – werden um die Stämme von Obstgehölzen gelegt, Wühlmäuse im Baumscheibenbereich mit Quiritox, einem im Handel erhältlichen giftfreien Erzeugnis aus Pflanzen bekämpft oder mit Emka-Wühlmaus-Schreck vertrieben – ungiftig, aber für lange Zeit wirksam.
Wegen der dort besonders großen Mehltaugefahr lichtet man Stachelbeerbüsche auch außerhalb des Jahresschnittes in Bodennähe aus und entfernt zu eng stehende Sträucher sowie zu hohen Bodenbewuchs.

Die bekannten, aber meist nicht beliebten Ohrwürmer leben unter anderem auf Bäumen und jagen dort während der Nacht Blattläuse. Man schafft ihnen vogelsichere Verstecke, indem man holzwollegefüllte Blumentöpfe mit der Öffnung nach unten in blattlausgefährdete Bäume hängt. Die Holzwolle wird mit einem Stück Draht befestigt (Anregung nach O. Hitschfeld). Im Handel gibt es jetzt Doppelscheiben aus Holzbeton, die man einfach auf Zweige steckt. Sie dienen den Ohrwürmern als vogelsicheres Tagesversteck.

Anwendungen für den Obstgarten, sinngemäß auch für den Gemüsegarten

Bezeichnung	Zweck und Wirkung	Zusammensetzung oder Herstellung	Anwendung im Obstgarten
Kräutertees, Kräuterbrühen, Kräuterjauchen			
Ackerschachtelhalmtee (nur grüne Pflanzenteile)	Verstärkt die Lichtwirkung (Kieselgehalt) vorbeugend gegen Mehltau, Rost, Schorf, Blattfallkrankheit, Rote Spinne	1 kg grüne Pflanzen oder 150 g Trockenpflanzen in 10 l Wasser einweichen, wenn möglich kochen, danach 5fach mit Wasser verdünnen	Soll als einzige Ausnahme bei Sonne gespritzt werden. Ausbringen auf Pflanzen und Boden, vor allem Beerensträucher im März und April
Brennesseljauche (vergoren)	Zur Pflanzenstärkung, für gute Blattentwicklung, bodenverbessernd, kompostverbessernd, gegen Blattläuse, gegen Chlorose	1 kg grüne Pflanzen auf 10 l Wasser in Steingut oder Kunststoffgefäß in der Sonne 1 bis 2 Wochen vergären lassen, wird fast schwarz. Beißende Brühe (gärend, etwa 4 Tage alt) gegen Blattläuse nur schwach verdünnt, nach einem Tag mit Wasser nachspritzen.	Jederzeit auf Baumscheibe gießen (vergorene Jauche). Nur bei Schädlingsbefall auch auf die Gehölze spritzen, gegebenenfalls als beißende Brühe
Farnkrautbrühe	Enthält Kalium, wirkt gegen Schild- und Blutläuse, gegen die Rote Spinne	1 kg grüne Pflanzen in 10 l Wasser oder 100 g Trockenpflanzen 24 Stunden einweichen und danach 20 Minuten schwach kochen.	Im Winter schildlausbefallene Stämme abbürsten. Spritzen im Frühjahr und Sommer

Bezeichnung	Zweck und Wirkung	Zusammensetzung oder Herstellung	Anwendung
Rainfarntee oder -brühe	Gegen Erdbeer- und Brombeermilben, Blattwespen, Rost, Mehltau	300 g frische Pflanzen oder 30 g Trockenpflanzen in 10 l Wasser einweichen und kochen	Im Winter spritzen, Nachblütenspritzung im Sommer (dafür doppelte Wassermenge)
Pflanzenschutzschmierseife	Kann als Haftmittel allen Spritzmitteln zugesetzt werden. Als Lösung auch allein gegen viele Schadinsekten und Schädlingsgespinste sowie gegen Pilzbefall spritzen. Keine üblichen Reinigungsseifen verwenden, sie können Chlor enthalten!	Im Handel erhältlich, nach Anleitung in Wasser lösen	Spritzungen außer während der Blüte jederzeit möglich
Quassia	Wirkt als Fraß- und Kontaktgift, harmlos für Warmblüter. Tötet u. a. die verschiedenen Arten der Sägewespen, Blattwespen, Larven, Raupen und Blattläuse. Giftwirkung schwächer als bei Derris und Pyrethrum	Ein tropisches Bitterholz, erhältlich in Drogerien und im Fachhandel. Man stellt eine Brühe durch Auskochen her, dasselbe Holz kann mehrmals verwendet werden. Spritzflüssigkeit mit Pflanzenschutzseife als Haftmittel versetzen	Gehölze nur bei Befall spritzen, nur wenn unumgänglich, auch während der Blüte
Derris (Rotenon)	Starkes Fraß- und Berührungsgift, wirkt lähmend, auf größere Kerbtiere nicht immer tödlich. Ungefährlich für Warmblüter, gefährlich für Fische. Eignet sich nicht zur Bekämpfung von Schildläusen und Roter Spinne, baut langsamer ab als Pyrethrum, wird mit diesem oft kombiniert	Derris oder Rotenon wird unter verschiedenen Handelsnamen, auch in Kombinationen mit Rotenon angeboten (Spruzit, Deril, Sicide u. a.). Wartefrist im Obstbau 3 Wochen	Nur gezielt bei Schädlingsbefall nach Anweisung auf Verpackung. Die Lagerfähigkeit ist begrenzt

Bezeichnung	Zweck und Wirkung	Zusammensetzung oder Herstellung	Anwendung
Pyrethrum	Wärmeempfindliches Berührungsgift gegen Insekten, wirkt besonders bei chitingepanzerten Kerbtieren, auch auf Nützlinge wie Bienen, wenn sie mit dem Gift in Berührung kommen. Wirkt schneller als Derris, aber nur kurzfristig, nach 48 Stunden abgebaut	Wird aus Chrysanthemenblüten südlicher Länder hergestellt, ist unter verschiedenen Handelsnamen und in Kombinationen erhältlich. Wartefrist im Obstbau 3 Wochen. Ledax, Bioxid, Aril u. a.	Anwendung nach Anweisung auf Verpackung
Stammanstrich	Gegen Schädlinge, die auf und in der Rinde überwintern, zur Baumverjüngung	2 Teile Lehm werden mit 1 Teil möglichst strohlosem Kuhmist und einem Zusatz von sehr feinem Sand oder Steinmehl (höchstens 1/2 Teil) und Wasser zu einer ölartigen Flüssigkeit gut verrührt. Statt Wasser vorteilhaft Schachtelhalmtee. Außerdem können Kalk oder Tonerde eingemischt werden. Statt Lehm können auch handelsübliche Mittel, z. B. Preicobact, verwendet werden (siehe Anhang)	Stammanstriche können jederzeit durchgeführt werden. Besonders günstig wirken sie sich im Spätwinter oder Vorfrühling aus. Der Ausschlupf von überwinternden Insekten wird gehemmt oder verhindert. Im Herbst aufgebracht und mit einer Wermutabkochung versetzt, schützt er vor Wildverbiß. Nachteil des Herbstanstriches: Meisen und Baumläufer können im Winter keine Kerbtiere und deren Eier am Stamm suchen

Anhang

Naturnah konservieren

Konservieren heißt nichts anderes, als Nahrungsmittel dem Zugriff zersetzender Bakterien und Pilze zu entziehen. Diese Mikroben brauchen als Lebewesen für ihre Tätigkeit und ihre Vermehrung bestimmte Bedingungen. Gestaltet man nur eine dieser Entfaltungsvoraussetzungen extrem ungünstig, so kann man die Aktivität der Mikroben entscheidend hemmen oder ganz zum Erliegen bringen. Man entzieht Wärme (Einfrieren), Feuchtigkeit (unmittelbar durch Trocknen, mittelbar durch Einsalzen), man schafft ein stark saures Milieu (Einsäuern), man setzt Chemikalien zu (Konservierungsmittel) oder man tötet die Keime durch Erhitzen und schirmt das Lebensmittel gegen den Zuzug neuer Mikroben ab (Sterilisation). Neuerdings tritt als weitere Konservierungsmöglichkeit die Bestrahlung (Strahlensterilisation) hinzu, die heute schon in vielen Ländern praktiziert wird, bei uns aber schon wegen der gedanklichen Nähe zu gesundheitsschädigender Radioaktivität vorerst ›psychologisch nicht durchsetzbar‹ ist.

Konservieren bedeutet, natürliche Lebensvorgänge anzuhalten. Aber schon die Alterung, die mit keinem Verfahren, auch nicht dem Einfrieren, aufzuheben ist, bedingt Qualitätsverluste am frischen Lebensmittel im Sinne seines gesundheitlichen Wertes. Die Organismen würden schon zu ihren Lebzeiten von Bakterien zersetzt, könnten sie sich nicht durch körpereigene Abwehrstoffe schützen. Wo die Abwehr wegen geschwächter Lebenskraft zusammenbricht, entstehen beim Tier Entzündungsherde, die Pflanze erleidet Befall durch Schadorganismen. Deshalb halten sich gesunde Pflanzen und deren Teile grundsätzlich besser als solche mit gestörter oder künstlich beschleunigter Entwicklung. Die natürlichste Art, Nahrungspflanzen oder Teile von ihnen aufzubewahren, liegt darin, ihre Lebendigkeit zu erhalten, damit die ihnen eigene Abwehr möglichst lang wirksam bleibt. Lagern ohne Haltbarmachen ist aber nur für eine bestimmte Zeit möglich, ihre Dauer hängt auch von den Lagerbedingungen ab.

Eine auffällige Ausnahme dieser Gesetzmäßigkeit macht die Preiselbeere. Die natürlichen Säuren ihres Saftes wirken auf zersetzende Mikroben stark hemmend. In Skandinavien nutzt man diesen Umstand seit jeher, indem man rohe Preiselbeeren ohne irgendeinen Zusatz in Stein- oder Tongefäßen leicht einstampft, bis sie vom eigenen Saft bedeckt sind, das Gefäß (nicht luftdicht) verschließt und in einen kühlen Raum stellt. Selbst bei Zimmertemperatur halten solcherart mit sich selbst konservierte Preiselbeeren ein ganzes Jahr, ohne eine nennenswerte Veränderung zu zeigen.

Wir machen uns diese Eigenschaft schon seit vielen Jahren zunutze, ohne irgendeinen Nachteil entdeckt zu haben. Es gibt praktisch keine Lagerverluste, die Beeren können den ganzen Winter, wenn der Vorrat reicht, bis zur nächsten Ernte, roh genossen werden – zum Beispiel im Frühstücksmüsli. Das höchst einfache Verfahren ist bei uns weithin unbekannt, so daß Preiselbeeren noch immer mit viel Zucker zu einer übersüßen Konfitüre verkocht werden, wobei sie an Geschmack und Vitaminen verlieren. Mir ist keine andere Frucht bekannt, die sich in gleicher Weise frisch hält. Die Säure des Preiselbeersaftes wirkt so konservierend, daß einzelne, versehentlich untergekommene Heidelbeeren gleichfalls frisch bleiben.

Lagern

Hinweise zum Einlagern von Gemüse wurden in Kapitel XIII gegeben. Anders als die ›winterharten‹ Blattgemüse muß Obst sicher vor Frost geschützt werden, man kann es deshalb nicht draußen lagern. Unter Haushaltsbedingungen lassen sich Äpfel länger als Birnen mit ihrem hohen Saft- und niedrigen Säuregehalt aufbewahren. Die einzelnen Apfelsorten unterscheiden sich stark in ihrer Lagerfähigkeit. Dünnschalige und weichfleischige, aber auch überreif geerntete Früchte halten sich weniger gut als dickschalige und festfleischige Sorten, wie zum Beispiel Boskoop. In einem ungeheizten Keller mit Naturboden, wie er in früheren Jahrhunderten selbstverständlich war, kann man geeignete Apfelsorten ohne besondere Vorkehrungen bis weit ins Frühjahr, ja bis in den Frühsommer hinein lagern. Man legt die Früchte auf Holzroste, stapelt sie in flachen Obstkisten, setzt sie in Regale oder auf Schwebebretter. Der unvermeidbar eintretende Feuchtigkeitsverlust läßt die Äpfel mürber und weicher werden, später bekommt die Schale Runzeln, doch beeinträchtigt dieser natürliche Alterungsvorgang den Geschmack der Früchte kaum. Wenigstens einmal wöchentlich sollte man die Äpfel auf Faulstellen kontrollieren; angefaulte Früchte werden sofort verbraucht.

Im betonversiegelten Keller kann man weder Kartoffeln noch Obst sachgemäß lagern, weil die Luft zu trocken ist. Ein nahegelegener Heizungsraum setzt die Luftfeuchtigkeit oft drastisch herab, so daß eine Lagerung unmöglich wird. Gelingt es, den Einfluß der Heizung durch bessere Isolierung klein zu halten, so daß die durchschnittliche Raumtemperatur meist unter 6° bleibt und nicht über 10° ansteigt, dann kann man die Luftfeuchtigkeit mit regelmäßig ausgesprengtem Wasser erhöhen. Je größer man die benetzbaren Flächen hält, desto wirksamer kann man das Lagerklima eines Kellerraumes verbessern. Weil es darauf ankommt, daß die Feuchtigkeit nach und nach verdunstet, empfehlen sich zum Beispiel lose aufgeschichtete Ziegelsteine, deren Oberflächen man mit Wasser besprüht, oder man bringt unter den Lagerregalen eine mehrere Zentimeter starke Sandschicht auf, die man durch Besprengen feucht, aber nicht naß hält. Die entstehende Verdunstungskälte entzieht dem Kellerraum Wärme, was erwünscht ist. Sand gibt seine Feuchtigkeit nur langsam ab. Man schafft also gleichsam einen Naturbodenersatz.

Wenn man wässert, muß man auch lüften, damit keine stickige Atmosphäre entsteht, welche die Fäulnis fördert. Über nebeneinander gelegte Äpfel kann man eine Folie breiten. Sie vermindert die Verdunstung, sollte aber den seitlichen Luftzutritt nicht verhindern. Jedes Gemüse und Obst unterliegt beim Lagern Stoffwechselvorgängen, die sich vor allem im Gasaustausch äußern. Man kann auch jeden Apfel in eine Plastiktüte stecken, ohne diese ganz zu schließen. Solche Maßnahmen machen verhältnismäßig viel Arbeit und bedürfen ständiger Überwachung, damit nichts fault.

Ein Haar-Hygrometer, wie man es zur Wetterbeobachtung verwendet, leistet im Lagerraum gute Dienste. Die gewünschte relative Luftfeuchtigkeit liegt um 90 Prozent, sie sollte nicht unter 80 Prozent absinken. Wärmere Luft bindet mehr Wasserdampf als kältere, deshalb fällt die relative Luftfeuchtigkeit bei Erhöhung der Raumtemperatur sofort ab, auch wenn die absolute Feuchtigkeitsmenge im Raum gleichbleibt. Relative Luftfeuchtigkeit und Lufttemperatur stehen also in unmittelbarem Zusammenhang. Bei einem warmen Keller sind die angestrebten Werte von über 85 Prozent relativer Luftfeuchtigkeit auch durch das Einrichten der beschriebenen Verdunstungsflächen nicht mehr zu gewährleisten. Es hätte aber auch wenig Sinn, die relative Luftfeuchtigkeit zu warmer Kellerräume durch einen elektrisch betriebenen Luftbefeuchter, wie er in Wohnungen verwendet wird, zu erhöhen, weil dann das Obst schnell in Fäulnis übergehen würde.

Trocknen

Was wird getrocknet?

1. Würz- und Teekräuter, gesammelte oder angebaute
2. Gemüse
3. Obst

Wie wird getrocknet?

Grundsätzlich bei Temperaturen, die von unserem Körper noch als angenehm empfunden werden. Je mehr Aroma bewahrt werden soll, so bei den Würzkräutern und Tees, desto schonender trocknet man; das heißt auch, daß man Temperaturen

über 30° vermeidet. Robusteres Pflanzengewebe, wie Wurzeln oder Kohlblätter, vertragen Temperaturen bis 50°, in Ausnahmefällen bis 60°, doch sind sie für den Trockenvorgang nicht zwingend nötig.
Zum Trocknen wird das Erntegut gesäubert; es soll ausgereift, aber nicht überreif sein. Erntegut aus biologischem Anbau läßt sich besser trocknen als solches, das unter starken mineralischen Stickstoffgaben heranwuchs, weil die Gewebe dieser Pflanzen mehr Wasser enthalten.
Lagerobst wird kurz vor der Eßreife gepflückt, da es nachreift und dabei noch Zucker bildet. Obst, das zum Trocknen bestimmt ist, soll voll ausgereift und süß sein. Dabei ist Pflücken besser als das Aufsammeln vom Boden, weil die Druckstellen leichter in Fäulnis übergehen.
Bohnen und Palerbsen (keine Zuckererbsen) läßt man möglichst lang in den Schoten an der Pflanze ausreifen, man braucht dann nicht mehr nachzutrocknen.
Man verwendet selbstgebaute oder käufliche Hürden, rund oder eckig, und beginnt mit dem Trocknen vorteilhaft unter der Sommer- oder Herbstsonne, weil man dann keine zusätzliche Energie aufwenden muß.
Kräuter setzt man nie unmittelbar der Sonne aus, sondern stellt sie in den Schatten oder bedeckt die Hürden mit dünnen Tüchern. Hervorragende Trockenräume geben Spitzspeicher unmittelbar unter einem Ziegeldach ab. Hier herrscht luftige Wärme ohne unmittelbare Sonnenbestrahlung vor. Mit dem Fortschreiten des Herbstes unterstützt man die sonnengeheizte Trocknung durch die Wärme des Küchenherdes, eines Kachelofens – oder der Heizkörper. Man nutzt die Wärme am besten durch flache, stapelbare Hürden mit Gaze- oder Gitterböden. Hürdentürme kann man über geheizten Herdplatten errichten, selbstverständlich nur bei kleiner Flamme. Wer noch einen altmodischen Küchenherd mit Holz und Kohle heizt – es gibt auch moderne Herde dieser Art –, kann ständig nebenbei dörren.
Dörren im Backrohr ist, falls es elektrisch geschieht, ein energieaufwendiger Behelf. Man bleibt bei Temperaturen unter 50° und läßt die Tür zur Belüftung einen Spalt auf. Günstiger arbeitet ein Backrohr mit zirkulierender Heißluft. Backofentrocknung kann als kurze Nachbehandlung nötig werden, wenn die Sonne nicht mehr reicht. Ein Wecker schützt vor Übertrocknung. Würzpilze kann man im Backofen rösch trocknen und dann in einem Mörser zu Pulver stampfen. Diese Würze hält sich jahrelang.
Beim Trocknen von Steinobst, wie Pflaumen und Süßkirschen (Sauerkirschen sind weniger geeignet), kann das Dörrgut tropfen. Im Backofen sollte man dann das unterste Gitter mit Alufolie auslegen.
Das vielfach bewährte Schweizer Dörrgerät ›Sigg-Dörrex‹, bei uns trotz holzgeheiztem Küchenherd und Kachelofen jedes Jahr in Betrieb, arbeitet mit einer Heizspirale, deren Warmluft ein federleichtes, waagerechtes ›Windrad‹ in Bewegung setzt. Das Gerät arbeitet lautlos und braucht wenig Strom (300 W). Ich heize in der Übergangszeit mit einem Dörrex-Gerät, das bis zu sieben Siebe faßt, meinen Arbeitsraum und bekomme so ein durch Apfel- und Birnenschnitze angenehm aromatisiertes Zimmer.
Es gibt viele Empfehlungen, wie man Gemüse und Obst zum Trocknen vorbereitet. Wer nicht nur aus alternativem Spieltrieb heraus, sondern mit dem Ziel, im Winter die Familie versorgt zu wissen, Trockenvorräte herstellt, wird einige dieser Vorschriften entbehrlich, ja überflüssig finden. Warum etwa sollen Äpfel und Birnen stets geschält werden, zumal ihr voller Geschmack darunter leidet und wertvolle Vitalstoffe mit den Schalen entfernt werden? Warum muß immer das Kernhaus ausgestochen und entfernt, der Apfel in Ringe zerlegt werden? Gerade der Schalen- und Kernhausbereich biologisch gezogenen Obstes verbessert den Geschmack der später mit dem Trockenobst bereiteten Speisen.
Kleine süße Bauernbirnen, von denen wir in guten Jahren etliche Zentner ernten, behandeln wir überhaupt nicht, sondern trocknen sie im Ganzen – teilweise auch mit ihren Stielen – zu schmackhaften ›Hutzeln‹. Wie alles Obst sollten sie nicht holzartig hart, sondern nur soweit getrocknet werden, daß man sie auch uneingeweicht beißen kann. Eingeweicht, nicht gekocht, dienen sie zum Süßen und werden ganzjährig zu Birnenbrot verbacken.

Tee und Würzkräuter aus freier Natur und aus dem Garten, Hagebutten und Hagebuttenkerne lassen sich leicht trocknen; auch Löwenzahnwurzeln und Pilze. Besondere Erwähnung verdient in diesem Zusammenhang die Brennessel. Sie gereicht nicht nur dem Garten, sondern ebenso der Küche zum Segen. Getrocknete Brennesselblätter lassen sich zu kräftigem Tee, aber auch zu einem schmackhaften Wildspinat zubereiten. Ich vergaß einmal ein Säckchen getrockneter Brennesselpflanzen und kochte noch im dritten Jahr einen appetitlich grünen Spinat daraus.

Die meisten Gartengemüsearten kann man trocknen. Doch lohnt sich der Aufwand nicht, wenn man die Pflanzen auch frisch über den Winter bekommt, wie das beim Lauch oder beim Rosenkohl, bis zu einem gewissen Grad auch bei den Krautarten der Fall ist. Da man in der Vorratshaltung für den Eigenbedarf Vielseitigkeit anstrebt, wird man einen Teil des Gemüses auch milchsauer einlegen, einen anderen Teil – vor allem die Wurzelgemüse – für den Rohverzehr in Sand schlagen, so daß man abwechseln und mischen kann. Der geringste Konservierungsgrad, also die gerade noch ausreichende Veränderung des Erntegutes für seine Bevorratung, ist gesundheitlich die beste. In diesem Sinne ist frisches Gemüse, zu dem auch das in der Miete oder im Kellersand eingeschlagene zählt, besser als das getrocknete, das milchsauer eingelegte besser als das sterilisierte, dieses besser als das in Dosen gekaufte.

Feste Pflanzengewebe, wie Bohnen, Erbsen, Wirsing und Kohl, läßt man vorteilhaft vor dem Trocknen mit möglichst wenig Wasser kurz aufkochen und verwendet das basische, mineralreiche Kochwasser für andere Gerichte. Durch diese Behandlung verkürzt man die Kochzeit nach dem Trocknen und Wiedereinweichen erheblich. Hier kann jeder nach Bedarf und Einfallsreichtum eigene Erfahrungen sammeln. Hat man sich erst die Grundlagen im Umgang mit Nahrungsmitteln erarbeitet, wird selten etwas schiefgehen.

Wie aufbewahren?
Höchst einfach in luftdurchlässigen Säckchen oder Säcken aus Baumwollstoff, Leinen oder Jute in einem trockenen, möglichst nicht zu warmen Raum, zum Beispiel im Dachboden. Andauernde Wärme und Feuchtigkeit können zum Verderben des Trockengutes führen. Je schärfer man trocknet, desto größere Haltbarkeit erzielt man, nimmt aber auch mehr Verluste an Aroma- und Vitalstoffen in Kauf. Das Trockengut darf, wenn man es einigermaßen trocken und kühl lagern kann, immer eine gewisse Elastizität des Gewebes behalten. Je nach Trocknungsgrad weicht man Obst und Gemüse vor der Weiterverarbeitung 6 bis 24 Stunden in kaltem Wasser ein. Selbstverständlich verwendet man auch das Einweichwasser in der Küche weiter. Lang eingeweichtes Obst gibt den Großteil seiner Süße an das Wasser ab, weil Zucker wasserlöslich ist.

Einsäuern

Mit Essig kann man nicht nur Gemüse, sondern auch Obst, Pilze, Fisch und Eier konservieren. Der Nachteil liegt in dem hohen Säuregehalt solcher Nahrungsmittel. Er übertönt feinere Geschmacksrichtungen und fördert die Übersäuerung in unseren Verdauungsorganen, ein ohnehin weitverbreitetes Übel der Zivilisationskost.

Die Milchsäuregärung wird dagegen auch vom gesundheitlichen Standpunkt aus empfohlen. Milchsäure kommt in unserem Körper vor, zum Beispiel im Darm, in der Haut und als Stoffwechselprodukt der Muskelarbeit. Die ihr ähnliche, aber nicht mit ihr identische Gärungsmilchsäure wird aus verschiedenen Zuckerarten unter Beteiligung von Bakterien gebildet. Milchsäure hat teil an lebenswichtigen Abwehr- und Verdauungsvorgängen, sie behindert die Entfaltung von Fäulnisbakterien. Sauermilch wird leichter verdaut als Rohmilch, Rohmilch aber leichter als gekochte.

Die richtig eingeleitete Milchsäuregärung denaturiert ein Lebensmittel nicht, sondern verwandelt es. Die Vitamine des Rohgemüses bleiben voll erhalten, darüber hinaus entstehen neue Vitalstoffe, zum Beispiel Fermente, die im Frischgemüse nicht enthalten sind. Nach Maria Lingenfelders sehr empfehlenswerter Schrift ›Die Milchsäuregärung‹, erschienen in der Waerland Verlagsgenossenschaft

eG, Mannheim, wird ausgeführt, daß Sauerkraut die Vitamine A, B_1, B_2, B_6, B_{12}, C, D, E und K enthält.
Das uralte, in allen Menschheitskulturen bekannte Verfahren der Milchsäuregärung ist für gesundheitsbewußte Gartenfreunde ideal. Reicht der Hausgarten für den Anbau von Vorratsgemüse nicht aus, kann man – natürlich auch in der Stadt und ohne Garten – preiswertes Gemüse zur Erntezeit kaufen und milchsauer einlegen.

Wie wird's gemacht?
Für die einfachste Art verwendet man metallfreie, völlig wasserdichte Gefäße ab fünf Liter Inhalt, säubert sie gründlich mit kochendem Wasser und schneidet das ebenfalls gesäuberte Rohgemüse ein. Am gebräuchlichsten sind Behältnisse aus Keramik. Kraut wird mit dem Krauthobel, anderes Gemüse mit dem Messer zerkleinert; Wurzelgemüse kann man grob raspeln, grüne Bohnen mit der kleinen, sehr praktischen Schnippelmaschine zum Einlegen vorbereiten. Jede Lage wird sparsam gesalzen und angedrückt. Bei Kraut, Bohnen und ähnlich festen Gemüsen benutzt man einen Krautstampfer, gekauft oder selbstgemacht. Bei kleinen Gefäßen tut eine leere Flasche den gleichen Dienst. In den großen Sauerkrautfässern früherer Landhaushalte stampften barfüßige Kinder, bis ihnen der Krautsaft zwischen den Zehen stand.
Nur wenn das Schnittgut so trocken ist, daß es auch nach dem salzbedingten Wasserziehen nicht vom eigenen Saft bedeckt wird, setzt man mild gesalzenes Wasser zu. Eingemischte Molke fördert jede Milchsäuregärung im erwünschten Sinne.
Mit dem Salzen tut man, besonders bei Bohnen, des Guten oft zuviel. So findet man in Anleitungen mitunter unnötig hohe Salzmengen angegeben; auch das Handelssauerkraut wird in der Regel stärker gesalzen, als es für die Haltbarmachung notwendig wäre. Es genügt schon die Salzmenge, die man etwa für einen milden Krautsalat verwenden würde, das sind drei Gramm Salz je Kilogramm Kraut. Mehr Salz schadet dem Gärvorgang nicht, weniger kann zu Eiweißfäulnis führen, solange sich die Milchsäure noch nicht entwickelt hat. Letzten Endes konserviert die Milchsäure, nicht das Salz.
Das Salz schafft durch seine flüssigkeitsziehende Eigenschaft günstige Vermehrungsbedingungen für die Milchsäurebakterien. Es kommt also darauf an, den Gärprozeß so rasch in Gang zu setzen, daß er einer möglichen Fäulnis zuvorkommt. Deshalb stellt man das Gärgefäß zunächst ein bis zwei Wochen in Zimmertemperatur auf. Die lebhafte Kohlensäureentwicklung der Gärung treibt den Saftspiegel eines Sauerkrautbehälters unter einer trüben Schaumschicht bald so hoch, daß er bei hoher Füllung über den Rand treten kann. Der wertvolle Saft sollte jedoch nicht verlorengehen, zumal später, nach dem Abklingen der Gärung und mehreren Krautentnahmen, Saftmangel herrschen kann. Man füllt das Gärgefäß deshalb höchstens zu vier Fünfteln mit Kraut und schließt mit einigen ungeschnittenen Blättern ab. Darauf setzt man ein durchlöchertes Brettchen im Umriß der Gefäßöffnung, das mit einem abriebfesten Stein beschwert wird. Das Brettchen sollte völlig von Brühe bedeckt sein.
Nach Abklingen der Hauptgärung, ersichtlich am Fallen des Saftspiegels, stellt man das Gefäß in den Keller oder an einen anderen kühlen, natürlich frostfreien Raum, und läßt seinen Inhalt weitere vier bis acht Wochen reifen. Danach ist er mürbe, zart und köstlich. Je nach Geschmack hat man dem Kraut schon während des Einlegens Wacholderbeeren, Kümmel oder andere Gewürze zugesetzt. Sauerkraut sollte man nach Möglichkeit nicht kochen. Es ist roh nicht nur leichter verdaulich, sondern wegen seiner zahlreichen unzerstörten Vitalstoffe gesundheitlich wertvoller als nach dem Kochen. Sinngemäß genauso verfährt man mit anderen Gemüsearten. Sauerkraut dankt die milchsaure Gärung mit besonderem Wohlgeschmack. Aber auch grüne Bohnen, die man nach der Entnahme kurz kochen sollte, lohnen die Mühe größerer Mengen.
Für Mischgemüse und kleinere Mengen anderer Gemüsearten wählt man besser die etwas verfeinerte Gärmethode mit Tauchdeckel-Gärtöpfen. Der Spezialgärtopf weist an seinem oberen Rand eine Rinne auf, in die der Deckel paßt. Das Einlegen des Gemüses (natürlich auch Sauerkraut) geschieht wie oben beschrieben. Als Abschluß dient

eine mitgelieferte, in ihrer Mitte geteilte Steingutscheibe, sie ersetzt Brettchen und Steingewicht.
Bei grob geraspeltem Mischgemüse mit gelben Rüben (Mohrrüben) und anderen Wurzeln entsteht nicht soviel eigener Saft wie nötig ist, um die Milchsäuregärung einzuleiten. Hier setzt man abgekochtes Salzwasser (etwa 15 bis 30 Gramm Salz je Liter), wenn möglich mit etwa zwei Eßlöffeln Molke je Kilogramm Schnittgut, zu. Genaue Maße müssen nicht eingehalten werden. Dann legt man die beiden Teilplatten auf. Der abschließende Dekkel wird eingesetzt und Wasser in die Rinne gegossen, so daß keine weitere Luft an das Gärgut gelangt. Die Gärung verbraucht den verbleibenden Sauerstoff und gibt Kohlensäure ab. Bald liegt das Gärgut unter Kohlensäure. Überschüssige Kohlensäure entweicht glucksend durch das Wasser der Rinne.
Wie beim offenen Sauerkraut stellt man das Gefäß zunächst ins Warme, um die Gärung rasch in Gang zu bringen. Unsere Gärtöpfe stehen im Herbst in der ›Stube‹, wo wir essen, weil dort an kühlen Tagen geheizt wird. Die redseligen Gärtöpfe geben dann alle paar Minuten ein Glucksen von sich, das an einen ins Wasser springenden Frosch erinnert. Diese vertrauten Geräusche versichern uns, daß die Milchsäurebakterien für unsere Vorratshaltung des kommenden Winters arbeiten. Ebben die Glucksgeräusche ab, wandern die Töpfe in den kühlen Keller, und der Inhalt ist nach weiteren vier Wochen gebrauchsfertig. Natürlich muß man die Töpfe dann nicht anbrechen, sondern kann damit auch erst im Winter oder im Frühling beginnen. Um nicht zu starkes Nachsäuern in Kauf nehmen zu müssen, holen wir im Hochwinter, wenn die ersten Gärtöpfe wieder frei werden, Wurzelgemüse aus dem Sand und beschicken die Töpfe von neuem; ihr Vorrat reicht dann bis zur nächsten Ernte.
Gärtöpfe mit Tauchdeckel erhalten das eingelegte Gut ohne Verluste. Bei offenen Gärgefäßen entsteht unter Luftzutritt eine unansehnliche und ungenießbare bräunliche Grenzschicht zwischen Brett und Gärgut, die bei jeder Entnahme entfernt werden muß, während das Brettchen gut zu waschen ist. Die Bildung dieser ›Kahmhefe‹ ist bei offener Gärung unvermeidlich, während sie im Kohlensäuremilieu der Tauchdeckelgärtöpfe ausbleibt.
Eine dritte Art der Milchsäuregärung führt man in Vakuumgläsern (Twist-off-Gläser) durch, in denen man Konfitüre, Saft oder Mixed Pickles kauft. Das Verfahren unterscheidet sich vom Gärtopf nur dadurch, daß man nach dem Einfüllen von Gemüse und (für bessere Keimfreiheit abgekochtem) Salzwasser den Deckel luftdicht verschließt. Der durch die Gärung entstehende Kohlensäureüberschuß wirkt so konservierend, daß man hierbei mit noch weniger Salz auskommt.
Wer die Milchsäuregärung im Haushalt einmal versucht hat, wird sie nicht mehr missen wollen. Sie spart Zeit, Geld und ermöglicht es, eigenes Gartengemüse in Rohkostqualität bis zur nächsten Ernte zu genießen.

Einkochen

Das Einkochen von Obst und Gemüse wird in vielen Kochbüchern ausführlich beschrieben. Wir behandeln es deshalb nur am Rande. Man kann sich darüber streiten, ob das Einkochen zu den naturnahen Methoden des Haltbarmachens gehört oder nicht. Sein Vorteil: Man braucht keine Konservierungsmittel, sein Nachteil: Mit dem Abtöten der Bakterien durch Siedetemperatur erleidet auch das vollwertige Lebensmittel einen ›Teiltod‹ und wird zum teilwertigen Nahrungsmittel.
Jedes Tafelobst und viele Gemüsearten erfahren durch Kochen viel größere Wertverluste als etwa Kartoffeln und Getreide bei schonendem Garvorgang. Im gesundheitsbewußten Garten-Haushalt kommt dem Einkochen deshalb nicht annähernd so große Bedeutung zu wie dem Trocknen und der milchsauren Gärung. Das Einkochen verschlingt zudem viel Energie.
Problematischer ist das Konservieren mit Industriezucker, also die Herstellung von Marmeladen und Gelees mit Hilfe von rund 50 Prozent Zucker. Haushaltszucker als fabrikatorisch isoliertes Kohlenhydrat wird von manchen als Kalorienbringer gefürchtet. Er schadet aber nicht deshalb, sondern in seiner Eigenschaft als Vitamin B- und Minera-

lienräuber ersten Ranges. Der gesundheitliche Wert etwa der Früchte in einer Marmelade fällt gegenüber der Schädlichkeit des Industriezuckers nicht ins Gewicht. Zucker säuert stark – schon in der Mundhöhle – und wurde deshalb zu einem Hauptverursacher von Karies und Parodontose. Industriezucker entmineralisiert Zähne und Knochen. Darüber zu informieren, ist nicht Aufgabe eines Gartenbuches. Aber der Leser wird mir nachsehen, daß ich im Zusammenhang des biologisch gepflegten Nährgartens, der uns mit gesunden Naturgeschenken ernähren soll, von der Konservierung mit Zucker abrate.

Entsaften

Salate und Gemüse können wir den ganzen Sommer über ernten und verzehren. Die Hauptobsternte aber drängt sich auf wenige Herbstwochen zusammen. Wer einen mittleren oder großen Obstgarten hat, muß sich zwangsläufig mit der Frage der Obstverwertung auseinandersetzen.

Zweifellos ist Trocknen die natürlichste und schonendste Weise, Obst haltbar zu machen, zumal nicht von vornherein auf Fremdenergie zurückgegriffen werden muß. Wahrscheinlich werden jährlich die größten Obstmengen vermostet. Dafür gibt es in allen Obstgegenden Gewerbebetriebe, wo man – auch minderwertiges – Obst anfährt und den Most, schon lagerfähig auf Flaschen gezogen, mitnimmt. Süßmost, also unvergorener Saft, muß grundsätzlich sterilisiert werden, wenn man ihn aufheben will. Vergorene Süßmoste ergeben Obstweine, die unter vielen Namen gehandelt werden. Destilliert man Alkohol heraus (Brennen), so bekommt man Obstschnäpse. Diese Tätigkeit ist lizenzpflichtig und wird vom Staat streng kontrolliert.

Für den Haushalt, der sich ganz oder teilweise aus eigenem Anbau versorgen will, kommt vor allem das Dampfentsaften in Frage. Die Herstellung von Frischsäften mit Hilfe mechanischer Saftpressen – mit oder ohne Motor – löst die Obstverwertungsfrage nicht. Frischsäfte müssen bald nach ihrer Gewinnung verbraucht werden, und das zu einer Zeit, wo ohnehin baumreifes Obst zur Verfügung steht, also dann, wenn man diese Säfte am allerwenigsten braucht. Um Frischsäfte haltbar zu machen, muß man sie sterilisieren, also einkochen wie Obst und Gemüse, nur daß es in Flaschen geschieht. Das Dampfentsaften faßt beide Arbeitsgänge in einen zusammen: Saftgewinnung und Haltbarmachung geschehen durch ein Gerät. Ich beziehe mich hier auf den auch bei uns seit vielen Jahren bewährten Dampfentsafter ›Saftborn‹ der Firma Wilhelm Wagner (siehe Bezugsquellenverzeichnis). Er besteht aus Reinaluminium und nimmt nicht mehr Platz ein als ein großer Kochtopf; zu seinem Betrieb braucht man nur den Küchenherd, gleich welcher Heizart.

Das Prinzip ist einfach: Unter einem geräumigen Fruchtkorb, der mit gereinigten und grob zerkleinerten Früchten gefüllt wird, bringt man Wasser zum Kochen. Innerhalb des geschlossenen Systems strömt Dampf in den Fruchtkorb und läßt die Zellwände des Entsaftungsgutes platzen. Sein Saft sammelt sich kochend heiß im Auffangtopf und wird durch einen verschließbaren Auslauf unmittelbar in die keimfrei gesäuberten und vorgewärmten Flaschen gefüllt. Gummikappe drauf – und fertig ist die Saftflasche für den Winter.

Die Ausbeute liegt beim Dampfentsaften recht hoch; der Rückstand kann als Mus gegessen oder zu Marmelade weiterverarbeitet werden. Wir frieren ihn ein und verbrauchen ihn nach und nach. So geht nichts verloren außer Vitaminen, wie das bei jedem Kochen unvermeidlich ist. Das Entsaftungsgut muß weder geschält noch mit Zucker versetzt werden. Man sollte diesen reinen Fruchtsaft nicht unverdünnt trinken, stellt er doch ein Konzentrat dar, von dem ein Trinkglas voll einer ganzen Tüte Obst entspricht.

Wir verarbeiten mit dem Dampfentsafter vor allem große Mengen von ›Bauernbirnen‹, die vielen Leuten als Eßobst zu rauh wären. Ihr zartrosa Saft aber schmeckt sanft und süß, Kinder mögen ihn – etwas verdünnt – sehr gern. Uns dient er während des Winters weniger zum Trinken als zum Süßen von Speisen ähnlich dem viel konzentrierteren Birnendicksaft der Reformhäuser.

Was es alles gibt

Ein Gartenfreund, der das ›biologische Gärtnern‹ als eine Arbeitsweise auffaßt, die weitgehend unabhängig von käuflichen Hilfsmitteln macht, kann nicht alles geprüft haben, was der Markt bietet. Deshalb will unsere Aufstellung heute erhältlicher und gängiger Erzeugnisse für den Biogarten informieren, ohne zu werten. Hinweise auf die Zusammensetzung und Herkunft der Produkte stützen sich auf Angaben der Hersteller oder Anbieter. Es wurden allerdings nur solche Erzeugnisse aufgenommen, die sich seit Jahren, oft schon seit Jahrzehnten, bewährt haben.

Wer seinen Garten von herkömmlicher auf biologische Anbauweise umstellt, ist genauso auf Hilfsmittel angewiesen wie der Gartenfreund im Stadtbereich, dessen Umwelt keinen tierischen Dünger abwirft. Die Hersteller und Verteiler von biologisch wirkenden Boden- und Pflanzenpflegemitteln erfüllen ihre zukunftsweisende Aufgabe mit großem, oft persönlichem Einsatz. Die Aufklärung und Versorgung derer, die an naturnahem Gärtnern interessiert sind, ist dank solcher Bemühungen bei uns heute überall gewährleistet. Die Bereitschaft, auch im privaten Lebensbereich umweltbewußt zu handeln, nimmt zu: ein achtbarer Erfolg menschenwürdiger Denkweisen.

Warenbegriffe und handelsübliche Hilfsmittel
(eine Auswahl ohne Wertung)

Für den Boden

Algomin – aus Algen gewonnener Magnesiumkalk in sehr feiner Mahlung; geeignet zur unmittelbaren Bodenkalkung (der pH-Wert wird erhöht) und als Zusatz zum Kompost oder schwer verrottbaren Mulchschichten. Algomin fördert das Bodenleben und trägt so zur Lockerung der Gartenerde bei. Es enthält auch Aminosäuren. Man gibt etwa 50 Gramm je Quadratmeter. Nur Böden mit pH-Werten über 7,5 bekommen keinen Kalk.

Augsburger Gemenge – siehe Rotenburger Gemenge.

AZ-Kalk – mit Azotobakter-Bodenbakterien, die Luftstickstoff binden können, Düngekalk und Torf.

Bentonit-Tonmehl – bindet durch sein Quellvermögen ein Mehrfaches seines Volumens an Wasser. Es enthält 60 Prozent Kieselsäure, 17 Prozent Aluminiumoxid, 5 Prozent Eisen, 4 Prozent Magnesium, 3 Prozent Kalzium, 2 Prozent Kalium und Spurenelemente. Mit Bentonit verbessert man leichte Böden sowie die Pflanzerde beim Setzen von Obstgehölzen.

Biofort Typ L – für leichte Böden: quellfähiges Tonmineral und (wie Bentonit) Montmorillonit, ein natürliches Tonmineral.

Biofort Typ S – fördert durch Lüftung Humusbildung in schweren Böden.

Blutmehl – enthält rund 12 Prozent Stickstoff, Anwendung wie Hornspäne.

Buchenholzkohle – enthält, wie Holzasche, viel Kalium, wirkt Pilzbefall und Fäulnis entgegen.

California-Trockenrinderdung – gemahlene Kuhfladen ohne Zusätze; 3 Prozent Stickstoff, 2 Prozent Phosphorsäure, 4 Prozent Kalium, 4 Prozent Kalzium und zahlreiche Spurenelemente. Man gibt etwa 200 Gramm je Quadratmeter Gartenboden.

Cofuna – Humusdünger aus pulverisiertem Stallmist mit hohem Gehalt humusbildender Bodenbakterien.

Cuxin – ein gekörntes organisches Düngemittel aus Hühnerdung, Rindermist und Hornspänen, das bei der Herstellung kompostiert wurde – frei von Antibiotika. Cuxin besteht zu etwa 75 Prozent aus organischen Stoffen; 5 bis 6 Prozent Stickstoff, 3 bis 4 Prozent Phosphorsäure, 2,5 Prozent Kalium, 7,2 Prozent Kalzium, 1,2 Prozent Magnesium sowie rund 90 Spurenelementen. Es enthält keinen schwermetallhaltigen Klärschlamm und kein chromhaltiges Ledermehl. Je nach Verwendungszweck und Bodenqualität 50 bis 400 Gramm je Quadratmeter. Hersteller: Paul Johannsen, Naturdünger-Werk, 2178 Otterndorf/Niederelbe.

Ecovital – eine tierische Düngekombination aus Horn-, Knochen-, Blutmehl mit Kräutern und Hefen, Algen-, Stein- und Tonmehl. *Ecovital N* enthält 9 Prozent Phosphorsäure, rund 6 Prozent Stickstoff, 2 Prozent Kalium und viele Spurenelemente. Man gibt 150 bis 200 Gramm je Quadratmeter. Gut geeignet als Mistersatz für stickstoffarmes Kompostiergut.

Eifelgold-Lavamehl – reich an Kieselsäure, Magnesium und Kalzium zur Bodenverbesserung und für die Pflanzengesundheit.

Hornamon-Spezial – ein Mischdünger, der aus organischen und mineralischen Bestandteilen zusammengesetzt wird: Hornmehl und Horngrieß, Rohphosphat und verhältnismäßig viel Kalium sowie Spurenelemente. Hornamon-Spezial enthält 8 Prozent Stickstoff, 7 Prozent Phosphorsäure, 10 Prozent chloridfreies Kalium, 1,5 Prozent Magnesium. Zum Düngen und Bodenverbessern gibt man rund 100 Gramm je Quadratmeter.

Hornmehl – sehr wirksamer organischer Stickstoffdünger (14 Prozent N). Man gibt etwa 50 Gramm je Quadratmeter. Hornmehl wirkt schneller, weil es sich rasch zersetzt, Hornspäne wirken langsamer und nachhaltiger. Je gröber Hornspäne gekörnt sind, desto langsamer werden sie abgebaut, desto milder und anhaltender ist ihre Wirkung.

Knochenmehl – hochwertiger Phosphordünger mit 27 Prozent Phosphorsäure, 4 Prozent Stickstoff und 2 Prozent Kalium. Man gibt 50 Gramm je Quadratmeter.

Kutomin – wird aus 70 Prozent kompostiertem Kuhmist, 25 Prozent luftgetrocknetem Torf und 5 Prozent Edasil-Tonmehl hergestellt. Er enthält 1 Prozent Stickstoff, 0,5 Prozent Phosphorsäure und 0,5 Prozent Kalium. Er ist reich an Spurenelementen und wirkt besonders mild. Diesen Dünger sollte man stets unmittelbar aufs Land bringen, da er die Kompoststufe schon hinter sich hat. Man gibt 150 bis 250 Gramm je Quadratmeter.

Luzian-Steinmehl – wird aus Jungeruptivgestein gemahlen, Kieselsäureanteil, Magnesium, Tonminerale und Spurenelemente. Luzian-Steinmehl versorgt die Kulturpflanzen mit Mineralien und macht sie dadurch widerstandsfähiger gegen Schädlingsbefall, die Lagerfähigkeit des Obstes wird erhöht. Man kann Steinmehl unmittelbar auf den Boden streuen, zum Beispiel nach der Aussaat, oder den Kompost damit anreichern – harmonisierende, milde Wirkung, keine Überdüngungsgefahr.

Meerwunder – ein organisches Substrat aus Algen, reich an Mineralien und Spurenelementen, wirkt bodenverbessernd und fördert die Rotte im Kompost. Anwendung und Menge wie beim Steinmehl. Entsprechend seiner organischen Herkunft enthält Meerwunder neben einer Vielzahl von Mineralien Fermente und hochwertige Aminosäuren mit milder, harmonisierender Wirkung.

Ökoland – ein Mineralmehl aus 45 Prozent Magnesiumcarbonat und 54 Prozent Kalziumcarbonat zur Bodenbelebung und Verbesserung organischer Dünger, auch als Kompostzusatz statt Kalk geeignet.

Oscorna – Dünge- und Pflegeprogramm für biologisches Gärtnern (Bezug über den Fachhandel).

Oscorna-Animalin – organischer Mischdünger aus Horn-, Knochen- und Blutmehl mit Peru-Guano. Es enthält 6 Prozent Stickstoff, 9 Prozent Phosphorsäure, 1 bis 2 Prozent Kalium und Spurenelemente. Geeignet zur Bodenbelebung und Humusbildung, man gibt 80 bis 100 Gramm je Quadratmeter.

Peru-Guano – ein Naturdünger aus Vogelkot, der auf Inseln vor der Ostküste Südamerikas bergmännisch gewonnen wird. Wegen seines hohen Anteils an Phosphorsäure (12 Prozent) soll man von

Guano nicht mehr als 50 Gramm je Quadratmeter geben. Guano enthält 6 Prozent Stickstoff und 2 Prozent Kalium sowie die in organischen Düngern üblicherweise enthaltenen Spurenelemente. Auch Hühnermist enthält viel Phosphorsäure und kann in konzentrierter Form ätzend wirken. Man mischt ihn deshalb vorteilhaft mit anderen Mistarten oder verkompostiert ihn.

Rhizinusschrot – ein organischer Dünger rein pflanzlicher Herkunft mit 7 Prozent Stickstoff, 2,5 Prozent Phosphorsäure, 1,5 Prozent Kalium und Spurenelementen; 100 bis 500 Gramm je Quadratmeter.

Rimul – ein Mulchmaterial aus zerkleinerten Baumrinden ohne chemische Beimischungen. Rimul wird bei Jungpflanzen dünn aufgetragen, später auch mehrere Zentimeter, so daß Unkrautsamen nicht mehr keimt. Rimul eignet sich auch zum Bedecken von Gartenwegen, wo es den Unkrautwuchs hemmt und den darunterliegenden Boden locker hält. Der niedrige pH-Wert von etwa 4,6 kann es empfehlenswert machen, etwas Kalk zuzusetzen, auch wenn man Rimul zum Fördern der Humusbildung im Kompost verwendet. Rimul ist reich an organischer Masse, aber arm an Pflanzennährstoffen mit Ausnahme des Kaliums.

Ristrat – wird gleichfalls aus Baumrinden hergestellt, sein pH-Wert beträgt etwa 5,8.

Rotenburger Gemenge – eine Samenmischung bewährter Leguminosen (Hülsenfrüchtler) für die Gründüngung. Solche Leguminosengemenge eignen sich gut zur Bodenverbesserung, weil die tiefwurzelnden Pflanzen das Erdreich lockern und durch Symbiose mit Knöllchenbakterien überschüssigen Stickstoff hinterlassen. Großer Grünmassenzuwachs in kurzer Zeit. Auch als Winterschutz günstig und zum Unterdrücken von Unkraut. Zur Bestellung für die nächste Tracht wird die Grünmasse abgeräumt und kompostiert oder, soweit verrottet, flach in den Boden eingearbeitet.

Semiramin – biologisch-mineralischer Kompostzusatz auf Mistelbasis nach Prof. Dr. A. Kirn (erhältlich bei Biofa, 7430 Metzingen).

Super-Stallatico – kompostierter Rinder-, Schaf- und Pferdemist wird vor der Verarbeitung gedämpft, so daß er weder Keime noch Unkrautsamen enthält. Die Düngewirkung dieses Konzentrats ist wesentlich höher als bei Stallmist. Man gibt 150 bis 250 Gramm je Quadratmeter. Super-Stallatico der Firma Bio Agrar, 7505 Ettlingen, enthält 2 bis 3 Prozent Stickstoff, 0,5 bis 2 Prozent Phosphorsäure, 2 bis 3 Prozent Kalium, 2 bis 3 Prozent Kalzium, 0,5 bis 1 Prozent Magnesium und hat einen pH-Wert von 6,5.

Für den Kompost

Alginura-Kompostpulver – ein Kompostaufbereiter, der bei der Heißverrottung Unkrautsamen, Schädlinge und Krankheitserreger abtötet. Auch in flüssiger und in Gel-Form erhältlich.

Bio-Komposter – von Neudorff zur Beschleunigung der Rotte mit Hilfe von Bakterien und Pilzen, geeignet auch für Laub und Rasenschnitt; ein Kompostiermittel in Flockenform.

Biorott – ein Kompostbeschleuniger mit Bakterien für die Heißverrottung, schnellwirkend.

ECO-Composter – ein Kompost-Starter der Firma Ernst-Otto Cohrs, enthält Pilz- und Bakterienkulturen, Heilkräuter und wachstumsfördernde Wirkstoffe auf biologisch-dynamischer Grundlage. Für Mulchkompost (6–8 Wochen) und Reifkompost.

Eokomit – ein Kompoststarter mit verschiedenen Bakterienkulturen, die auch Holz und Rinde angreifen. Unter günstigen Bedingungen und Heißverrottung kann man schon in zwei Monaten mit verwendungsfähiger Komposterde rechnen.

Humofix-Kräuterpulver – für schnellere Rotte des Kompostiergutes.

Oscorna-Kompostbeschleuniger – in granulierter Form, verbessert die Rotte und erhöht den Regenwurmbesatz.

Radivit-Flächenkomposter – zur schnelleren Rotte von Laub und Ernterückständen. Zusammen mit Steinmehl kann man dieses zellulosereiche Material in fingerstarken Schichten auf den Kulturflächen belassen und mit dem Flächenkomposter überstreuen. Zur Humusbildung werden die angerotteten Substanzen im nächsten Frühjahr eingearbeitet oder – wenn nötig – zur weiteren Vererdung aufgesetzt.

Cohrs-Gülle-Starter – verbessert mit Hilfe von rottefördernden Bakterien- und Pilzkulturen Jauche und Gülle; bindet Gerüche. Gut geeignet für die Laub- und Flächenkompostierung. Sonderprospekt von Ernst-Otto Cohrs.

Zur Pflanzenpflege

Algifert-Spritzpulver – wird aus Meeresalgen hergestellt und eignet sich zur Erhöhung der Widerstandskraft aller Kulturpflanzen gegenüber Pilz- und Schädlingsbefall. Algifert ist auch in flüssiger Form erhältlich. Algifert setzt man erfolgreich zur Blattdüngung ein, es enthält über 60 Spurenelemente.

Alginure-Wurzeldip – erleichtert das Umpflanzen; die Wurzeln werden in eine wäßrige Lösung dieses Präparates getaucht.

Artanax – ein Pflegemittel für alle Kulturpflanzen, das deren Widerstandskraft gegen Pilzkrankheiten und Schädlinge fördert. Es wird aus Kräutern, Meeresalgen und Naturmineralien hergestellt. Artanax kann sogar während der Blüte gespritzt werden und eignet sich gut für Spritzungen der Obstgehölze vom Blattaustrieb im Frühjahr bis einen Monat nach der Ernte im Herbst.

Azet – Präparate für verschiedene Anwendungen von W. Neudorff, zum Beispiel Erdbeer-Azet, Tomaten-Azet und andere, die durch den Zusatz von Azotobakter-Bakterien Wurzelbildung sowie Blatt- und Fruchtentwicklung vieler Kulturpflanzen fördern; auch für Obstgehölze, für Rasen und Rosen geeignet.

Bio-Baumanstrich – Wirkung und Anwendung ähnlich wie Preicobakt.

Baldrian-Blütenextrakt – fördert die Blütenbildung, die Kompostrotte und das Bodenleben, auch für Saatbäder geeignet. Bis 10 Tropfen auf 1 Liter Wasser.

Bio-S – ein biologisches Spritzmittel mit Netzschwefelzusatz. Beugt Pilzkrankheiten vor; bewährt für Obstgehölze, Rosen, Gemüse- und Kartoffelkulturen. Es wird eine 0,25- bis 0,8prozentige Lösung angewendet.

Biosmon – ein Mineraliengemisch zur Wasserverbesserung, zur Chlorbindung, zum Waschen und Frischhalten von Gemüse.

Eco-Baumschutz – Anwendung und Wirkung ähnlich Preicobakt.

Eco-Erdbeerspritzmittel – auf Siliziumbasis, beugt Grauschimmel-Fruchtfäule vor. Anwendung 1prozentig, keine Wartezeit.

Ecomin – ein Stäubemittel gegen Schadinsekten und Pilzbefall, auch gegen Schnecken, enthält keinerlei Giftstoffe. Für alle Kulturen geeignet mit Ausnahme kalkfliehender Pflanzen. Man gibt 3–5 Gramm je Quadratmeter.

Etermut – ein biologisches Streumittel aus Wildkräutern, deren Duftstoffe Schadinsekten von Möhren, Karotten und Petersilie fernhalten. Das Pflegemittel ist völlig ungiftig.

Equisan-Heilkräuterkonzentrat – aus pflanzlichen Kiesel- und Schwefelverbindungen wirkt vorbeugend gegen Pilzkrankheiten; geeignet für alle Kulturen.

Kräuterpulver – aus Brennesseln zur Herstellung von Kräuterjauche, wo keine frischen Brennesseln zur Hand sind; als beißende Brühe zur Abwehr von Schädlingen, stark verdünnt als Blattdüngung,
– aus Schachtelhalm zur Herstellung einer Kräuterjauche gegen Pilzbefall (pilzliche Krankheiten),
– aus Rainfarn zur Teebereitung als Spritzmittel gegen Blattläuse und Mehltau.

Lac-Balsam – ein Baumpflegemittel zum Schließen von Schnitt- und Veredelungsstellen mit einer atmungsaktiven, wetterfesten und ungiftigen Schicht (künstliche Rinde).

Neudofix – ein Algenpräparat, das die Bewurzelung junger Pflanzen und Stecklinge fördert.

Pflanzenpflegeseife – verleiht allen Spritzmitteln bessere Haftfähigkeit, völlig ungiftig.

Preicobakt – ein bewährtes Mittel für Stammanstriche im Herbst und Kronenspritzungen im Herbst und Frühjahr. Preicobakt besteht aus pflanzlichen und mineralischen Stoffen, es wirkt vorbeugend gegen Schädlinge, Moose und Flechten.

Ryania-Spritzmittel – hergestellt aus Pflanzen, wirksam gegen Apfelwickler, Kohl- und Möhrenfliege.

SPS – aus Wildkräutern, ein Pflege- und Stärkungsmittel, beugt Pilzkrankheiten vor, fördert Keimung und Bewurzelung.

Widdaplast – ein flüssiges, gut haftendes Wundmittel für Baumschnitt und Veredelung. Es läßt sich mit dem Pinsel auftragen – auch auf feuchtes Holz – und trocknet zu einer durchsichtigen, elastischen Haut auf.

Zur Schädlingsbekämpfung

Dipel – ein Pulver, das Bakteriensporen enthält, die der Raupenvernichtung auf biologischem Wege dienen. Dipel schadet Nutzinsekten, Bienen und Warmblütern nicht. Keine Wartezeit.

Eco-Ameisenstreumittel – wird aus Pflanzendrogen hergestellt und ist giftfrei; es vertreibt unerwünschte Ameisen von Gartenbeeten.

Emka-Wühlmaus-Schreck – ein ungiftiger Langzeitschutz, der Wühlmäuse durch Duft vertreibt.

Promonal (Weißöl) – Spritzmittel für Winter und Frühjahr gegen überwinternde Schadinsekten an Obst- und Nadelgehölzen. Keine Giftabteilung, keine Wartezeit; vor dem ersten Bienenflug im Frühjahr ausbringen.

Quiritox – ein aus Johannisbrot und Pflanzensäften hergestelltes Präparat gegen Wühlmäuse; unschädlich zu verwenden, da giftfrei.

Spruzit – wird aus Pyrethrum-Blütenextrakt hergestellt und in vielen Formen angeboten: flüssig, als Staub, als Spray und als Stäubemittel. Spruzit wirkt gegen saugende und beißende Insekten, schadet aber den Bienen nicht. Keine Giftabteilung, Wartezeit 7 Tage.

Bezugsquellen

Biofa
Ulmer Str. 99
7430 Metzingen

(Steinmehle, organische Dünger, biologische Pflanzen- und Bodenpflegemittel, Konservierungssack; alles für den biologischen Anbau, Prospekt anfordern)

Bio-Haus
Gesellschaft für den Verkauf natürlicher Produkte in Deutschland mbH
Benrather Str. 11
4000 Düsseldorf 1

Biologisch dynamische Saatgutstelle
Frau Hanna Becker
Kloster-Langen-Str. 1
2971 Wybelsum bei Emden

(Bestellisten anfordern)

Bio-Versand GmbH
Versandservice für Naturfreunde
Mühlenstr. 9
3508 Melsungen

(Biologisches Saatgut ›Bio-Start‹, zahlreiche Artikel und Literatur, BIO Berichte anfordern)

Blauetikett-Bornträger GmbH
6521 Offstein

(Pflanzenliste anfordern für Kräuter und Blumen, neuerdings sind auch geschützte Wildarten zur Vermehrung im Garten erhältlich)

Ernst-Otto Cohrs
Lebenfördernde Pflegemittel für Boden, Pflanze und Tier
Postfach 1165
2720 Rotenburg (Wümme)

(Preisliste und Informationsblätter für Gartenbau und Kleingarten anfordern)

Corna-Werk Wölper GmbH & Co.
Postfach 4267
7900 Ulm

(Vertrieb des umfangreichen ›Oscorna‹-Programms für den Bio-Garten über den Fachhandel)

B. Erning Söhne
Töpferei
Eschstr. 31
4424 Stadtlohn

(Hersteller von Gärtöpfen)

Heinrich Geisel
Biologische Dünge- und Bodenverbesserungsmittel
Ludwigstr. 70
8510 Fürth/Bayern

(Preisliste und Informationsblätter anfordern)

Karl Hanne
Biologisches Gartenprogramm
Am Steig 20
8500 Nürnberg 90

(Bücher und Informationsmaterial für den naturgemäßen Landbau. Beratung und Lieferung bewährter Mittel und Geräte)

Steinwerkzeug Harsch
Postfach 1280
7518 Bretten

(Hersteller von Einmach- und Gärtöpfen)

Herzer Dolomitwerke
Abt. GO
Postfach 20
3420 Herzberg 4/Harz

(Hersteller des hoch-magnesiumhaltigen mineralischen Naturdüngers ›Ökoland‹; Informationsschrift anfordern)

Otto Hinsberg Nackenheim
Gesellschaft für naturgemäße Landkultur mbH
Postfach 106
6800 Mannheim 24

(Preise für Garten- und Landbau anfordern)

Bio- und Gartenmarkt Keller
Konradstr. 17
7800 Freiburg

(Alles für den Garten, Preisliste anfordern)

Siegfried Klatt
Dorfstr. 43
7801 Au bei Freiburg

(Kompostsilos, Frühbeetkästen, Prospekt anfordern)

Kompost-Service
Aichelbergstr. 16
7302 Ostfildern 4

(Komposthäcksler, Mücke-Komposter u. a.)

Ledona AG
Postfach 2440
CH-6030 Ebikon-Luzern

(›Ledax‹-Dünge-, Pflanzenpflege- und Pflanzenschutzmittel)

Messerschmidt KG
Gewächshausbau
Autenbachstr. 22
7320 Göppingen-Jebenhausen

(Gewächshaus-Fibel anfordern)

Möschle GmbH
7601 Ortenberg

(Hersteller der unempfindlichen Hammermühle ›Kompowolf‹, bei der keine Schneidmesser nachgeschärft werden müssen)

Naturholzmeisterbetrieb Kopp
Postfach 17
7238 Oberndorf

(Kartoffellagertrommeln, Getreidekisten, Backwarentruhen, Leitfaden anfordern)

neuform-Reformhäuser

(führen das ›Donatus-Pflegesystem‹ mit Kompostbeschleunigern, Gesteinsmehlen, organischen Düngern und Pflanzenstärkungsmitteln)

neuform-VDR
Waldstr. 6
6370 Oberursel 4

ORCYMA-Trimbach
Hugo Schaffner
Agro-technische Vertretungen
CH-4632 Trimbach

(Gartenhäcksler vieler Marken mit Reparatur-Service)

Firma Peter
Uhlandstr. 7
7307 Aichwald 1

(Geräte zum Entsaften, Prospekt anfordern)

Thomas Pfau, Ing.
Juchstr. 27
CH-8116 Würenlos/Schweiz

(Grünzeugschneidemaschine, Schneckenzaun u. a.)

Vertretung in Deutschland durch Bio- und Gartenmarkt Keller

Gärtner Pötschke
Postfach 2220
4044 Kaarst 2

(Versand von Samen, Blumenzwiebeln, Pflanzen und Gartenzubehör, auch Hilfsmittel für den Bio-Garten; Katalog ›Der grüne Tip‹ anfordern)

Gebrüder Schaette KG
Biologisch-pharmazeutische Präparate
Stahlstr. 5
7967 Bad Waldsee

(Biologische Tier- und Pflanzenpflegemittel, Informationen anfordern)

Karl Schnell GmbH & Co.
Maschinenfabrik
7065 Winterbach

(KS-Abfallzerkleinerer, stationär und fahrbar mit verschiedenen Antriebsleistungen)

Bernhard Selinger
Bio-Gartenmarkt
Winzerweg 1
7801 Merdingen

(Preisliste anfordern)

Ing. Horst Sudau
Dietinger Str. 42
7906 Blaustein-Markbronn

(Spritzen, Geräte, Präparate und Bücher für den biologischen Garten-, Obst- und Weinbau sowie für biologisch-dynamische Wirtschaftsweise)

Will Wagner
Metallwarenfabrik
Postfach 788
7300 Esslingen 1

(Hersteller des Dampfentsafters ›Saftbom‹, Informationsbroschüre anfordern)

J. Weck GmbH u. Co.
7867 Wehr-Öflingen

(Bezugsquellennachweis für Einkochgläser und Einkochzubehör)

A. Willemse – Katharinenstift
Bahnhofstr. 10
4193 Kranenburg

(Versand von Samen, Blumenzwiebeln, Pflanzen und Gartenzubehör; ›Gartenratgeber‹ anfordern)

Zimmerli Mineralwerke AG
Hohlstr. 500
CH-8048 Zürich

(Natürliche Hilfsstoffe für den biologischen Garten, wie Steinmehle, organische Meernährstoffdünger, Bodenlockerungsmittel, Mulchmaterial u. a.

Vertretung in Deutschland durch Bio-Haus GmbH
Benrather Str. 11
4000 Düsseldorf 1

Informationen und Beratung

Collegium Humanum
Bretthorststr. 204
4973 Vlotho-Valdorf
Tel. 05733/2680

(Seminare auch für ökologischen Garten- und Landbau, Verzeichnis anfordern)

Forschungsring für biologisch-dynamische Wirtschaftsweise
Baumschulenweg 19
6100 Darmstadt

Hohenbuchen
Schulungszentrum für naturgemäßen Land- und Gartenbau e.V. (SNLG)
Poppenbüttler Hauptstr. 46
2000 Hamburg 65
Tel. 040/6020733 und 040/6048332

(Auch Führungen und Verkauf)

Labor für Bodenuntersuchungen und Spurenmetall-Analytik
Dr. rer. nat. Fritz Balzer
Oberer Ellenberg 5
3551 Amönau/Kreis Marburg-Biedenkopf
Tel. 06423/7483

(Durchführung aller chemisch-analytischen Untersuchungen im Bereich von Umwelt, Landwirtschaft und Lebensmitteln)

Versuchs- und Beratungsring
Ökologischer Landbau Niedersachsen e.V.
Walsroder Str. 12
3032 Fallingbostel
Tel. 05162/1764

Anschriften der Landwirtschaftlichen Untersuchungs- und Forschungsanstalten in der Bundesrepublik (für Bodenanalysen)

Landwirtschaftliche Untersuchungs- und Forschungsanstalt
Weberstr. 59–61
5300 Bonn

Hessische Landwirtschaftliche Versuchsanstalt
Rheinstr. 91
6100 Darmstadt

Bayerische Hauptversuchsanstalt für Landwirtschaft der TU München
Weihenstephan
8050 Freising 12

Institut für Angewandte Botanik
Marseiller Str. 7
2000 Hamburg 36

Landwirtschaftliche Untersuchungs- und Forschungsanstalt
Postfach 259
3250 Hameln

Staatliche Landwirtschaftliche Untersuchungs- und Forschungsanstalt
Augustenberg
Neßlerstr. 23
7500 Karlsruhe-Durlach

Hessische Landwirtschaftliche Versuchsanstalt –
Landwirtschaftliches Untersuchungsamt
Am Versuchsfeld 13
3500 Kassel-Harleshausen

Landwirtschaftliche Untersuchungs- und
Forschungsanstalt
Gutenbergstr. 75–77
2300 Kiel

Landwirtschaftliche Untersuchungs- und
Forschungsanstalt
Kanalstr. 240
4400 Münster

Landwirtschaftliche Untersuchungs- und
Forschungsanstalt
Mars-La-Tour-Str. 4
2900 Oldenburg

Landwirtschaftliche Untersuchungs- und
Forschungsanstalt
Obere Langgasse 40
6720 Speyer

Landesanstalt für Landwirtschaftliche Chemie
Emil-Wolff-Str. 14
7000 Stuttgart 70

Anerkannte Gartenbaumschulen

eine Auswahl ohne Wertung, nach Postleitzahlen geordnet

Baumschulen
Karl-Heinz Schneider
Wossidloweg 8
1000 **Berlin** 22

Frohnauer Baumschulen
Lothar Preiss
verl. Gollanczstraße
1000 **Berlin** 28

Baumschule
Johs. Wortmann
Osdorfer Landstr. 147
2000 **Hamburg** 53

Baumschule
E. W. Brandt Söhne
Röthmoorstieg 3
2000 **Hamburg** 61

Baumschule
Hans Andresen
Hammoorer Chaussee
2072 **Bargteheide**/Holst.

Baumschulen
Bruno Franz
Hoopter Str. 79
2090 **Winsen**/Luhe

Baumschule
Kurt Ullrich
2162 **Steinkirchen-Huttfleth**

Pflanzen-Center
Thormählen
2200 **Sibirien** b. Elmshorn

Husumer Baumschulen
W. Boysen
Schleswiger Chaussee 72
2250 **Husum**

Baumschule
Heinrich Meier
Claus-Sinjen-Straße
2300 **Kiel**

Baumschule
Gustav Reese
Speckenbeker Weg 128
2300 **Kiel** 1

Baumschule
Hugo Dittmann
Kieler Chaussee 65
2303 **Gettorf**

Baumschule
Heinrich Schneede
Wasbeker Str. 200
2350 **Neumünster**

Pflanzen-Schneede
Kieler Chaussee
2357 **Bad Bramstedt**

Baumschule
F. Meese
Bremerau 15–19
2371 **Brammer**

Baumschule
Hermann Clausen
Schleswiger Str. 28
2381 **Böklund**

Baumschule
Bornholdt
Dornbreite 212
2400 **Lübeck**

Baumschule
Reusch
Moislinger Allee 66 a
2400 **Lübeck**

Baumschule
Johann Wolters
Hillenberg 2
2808 **Syke/Wachendorf**

Baumschule
Kurt Wittboldt-Müller
Scia
2810 **Verden-Eitze**

Baumschule
Jürgen Krebs
2812 **Hoyerhagen**

Baumschule
Wilhelm Reinhardt
Westen-Hauptstr. 60
2817 **Dörverden**

Baumschule
Joh. Dohr
Hindenburgstr. 11
2820 **Bremen-Lesum** 77

Hermann Husmann
Inh. D. Husmann
2839 **Siedenburg** Nr. 241

Baumschulen
Claus Bischoff
Heideweg 24
2850 **Bremerhaven**

Baumschule Nau
Steermoorstr. 103
2854 **Loxstedt-Bexhövede**

Baumschule
Karl Tönjes
2872 **Hude 1/Nordenholz**

Baumschule
H. Schachtschneider
2879 **Dötlingen-Aschenstedt**

Baumschule
Fr. Helmers
Oldenburger Weg
2935 **Bockhorn**

Schoon Baumschulen
Hans Weerda
Auricher Str. 41
2944 **Wittmund** 1

Baumschulen
Erks u. Etzeler
Inh. Fr. Ennen
Friedeburger Str. 3
2947 **Friedeburg** 1

Baumschule
Hermann Thiemens
Fettpottsweg 11
2950 **Leer-Loga**

Baumschule
Gerhard Sander
Breiter Weg 68
2960 **Aurich**

Baumschule
Siegfried Baulecke
Bornumerweg 1
3000 **Hannover** 91

Baumschule
Ernst Röhrig
Am Bettenser Berg 6
3003 **Ronnenberg** 6

Schwarmstedter Baumsch.
Wilfried Wolter
Celler Straße
3033 **Schwarmstedt**

Soltauer Baumschulen
Robert Nielsen
Wiedinger Weg 12
3040 **Soltau**

Baumschulen Fricke
Schloß, Ricklingerstraße
3051 **Luthe/Wunstorf**

Baumschule
E. & R. Schulze
Grover Str. 35
3054 **Rodenberg**

Baumschule
Günther Röhler
3061 **Heuerssen/**
OT Kobbensen

Baumschulen
Friedrich Harms
Baumschulenweg 1
3100 **Celle**

Baumschule
E. Lochte oHG
Braunhirschstr. 45
3100 **Celle**

Baumschulen Hinrichs
A. u. G. Beeker
Dietrichstr. 6
3110 **Uelzen** 1

Baumschule
August Bockelmann
3118 **Bad Bevensen**

Baumschule
Albert Möllring
3153 **Lahstedt/Gadenstedt**

Baumschule Talleur
Inh. H. Wehmeier
Everner Str. 11
3160 **Lehrte**

Grünes Zentrum Mörse
Baumschule Lieven
3180 **Wolfsburg**

Baumschule Wittkamp
Berliner Str. 104/106
3200 **Hildesheim**

Baumschule
Hans Vornfett
Lindenstr. 8
3200 **Hildesheim-Einum**

Baumschule
Heinrich Stenzig
Inh. J. Seidel
Heiseder Str. 19
3203 **Sarstedt**

Baumschule
Horst Kluge
An der Kirche 1
3220 **Alfeld** OT Gerzen

Baumschule Krüger
Tündernsche Str. 5
3250 **Hameln** 13

Geitelder Baumschule
E. Röhrig
Pothof 5
3300 **Braunschweig-Geit.**

Baumschule Stielau
Leiferder Weg 34
3300 **Braunschweig**

Baumschule
Friedhelm Rollwage
Zur Rast 40
3326 **Baddeckenstedt**

Baumschule
Richard Buwitt
Braunschweiger Tor 12
3330 **Helmstedt**

Baumschule
Siegfried Rohde
Hollenstedter Str. 1
3413 **Moringen** 1

Baumschule
Alfred Löwe
3417 **Wahlsburg 1/**
Lippoldsberg

Baumschule
Willi Spieß
Weidenstr. 22
3417 **Wahlsburg** 1

Baumschulen
Jörg Förstemann
Grimmenstein 70
3450 **Holzminden**

Baumschule
Siegfried Neumann
3474 **Boffzen-Höxter**

Baumschulen
Fritz Schrader
Untere Dorfstr. 32
3474 **Boffzen-Höxter**

Baumschule
Heinz Werner Steuber
Leipziger Str. 361
3500 **Kassel-B.**

Baumschule
Willi Döring
Oberyellmer Str. 15
3501 **Ahnatal-Heckersh.**

Baumschule Karl Zundel
Inh. L. Langensiepen
Warburger Str. 2
3502 **Vellmar** 1

Rien-Baumschulen
A. Mascher
Kelzer Weg 6
3520 **Hofgeismar**

Baumschule
Paul Fricke
Friedrichsthaler Straße
3523 **Grebenstein**

Baumschulen
Friedemann Koch
3556 **Niederwalgern**
Krs. Marburg/Lahn

Baumschulen
Herm. Schubert
Auf der Krone 33
4000 **Düsseldorf** 34

Baumschule Hoemann
Alter Knipprather Weg 1
4018 **Langenfeld**

Baumschule Selders
Bataver Str. 75
4040 **Neuß**

Baumschule
Josef Lenders
Horster Str. 12–14
4050 **Mönchengladbach**

Baumschulen
Moldenhauer & Wantikow
Sittardweg 17
4100 **Duisburg** 46

Baumschule
Schroers & Schotenröhr
Am Friedhof
4156 **Willich** 4/Neersen

Beterams Baumschulen
Krefelder Str. 50–52
4170 **Geldern** 1

Baumschule Peters
Postfach 98
4178 **Kevelaer** 1

Baumschule Kretschmer
Inh. G. Johansdotter
4180 **Goch** 2 / Pfalzd.

Markenbaumschulen
Krämer oHG
Klapperstr. 69
4300 **Essen** 14

Baumschulen
R. W. Schoster
4315 **Bad Essen-Linne**

Baumschulen
Friedhelm Hesselmann
Baumschulenweg
4330 **Mülheim-Ruhr** 13

Baumschule
Franz Wegmann
4354 **Datteln-Hornebg.**

Baumschule
Paul Pasch
Dorstener Str. 96
4370 **Marl**

Eschweiler Baumschulen
Westfalenstr. 130
4400 **Münster**

Baumschule
J. Hatt
Weseler Str. 324
4400 **Münster**

Baumschule
Heinz Tüber
Südlohner Damm 15
4423 **Gescher**

Baumschule
Franz Flüthmann
Kaisersweg 32
4445 **Neuenkirchen**

Grafschafter Baumschule
H. Schröder
Steenpohlweg 53
4460 **Nordhorn/Hestrup**

Baumschule Trentmann
Bramscher Str. 190
4500 **Osnabrück**

Baumschule
Hermann Bentrup
Osnabrücker Str. 86
4505 **Bad Iburg**

Baumschule
J. Schönhoff
Zu den Duvensteinen 8
4506 **Hagen-Sudenfeld**

Baumschule
Benno Brauers
Gesmolder Str. 9
4520 **Melle** 1

Baumschulen Eversmann
Hannoversche Str. 21
4520 **Melle** 5

Baumschule
Pfingsten Dortmund GmbH & Co
Auf der Kuhweide 66
4600 **Dortmund**

Baumschule
Hugo Reinold
Westerwikstr. 7
4600 **Dortmund** 70

Baumschule
Günter Wend
Dennehauptweg 1
4700 **Hamm** 5

Baumschule
F. Thormann jr.
Warendorfer Str. 79
4730 **Ahlen**

Baumschule
Klaus Haschke
Baumschulenweg 5
4750 **Unna**

Baumschule
Helmut von der Straten
4772 **Bad Sassendorf** b. Soest

Baumschule Dinslage
An der B 1
4787 **Geseke**

Baumschule
Stephan Bunte
Klöcknerstr. 23
4790 **Paderborn**

Baumschule
Walter Grossjohann
Dammweg 12b
4800 **Bielefeld**

Baumschule
Werner Godejohann
Herforder Str. 358
4800 **Bielefeld** 1

Baumschule Schnittker
Feldmannsweg 25
4836 **Herzebrock** 1

Baumschule
Martin Nagel
Engerstr. 40
4901 **Hiddenhausen** 5

Baumschule
M. Oesterling
Eilshauser Str. 89
4901 **Hiddenhausen** 5

Baumschule
Walter Spilker
Lockhauser Str. 8
4902 **Bad Salzuflen** 5

Baumschule
Diethelm Siebert
Max-Planck-Str. 17
4920 **Lemgo**/Lippe

Baumschule
Bernhard Eikermann
Selser Str. 2
4925 **Kalletal-Hohenh.**

Baumschule Krämer
Bielefelder Str. 202
4930 **Detmold**

Hollandia Baumschule
Dirk Guldemond GmbH
Bielefelder Str. 342
4930 **Detmold**

Baumschule
Heinz Pieper
Steinheimer Str. 32
4934 **Horn**/Lippe

Baumschule
Günter Oberbremer
Nebelstr. 77
4980 **Bünde** 1

Baumschule
Gerhard Pieper
Mendelstr. 92
4980 **Bünde** 15/Hüffen

Baumschule Zumpe
Inh. Heinz Zirener
5020 **Frechen-Neufreimersdorf**

Baumschule
Heinz Becker
An der B 59
5025 **Stommeln**

Aggertal-Baumschulen
Gebr. Abstohs
5065 **Vilkerath**

Baumschulen Schiffers
Karl-Heinz Plum
Wassenberger Str. 59
5138 **Heinsberg-Unterbruch**

Baumschulen
Gebr. Goertz
Lövenich
5140 **Erkelenz**

Baumschule
Hermann Morjan
Rheinweg 30
5140 **Erkelenz-Grambusch**

Baumschule Selders
Binsfelderstr. 391
5160 **Düren**

Baumschule
Theo Selders
Bahnstr. 22
5172 **Linnich-Ederen**

Baumschule
Christian Kissener
Landgrabenweg
5300 **Bonn-Beuel-Süd**

Baumschule
Wilhelm Hau
Walberger Str. 10
5303 **Walberberg**

Vorgebirgs Baumschulen
Heinrich Langen
Lessenicher Weg 41
5305 **Alfter**/Bonn

Baumschule
Fritz Herr
Bonner Str. 30/32
5309 **Meckenheim**

Baumschule
Wilhelm Ley
Baumschulenweg 9
5309 **Meckenheim**

Baumschule Wolber
Rheinbacher Landstraße
5309 **Meckenheim**

Baumschule
Heinrich Lichtenberg
Königswinterer Str. 27
5330 **Königswinter** 21

Baumschule
Ignatz Mondorf & Sohn
Gartenstr. 3a
5419 **Leuterod/** Westerw.

Baumschule
Adolf Alzen
5431 **Hundsangen/** Westerw.

Baumschulen Fuchs
Norbert Will
Engerser Landstr. 94a
5450 **Neuwied** 1

Baumschulen
R. Hermann
Escherwiese 6
5451 **Kurtscheid**

Baumschule
Adolf Mock & Söhne
Luxemburger Str. 215
5500 **Trier-Euren**

Baumschule
W. Landgrebe
Am Sonnenblick 11
5600 **Wuppertal** 21

Baumschule
Schwendemann
Langenbügeler Str. 111
5628 **Heiligenhaus**

Baumschule
Wilhelm Grund
Landr.-Trimborn-Str. 57
5653 **Leichlingen**

Baumschule
Leonhards OHG
5657 **Haan**/Rhl.

Baumschule
Anton Röhrig & Sohn
5760 **Arnsberg** 2

Baumschule Lenhauser
Möller & Co KG
Lenhausen
5950 **Finnentrop** 12

Baumschule
Fritz Dietrich
6082 **Mörfelden**

Baumschulen Scheibner
Postfach 25
6094 **Mainz-Bischofsheim**

Baumschule
Ph. W. Werner
Heidelberger Str. 15
6101 **Reichelsheim/**
Odenw.

Odenwälder Pflanzenk.
Kayser & Seibert
Wilh.-Leuschner-Str. 85
6101 **Rossdorf** 1

Baumschule
Heinz Mohr
Dieburger Str. 65
6112 **Groß-Zimmern**

Baumschule
Curt Hitschka
Inh. Hermann Horn
6229 **Walluf**/Rhg.

Baumschulen
H. Waldecker Nachf.,
G. Reich
6231 **Sulzbach**/TS.

Baumschule Christensen
Fasanenweg 1
6236 **Eschborn** 1

Baumschule
Waldemann Schumann
Schwerzstr. 22
6257 **Hünfelden-Mensfeld**

Baumschule
Wolf-Dieter Hirsch
Ahornstraße
6272 **Niedernhausen**/TS.

Baumschulen Engelhardt
Heuchelheimer Str. 182
6300 **Gießen** 1

Baumschulen Rinn
H. L. Römer
Ludwigstr. 13
6301 **Heuchelheim**

Rabenau Baumschulen
W. Becker
Steinstr. 5
6301 **Rabenau-Kesselb.**

Kernberg Baumschule
W. Ludwig
Kernbergweg
6305 **Großen-Buseck**

Baumschule Nicolin
An der Autobahn
6308 **Butzbach**

Baumschulen
Siegfried Schorn
Bahnhofstr. 22
6390 **Usingen**

Baumschule
Benno Schleicher
6411 **Künzel** 2/
Dietershausen

Baumschule
Bruno Wenk
Dickenbrück
6442 **Rotenburg**/Fulda

Baumschule
Friedrich Köhler
Hammersbacher Str. 56
6454 **Bruchköbel**

Baumschule
Heinrich Müller
Gewerbegebiet Süd
6460 **Gelnhausen**

Baumschule
Heinrich Block
Inh. Marg. Gehm
Boelckestr. 144
6503 **Mainz-Kastel**

Baumschulen
Franz + Werner Weil
Am Selztalbahnhof 3
6507 **Ingelheim**/Rhein

Baumschule
E. u. F. Weiler-Fröhling
Paul-Gerhard-Str. 1
6520 **Worms**

Baumschule
Wilfried Schwarz
Odenwaldstr. 19
6523 **Worms-Pfeddersheim**

Hunsrück Baumschulen
J. Klumb
6541 **Ellern**

Baumschule Winkler
Flugplatzstr. 1
6660 **Zweibrücken**

Baumschule
Heinrich Oberholz III
Dackenheimer Str. 21
6713 **Freinsheim**

Baumschule
Albert Schmid
Jahnstr. 9
6718 **Grünstadt**

Baumschule
Eugen Wühl
Dudenhofer Str. 28
6725 **Berghausen**

Baumschule Kurrle
Hofgut
6729 **Berg**

Baumschule
Albert Schibel
Schwabengütle
6733 **Haßloch-Geinsheim**

Baumschulen Konrad
6742 **Herxheim**/Hayna

Baumschule
Werner Fett
Rosenthal 261
6761 **Gangloff**/Pfalz

Baumschule
Helmut Nessel
Veldenzstr. 25
6763 **Obermoschel**

Baumschule
Otto Schmalenberger
Langgasse 24
6781 **Höheinöd**

Westpfälzer Baumschule
Werner Mast
Schulstr. 1
6791 **Niedermohr 1**

Baumschulen Huben
Schriesheimer Fußweg 7
6802 **Ladenburg**

Baumschulen Lhotsky
6837 **St. Leon-Rot**

Baumschule
W. Müller
Paul-Lincke-Weg
6901 **Bammental**

Baumschule
Zuber-Goos
Alte Hohl 7
6908 **Wiesloch-Baiertal**

Baumschule
Walter Scheuermann
Wertheimerstr. 50
6972 **Tauberbischofsheim**

Baumschule
Richard Münkel
Talsiedlung 6
6987 **Külsheim-Hundheim**

Baumschule
Lohmann & Richter
Feuerbacher Talstraße
7000 **Stuttgart** 30

Baumschule
Herbert Aldinger
Wollinstr. 105
7000 **Stuttgart** 40

Schönemann Baumschulen
H. Ruff
Fellbacher Str. 142
7012 **Fellbach**

Baumschule
Hermann Zeeb
Achalmstr. 14
7012 **Fellbach**/Schmiden

Baumschule Wöhrle
Hans Wöhrle
Lilienstr. 1
7057 **Winnenden**

Baumschule
Karl Maier
Hauptstr. 415
7071 **Alfdorf**

Baumschule
Werner Koch
Brühl 100
7072 **Heubach-Lautern**

Baumschulen
J. Schimmele u. Sohn
Mühlweg 5
7107 **Neckarsulm**

Baumschulen
Aug. Schnell Söhne
Schraderstr. 12
7113 **Neuenstein**

Baumschule
E. Schunk
Rosenstr. 22
7120 **Bietigheim-Biss.**

Baumschule Müller
Poppenweiler
Erdmannhäuser Str. 11
7140 **Ludwigsburg**

Baumschule Hoffmann
Inh. Brosi
Niedersachsenstr. 41
7140 **Ludwigsburg-Ossw.**

Baumschule
Paul Freihofer
Im Länderrain 12
7146 **Tamm**/Württ.

Baumschule
Grübele
Martin-Luther-Weg 14
7153 **Weissach im Tal**

Baumschulen
Martin Keim
Crailsheimer Str. 54
7189 **Frankenhardt-Gründelhardt**

Baumschule
Julius Bühler
Altensteigerstr. 14
7270 **Nagold**

Baumschule
Ch. Geigle Nachf. GmbH
Herrenberger Str. 54
7270 **Nagold**

Baumschule
Hans Anwander
Asang 1
7312 **Kirchheim**/Teck

Baumschule
Karl Entenmann
Gründen 1
7315 **Weilheim**/Teck

Baumschule
Hermann Ulmer
Obere Grabenstr. 48–52
7315 **Weilheim**/Teck

Baumschule Bazle
Schelmenstr. 50
7320 **Göppingen**/Bartenb.

Baumschule Clement
Fuchseckstr. 18
7321 **Schlat**

Baumschule
Allmendinger
Baumschulenhof
7326 **Heiningen**/Göppingen

Baumschule
Walter Leibssle
Betzingen, Raumahd 1
7410 **Reutlingen 11**

Baumschulen
Noah Schlotterbeck
Inh. G. Großmann
7410 **Reutlingen-Betzingen**

Baumschule
Rudolf Bauknecht
Brückenstr. 3/1
7440 **Nürtingen-Neckarhausen**

Baumschule
Irmgard Sellner
Rain 4
7460 **Balingen** 14

Baumschule
Horst Iben
Hertzstr. 1–3
7505 **Ettlingen**

Baumschulen
Horst Klingmann
Im Wiesenfeld 2
7550 **Rastatt**

Gehrer's Florafarm
Malscher Str. 288
7552 **Durmersheim**

Baumschule
Hubert Meyer
Mooserstr. 26
7585 **Lichtenau-Ulm**

Baumschule
Anton Boll
Hauptstr. 32 a
7591 **Lauf**/Baden

Baumschule
Brossmer
J. B.-v.-Weisstr. 25 a
7627 **Ettenheim** 1

Baumschule
Schwendemann
Pestalozzistr. 1
7630 **Lahr**

Baumschule
Karl Schwarz
Rastatter Str. 50
7640 **Kehl-Bodersweier**

Baumschulen Ammann
Radolfzeller Str. 42
7705 **Steißlingen**

Baumschulen
Hils-Koop
Walter-Flex-Str. 2–4
7800 **Freiburg**

Baumschulen
Horst Hartwig
Bundesstr. 22
7802 **Gundelfingen**

Baumschule
Klaus Hügle
Köndringer Str. 14
7835 **Teningen** 4/Heinb.

Baumschule
Hans Kessler
Birkenweg 15
7867 **Wehr**/Baden

Baumschule
Werner Braun
Erminger Str. 8
7900 **Ulm-Eggingen**

Baumschule
Wilh. Scheerer & Sohn
Heidenheimerstr. 95
7907 **Langenau-Albeck**

Baumschule
Karl Schlegel KG
Göttinger Str. 40
7940 **Riedlingen**

Baumschule
Josef App
Daugendorfer Str. 43
7941 **Unlingen**/Württ.

Baumschule
Otto Mayer
Am Weiher 4
7951 **Birkenhard**

Baumschulen Haid
Obersulmetingerstr. 19
7951 **Ingerkingen**

Baumschule
Joh. Scheerer
Steinenbergstr. 47
7967 **Bad Waldsee**

Baumschule
Alfons Berger
Lindauer Str. 38
7992 **Tettnang**

Walter Bösel
vorm. Flingeli Baumschule
Dorpaterstr. 14
8000 **München** 81

Baumschule
Heinrich Turnau
8017 **Pattensen** 5

Baumschule
Hubert Weishaupt
Oberreit 24
8052 **Moosburg**

Baumschulen
L. König
Schultheißstr. 11
8070 **Ingolstadt**

Baumschule
Fritz Schwab
Brunnerstr. 2
8070 **Ingolstadt-Oberbrunnenreuth**

Baumschule Demmel
8311 **Loiching**

Baumschule
Alfred Vielhuber
Stockberg 1
8315 **Geisenheim**

Baumschule
Ernst Bötsch
Arnstorfer Str. 27
8340 **Pfarrkirchen**

Baumschule
Anton Schaffer
Baumschulenstr. 1
8401 **Obertraubling**

Baumschulen
Herbert Schwertner
8421 **Buchhofen**
Post Reißig

Baumschule
Kurt Buchmann
Regensburger Str. 60
8460 **Schwandorf**/Opf.

Baumschule
Josef Kahl
Post Windischeschenbach
8486 **Schnackenhof**

Baumschulen
Rainer Punzmann
Bahnhofstr. 18
8486 **Windischeschenbach-Menzlhof**

Baumschule
Willy Bittner
An der Rother Straße
8501 **Allersberg**

Baumschule
Karl Menger
Fürstenweg 18
8520 **Erlangen-Bruck**

Baumschule
Wilhelm Hofmann
Heningser Str. 6
8521 **Langensendelbach**

Baumschule
Felix Nägel
Hauptstr. 35
8521 **Langensendelbach**

Baumschule
Walter Bischoff
Nr. 103
8541 **Eysölden**

Baumschule
Erich Bräunlein
Pegnitzer Str. 25
8560 **Lauf**/Pegnitz

Baumschule
Adam Preller
Unteraurachег Weg 5
8600 **Bamberg**

Baumschule
Horst Schlierf
Hardweg 1
8602 **Burghaslach**

Baumschule
Hubert Staubitzer
8621 **Weißenbrunn**
am Forst

Baumschule
H. Fleischhacker
Waidmannsteige 14
8700 **Würzburg** 25

Baumschule B. Greb
Jahnstr. 3
8703 **Ochsenfurt**

Baumschulen
H. Kircher
Michelfelderstr. 7
8713 **Marktbreit**/M.

Wallstadter Baumschule
Bernd Helmstetter
An der B 469
8751 **Großwallstadt**

Baumschul-Center
Robert Kremer
8766 **Großheubach**

Baumschule Hornung
Flurstr. 6
8781 **Fellen**

Baumschule
B. Müllerklein
Eussenheimer Str. 3
8782 **Karlstadt**/M.

Baumschule Leo Lurz
Karlburg
Harrbacher Weg 39
8782 **Karlstadt**

Baumschule
Hellmut König
Bahnhofstr. 11–13
8836 **Ellingen**

Baumschule
Johann Reiter
Bauerngasse 47
8857 **Wertingen**

Baumschulen
W. Enßlin
Wemdinger Str. 35–37
8860 **Nördlingen**

Baumschule
Christian Scheel
Holzgasse 185
8871 **Burtenbach**

Schwäbische Baumschule
Gottlieb Haage
8874 **Leipheim**/Donau

Baumschule
Anton Wohlhüter
Medingerstraße
8883 **Gundelfinden**

Baumschule Loy
Inh. Günter Wörner
Zimmererstr. 16
8900 **Augsburg**

Baumschule
Christoph
Haus Nr. 4
8901 **Aindling-Weichenb.**

Baumschule
Stefan Ketzer
Münchener Str. 51
8904 **Friedberg**

Baumschule
Josef Ortolf
Westendstr. 20
8906 **Gersthofen**

Baumschule
Wörlein
8918 **Dießen**/Ammersee

Literaturverzeichnis

Andrä-Beba, **Hügelkultur – Die Gartenbau-Methode der Zukunft,** Waerland-Verlagsgenossenschaft, Mannheim 1974

Bayerische Landesobstsortenliste für den Erwerbsanbau, Hrsg. Bayerischer Erwerbsobstbau-Verband e.V., München 1972

Beerenobst in naturgemäßem Anbau, Hrsg. Abtei Fulda 1976

Aloys Bernatzky, **Der Gartenratgeber,** Mosaik Verlag, München 1977

Blumen & Garten in 8 Bänden, Orbis-Verlag, Hamburg 1975

Dr. Jochen Bockemühl, **Vom Leben des Komposthaufens,** Elemente der Naturwissenschaft 29

Hermann Bollow, **Die Wühl- oder Schermaus,** Obst- und Gartenbauverlag, München 1966

Horst Börner, **Pflanzenkrankheiten und Pflanzenschutz,** UTB Taschenbuch 518, Verlag Eugen Ulmer, Stuttgart 1981

Joachim Breschke, **Kompostfibel,** Lehrmeister-Bücherei Nr. 635, Albrecht Philler Verlag, Minden

M.E. Bruce, **Gartenglück durch Schnellkompost,** Waerland-Verlagsgenossenschaft, Mannheim

Greet Buchner, **Gesundheit fängt im eigenen Garten an,** Bircher-Benner-Verlag, Bad Homburg–Erlenbach–Zürich

Tjerk Buishand, **Knaurs-Obstbuch,** Droemer-Knaur Verlag, München–Zürich 1979

Fritz Caspari, **Fruchtbarer Garten,** Wirtschaftsverlag M. Klug, München-Pasing 1964

Das große illustrierte Pflanzenbuch, Bertelsmann Lexikon-Verlag, Gütersloh 1975

Der Garten als Lebensraum, Bund Naturschutz in Bayern, Verlag Bildungsreisen Naturalienhandel GmbH, München

Peter Dietrich, **Der naturgemäße Garten,** Verlag J. Neumann-Neudamm, Melsungen 1980

Gertrud Franck, **Gesunder Garten durch Mischkultur,** Südwest-Verlag, München 1980

Prof. Dr. J. Franz / Dr. A. Krieg, **Biologische Schädlingsbekämpfung,** Verlag Paul Parey, Berlin und Hamburg 1972

Gerbert Grohmann, **Die Pflanze,** Band 1: Ein Weg zum Verständnis ihres Wesens; Band 2: Über Blütenpflanzen, Verlag Freies Geistesleben, Stuttgart 1981

P.G. de Haas, **Naturgemäßer Obstbaumschnitt,** BLV Verlagsgesellschaft mbH, München 1978

P.G. de Haas, **Obst aus eigenem Garten,** BLV Verlagsgesellschaft mbH, München 1967

Erhard Hennig, **Die Bodenfruchtbarkeit im Kleingarten,** Tibor Marczell Verlag, München 1979

Fritz Hertel, **Das Frühbeet,** Lehrmeister Bücherei aus dem Albrecht Philler Verlag, Minden

Gustav von Heyer, **Der Regenwurm,** im Eigenverlag Gustav von Heyer, Biedermannplatz 29, 2000 Hamburg 76

Krafft v. Heynitz, **Das biologische Gartenbuch,** Verlag Eugen Ulmer, Stuttgart 1981

Oswald Hitschfeld, **Dauerfruchtbarkeit und Gesundheit im Land- und Gartenbau,** Verlag Welt und Wissen, Büdingen-Gettenbach 1960

Oswald Hitschfeld, **Naturgemäße Schädlingsabwehr,** Heinrich Schwab Verlag, Schopfheim

Sir Albert Howard, **Mein landwirtschaftliches Testament,** Edition Siebeneicher, Volkswirtschaftlicher Verlag, München

Mario Howard, **Naturgemäßer Gartenbau,** Desertia Verlag, Disentis 1978

Jacobi/Mierswa, **Gärtnern unter Glas und Folie,** BLV Verlagsgesellschaft mbH, München 1981

Dr. Konrad Keipert, **Beerenobst,** Verlag Eugen Ulmer, Stuttgart 1981

Horst Koehler, **Das praktische Gartenbuch,** Bertelsmann Ratgeber-Verlag, München 1972

Ewald Könemann, **Biologischer Obstbau und Beerenbau,** Wilhelm Braumüller Universitätsverlag, Wien 1977

Ewald Könemann, **Ernte 3× durch Mischkultur,** Wilhelm Braumüller Universitätsverlag, Wien

Ewald Könemann, **Gartenbau-Fibel,** Wilhelm Braumüller Universitätsverlag, Wien

Ewald Könemann, **Neuzeitliche Kompostbereitung,** W. Braumüller Universitätsverlag, Wien

Ewald Könemann, **Nußbau in allen Lagen,** Bionomica-Verlag, Mannheim 1978

Prof. Dr. L. Kopetz, **Gemüsefibel.** Gemüsebau-Praxis in Freiland und unter Folien, Österreichischer Agrarverlag, Wien / DLG-Verlag, Frankfurt

Marie-Luise Kreuter, **Der Bio-Garten.** Gemüse, Obst und Blumen naturgemäß angebaut, BLV Verlagsgesellschaft mbH, München 1982

Lebensnotwendige Pflanzen für die Bienen, Hrsg. Bayerische Imkerverbände, Landesortsverband Bayern und dem Bund Naturschutz in Bayern

Maria Lingenfelder, **Die Milchsäuregärung.** Das hauswirtschaftliche Einsäuern von Gemüse, Waerland-Verlagsgenossenschaft, Mannheim

Petra Michaeli-Achmühle, **Der gesunde Garten.** Der ökologische Ratgeber für den Hobbygärtner, Nymphenburger Verlagshandlung GmbH, München 1979

Dietrich Mierswa, **Kleingewächshäuser – Folien und Frühbeete,** BLV Verlagsgesellschaft mbH, München 1980

Karl-Heinz Mücke, **Der Intensivgarten,** Südwest-Verlag, München 1970

Neues großes Gartenlexikon, Hrsg. G.E. Siebeneicher, Südwest-Verlag, München 1980

Obstbaukalender auf biologischer Grundlage, Hrsg. Abtei Fulda, 1977

Ehrenfried Pfeiffer / Erika Riese, **Der erfreuliche Pflanzgarten.** Anleitung zur Gartenpflege nach der biologisch-dynamischen Wirtschaftsweise, Rudolf Geering-Verlag Goetheanum, Dornach/Schweiz 1974

F. Pfeiffer, **Die Fruchtbarkeit der Erde, ihre Erhaltung und Erneuerung,** Rudolf Geering-Verlag Goetheanum, Dornach/Schweiz 1969

G. Preuschen, **Der ökologische Landbau heute und morgen,** Heinrich-Schwab-Verlag, Hargenbühl-Eglofstal

Dick van Raalte, **Bodendeckende Pflanzen,** Verlag Paul Parey, Berlin und Hamburg 1978

Gerhard Reims, **Biologisch gärtnern.** Schritt für Schritt, Hörnemann Verlag, Bonn-Röttgen 1982

W.R. von Rhamm, **Das große Buch für Selbstversorger.** Gesunde Ernährung durch natürlichen Anbau, Orac Pietsch Verlag, Stuttgart

Hermann Sattler, **Beerenobst,** Verlag Eugen Ulmer, Stuttgart 1968

Heiner Schmid, **Obstbaumschnitt und Umpfropfen, Veredeln,** Verlag Eugen Ulmer, Stuttgart

Otto Schmid / Silvia Henggeler, **Biologischer Pflanzenschutz im Garten,** Verlag Wirz, Aarau/Schweiz 1979

Margot Schubert, **Im Garten zu Hause,** BLV Verlagsgesellschaft mbH, München 1976

Urs Schwarz, **Der Naturgarten,** Hrsg. World Wildlife Fund (WWF) mit einem Vorwort von Horst Stern. Wolfgang Krüger Verlag, Frankfurt 1980

Alwin Seifert, **Gärtnern, Ackern – ohne Gift,** Biederstein-Verlag, München 1976

John Seymour, **Gemüse anbauen,** Otto Maier Verlag, Ravensburg 1981

John Seymour, **Im Nutzgarten arbeiten,** Otto Maier Verlag, Ravensburg 1981

John Seymour, **Leben auf dem Lande,** Otto Maier Verlag, Ravensburg 1978

John Seymour, **Obst und Kräuter aus dem Garten,** Otto Maier Verlag, Ravensburg 1981

John Seymour, **Selbstversorgung aus dem Garten,** Otto Maier Verlag, Ravensburg 1979

Georg E. Siebeneicher, **Mein Garten in der Stadt.** Ökologisch und biologisch richtig angelegt und gepflegt, Südwest-Verlag, München 1981

Anita Spohn, **Das ABC für bio-hobby-Gärtner,** Humata Verlag, Bern und Pforzheim

E. Spohn, **Gesunde Erträge aus lebendigem Boden,** Schnitzer Verlag, St. Georgen 1974

E. Spohn, **Selber kompostieren für Garten und Feld,** Schnitzer Verlag, St. Georgen 1975

Manfred Stauffer, **Gemüsebau für Gemeinschaften,** Rudolf Geering-Verlag, Dornbach/Schweiz 1979

Siegfried Stein, **Salate selbst gezogen,** Gräfe & Unzer Verlag, München 1980

Hellwig Steineck, **Pilze im Garten,** Verlag Eugen Ulmer, Stuttgart

Maria Thun / Dr. H. Heinzel, **Anbauversuche über**

Zusammenhänge zwischen Mondstellungen im Tierkreis und Kulturpflanzen, Band I und Band II, Forschungsring für Biologisch-Dynamische Wirtschaftsweise, Darmstadt 1973

Maria Thun / Matthias K. Thun, **Aussaattage,** Verlag Aussaattage, Biedenkopf, erscheint jährlich

A. M. Toms / M. H. Dahl, **Krankheiten und Schädlinge an Obst und Gemüse,** BLV Verlagsgesellschaft mbH, München 1978

Clelia Vernazza, **Biologisch gärtnern,** Hallwag Verlag, Bern und Stuttgart 1979

Voitl / Guggenberger / Willi, **Das große Buch vom biologischen Land- und Gartenbau,** Orac Pietsch Verlag, Stuttgart 1980

Wegleitung zum biologischen Gartenbau für Anfänger; Wegleitung zum biologischen Gartenbau für Fortgeschrittene, Hrsg. Arbeitsgruppe für biologischen Land- und Gartenbau, Gals / Forschungsinstitut für biologischen Landbau Bernhardsberg, Oberwil 1978

Frieda Welten, **Biologischer Gartenbau-Ratgeber,** Lichtquellverlag, Oberwil 1978

Zeitschriften:

Bionomica, Zweimonatszeitschrift für organische Lebensordnung, Ernährungsbiologie und Bionomie, begründet von Ewald Könemann, Bionomica-Verlag, Postfach 249106, 6800 Mannheim 24

Die **Demeter Blätter** orientieren zweimal im Jahr (Frühjahr und Herbst) über Fragen einer menschengemäßen Ernährungsweise und Umweltgestaltung unter dem Aspekt des naturpflegenden Landbaus (Biologisch-Dynamische Wirtschaftsweise). Demeter-Bund e. V., Wellingstr. 24, 7000 Stuttgart 75. Die Demeter Blätter erhalten alle Interessenten kostenlos, die ihre Anschrift der Versandstelle: Bachstr. 15, 7252 Weil der Stadt 5, mitteilen.

garten organisch, Zeitschrift für naturgemäßes Gärtnern. Organ der Arbeitsgemeinschaft für naturgemäßen Qualitätsanbau von Obst und Gemüse e. V. (ANOG) und der Arbeitsgemeinschaft Bodenfruchtbarkeit und Qualitätserzeugung e. V. (abq). Erscheint vierteljährlich im Volkswirtschaftlichen Verlag GmbH, Postfach 1120, 8960 Kempten/Allgäu

Gartenrundbrief, erscheint sechsmal im Jahr und vermittelt Ratschläge für Gartenfreunde in der Biologisch-Dynamischen Wirtschaftsweise. Rundbrief-Versand, Mathystr. 34, 7530 Pforzheim

Lebendige Erde, Zweimonatszeitschrift des Forschungsringes für Biologisch-Dynamische Wirtschaftsweise, Baumschulenweg 19, 6100 Darmstadt

Schulze-Ratgeber, eine Zeitschrift (erscheint vierteljährlich) für den biologischen Heimgärtner-Gemüsebau von Manfred Schulze, Gärtnermeister, 7242 Dornhan-Fürnsal 14

Register

Kursiv gedruckte Stichwörter und Seitenzahlen verweisen auf Abbildungen